JN235479

DOBUN SHOIN

Developmental Psychology
for
Early Childhood Care & Education

2003

DOBUNSHOIN

Printed in Japan

子育ての発達心理学

陳　省仁
古塚　孝
中島　常安
［編著］

◆

草薙恵美子
星　信子
小嶋　佳子
伊勢　正明
滝澤　真毅
糸田　尚史
結城　孝治
粕谷　亘正
請川　滋大
［著］

◆

同文書院

■執筆者紹介

編著者：

陳　省仁（ちん・せいじん）／第2章
　　北海道大学大学院教授

古塚　孝（ふるつか・たかし）／第5章1［1］～［8］，同章2，3
　　藤女子大学教授

中島常安（なかしま・つねやす）／第1章，第11章
　　名寄市立大学短期大学部教授

著者：（執筆順）

草薙恵美子（くさなぎ・えみこ）／第3章
　　國學院短期大学教授

星　信子（ほし・のぶこ）／第4章1［1］，同章2
　　札幌大谷大学短期大学部准教授

小嶋佳子（こじま・よしこ）／第4章1［2］，同章3
　　愛知教育大学講師

伊勢正明（いせ・まさあき）／第5章1［9］～［14］，第6章2
　　帯広大谷短期大学講師

滝澤真毅（たきざわ・まさき）／第6章1，3～5
　　山形短期大学准教授

糸田尚史（いとだ・ひさし）／第7章，第9章
　　名寄市立大学短期大学部准教授

結城孝治（ゆうき・たかはる）／第8章1
　　國學院短期大学准教授

粕谷亘正（かすや・のぶまさ）／第8章2
　　聖徳大学大学院博士後期課程

請川滋大（うけがわ・しげひろ）／第10章
　　日本女子大学講師

まえがき

　本書は乳幼児の発達を中心とした発達心理学を学ぶ人のために編集されたものであります。

　11章で構成される本書は乳児発達に関わる重要なテーマを取り扱いました。「発達心理学」,「児童発達」などの通年の授業に使える内容と分量ですが,半年のコース,特に「保育」に関する授業であれば適宜に章を選んで使っても結構です。本書の特徴は,乳幼児期の発達について,とりわけ乳幼児と養育者・保育者との関係,および保育園・幼稚園などの子育て環境を重視した点にあります。

　本書を通して,子どもの発達はつねに親や保育士,他の子どもなど,子どもにとっての重要な他者との協同の営みであること,さらに子育ては家庭と保育園・幼稚園などの地域の連携によって初めてなし遂げられる事業であることを理解されるよう切望いたします。

　2003年春

編者　陳　　省仁
　　　古塚　　孝
　　　中島　常安

目　次

まえがき

第1章　社会・文化的文脈での子育てと人間発達 ── 1
  1　生物としての人間と社会の中で生きる人間　1
  2　子育てと発達心理学　5

第2章　乳幼児と養育者　知性の身体化と養育者の役割 ── 13
  1　はじめに　13
  2　原初的会話　13
  3　精神・知性の身体化　14
  4　養育者の役割：発達の足場作り　15
  5　養育者の「意識の貸し付け」による発達　16
  6　間主観性　17
  7　共同注視（注意）の発達　18
  8　個人の能力としての共同注視の発達　19
  9　共同で達成する共同注視　20
  10　姿勢制御と注意の共有　20
  11　時間的束縛と注意の共有　21
  12　共同注視（注意）の発達における養育者の意識の貸し付け　21
  13　ヴィゴツキーの「発達の最近接領域（ZPD）」概念　22

第3章　養育者との出会い　愛着の形成と展開 ── 25
  1　愛着理論　25
  2　二次的動因説に対する反証　26
  3　愛着を形成するための生得的基盤　28
  4　愛着行動の発達　32
  5　愛着の内的作業モデル　33
  6　愛着の測定と分類　34
  7　愛着パターンの先行要因　37
  8　愛着タイプと後の発達との関係　38
  9　日本における子育て状況と愛着形成の問題　41

第4章　乳幼児期の感情の発達 ── 45
  1　感情とは　45
  2　感情制御と養育者による感情の社会化　50
  3　他者感情の理解と向社会的行動の発達　55

《幼稚園教育要領 改訂
保育所保育指針 改定
幼保連携型認定こども園教育・保育要領 改訂》について

無藤 隆 監修

同文書院

目　次

第1章　幼稚園教育要領の改訂について　3
　1．はじめに　3
　2．幼稚園教育要領改訂のポイント　6
　3．新しい幼稚園教育要領の概要　8

第2章　保育所保育指針の改定について　12
　1．はじめに　12
　2．保育所保育指針改定のポイント　14
　3．新しい保育所保育指針の概要　17

第3章　幼保連携型認定こども園教育・保育要領の改訂について　19
　1．はじめに　19
　2．幼保連携型認定こども園教育・保育要領改訂のポイント　20
　3．新しい幼保連携型認定こども園教育・保育要領の概要　22

資料　幼稚園教育要領　27
資料　保育所保育指針　36
資料　幼保連携型認定こども園教育・保育要領　53

第1章　幼稚園教育要領の改訂について

1．はじめに

　新幼稚園教育要領（以下，新教育要領とも）は，2016（平成28）年12月の中央教育審議会による答申「幼稚園，小学校，中学校，高等学校及び特別支援学校の学習指導要領等の改善及び必要な方策等について」を踏まえ，幼稚園の教育課程の基準の改正を図ったものである。2017（平成29）年3月31日告示され，1年間の周知期間を経た後，2018（平成30）年4月1日から施行されることになる。

(1) 中央教育審議会による答申

　今回の中央教育審議会による答申のポイントは，現行の学習指導要領で謳われている知（確かな学力）・徳（豊かな人間性）・体（健康・体力）にわたる「生きる力」を，将来子どもたちがより一層確実に育むためには何が必要かということにある。

　今後，人工知能（AI）のさらなる進化によって，現在，小・中学校に通う子どもたちが成人となる2030年以降の世界では，現在ある仕事の半数近くが自動化される可能性があるといわれている。また子どもたちの65％が今は存在しない職業に就くであろうと予測されている。インターネットが地球の隅々まで普及した現代において，さまざまな情報が国境や地域を越えて共有化され，グローバル化の流れはとどまるところを知らない。今後，社会の変化はさらに速度を増し，今まで以上に予測困難なものとなっていくであろう。

　こうした予測困難な未来社会において求められるのは，人類社会，日本社会，さらに個人としてどのような未来を創っていくのか，どのように社会や自らの人生をよりよいものにするのかという目的意識を主体的に持とうとすることである。そして，複雑に入り混じった環境の中でも状況を理解し，その目的に必要な情報を選択・理解し，自分の考えをまとめ，多様な他者と協働しながら，主体的に社会や世界と関わっていくこと，こうした資質・能力が求められている。

　また近年，国際的にも忍耐力や自己制御，自尊心といった社会情動的スキル，いわゆる非認知的能力を幼児期に身につけることが，大人になってからの生活に大きな差を生じさせるといった研究成果が発表されている。非認知的能力とは，「学びに向かう力や姿勢」と呼ばれることもあり，「粘り強く取り組んでいくこと，難しい課題にチャレンジする姿勢」などの力をさす。従来はその子どもの気質，性格と考えられていたが，現在では適切な環境を与えることでどの子どもでも伸ばすことが可能な能力（スキル）として捉えられるようになっている。

　そのため，今回の答申では，こうした資質・能力を育むための「主体的・対話的で深い学び」（アクティブ・ラーニング）の実現の重要性を強調している。その上で「何のために学ぶのか」という学習の意義を共有しながら，授業の創意工夫や教科書等の教材の改善を引き出していけるよう，すべての教科等また幼児教育について，①知識及び技能，②思考力，判断力，表現力等，③学びに向かう力，人間性等，の3つの柱に再整理している（図1-1）。

(2) 幼稚園を取り巻く環境

　わが国の幼稚園児数は，1978（昭和53）年の249万7,895人をピークに減少し続けており，2009（平成21）年163万336人，2013（平成25）年158万3,610人，2016年133万9,761人，2017年

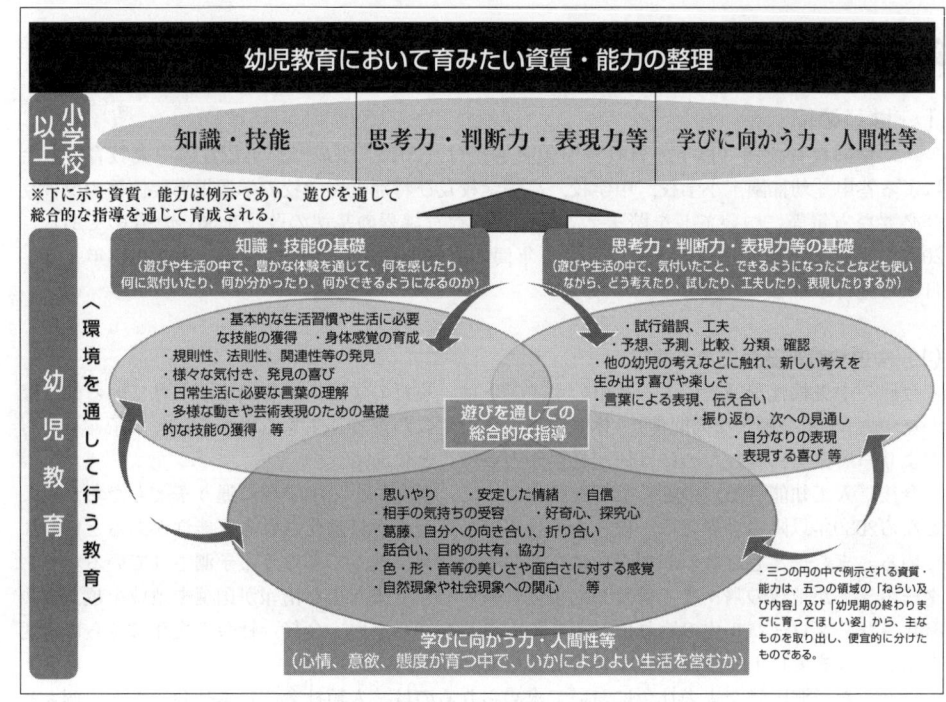

図1-1 幼児教育において育みたい資質・能力

幼児教育において育みたい資質・能力の整理

小学校以上：知識・技能／思考力・判断力・表現力等／学びに向かう力・人間性等

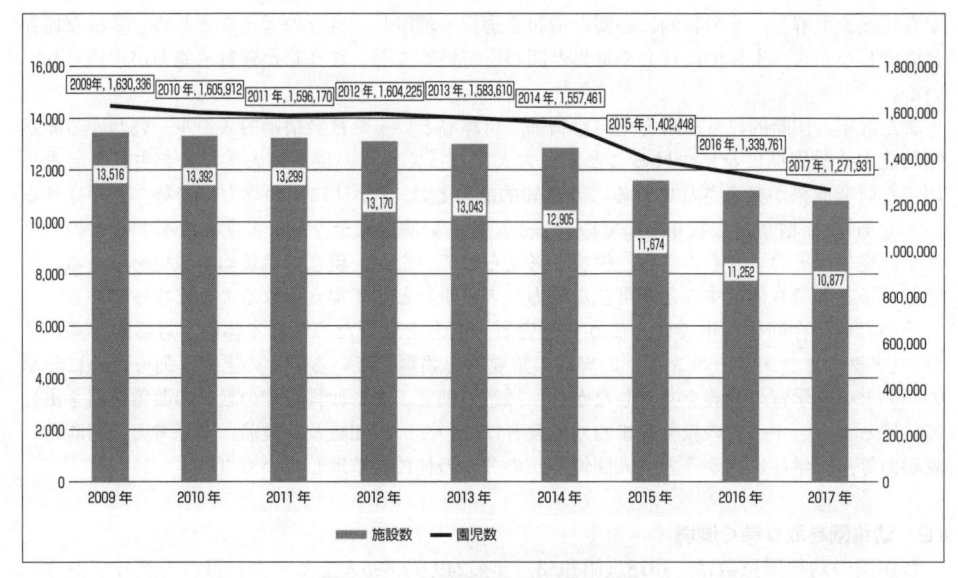

※下に示す資質・能力は例示であり、遊びを通して総合的な指導を通して育成される。

〈環境を通して行う教育〉 幼児教育

知識・技能の基礎
（遊びや生活の中で、豊かな体験を通じて、何を感じたり、何に気付いたり、何が分かったり、何ができるようになるのか）
・基本的な生活習慣や生活に必要な技能の獲得　・身体感覚の育成
・規則性、法則性、関連性等の発見
・様々な気付き、発見の喜び
・日常生活に必要な言葉の理解
・多様な動きや芸術表現のための基礎的な技能の獲得　等

思考力・判断力・表現力等の基礎
（遊びや生活の中で、気付いたこと、できるようになったことなども使いながら、どう考えたり、試したり、工夫したり、表現したりするか）
・試行錯誤、工夫
・予想、予測、比較、分類、確認
・他の幼児の考えなどに触れ、新しい考えを生み出す喜びや楽しさ
・言葉による表現、伝え合い
・振り返り、次への見通し
・自分なりの表現
・表現する喜び　等

遊びを通しての総合的な指導

・思いやり　・安定した情緒　・自信
・相手の気持ちの受容　・好奇心、探究心
・葛藤、自分への向き合い、折り合い
・話合い、目的の共有、協力
・色・形、音等の美しさや面白さに対する感覚
・自然現象や社会現象への関心　等

学びに向かう力・人間性等
（心情、意欲、態度が育つ中で、いかによりよい生活を営むか）

・三つの円の中で例示される資質・能力は、五つの領域の「ねらい及び内容」及び「幼児期の終わりまでに育ってほしい姿」から、主なものを取り出し、便宜的に分けたものである。

図1-2 幼稚園数と園児数の推移

年	施設数	園児数
2009年	13,516	1,630,336
2010年	13,392	1,605,912
2011年	13,299	1,596,170
2012年	13,170	1,604,225
2013年	13,043	1,583,610
2014年	12,905	1,557,461
2015年	11,674	1,402,448
2016年	11,252	1,339,761
2017年	10,877	1,271,931

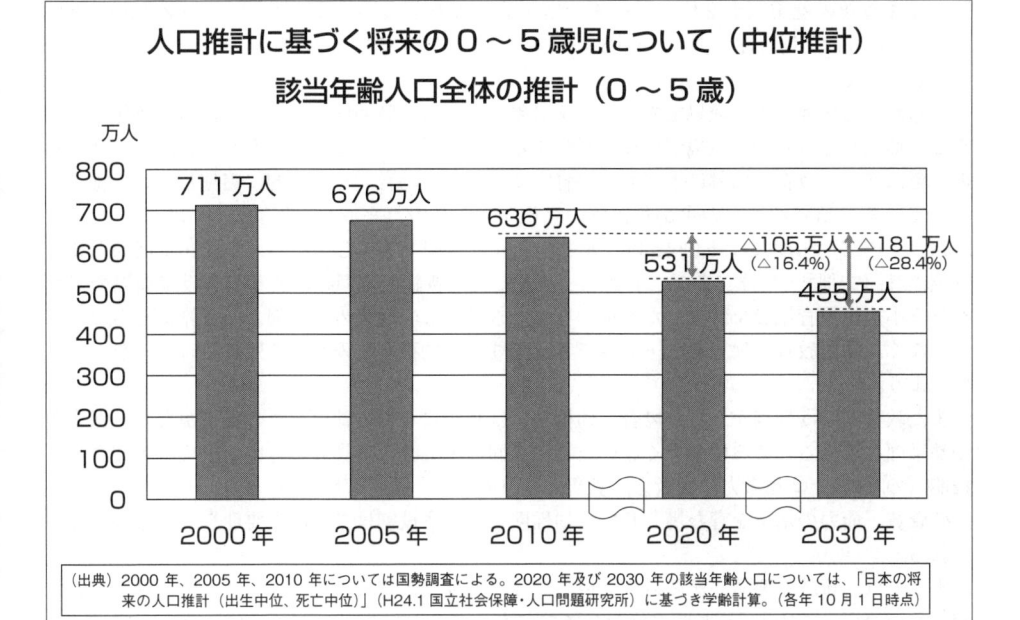

人口推計に基づく将来の0〜5歳児について（中位推計）
該当年齢人口全体の推計（0〜5歳）

```
万人
800
700   711万人
              676万人
600                    636万人           △105万人  △181万人
500                            531万人   (△16.4%) (△28.4%)
                                        455万人
400
300
200
100
  0
    2000年  2005年  2010年  2020年  2030年
```

（出典）2000年、2005年、2010年については国勢調査による。2020年及び2030年の該当年齢人口については、「日本の将来の人口推計（出生中位、死亡中位）」(H24.1 国立社会保障・人口問題研究所）に基づき学齢計算。（各年10月1日時点）

図1-3　0〜5歳児の人口推移

では127万1,931人となった。また幼稚園の設置数も、1985（昭和60）年の1万5,220園をピークに減少し、2009年1万3,516園、2013年1万3,043園、2016年1万1,252園、2017年では1万877園となっている（図1-2）（なお、2015年から2017年に認定こども園に移行した幼稚園は1,454園。詳細は『第3章　幼保連携型認定こども園教育・保育要領について』を参照）。一方、保育所等の入所児数は1980（昭和55）年まで増加し続け（1978年191万3,140人）その後一旦減少したが、1996（平成8）年から再び増加し、2009年には204万934人、2013年221万9,581人、さらに子ども・子育て支援新制度がスタートした2015年には237万3,614人、2017年は254万6,669人となっている（2015年からの数値は幼保連携型認定こども園、幼稚園型認定こども園等、特定地域型保育事業を含む、第2章図2-1参照）。

このように保育所利用児童の増加の一方で、わが国の0〜5歳児の人口は2000（平成12）年の711万人から2030年には455万人まで減少すると予想されており、少子化傾向に歯止めが掛かる兆しは見えていない（図1-3）。全国的に幼稚園児数が減少し続けるのに対し、保育所等のニーズが増え続ける背景には、女性の社会進出に伴い乳幼児を持つ母親の就業が増えていること、長期化する景気の低迷から共働き家庭の増加や長時間労働の蔓延などがあげられている。なかでも3歳未満の待機児童数は毎年2万人前後で推移しており、この年齢層の保育ニーズはさらに増えていくものと見られている（第2章図2-3参照）。

日本総合研究所の調査によると、出生率が現状のまま推移し、乳幼児を持つ母親の就業率が過去10年間と同じペースで上昇する出生中位・就業中位の場合、保育所ニーズは2015年の233万人から2020年には254万人に増え、その後2040年までほぼ横ばいとなるとしている。一方、幼稚園ニーズは2015年の151万人から2040年には64万人に減少すると見ている。また、出生中

位のまま母親の就業率が2倍のペースで増え続ける就業高位では，保育所ニーズが2040年に1.4倍の334万人と増える一方，幼稚園ニーズは2040年には35万人と2015年の4分の1に激減するとしている。

　もし幼稚園が従来の3歳以上の子どもを対象とした教育時間内の幼児教育にのみ特化するならば，幼稚園を取り巻く環境が今後，好転することは難しいだろう。しかし，共働きの保護者の希望に応え，教育時間外に子どもを保育する「預かり保育」を積極的に実施している施設は増えている。私立幼稚園の預かり保育の実施率は，1997（平成9）年度には46％だったが，2014（平成26）年度には95.0％とほとんどの私立幼稚園で実施している（平成26年度幼児教育実態調査，文部科学省）。また，子ども・子育て支援新制度の開始により，3歳未満児の保育を行う小規模保育施設を併設した幼稚園も出てきている。従来の幼稚園という枠にとらわれることなく，幼児教育・保育をトータルに考え実践する幼稚園のみが生き残れる時代になったといえよう。

　また教育という観点から見た場合，幼稚園には長年にわたる幼児教育の蓄積があり，保護者が幼稚園に求めるところは少なくない。特に今回の中央教育審議会の答申が求める①知識及び技能（の基礎），②思考力，判断力，表現力等（の基礎），③学びに向かう力，人間性等，の3つの資質・能力の基礎を育む場として，幼稚園の果たす役割はさらに重要度を増すものと考えられる。

　本章では，新教育要領に記載されている今後の幼稚園教育に求められる「幼児教育において育みたい資質・能力」「幼児期の終わりまでに育ってほしい姿」などの具体的な内容について概説する。

2．幼稚園教育要領改訂のポイント
(1) 学校教育における幼稚園教育の位置付けの強化

　新教育要領において重要なことは，前回の改訂よりもさらに踏み込んで，幼稚園を学校教育の始まりとすることを強調している点である。現在の教育要領では，2008（平成20）年の学校教育法の改正により，幼稚園が学校教育の始まりとしてその存在が明確化され，幼児教育が公的な教育として捉えられている。さらに新教育要領ではその旨を新設した前文に明記している。

　この背景には，幼児教育がその後の学校教育の基礎を培う時期として重視され，さらに今回，幼稚園・保育所・幼保連携型認定こども園がともに幼児教育を実践する共通の施設として，その基礎を形成する場として強調されたということがある。なかでも幼稚園はその幼児教育のあり方を先導してきた施設なのであり，今後もそうであることが期待される。

　新教育要領で新設された「前文」には，「これからの幼稚園には，学校教育の始まりとして，こうした教育の目的及び目標の達成を目指しつつ，一人一人の幼児が，将来，自分のよさや可能性を認識するとともに，（中略）持続可能な社会の創り手となることができるようにするための基礎を培うことが求められる」とし，「幼稚園教育要領が果たす役割の一つは，公の性質を有する幼稚園における教育水準を全国的に確保することである」と記載されている。これは取りも直さず，より質の高い幼児教育の重要性の強調にほかならず，幼稚園教育（ひいては幼児教育）と小学校教育との円滑な接続が求められている。

(2) 幼稚園教育において育みたい資質・能力および「幼児期の終わりまでに育ってほしい姿」

　では，ここで述べられている「幼稚園における教育水準」とは何を意味するのであろうか。それは小学校以降で行われる文字の読み書き，計算といった小学校教育の先取りではない。本来の意味は，幼児の自発的な活動である遊びや生活を通して，「幼稚園教育で育みたい３つの資質・能力」を育成し，その具体的な現れとして「幼児期の終わりまでに育ってほしい10の姿」を実現していくことにある。

　なお，この３つの資質・能力は，これまでの幼稚園教育要領で規定されてきた５領域（「健康」「人間関係」「環境」「言語」「表現」）に基づく遊びを中心とした活動全体を通じて育まれていくものである。

① 豊かな体験を通じて，感じたり，気付いたり，分かったり，できるようになったりする「知識及び技能の基礎」
② 気付いたことや，できるようになったことなどを使い，考えたり，試したり，工夫したり，表現したりする「思考力，判断力，表現力等の基礎」
③ 心情，意欲，態度が育つ中で，よりよい生活を営もうとする「学びに向かう力，人間性等」

　つまり，気付くこと，考えること，試し，工夫すること，また心動かし，やりたいことを見出し，それに向けて粘り強く取り組むことなどを指している。それらは相互に結びついて一体的に育成されていく。

　そして，この３つの資質・能力が育まれている幼児の幼稚園修了時の具体的な姿「幼児期の終わりまでに育ってほしい10の姿」が以下の10項目である（詳細は「新教育要領」第１章　第２を参照）。ここで，実際の指導ではこれらが到達すべき目標を示したものではないことや，個別に取り出されて指導されるものではないことに十分留意する必要がある。

① 健康な心と体
② 自立心
③ 協同性
④ 道徳性・規範意識の芽生え
⑤ 社会生活との関わり
⑥ 思考力の芽生え
⑦ 自然との関わり・生命尊重
⑧ 数量や図形，標識や文字などへの関心・感覚
⑨ 言葉による伝え合い
⑩ 豊かな感性と表現

(3) カリキュラム・マネジメント

　幼稚園では，教育基本法および学校教育法その他の法令ならびに幼稚園教育要領に基づき，それぞれの園の運営方針，指導方針の基礎となる教育課程を編成することが義務付けられている。教育課程や預かり保育の計画等を合わせて，全体的な計画と呼んでいる。新教育要領では，「幼児期の終わりまでに育ってほしい姿」を踏まえて教育課程を編成し，この教育課程を実施，評価し，改善を図っていくこと（PDCAサイクル），また教育課程の実施に必要な人的または物的な体制を，家庭や地域の外部の資源も含めて活用しながら，各幼稚園の教育活動の質の向上を図っていくカリキュラム・マネジメントの考え方が導入されている。幼稚園等では，教科書のような教材を用いずに，環境を通した教育を基本としており，また幼児の家庭との関係の緊密度が他校種と比べて高いこと，ならびに預かり保育・子育ての支援などの教育課程以外の活動が多くの幼稚園で実施されていることなどから，カリキュラム・マネジメントはきわめて重要とされている。

(4)「主体的・対話的で深い学び」(アクティブ・ラーニング) の実現

新教育要領では,「指導計画の作成上の留意事項」に「主体的・対話的で深い学び」(アクティブ・ラーニング) の考えが加わった。

中央教育審議会の答申で述べられているように,これからの予測困難な未来を切り開いていくためには,学ぶことに興味・関心を持ち,見通しを持って粘り強く取り組み,自己の学習活動を振り返って次につなげる「主体的な学び」,子ども同士の協働・教職員や地域の人との対話・先哲の考え方を手がかりに考えるなどを通じて,自己の考えを広め深める「対話的な学び」,そして得られた知識を相互に関連付けてより深く理解したり,情報を精査して考えを形成したり,問題を見出し解決策を思考したり,自分の思い・考えを基に創造へと向かう「深い学び」のアクティブ・ラーニングの実現が求められている。教育要領では,従来から重視されてきた,体験の多様性と関連性を進める中で,この3つの学びを実現していく。様々な心動かされる体験をして,そこから次にしたい活動が生まれ,さらに体験を重ねていき,それらの体験がつながりながら,学びを作り出す。その際,振り返ったり見通しを立てたり,考え工夫して様々に表現し対話を行い,さらに身近な環境への関わりから意味を見出していくのである。

幼児教育における重要な学習である「遊び」においても,この主体的・対話的で深い学びの視点,すなわちアクティブ・ラーニングの視点に基づいた指導計画の作成が必要となる。

(5) 言語活動の充実

新教育要領の「指導計画の作成上の留意事項」では「主体的・対話的で深い学び」とともに,「言語活動の充実」が新たに加えられた。これは「幼児期の終わりまでに育ってほしい10の姿」の9番目にある「言葉による伝え合い」および第2章「ねらい及び内容」の5領域の「言葉」とも関連する項目であるが,言語能力の発達が思考力等のさまざまな能力の発達に関連していることを踏まえ,絵本や物語,言葉遊びなどを通して,言葉や表現を豊かにすることで,自分の経験・考えを言葉にする思考力やそれを相手に伝えるコミュニケーション能力の発達を促していこうとの狙いが読み取れる。

(6) 地域における幼児教育の中心的役割の強化

前回の改訂から幼稚園の地域における保護者の幼児教育のセンターとしての役割が求められるようになった。さらにこの10年間では貧困家庭,外国籍家庭や海外から帰国した幼児など特別な配慮を必要とする家庭・子どもの増加,また児童虐待の相談件数の増加など,子どもと保護者を取り巻く状況も大きく変化している。このため新教育要領では,「心理や保健の専門家,地域の子育て経験者等と連携・協働しながら取り組むよう配慮する」との記載を追加することで,その役割のさらなる専門化を図っている。

3. 新しい幼稚園教育要領の概要 (中央説明会資料による)
(1) 前文の趣旨及び要点

今回の改訂では,新たに前文を設け,次の事項を示した。
① 教育基本法に規定する教育の目的や目標の明記とこれからの学校に求められること
② 「社会に開かれた教育課程」の実現を目指すこと

教育課程を通して,これからの時代に求められる教育を実現していくためには,よりよい学校教育を通してよりよい社会を創るという理念を学校と社会とが共有することが求められ

る。
　そのため，それぞれの幼稚園において，幼児期にふさわしい生活をどのように展開し，どのような資質・能力を育むようにするのかを教育課程において明確にしながら，社会との連携及び協働によりその実現を図っていく，「社会に開かれた教育課程」の実現が重要となることを示した。
③ 幼稚園教育要領を踏まえた創意工夫に基づく教育活動の充実
　幼稚園教育要領は，公の性質を有する幼稚園における教育水準を全国的に確保することを目的に，教育課程の基準を大綱的に定めるものであり，それぞれの幼稚園は，幼稚園教育要領を踏まえ，各幼稚園の特色を生かして創意工夫を重ね，長年にわたり積み重ねられてきた教育実践や学術研究の蓄積を生かしながら，幼児や地域の現状や課題を捉え，家庭や地域社会と協力して，教育活動の更なる充実を図っていくことが重要であることを示した。

(2) 「総則」の改訂の要点
　総則については，幼稚園，家庭，地域の関係者で幅広く共有し活用できる「学びの地図」としての役割を果たすことができるよう，構成を抜本的に改善するとともに，以下のような改訂を行った。
① 幼稚園教育の基本
　幼児期の教育における見方・考え方を新たに示すとともに，計画的な環境の構成に関連して教材を工夫することを新たに示した。
② 幼稚園教育において育みたい資質・能力及び「幼児期の終わりまでに育ってほしい姿」
　幼稚園教育において育みたい資質・能力と「幼児期の終わりまでに育ってほしい姿」を新たに示すとともに，これらと第2章の「ねらい及び内容」との関係について新たに示した。
③ 教育課程の役割と編成等
　次のことを新たに示した。
　・各幼稚園においてカリキュラム・マネジメントの充実に努めること
　・各幼稚園の教育目標を明確にし，教育課程の編成についての基本的な方針が家庭や地域とも共有されるよう努めること
　・満3歳児が学年の途中から入園することを考慮し，安心して幼稚園生活を過ごすことができるよう配慮すること
　・幼稚園生活が安全なものとなるよう，教職員による協力体制の下，園庭や園舎などの環境の配慮や指導の工夫を行うこと
　・「幼児期の終わりまでに育ってほしい姿」を共有するなど連携を図り，幼稚園教育と小学校教育との円滑な接続を図るよう努めること
　・教育課程を中心に，幼稚園の様々な計画を関連させ，一体的に教育活動が展開されるよう全体的な計画を作成すること
④ 指導計画の作成と幼児理解に基づいた評価
　次のことを新たに示した。
　・多様な体験に関連して，幼児の発達に即して主体的・対話的で深い学びが実現するようにすること
　・幼児の発達を踏まえた言語環境を整え，言語活動の充実を図ること
　・幼児の実態を踏まえながら，教師や他の幼児と共に遊びや生活の中で見通しをもった

り，振り返ったりするよう工夫すること
- 幼児期は直接的な体験が重要であることを踏まえ，視聴覚教材やコンピュータなど情報機器を活用する際には，幼稚園生活では得難い体験を補完するなど，幼児の体験との関連を考慮すること
- 幼児一人一人のよさや可能性を把握するなど幼児理解に基づいた評価を実施すること
- 評価の実施に当たっては，指導の過程を振り返りながら幼児の理解を進め，幼児一人一人のよさや可能性などを把握し，指導の改善に生かすようにすることに留意すること

⑤ 特別な配慮を必要とする幼児への指導
次のことを新たに示した。
- 障害のある幼児などへの指導に当たっては，長期的な視点で幼児への教育的支援を行うための個別の教育支援計画と，個別の指導計画を作成し活用することに努めること
- 海外から帰国した幼児や生活に必要な日本語の習得に困難のある幼児については，個々の幼児の実態に応じ，指導内容等の工夫を組織的かつ計画的に行うこと

⑥ 幼稚園運営上の留意事項
次のことを新たに示した。
- 園長の方針の下に，教職員が適切に役割を分担，連携しつつ，教育課程や指導の改善を図るとともに，学校評価については，カリキュラム・マネジメントと関連付けながら実施するよう留意すること
- 幼稚園間に加え，小学校等との間の連携や交流を図るとともに，障害のある幼児児童生徒との交流及び共同学習の機会を設け，協働して生活していく態度を育むよう努めること

(3) 「ねらい及び内容」の改訂の要点

「ねらい」を幼稚園教育において育みたい資質・能力を幼児の生活する姿から捉えたもの，「内容の取扱い」を幼児の発達を踏まえた指導を行うに当たって留意すべき事項として新たに示すとともに，指導を行う際に「幼児期の終わりまでに育ってほしい姿」を考慮することを新たに示した。

① 領域「健康」

見通しをもって行動することを「ねらい」に新たに示した。また，食べ物への興味や関心をもつことを「内容」に示すとともに，「幼児期運動指針」（平成24年3月文部科学省）などを踏まえ，多様な動きを経験する中で，体の働きを調整するようにすることを「内容の取扱い」に新たに示した。さらに，これまで第3章指導計画作成に当たっての留意事項に示されていた安全に関する記述を，安全に関する指導の重要性の観点等から「内容の取扱い」に示した。

② 領域「人間関係」

工夫したり，協力したりして一緒に活動する楽しさを味わうことを「ねらい」に新たに示した。また，諦めずにやり遂げることの達成感や，前向きな見通しをもつことなどを「内容の取扱い」に新たに示した。

③ 領域「環境」

日常生活の中で，我が国や地域社会における様々な文化や伝統に親しむことなどを「内容」に新たに示した。また，文化や伝統に親しむ際には，正月や節句など我が国の伝統的な行

事，国歌，唱歌，わらべうたや伝統的な遊びに親しんだり，異なる文化に触れる活動に親しんだりすることを通じて，社会とのつながりの意識や国際理解の意識の芽生えなどが養われるようにすることなどを「内容の取扱い」に新たに示した。
④ 領域「言葉」
　言葉に対する感覚を豊かにすることを「ねらい」に新たに示した。また，生活の中で，言葉の響きやリズム，新しい言葉や表現などに触れ，これらを使う楽しさを味わえるようにすることを「内容の取扱い」に新たに示した。
⑤ 領域「表現」
　豊かな感性を養う際に，風の音や雨の音，身近にある草や花の形や色など自然の中にある音，形，色などに気付くようにすることを「内容の取扱い」に新たに示した。

(4)「教育課程に係る教育時間の終了後等に行う教育活動などの留意事項」の改訂の要点
① 教育課程に係る教育時間の終了後等に行う教育活動などの留意事項
　教育課程に係る教育時間終了後等に行う教育活動の計画を作成する際に，地域の人々と連携するなど，地域の様々な資源を活用しつつ，多様な体験ができるようにすることを新たに示した。
② 子育ての支援
　幼稚園が地域における幼児期の教育のセンターとしての役割を果たす際に，心理や保健の専門家，地域の子育て経験者等と連携・協働しながら取り組むことを新たに示した。

＜参考文献＞
文部科学省『幼稚園教育要領』2017.3.31
厚生労働省『保育所保育指針』2017.3.31
内閣府・文部科学省・厚生労働省『幼保連携型認定こども園教育・保育要領』2017.3.31
中央教育審議会『幼稚園，小学校，中学校，高等学校及び特別支援学校の学習指導要領等の改善及び必要な方策等について（答申）』2016.12.21
文部科学省『学校基本調査』
無藤　隆『今後の幼児教育とは　幼稚園教育要領，保育所保育指針，幼保連携型認定こども園教育・保育要領，小学校学習指導要領の改訂を受けて』2017.1.16 国立教育政策研究所　幼児教育研究センター発足記念 平成28年度教育研究公開シンポジウム
淵上　孝『私立幼稚園を取り巻く現状と課題について』2016.1.28 全日本私立幼稚園連合会 平成27年度第2回都道府県政策担当者会議
池本美香，立岡健二郎『保育ニーズの将来展望と対応の在り方』JRI レビュー Vol.3, No.42 ㈱日本総合研究所
文部科学省『平成26年度幼児教育実態調査』2015.10
東京都教育委員会『小1問題・中1ギャップの予防・解決のための「教員加配に関わる効果検証」に関する調査　最終報告書について』2013.4.25

第2章　保育所保育指針の改定について

1．はじめに
(1) 中央教育審議会の答申と保育所保育指針
　2017（平成29）年3月31日，新保育所保育指針（以下，「新指針」とも）が告示され，これに続き，新指針の解説書『保育所保育指針解説書』の発行が通知された。

　今回改定された新指針は，1965（昭和40）年に保育所保育指針が策定されてから4回目の改定となる。なかでも2008（平成20）年の前回の改定からは，それまでの局長通知から厚生労働大臣による告示となり，遵守すべき法令となっている。

　今回の改定の特徴は，「第1章　幼稚園教育要領の改訂について」でも述べた2016（平成28）年12月の中央教育審議会による答申「幼稚園，小学校，中学校，高等学校及び特別支援学校の学習指導要領等の改善及び必要な方策等について」を踏まえ，新たな保育所保育指針においても「幼児教育を行う施設として共有すべき事項」として，3つの「育みたい資質・能力」ならびに10の「幼児期の終わりまでに育ってほしい姿」が記載されていることである。また，0歳から2歳児を中心とした3歳未満児の保育所利用児童数の増加といった保育所等における独自の問題への取り組みの積極的な対応も図られている。

(2) 保育所等を取り囲む環境
　図2-1に示すように，保育所等の利用児童数および設置数は，2009（平成21）年から2017年までの間いずれも増加している。特に子ども・子育て支援新制度がスタートした2015（平成27）年からは幼保連携型認定こども園，幼稚園型認定こども園等，特定地域型保育事業（小規模保育事業，家庭的保育事業，事業所内保育事業，居宅訪問型保育事業）が加わったことで，2017年には利用児童数254万6,669人，施設数では3万2,793施設と大きく拡大した。これは女性の社会進出に伴い乳幼児を持つ母親の就業が増えていること，また長期化する景気の低迷から共働き家庭の増加，長時間労働の蔓延など，小学校入学前の乳幼児の保育ニーズが高まっていることによる。

　なかでも3歳未満の乳幼児の利用数は多く，少子化が進んでいるにもかかわらず，2017年の保育所等を利用する3歳未満児数は103万1,486人と2009年の70万9,399人に比べ45.4％増，30万人近い増加となっている（図2-2）。また，3歳未満児の保育所等の待機児童数を見てみると，2009年から2017年にいたるまで毎年ほぼ2万人前後で推移している（図2-3）。これは保育所等の施設が近隣に新設されたことで，それまで出産を機に就業をあきらめていた女性たちが就業を目的に乳幼児の入所を希望するという，これまで表にあらわれなかった保育ニーズが顕在化しているためといわれている。産前産後休業後の職場復帰を考えている女性たちが子どもを預けるための保育所探しに奔走する「保活」という言葉が一般化しているように，3歳未満の乳幼児の保育ニーズが解消する兆しは見えていない。

　このため新指針では，乳児，1歳以上3歳未満児の保育についての記載の充実を図ることで，今後さらに増えていくであろう3歳未満児の保育の質的な向上を目指している。また，2016年12月の中央教育審議会による答申「幼稚園，小学校，中学校，高等学校及び特別支援学校の学習指導要領等の改善及び必要な方策等について」を踏まえ，新幼稚園教育要領との整合性を図ったより質の高い幼児教育の提供，食育の推進・安全な保育環境の確保などを訴えて

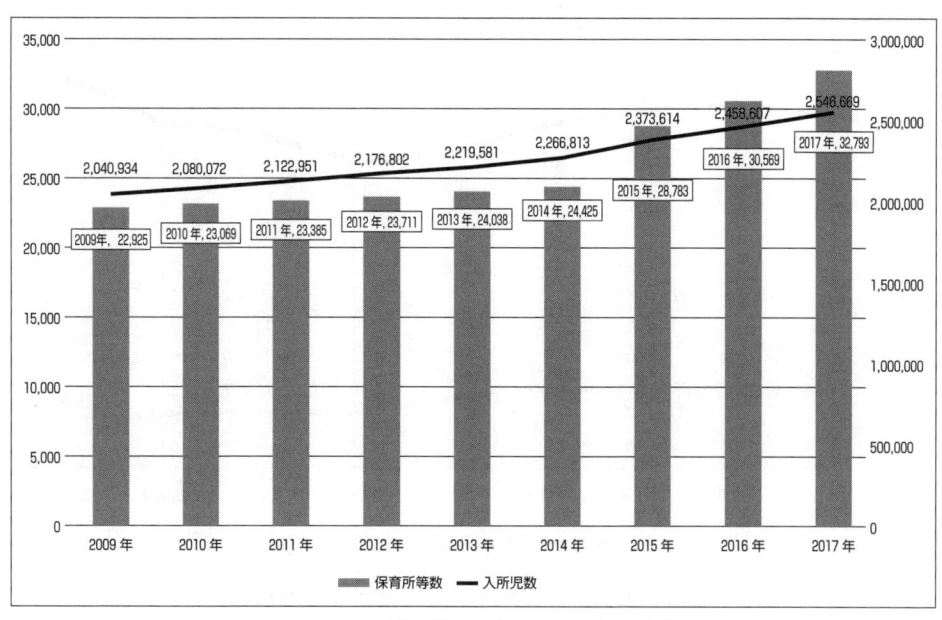

図2−1　保育所等施設数と入所児数の推移

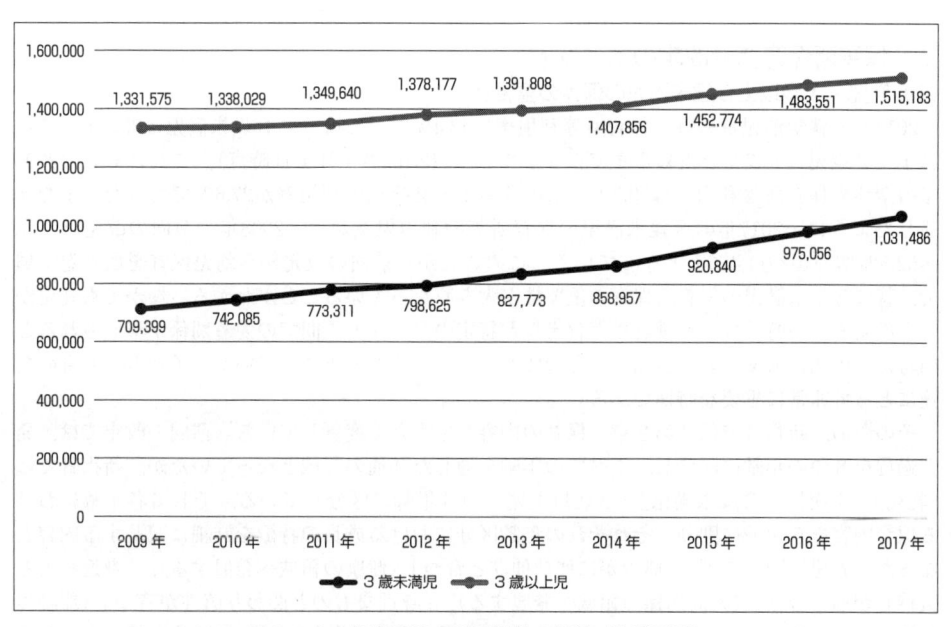

図2−2　保育所等の利用児数の推移（年齢層別）

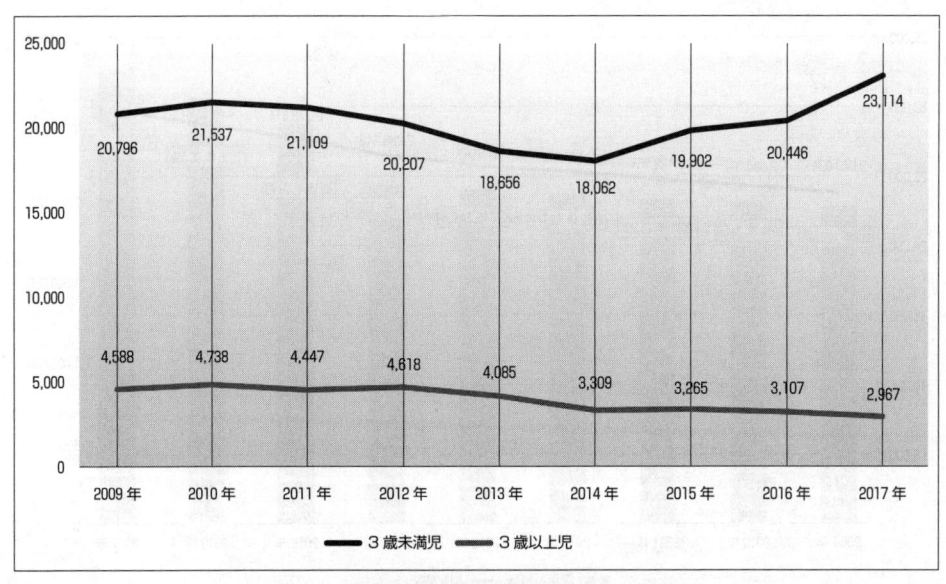

図2－3　保育所等待機児童数の推移（年齢層別）

いる。さらに，子育て世帯における子育ての負担や不安・孤立感の高まり・児童虐待相談件数の増加など子育てをめぐる地域や社会，家庭の状況の変化に対応し得る保育士としての専門性の向上など，今日的な施策を見据えた改定がなされている。

2．保育所保育指針改定のポイント
(1) 乳児・1歳以上3歳未満児の保育の重要性

　2017年の就学前児童のうち保育所等利用率は42.4％で，このうち3歳未満児は35.1％，さらに1・2歳児は45.7％を占めるまでになっている（2017年4月1日時点）。これに対し，2008年の全体の保育所等利用率は30.7％，このうち1・2歳児の利用率が27.6％であった。また前述したように，2017年の3歳未満児の保育所等の利用児童数は，2008年の前回の改定時に比べ52.5％増の103万1,486人となっている。このことから前回の改定から幼児保育を取り巻く環境，特に3歳未満児の保育所保育の重要性が大きくなっていることがわかる。なかでも乳児から2歳児までの時期は，保護者や保育士など特定のおとなとの間での愛着関係が形成されると同時に，周囲の人やもの，自然などとの関わりから自我が形成されていく，子どもの心身の発達にとって非常に重要な時期である。

　そのため，新指針では「第2章　保育の内容」を大きく変更している。前回の改定では，発達過程を8つの年齢に区分し，すべての年齢を通じた共通の記載となっていたが，新指針では「乳児」「1歳以上3歳未満児」「3歳以上児」の3年齢に区分している。そして各年齢における保育内容を5領域に則り，それぞれの年齢区分における成長の特徴を詳細に記載する内容となった（乳児に関しては，「健やかに伸び伸びと育つ」（健康の領域へ発展する），「身近な人と気持ちが通じ合う」（人間関係の領域へ発展する），「身近なものと関わり感性が育つ」（環境の領域へ発展する）の3つの関わりの視点）。なお「3歳以上児」については幼稚園教育要領の

「第2章 ねらい及び内容」に準拠している。

(2) 幼児教育の積極的な位置づけ

　2016年12月の中央教育審議会による答申「幼稚園、小学校、中学校、高等学校及び特別支援学校の学習指導要領等の改善及び必要な方策等について」では、現行の学習指導要領で謳われている知（確かな学力）・徳（豊かな人間性）・体（健康・体力）にわたる「生きる力」を、将来子どもたちがより一層確実に育むためには何が必要かということをポイントに記載されている。特に今後、人工知能（AI）の技術が進み、社会環境・構造の大きな変化が予測される未来において、その変化を前向きに受け止め、主体的によりよい将来を創り出していこうとする姿勢がより重要となってくる。

　そのため、新指針でも「幼児教育を行う施設として共有すべき事項」として、幼稚園教育要領および幼保連携型認定こども園教育・保育要領の改訂との整合性を図った「保育活動全体を通して育みたい」3つの「資質・能力」を記載している。

① 豊かな体験を通じて、感じたり、気付いたり、分かったり、できるようになったりする「知識及び技能の基礎」
② 気付いたことや、できるようになったことなどを使い、考えたり、試したり、工夫したり、表現したりする「思考力、判断力、表現力等の基礎」
③ 心情、意欲、態度が育つ中で、よりよい生活を営もうとする「学びに向かう力、人間性等」

　そして以下の10項目が、この3つの資質・能力が育まれている幼児において「幼児期の終わりまでに育ってほしい具体的な姿」である。

① 健康な心と体　　　　　　⑥ 思考力の芽生え
② 自立心　　　　　　　　　⑦ 自然との関わり・生命尊重
③ 協同性　　　　　　　　　⑧ 数量や図形、標識や文字などへの関心・感覚
④ 道徳性・規範意識の芽生え　⑨ 言葉による伝え合い
⑤ 社会生活との関わり　　　　⑩ 豊かな感性と表現

　保育所等における3歳以上の利用児童数は、前回の保育所保育指針の改定から増加傾向にあり、2015年からは子ども・子育て支援新制度の開始もあって幼稚園の園児数を上回るようになった（図1-2、図2-1参照）。こうした状況から、保育所等における幼児教育の重要性はさらに高まっていくものと考えられる。

　なお幼稚園教育要領、幼保連携型認定こども園教育・保育要領に記載されている「主体的・対話的で深い学び」（アクティブ・ラーニング）、「カリキュラム・マネジメント」については、新指針でそれらの用語を使っては触れていない。しかし、子どもの主体的な活動を促すために、全体的な計画などを子どもの実態や子どもを取り巻く状況の変化などに即して手直ししていく、PDCAの重要性について述べている（「主体的・対話的で深い学び」および「カリキュラム・マネジメント」については第1章を参照）。

(3) 小学校教育との円滑なつながり

　従来、小学校教育はいわばゼロからスタートするものと考えられてきた。そのため、ほとんどの子どもが幼稚園、保育所、認定こども園などに通い、小学校教育に求められる幼児として

の資質・能力はある程度育成されており，既に多くを学んでいることが見逃されていた。そこで，幼児教育が保育所での教育を含め，小学校以降の学習や生活の基盤の育成につながる重要な機会であるとの認識から，保育所保育でも小学校とのつながりを一層図るべきことが強調されるようになった。

　このため新指針では，前回以上に「小学校との連携」の項の充実を図っている。具体的には「幼児期にふさわしい生活を通じて，創造的な思考や主体的な生活態度などの基礎を培うようにする」などの幼児教育の「見方・考え方」に通ずる表現を盛り込むとともに，「保育所保育において育まれた資質・能力を踏まえ（中略），小学校教師との意見交換や合同の研究の機会などを設け（中略）『幼児期の終わりまでに育ってほしい姿』を共有するなど連携を図り」など，幼児期に育ってほしい資質・能力とその具体的な姿を幼保小で連携し円滑な接続に向けていくことの重要性が明記されている。

(4) 健康および安全な保育環境の確保

　子どもの育ちをめぐる環境の変化を踏まえ，食育の推進，安全な保育環境の確保等の記載内容を変更している。食育に関しては，前回の改定以降，2回にわたる食育推進基本計画の策定を反映させ，保育所における食育のさらなる浸透を目指し，記述内容の充実を図っている。また，保育所における食物アレルギー有病率が4.9％（平成21年度日本保育園保健協議会調査（現：日本保健保育協議会））と高率であることから，食物アレルギーに対する職員全員の共通理解を高める内容となった。

　さらに2011（平成23）年3月11日の東日本大震災や2016年の熊本地震の経験を踏まえて，行政機関や地域の関係機関と連携しながら，日頃からの備えや危機管理体制づくり等を進めるとともに，災害発生時の保護者との連絡，子どもの引渡しの円滑化などが記載された。

(5) 子育て支援の充実

　前回の改定から保育所に入所する子どもの保護者の支援が加わった（「保護者支援」）が，新指針では「保護者支援」の章を「子育て支援」に改め，保護者・家庭と連携した，質の高い子育てのための記述内容の充実を図っている。また，貧困家庭，外国籍家庭など特別な配慮を必要とする家庭の増加，児童虐待の相談件数の増加に対応した記述内容となっている。

(6) 職員の資質・専門性の向上

　子育て環境をめぐる地域・家庭の状況が変化（核家族化により子育て支援・協力が困難，共働き家庭の増加，父親の長時間労働，兄弟姉妹の減少から乳幼児と触れ合う機会のないまま親となった保護者の増加等）から，保育士は今まで以上にその専門性を高めることが求められるようなった。こうした時代背景から，専門職としての保育士等の資質の向上を目指した記述内容の充実と，そのためのキャリアパス（career path）の明確化，研修計画の体系化について新たに記載された。

　なお2015年度から実施されている「子ども・子育て支援新制度」では，より質の高い幼児教育提供のために，さまざまな支援が行われるようになった。その中で「幼稚園，保育所，認定こども園などの職員の処遇改善」が謳われており，具体的には職員の給与の改善，研修の充実など，キャリアップの取り組みに対する支援が掲げられている。

3．新しい保育所保育指針の概要（中央説明会資料による）

改定の方向性を踏まえて，前回の改定における大綱化の方針を維持しつつ，必要な章立ての見直しと記載内容の変更・追記等を行った。主な変更点及び新たな記載内容は，以下の通りである。

(1) 総則

保育所の役割や保育の目標など保育所保育に関する基本原則を示した上で，養護は保育所保育の基盤であり，保育所保育指針全体にとって重要なものであることから，「養護に関する基本的事項」（「生命の保持」と「情緒の安定」）を総則において記載することとした。

また，「保育の計画及び評価」についても総則で示すとともに，改定前の保育所保育指針における「保育課程の編成」については，「全体的な計画の作成」とし，幼保連携型認定こども園教育・保育要領，幼稚園教育要領との構成的な整合性を図った。

さらに，「幼児教育を行う施設として共有すべき事項」として，「育みたい資質・能力」3項目及び「幼児期の終わりまでに育ってほしい姿」10項目を，新たに示した。

(2) 保育の内容

保育所における教育については，幼保連携型認定こども園及び幼稚園と構成の共通化を図り，「健康・人間関係・環境・言葉・表現」の各領域における「ねらい」「内容」「内容の取扱い」を記載した。その際，保育所においては発達による変化が著しい乳幼児期の子どもが長期にわたって在籍することを踏まえ，乳児・1歳以上3歳未満児・3歳以上児に分けて記載するとともに，改定前の保育所保育指針第2章において示した「子どもの発達」に関する内容を，「基本的な事項」として，各時期のねらいや内容等とあわせて記述することとした。

乳児保育については，この時期の発達の特性を踏まえ，生活や遊びが充実することを通して，子どもたちの身体的・社会的精神的発達の基盤を培うという基本的な考え方の下，乳児を主体に，「健やかに伸び伸びと育つ」（健康な心と体を育て，自ら健康で安全な生活をつくり出す力の基盤を培う），「身近な人と気持ちが通じ合う」（受容的・応答的な関わりの下で，何かを伝えようとする意欲や身近な大人との信頼関係を育て，人と関わる力の基盤を培う），「身近なものと関わり感性が育つ」（身近な環境に興味や好奇心をもって関わり，感じたことや考えたことを表現する力の基盤を培う）という3つの視点から，保育の内容等を記載した。1歳以上3歳未満児については言葉と表現活動が生まれることに応じて，3歳以上と同様の5つの領域を構成している。

さらに，年齢別に記述するのみでは十分ではない項目については，別途配慮事項として示した。

(3) 健康及び安全

子どもの育ちをめぐる環境の変化や様々な研究，調査等による知見を踏まえ，アレルギー疾患を有する子どもの保育及び重大事故の発生しやすい保育の場面を具体的に提示しての事故防止の取組について，新たに記載した。

また，食育の推進に関する項目について，記述内容の充実を図った。さらに，子どもの生命を守るため，施設・設備等の安全確保や災害発生時の対応体制及び避難への備え，地域の関係機関との連携など，保育所における災害への備えに関する節を新たに設けた。

（4）子育て支援

　改定前の保育所保育指針と同様に，子育て家庭に対する支援についての基本的事項を示した上で，保育所を利用している保護者に対する子育て支援と，地域の保護者等に対する子育て支援について述べる構成となっている。

　基本的事項については，改定前の保育所保育指針の考え方や留意事項を踏襲しつつ，記述内容を整理するとともに，「保護者が子どもの成長に気付き子育ての喜びを感じられるよう努める」ことを明記した。

　また，保育所を利用している保護者に対する子育て支援については，保護者の子育てを自ら実践する力の向上に寄与する取組として，保育の活動に対する保護者の積極的な参加について記載するとともに，外国籍家庭など特別なニーズを有する家庭への個別的な支援に関する事項を新たに示した。

　地域の保護者等に対する子育て支援に関しても，改定前の保育所保育指針において示された関係機関との連携や協働，要保護児童への対応等とともに，保育所保育の専門性を生かすことや一時預かり事業等における日常の保育との関連への配慮など，保育所がその環境や特性を生かして地域に開かれた子育て支援を行うことをより明示的に記載した。

（5）職員の資質向上

　職員の資質・専門性とその向上について，各々の自己研鑽とともに，保育所が組織として職員のキャリアパスを見据えた研修機会の確保や充実を図ることを重視し，施設長の責務や体系的・計画的な研修の実施体制の構築，保育士等の役割分担や職員の勤務体制の工夫等，取組の内容や方法を具体的に示した。

＜参考文献＞

厚生労働省『保育所保育指針』2017.3.31
文部科学省『幼稚園教育要領』2017.3.31
内閣府・文部科学省・厚生労働省『幼保連携型認定こども園教育・保育要領』2017.3.31
中央教育審議会『幼稚園，小学校，中学校，高等学校及び特別支援学校の学習指導要領等の改善及び必要な方策等について（答申）』2016.12.21
無藤　隆『今後の幼児教育とは　幼稚園教育要領，保育所保育指針，幼保連携型認定こども園教育・保育要領，小学校学習指導要領の改訂を受けて』2017.1.16 国立教育政策研究所 幼児教育研究センター発足記念 平成28年度教育研究公開シンポジウム
淵上　孝『私立幼稚園を取り巻く現状と課題について』2016.1.28 全日本私立幼稚園連合会 平成27年度第2回都道府県政策担当者会議
厚生労働省『保育所等関連状況取りまとめ（平成29年4月1日）』2017.9.2
池本美香，立岡健二郎『保育ニーズの将来展望と対応の在り方』JRIレビュー Vol.3, No.42 ㈱日本総合研究所
東京都教育委員会『小1問題・中1ギャップの予防・解決のための「教員加配に関わる効果検証」に関する調査　最終報告書について』2013.4.25
日本保育園保健協議会（現：日本保育保健協議会）『保育所における食物アレルギーにかかわる調査研究』2010.3

第3章　幼保連携型認定こども園教育・保育要領の改訂について

1．はじめに
(1) これまでの流れ
　認定こども園は，小学校入学前の子どもに対する幼児教育・保育，ならびに保護者に対する子育ての支援を総合的に提供する施設として，2006（平成18）年に「就学前の子どもに関する教育，保育等の総合的な提供の推進に関する法律」（認定こども園法）の成立により，同年10月から開始された。周知のように認定こども園は，幼保連携型，幼稚園型，保育所型，地方裁量型の4タイプに分けられており，制度発足の当初は，幼稚園型が学校教育法に基づく認可，保育所型が児童福祉法に基づく認可，また幼保連携型が学校教育法および児童福祉法に基づくそれぞれの認可が必要であった。そのため2014（平成26）年に認定こども園法を改正し，幼保連携型認定こども園は認定こども園法に基づく単一の認可（教育基本法第6条の法律で定める学校）とし，管轄省庁も内閣府に一本化した。また同年には「幼保連携型認定こども園教育・保育要領」（以下，教育・保育要領）が策定され，0歳から小学校就学前までの子どもの一貫した保育・教育が実施されるようになった（幼保連携型認定こども園以外の認定こども園においても教育・保育要領を踏まえることとしている）。それらに基づき，2015年（平成27年）4月より，子ども・子育て支援新制度の開始とともに，新しい形の単一認可による幼保連携型認定こども園が発足した。

(2) 認定こども園を取り巻く環境
　2017（平成29）年3月31日に告示された新しい教育・保育要領は，2014年の策定に続くもので，『幼稚園教育要領』『保育所保育指針』の改訂（改定）との整合性を図ったものとなっている。認定こども園の施設数は，2014年までは緩やかな増加となっていたが，2014年に幼保連携型の認可が一元化されたこと，また2015年から子ども・子育て支援新制度がスタートし施設給付型に変わったことなどから，幼保連携型施設が大幅に増加し，2016（平成28）年には認定こども園全体で4,001施設，2017（平成29）年では5,081施設となった（図3－1）。このうち幼稚園，保育所等の既存の施設から認定こども園に移行した施設は，幼稚園377か所（2015年639か所，2016年438か所），認可保育所715か所（2015年1,047か所，2016年786か所），その他の保育施設35か所と，既存の施設からの移行が9割以上を占めている（なお認定こども園から認定こども園以外の施設に移行した施設は2015年128か所，2016年4か所，2017年4か所となっている）。一方，新規開設した施設は比較的少ないが（2015年16か所，2016年37か所），2017年は60施設が新規開設となっており年々増加傾向にある。
　認定こども園制度の一番の目的は，「待機児童ゼロ」政策の一環として，保護者の就労の有無に関わらず，小学校就学前の児童に対し幼稚園・保育所の制度の枠組みを超えた幼児教育・保育を提供することであった。しかし，待機児童数が減る兆しは一向にみえておらず，子ども・子育て支援新制度がスタートし保育所等の施設数・定員が増えた2015年，2016年においても，その数は減っていない。なかでも産前産後休業あるいは育児休業後の職場復帰を考えている共働き家庭で保育ニーズの高い3歳未満児の待機児童数は，若干の減少はみられても，ほぼ毎年2万人前後で推移している（図2－3参照）。これは，それまで保育所に入ることができずに母親の就労をあきらめていた家庭が保育施設の増設に伴い，幼児の保育所への入所を希

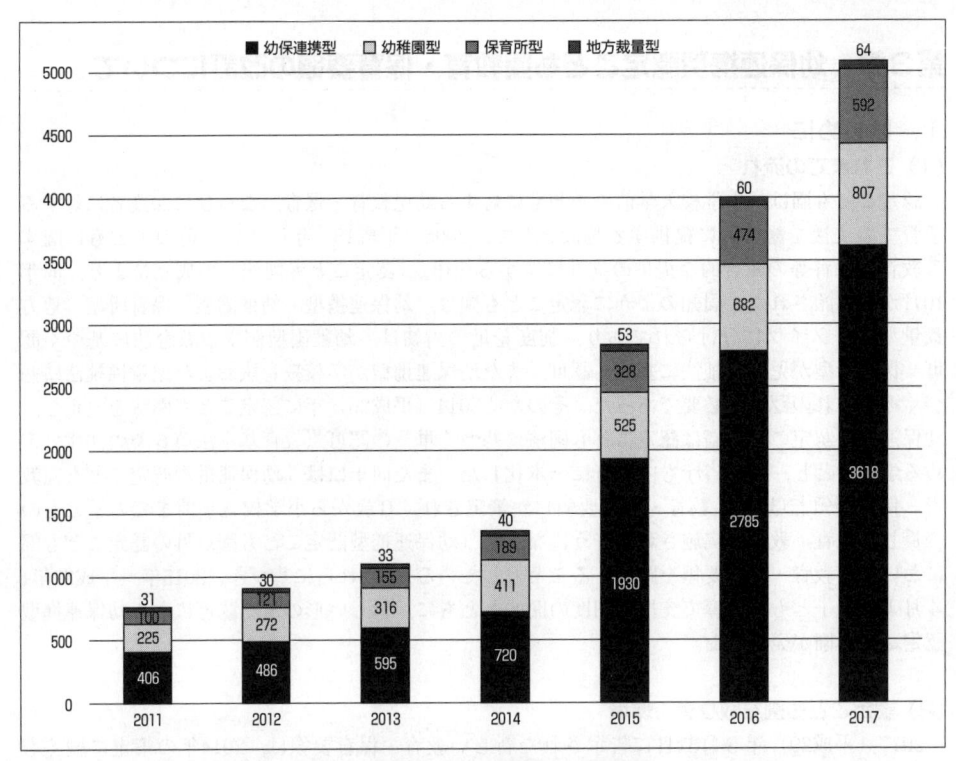

図3−1 認定こども園施設数の推移

望するようになったという隠れ需要が出てきていることによるといわれている。

今後も少子化の流れに変わりはないと思われるが，女性の社会進出がより進むことで5歳以下の幼児保育のニーズは増えていくと予想されている。また，第1章でも述べたように，中央教育審議会の求める「質の高い幼児教育」の提供という観点から幼児教育を担う幼稚園の存在意義はさらに大きくなるものと考えられる。こうしたことから幼稚園機能と保育所機能の両方を併せ持つ幼保連携型をはじめとする認定こども園の重要性はこれからさらに増していくものと思われる。

2．幼保連携型認定こども園教育・保育要領改訂のポイント

今回の改訂では，基本的には幼稚園教育要領での改訂，および保育所保育指針の改定に準拠したものとなっている。そのため，幼稚園教育要領および保育所保育指針の改訂（改定）のポイントなっている，幼児教育（保育）を通じて「育みたい資質・能力」および「幼児期の終わりまでに育ってほしい姿」が，新しい教育・保育要領の改訂版でも強調されている。なお，以下の（1）から（4）は幼稚園教育要領に準拠，また（5）から（7）は保育所保育指針に準拠した内容となっている。

(1) 幼保連携型認定こども園の教育および保育において育みたい資質・能力および「幼児期の終わりまでに育ってほしい姿」

現行の中央教育審議会の答申で述べられている「生きる力」の基礎を育むために子どもたちに以下の3つの資質・能力を育むことを明記している。

① 豊かな体験を通じて，感じたり，気付いたり，分かったり，できるようになったりする「知識及び技能の基礎」
② 気付いたことや，できるようになったことなどを使い，考えたり，試したり，工夫したり，表現したりする「思考力，判断力，表現力等の基礎」
③ 心情，意欲，態度が育つ中で，よりよい生活を営もうとする「学びに向かう力，人間性等」

そして，この3つの資質・能力が育まれている幼児の幼保連携型認定こども園修了時の具体的な姿が以下の10の姿である。

① 健康な心と体
② 自立心
③ 協同性
④ 道徳性・規範意識の芽生え
⑤ 社会生活との関わり
⑥ 思考力の芽生え
⑦ 自然との関わり・生命尊重
⑧ 数量や図形，標識や文字などへの関心・感覚
⑨ 言葉による伝え合い
⑩ 豊かな感性と表現

(2) カリキュラム・マネジメント

新教育・保育要領では，この「幼児期の終わりまでに育ってほしい姿」を踏まえて教育および保育の内容ならびに子育ての支援などに関する全体的な計画を作成し，その実施状況を評価して改善していくこと，また実施に必要な人的・物的な体制を確保し改善することで，幼保連携型認定こども園における教育および保育の質を高めていくカリキュラム・マネジメントの考え方が導入されている。

(3) 小学校教育との接続

幼保連携型認定こども園における教育および保育と小学校教育との円滑な接続の一層の強化を図ることを目的に，小学校教育との接続に関する記載が設けられた。ここでは幼保連携型認定こども園で育みたい3つの資質・能力を踏まえ，小学校の教諭との意見交換や合同研究の機会，また「幼児期の終わりまでに育ってほしい姿」を共有するなどの連携と接続の重要性が述べられている。

(4) 「主体的・対話的で深い学び」（アクティブ・ラーニング）の実現

中央教育審議会の答申で述べられている，学ぶことに興味・関心を持ち，見通しを持って粘り強く取り組み，自己の学習活動を振り返って次につなげる「主体的な学び」，子ども同士の協働・教職員や地域の人との対話・先哲の考え方を手がかりに考えるなどを通じて，自己の考えを広め深める「対話的な学び」，そして得られた知識を相互に関連付けてより深く理解したり，情報を精査して考えを形成したり，問題を見出し解決策を思考したり，自分の思い・考えを基に創造へと向かう「深い学び」の実現を謳っている。幼保連携型認定こども園においては，子どもたちがさまざまな人やものとの関わりを通して，多様な体験をし，心身の調和の取れた発達を促す際に，この「主体的・対話的で深い学び」が実現されることを求めている。

(5) 乳児・1歳以上3才未満児の保育の記載を充実

　新保育所保育指針との整合性を取り，「第2章　ねらい及び内容並びに配慮事項」では，乳児，1歳以上3才未満，満3歳以上の3つの年齢に分けている。そして各年齢における保育内容を原則として5領域に則り，それぞれの年齢区分における成長の特徴を詳細に記載する内容となっている。乳児に関しては，「健やかに伸び伸びと育つ」（健康な心と体を育て，自ら健康で安全な生活をつくりだす力の基盤を培う），「身近な人と気持ちが通じ合う」（受容的・応答的な関わりの下で，何かを伝えようとする意欲や身近な大人との信頼関係を育て，人と関わる力の基盤を培う），「身近なものと関わり感性が育つ」（身近な環境に興味や好奇心をもって関わり，感じたことや考えたことを表現する力の基盤を培う）という3つの関わりの視点とした。1歳以上3歳未満児については，言葉が生まれ，表現活動が始まることに応じて，3歳以上と同様の5つの領域を構成する。なお「3歳以上児」については，保育所保育指針と同じく，幼稚園教育要領の「第2章　ねらい及び内容」に準拠した内容となっている。

(6) 健康及び安全

　新しい教育・保育要領では，これまで「幼保連携型認定こども園として特に配慮すべき事項」に含まれていた「健康支援」「食育の推進」「環境及び衛生管理並びに安全管理」の3項目に，新たに「災害の備え」を付け加えた「第3章　健康及び安全」を新設している。内容としては，新しい保育所保育指針に準拠することで，保育における子どもの健康，安全性の確保の重要性を明記している。

(7) 子育ての支援の充実

　現行の教育・保育要領では「子育ての支援」は「幼保連携型認定こども園として特に配慮すべき事項」に含まれていたが，新しい教育・保育要領では「第4章　子育ての支援」として独立した章立てとし，園児の保護者ならびに地域の子育て家庭の保護者に向けた総合的な支援の提供を謳っている。内容としては，保育所保育指針との整合性を図っているほか，認定こども園独自の問題として，園に幼稚園機能を求める保護者と保育所機能を求める保護者との意識の違いの解消を目的とした記載もみられる。

3．新しい幼保連携型認定こども園教育・保育要領の概要（中央説明会資料による）

(1) 総則

① 幼保連携型認定こども園における教育及び保育の基本及び目標等

　幼保連携型認定こども園における教育及び保育の基本の中で，幼児期の物事を捉える視点や考え方である幼児期における見方・考え方を新たに示すとともに，計画的な環境の構成に関連して，教材を工夫すること，また，教育及び保育は，園児が入園してから修了するまでの在園期間全体を通して行われるものであることを新たに示した。

　さらに，幼保連携型認定こども園の教育及び保育において育みたい資質・能力と園児の幼保連携型認定こども園修了時の具体的な姿である「幼児期の終わりまでに育ってほしい姿」を新たに示すとともに，これらと第2章の「ねらい」及び「内容」との関係について新たに示した。

② 教育及び保育の内容並びに子育ての支援等に関する全体的な計画等
ア 教育及び保育の内容並びに子育ての支援等に関する全体的な計画の作成等
　幼稚園教育要領等を踏まえて、次のことを新たに示した。
　・教育及び保育の内容並びに子育ての支援等に関する全体的な計画（全体的な計画）は、どのような計画か
　・各幼保連携型認定こども園においてカリキュラム・マネジメントに努めること
　・各幼保連携型認定こども園の教育及び保育の目標を明確化及び全体的な計画の作成についての基本的な方針が共有されるよう努めること
　・園長の方針の下、保育教諭等職員が適切に役割を分担、連携しつつ、全体的な計画や指導の改善を図るとともに、教育及び保育等に係る評価について、カリキュラム・マネジメントと関連を図りながら実施するよう留意すること
　・「幼児期の終わりまでに育ってほしい姿」を共有するなど連携を図り、幼保連携型認定こども園における教育及び保育と小学校教育との円滑な接続を図るよう努めること
イ 指導計画の作成と園児の理解に基づいた評価
　幼稚園教育要領を踏まえて、次のことを新たに示した。
　・多様な体験に関連して、園児の発達に即して主体的・対話的で深い学びが実現するようにすること
　・園児の発達を踏まえた言語環境を整え、言語活動の充実を図ること
　・保育教諭等や他の園児と共に遊びや生活の中で見通しをもったり振り返ったりするよう工夫すること
　・直接体験の重要性を踏まえ、視聴覚教材やコンピュータなど情報機器を活用する際には、園生活では得難い体験を補完するなど、園児の体験との関連を考慮すること
　・幼保連携型認定こども園間に加え、小学校等との間の連携や交流を図るとともに、障害のある園児等との交流及び共同学習の機会を設け、協働して生活していく態度を育むよう努めること
　・園児一人一人のよさや可能性を把握するなど園児の理解に基づいた評価を実施すること
　・評価の実施の際には、他の園児との比較や一定の基準に対する達成度についての評定によって捉えるものではないことに留意すること
ウ 特別な配慮を必要とする園児への指導
　幼稚園教育要領を踏まえて次のことを新たに示した。
　・障害のある園児への指導に当たって、長期的な視点で園児への教育的支援を行うため、個別の教育及び保育支援計画や個別の指導計画を作成し活用することに努めること
　・海外から帰国した園児や生活に必要な日本語の習得に困難のある園児については、個々の園児の実態に応じ、指導内容等の工夫を組織的かつ計画的に行うこと
③ 幼保連携型認定こども園として特に配慮すべき事項
　前回の幼保連携型認定こども園教育・保育要領の策定、施行後の実践を踏まえた知見等を基に、次のことなどを新たに示した。
・満３歳以上の園児の入園時や移行時等の情報共有や、環境の工夫等について
・環境を通して行う教育及び保育の活動の充実を図るため、教育及び保育の環境の構成に当たっては、多様な経験を有する園児同士が学び合い、豊かな経験を積み重ねられるよう、工夫をすること

・長期的な休業中の多様な生活経験が長期的な休業などの終了後等の園生活に生かされるよう工夫をすること

(2) ねらい及び内容並びに配慮事項

　満3歳未満の園児の保育に関するねらい及び内容並びに配慮事項等に関しては保育所保育指針の保育の内容の新たな記載を踏まえ，また，満3歳以上の園児の教育及び保育に関するねらい及び内容に関しては幼稚園教育要領のねらい及び内容の改善・充実を踏まえて，それぞれ新たに示した。

・「ねらい」は幼保連携型認定こども園の教育及び保育において育みたい資質・能力を園児の生活する姿から捉えたものであること
・「内容の取扱い」は園児の発達を踏まえた指導を行うに当たって留意すべき事項であること
・「幼児期の終わりまでに育ってほしい姿」は指導を行う際に考慮するものであること
・各視点や領域は，この時期の発達の特徴を踏まえ，乳幼児の発達の側面からまとめ示したものであること

　また，幼保連携型認定こども園においては，長期にわたって在籍する園児もいることを踏まえ，乳児期・満1歳以上満3歳未満の園児・満3歳以上の園児に分けて記載するとともに，「子どもの発達」に関する内容を，「基本的な事項」として各時期のねらいや内容等とあわせて新たに示した。

① 乳児期の園児の保育に関するねらい及び内容
　乳児期の発達の特徴を示すとともに，それらを踏まえ，ねらい及び内容について身体的発達に関する視点「健やかに伸び伸びと育つ」，社会的発達に関する視点「身近な人と気持ちが通じ合う」，精神的発達に関する視点「身近なものと関わり感性が育つ」としてまとめ，新たに示した。

② 満1歳以上満3歳未満の園児の保育に関するねらい及び内容
　この時期の発達の特徴を示すとともに，それらを踏まえ，ねらい及び内容について心身の健康に関する領域「健康」，人との関わりに関する領域「人間関係」，身近な環境との関わりに関する領域「環境」，言葉の獲得に関する領域「言葉」及び感性と表現に関する領域「表現」としてまとめ，新たに示した。

③ 満3歳以上の園児の教育及び保育に関するねらい及び内容
　この時期の発達の特徴を示すとともに，それらを踏まえ，ねらい及び内容について心身の健康に関する領域「健康」，人との関わりに関する領域「人間関係」，身近な環境との関わりに関する領域「環境」，言葉の獲得に関する領域「言葉」及び感性と表現に関する領域「表現」としてまとめ，内容の改善を図り，充実させた。

④ 教育及び保育の実施に関する配慮事項
　保育所保育指針を踏まえて，次のことなどを新たに示した。
　・心身の発達や個人差，個々の気持ち等を踏まえ，援助すること
　・心と体の健康等に留意すること
　・園児が自ら周囲へ働き掛け自ら行う活動を見守り，援助すること
　・入園時の個別対応や周りの園児への留意等
　・国籍や文化の違い等への留意等

・性差や個人差等への留意等

（3）健康及び安全
　現代的な諸課題を踏まえ，特に，以下の事項の改善・充実を図った。
　また，全職員が相互に連携し，それぞれの専門性を生かしながら，組織的かつ適切な対応を行うことができるような体制整備や研修を行うことを新たに示した。
・アレルギー疾患を有する園児への対応や環境の整備等
・食育の推進における，保護者や地域，関係機関等との連携や協働
・環境及び衛生管理等における職員の衛生知識の向上
・重大事故防止の対策等
・災害への備えとして，施設・設備等の安全確保，災害発生時の対応や体制等，地域の関係機関との連携

（4）子育ての支援
　子育ての支援に関して，特に以下の事項の内容の改善・充実を図った。
　○ 子育ての全般に関わる事項について
・保護者の自己決定の尊重や幼保連携型認定こども園の特性を生かすこと
・園全体の体制構築に努めることや地域の関係機関との連携構築，子どものプライバシーの保護・秘密保持
　○ 幼保連携型認定こども園の園児の保護者に対する事項について
・多様な生活形態の保護者に対する教育及び保育の活動等への参加の工夫
・保護者同士の相互理解や気付き合い等への工夫や配慮
・保護者の多様化した教育及び保育の需要への対応等
　○ 地域における子育て家庭の保護者に対する事項について
・地域の子どもに対する一時預かり事業などと教育及び保育との関連への考慮
・幼保連携型認定こども園の地域における役割等

＜参考文献＞
内閣府・文部科学省・厚生労働省『幼保連携型認定こども園教育・保育要領』2017.3.31
文部科学省『幼稚園教育要領』2017.3.31
厚生労働省『保育所保育指針』2017.3.31
中央教育審議会『幼稚園，小学校，中学校，高等学校及び特別支援学校の学習指導要領等の改善及び必要な方策等について（答申）』2016.12.21
無藤 隆『今後の幼児教育とは　幼稚園教育要領，保育所保育指針，幼保連携型認定こども園教育・保育要領，小学校学習指導要領の改訂を受けて』2017.1.16 国立教育政策研究所　幼児教育研究センター発足記念 平成28年度教育研究公開シンポジウム
淵上 孝『私立幼稚園を取り巻く現状と課題について』2016.1.28 全日本私立幼稚園連合会 平成27年度第2回都道府県政策担当者会議
池本美香，立岡健二郎『保育ニーズの将来展望と対応の在り方』JRIレビュー Vol.3. No. 42 ㈱日本総合研究所

内閣府『認定こども園に関する状況について（平成29年4月1日）』2017.9.8
文部科学省『平成26年度幼児教育実態調査』2015.10
厚生労働省『保育所等関連状況取りまとめ（平成29年4月1日）』2017.9.1
東京都教育委員会『小1問題・中1ギャップの予防・解決のための「教員加配に関わる効果検証」に関する調査　最終報告書について』2013.4.25

資料　幼稚園教育要領

（平成29年3月31日文部科学省告示第62号）
（平成30年4月1日から施行）

　教育は，教育基本法第1条に定めるとおり，人格の完成を目指し，平和で民主的な国家及び社会の形成者として必要な資質を備えた心身ともに健康な国民の育成を期すという目的のもと，同法第2条に掲げる次の目標を達成するよう行われなければならない。
1　幅広い知識と教養を身に付け，真理を求める態度を養い，豊かな情操と道徳心を培うとともに，健やかな身体を養うこと。
2　個人の価値を尊重して，その能力を伸ばし，創造性を培い，自主及び自律の精神を養うとともに，職業及び生活との関連を重視し，勤労を重んずる態度を養うこと。
3　正義と責任，男女の平等，自他の敬愛と協力を重んずるとともに，公共の精神に基づき，主体的に社会の形成に参画し，その発展に寄与する態度を養うこと。
4　生命を尊び，自然を大切にし，環境の保全に寄与する態度を養うこと。
5　伝統と文化を尊重し，それらをはぐくんできた我が国と郷土を愛するとともに，他国を尊重し，国際社会の平和と発展に寄与する態度を養うこと。

　また，幼児期の教育については，同法第11条に掲げるとおり，生涯にわたる人格形成の基礎を培う重要なものであることにかんがみ，国及び地方公共団体は，幼児の健やかな成長に資する良好な環境の整備その他適当な方法によって，その振興に努めなければならないこととされている。

　これからの幼稚園には，学校教育の始まりとして，こうした教育の目的及び目標の達成を目指しつつ，一人一人の幼児が，将来，自分のよさや可能性を認識するとともに，あらゆる他者を価値のある存在として尊重し，多様な人々と協働しながら様々な社会的変化を乗り越え，豊かな人生を切り拓き，持続可能な社会の創り手となることができるようにするための基礎を培うことが求められる。このために必要な教育の在り方を具体化するのが，各幼稚園において教育の内容等を組織的かつ計画的に組み立てた教育課程である。

　教育課程を通して，これからの時代に求められる教育を実現していくためには，よりよい学校教育を通してよりよい社会を創るという理念を学校と社会とが共有し，それぞれの幼稚園において，幼児期にふさわしい生活をどのように展開し，どのような資質・能力を育むようにするのかを教育課程において明確にしながら，社会との連携及び協働によりその実現を図っていくという，社会に開かれた教育課程の実現が重要となる。

　幼稚園教育要領とは，こうした理念の実現に向けて必要となる教育課程の基準を大綱的に定めるものである。幼稚園教育要領が果たす役割の一つは，公の性質を有する幼稚園における教育水準を全国的に確保することである。また，各幼稚園がその特色を生かして創意工夫を重ね，長年にわたり積み重ねられてきた教育実践や学術研究の蓄積を生かしながら，幼児や地域の現状や課題を捉え，家庭や地域社会と協力して，幼稚園教育要領を踏まえた教育活動の更なる充実を図っていくことも重要である。

　幼児の自発的な活動としての遊びを生み出すために必要な環境を整え，一人一人の資質・能力を育んでいくことは，教職員をはじめとする幼稚園関係者はもとより，家庭や地域の人々も含め，様々な立場から幼児や幼稚園に関わる全ての大人に期待される役割である。家庭との緊密な連携の下，小学校以降の教育や生涯にわたる学習とのつながりを見通しながら，幼児の自発的な活動としての遊びを通しての総合的な指導をする際に広く活用されるものとなることを期待して，ここに幼稚園教育要領を定める。

第1章　総　則

第1　幼稚園教育の基本

　幼児期の教育は，生涯にわたる人格形成の基礎を培う重要なものであり，幼稚園教育は，学校教育法に規定する目的及び目標を達成するため，幼児期の特性を踏まえ，環境を通して行うものであることを基本とする。

　このため教師は，幼児との信頼関係を十分に築き，幼児が身近な環境に主体的に関わり，環境との関わり方や意味に気付き，これらを取り込もうとして，試行錯誤したり，考えたりするようになる幼児期の教育における見方・考え方を生かし，幼児と共によりよい教育環境を創造するように努めるものとする。これらを踏まえ，次に示す事項を重視して教育を行わなければならない。
1　幼児は安定した情緒の下で自己を十分に発揮することにより発達に必要な体験を得ていくものであることを考慮して，幼児の主体的な活動を促し，幼児期にふさわしい生活が展開されるようにすること。
2　幼児の自発的な活動としての遊びは，心身の調和のとれた発達の基礎を培う重要な学習であることを考慮して，遊びを通しての指導を中心として第2章に示すねらいが総合的に達成されるようにすること。
3　幼児の発達は，心身の諸側面が相互に関連し合い，多様な経過をたどって成し遂げられていくものであること，また，幼児の生活経験がそれぞれ異なることなどを考慮して，幼児一人一人の特性に応じ，発達の課

題に即した指導を行うようにすること。

　その際，教師は，幼児の主体的な活動が確保されるよう幼児一人一人の行動の理解と予想に基づき，計画的に環境を構成しなければならない。この場合において，教師は，幼児と人やものとの関わりが重要であることを踏まえ，教材を工夫し，物的・空間的環境を構成しなければならない。また，幼児一人一人の活動の場面に応じて，様々な役割を果たし，その活動を豊かにしなければならない。

第2　幼稚園教育において育みたい資質・能力及び「幼児期の終わりまでに育ってほしい姿」
  1　幼稚園においては，生きる力の基礎を育むため，この章の第1に示す幼稚園教育の基本を踏まえ，次に掲げる資質・能力を一体的に育むよう努めるものとする。
    (1) 豊かな体験を通じて，感じたり，気付いたり，分かったり，できるようになったりする「知識及び技能の基礎」
    (2) 気付いたことや，できるようになったことなどを使い，考えたり，試したり，工夫したり，表現したりする「思考力，判断力，表現力等の基礎」
    (3) 心情，意欲，態度が育つ中で，よりよい生活を営もうとする「学びに向かう力，人間性等」
  2　1に示す資質・能力は，第2章に示すねらい及び内容に基づく活動全体によって育むものである。
  3　次に示す「幼児期の終わりまでに育ってほしい姿」は，第2章に示すねらい及び内容に基づく活動全体を通して資質・能力が育まれている幼児の幼稚園修了時の具体的な姿であり，教師が指導を行う際に考慮するものである。
    (1) 健康な心と体
      　幼稚園生活の中で，充実感をもって自分のやりたいことに向かって心と体を十分に働かせ，見通しをもって行動し，自ら健康で安全な生活をつくり出すようになる。
    (2) 自立心
      　身近な環境に主体的に関わり様々な活動を楽しむ中で，しなければならないことを自覚し，自分の力で行うために考えたり，工夫したりしながら，諦めずにやり遂げることで達成感を味わい，自信をもって行動するようになる。
    (3) 協同性
      　友達と関わる中で，互いの思いや考えなどを共有し，共通の目的の実現に向けて，考えたり，工夫したり，協力したりし，充実感をもってやり遂げるようになる。
    (4) 道徳性・規範意識の芽生え
      　友達と様々な体験を重ねる中で，してよいことや悪いことが分かり，自分の行動を振り返ったり，友達の気持ちに共感したりし，相手の立場に立って行動するようになる。また，きまりを守る必要性が分かり，自分の気持ちを調整し，友達と折り合いを付けながら，きまりをつくったり，守ったりするようになる。
    (5) 社会生活との関わり
      　家族を大切にしようとする気持ちをもつとともに，地域の身近な人と触れ合う中で，人との様々な関わり方に気付き，相手の気持ちを考えて関わり，自分が役に立つ喜びを感じ，地域に親しみをもつようになる。また，幼稚園内外の様々な環境に関わる中で，遊びや生活に必要な情報を取り入れ，情報に基づき判断したり，情報を伝え合ったり，活用したりするなど，情報を役立てながら活動するようになるとともに，公共の施設を大切に利用するなどして，社会とのつながりなどを意識するようになる。
    (6) 思考力の芽生え
      　身近な事象に積極的に関わる中で，物の性質や仕組みなどを感じ取ったり，気付いたりし，考えたり，予想したり，工夫したりするなど，多様な関わりを楽しむようになる。また，友達の様々な考えに触れる中で，自分と異なる考えがあることに気付き，自ら判断したり，考え直したりするなど，新しい考えを生み出す喜びを味わいながら，自分の考えをよりよいものにするようになる。
    (7) 自然との関わり・生命尊重
      　自然に触れて感動する体験を通して，自然の変化などを感じ取り，好奇心や探究心をもって考え言葉などで表現しながら，身近な事象への関心が高まるとともに，自然への愛情や畏敬の念をもつようになる。また，身近な動植物に心を動かされる中で，生命の不思議さや尊さに気付き，身近な動植物への接し方を考え，命あるものとしていたわり，大切にする気持ちをもって関わるようになる。
    (8) 数量や図形，標識や文字などへの関心・感覚
      　遊びや生活の中で，数量や図形，標識や文字などに親しむ体験を重ねたり，標識や文字の役割に気付いたりし，自らの必要感に基づきこれらを活用し，興味や関心，感覚をもつようになる。
    (9) 言葉による伝え合い
      　先生や友達と心を通わせる中で，絵本や物語などに親しみながら，豊かな言葉や表現を身に付け，経験したことや考えたことなどを言葉で伝えたり，相手の話を注意して聞いたりし，言葉による伝え合い

を楽しむようになる。
(10) 豊かな感性と表現
　　心を動かす出来事などに触れ感性を働かせる中で、様々な素材の特徴や表現の仕方などに気付き、感じたことや考えたことを自分で表現したり、友達同士で表現する過程を楽しんだりし、表現する喜びを味わい、意欲をもつようになる。

第3　教育課程の役割と編成等
1　教育課程の役割
　　各幼稚園においては、教育基本法及び学校教育法その他の法令並びにこの幼稚園教育要領の示すところに従い、創意工夫を生かし、幼児の心身の発達と幼稚園及び地域の実態に即応した適切な教育課程を編成するものとする。
　　また、各幼稚園においては、6に示す全体的な計画にも留意しながら、「幼児期の終わりまでに育ってほしい姿」を踏まえ教育課程を編成すること、教育課程の実施状況を評価してその改善を図っていくこと、教育課程の実施に必要な人的又は物的な体制を確保するとともにその改善を図っていくことなどを通して、教育課程に基づき組織的かつ計画的に各幼稚園の教育活動の質の向上を図っていくこと（以下「カリキュラム・マネジメント」という。）に努めるものとする。
2　各幼稚園の教育目標と教育課程の編成
　　教育課程の編成に当たっては、幼稚園教育において育みたい資質・能力を踏まえつつ、各幼稚園の教育目標を明確にするとともに、教育課程の編成についての基本的な方針が家庭や地域とも共有されるよう努めるものとする。
3　教育課程の編成上の基本的事項
(1) 幼稚園生活の全体を通して第2章に示すねらいが総合的に達成されるよう、教育課程に係る教育期間や幼児の生活経験や発達の過程などを考慮して具体的なねらいと内容を組織するものとする。この場合においては、特に、自我が芽生え、他者の存在を意識し、自己を抑制しようとする気持ちが生まれる幼児期の発達の特性を踏まえ、入園から修了に至るまでの長期的な視野をもって充実した生活が展開できるように配慮するものとする。
(2) 幼稚園の毎学年の教育課程に係る教育週数は、特別の事情のある場合を除き、39週を下ってはならない。
(3) 幼稚園の1日の教育課程に係る教育時間は、4時間を標準とする。ただし、幼児の心身の発達の程度や季節などに適切に配慮するものとする。
4　教育課程の編成上の留意事項

　　教育課程の編成に当たっては、次の事項に留意するものとする。
(1) 幼児の生活は、入園当初の一人一人の遊びや教師との触れ合いを通して幼稚園生活に親しみ、安定していく時期から、他の幼児との関わりの中で幼児の主体的な活動が深まり、幼児が互いに必要な存在であることを認識するようになり、やがて幼児同士や学級全体で目的をもって協同して幼稚園生活を展開し、深めていく時期などに至るまでの過程を様々に経ながら広げられていくものであることを考慮し、活動がそれぞれの時期にふさわしく展開されるようにすること。
(2) 入園当初、特に、3歳児の入園については、家庭との連携を緊密にし、生活のリズムや安全面に十分配慮すること。また、満3歳児については、学年の途中から入園することを考慮し、幼児が安心して幼稚園生活を過ごすことができるよう配慮すること。
(3) 幼稚園生活が幼児にとって安全なものとなるよう、教職員による協力体制の下、幼児の主体的な活動を大切にしつつ、園庭や園舎などの環境の配慮や指導の工夫を行うこと。
5　小学校教育との接続に当たっての留意事項
(1) 幼稚園においては、幼稚園教育が、小学校以降の生活や学習の基盤の育成につながることに配慮し、幼児期にふさわしい生活を通して、創造的な思考や主体的な生活態度などの基礎を培うようにするものとする。
(2) 幼稚園教育において育まれた資質・能力を踏まえ、小学校教育が円滑に行われるよう、小学校の教師との意見交換や合同の研究の機会などを設け、「幼児期の終わりまでに育ってほしい姿」を共有するなど連携を図り、幼稚園教育と小学校教育との円滑な接続を図るよう努めるものとする。
6　全体的な計画の作成
　　各幼稚園においては、教育課程を中心に、第3章に示す教育課程に係る教育時間の終了後等に行う教育活動の計画、学校保健計画、学校安全計画などとを関連させ、一体的に教育活動が展開されるよう全体的な計画を作成するものとする。

第4　指導計画の作成と幼児理解に基づいた評価
1　指導計画の考え方
　　幼稚園教育は、幼児が自ら意欲をもって環境と関わることによりつくり出される具体的な活動を通して、その目標の達成を図るものである。
　　幼稚園においてはこのことを踏まえ、幼児期にふさわしい生活が展開され、適切な指導が行われるよう、

それぞれの幼稚園の教育課程に基づき、調和のとれた組織的、発展的な指導計画を作成し、幼児の活動に沿った柔軟な指導を行わなければならない。

2　指導計画の作成上の基本的事項
(1) 指導計画は、幼児の発達に即して一人一人の幼児が幼児期にふさわしい生活を展開し、必要な体験を得られるようにするために、具体的に作成するものとする。
(2) 指導計画の作成に当たっては、次に示すところにより、具体的なねらい及び内容を明確に設定し、適切な環境を構成することなどにより活動が選択・展開されるようにするものとする。
　ア　具体的なねらい及び内容は、幼稚園生活における幼児の発達の過程を見通し、幼児の生活の連続性、季節の変化などを考慮して、幼児の興味や関心、発達の実情などに応じて設定すること。
　イ　環境は、具体的なねらいを達成するために適切なものとなるように構成し、幼児が自らその環境に関わることにより様々な活動を展開しつつ必要な体験を得られるようにすること。その際、幼児の生活する姿や発想を大切にし、常にその環境が適切なものとなるようにすること。
　ウ　幼児の行う具体的な活動は、生活の流れの中で様々に変化するものであることに留意し、幼児が望ましい方向に向かって自ら活動を展開していくことができるよう必要な援助をすること。
　　その際、幼児の実態及び幼児を取り巻く状況の変化などに即して指導の過程についての評価を適切に行い、常に指導計画の改善を図るものとする。

3　指導計画の作成上の留意事項
　指導計画の作成に当たっては、次の事項に留意するものとする。
(1) 長期的に発達を見通した年、学期、月などにわたる長期の指導計画やこれとの関連を保ちながらより具体的な幼児の生活に即した週、日などの短期の指導計画を作成し、適切な指導が行われるようにすること。特に、週、日などの短期の指導計画については、幼児の生活のリズムに配慮し、幼児の意識や興味の連続性のある活動が相互に関連して幼稚園生活の自然な流れの中に組み込まれるようにすること。
(2) 幼児が様々な人やものとの関わりを通して、多様な体験をし、心身の調和のとれた発達を促すようにしていくこと。その際、幼児の発達に即して主体的・対話的で深い学びが実現するようにするとともに、心を動かされる体験が次の活動を生み出すことを考慮し、一つ一つの体験が相互に結び付き、幼稚園生活が充実するようにすること。
(3) 言語に関する能力の発達と思考力等の発達が関連していることを踏まえ、幼稚園生活全体を通して、幼児の発達を踏まえた言語環境を整え、言語活動の充実を図ること。
(4) 幼児が次の活動への期待や意欲をもつことができるよう、幼児の実態を踏まえながら、教師や他の幼児と共に遊びや生活の中で見通しをもったり、振り返ったりするよう工夫すること。
(5) 行事の指導に当たっては、幼稚園生活の自然の流れの中で生活に変化や潤いを与え、幼児が主体的に楽しく活動できるようにすること。なお、それぞれの行事についてはその教育的価値を十分検討し、適切なものを精選し、幼児の負担にならないようにすること。
(6) 幼児期は直接的な体験が重要であることを踏まえ、視聴覚教材やコンピュータなど情報機器を活用する際には、幼稚園生活では得難い体験を補完するなど、幼児の体験との関連を考慮すること。
(7) 幼児の主体的な活動を促すためには、教師が多様な関わりをもつことが重要であることを踏まえ、教師は、理解者、共同作業者など様々な役割を果たし、幼児の発達に必要な豊かな体験が得られるよう、活動の場面に応じて、適切な指導を行うようにすること。
(8) 幼児の行う活動は、個人、グループ、学級全体などで多様に展開されるものであることを踏まえ、幼稚園全体の教師による協力体制を作りながら、一人一人の幼児が興味や欲求を十分に満足させるよう適切な援助を行うようにすること。

4　幼児理解に基づいた評価の実施
　幼児一人一人の発達の理解に基づいた評価の実施に当たっては、次の事項に配慮するものとする。
(1) 指導の過程を振り返りながら幼児の理解を進め、幼児一人一人のよさや可能性などを把握し、指導の改善に生かすようにすること。その際、他の幼児との比較や一定の基準に対する達成度についての評定によって捉えるものではないことに留意すること。
(2) 評価の妥当性や信頼性が高められるよう創意工夫を行い、組織的かつ計画的な取組を推進するとともに、次年度又は小学校等にその内容が適切に引き継がれるようにすること。

第5　特別な配慮を必要とする幼児への指導
1　障害のある幼児などへの指導
　障害のある幼児などへの指導に当たっては、集団の中で生活することを通して全体的な発達を促していくことに配慮し、特別支援学校などの助言又は援助を活

用しつつ，個々の幼児の障害の状態などに応じた指導内容や指導方法の工夫を組織的かつ計画的に行うものとする。また，家庭，地域及び医療や福祉，保健等の業務を行う関係機関との連携を図り，長期的な視点で幼児への教育的支援を行うために，個別の教育支援計画を作成し活用することに努めるとともに，個々の幼児の実態を的確に把握し，個別の指導計画を作成し活用することに努めるものとする。
2　海外から帰国した幼児や生活に必要な日本語の習得に困難のある幼児の幼稚園生活への適応

海外から帰国した幼児や生活に必要な日本語の習得に困難のある幼児については，安心して自己を発揮できるよう配慮するなど個々の幼児の実態に応じ，指導内容や指導方法の工夫を組織的かつ計画的に行うものとする。

第6　幼稚園運営上の留意事項
1　各幼稚園においては，園長の方針の下に，園務分掌に基づき教職員が適切に役割を分担しつつ，相互に連携しながら，教育課程や指導の改善を図るものとする。また，各幼稚園が行う学校評価については，教育課程の編成，実施，改善が教育活動や幼稚園運営の中核となることを踏まえ，カリキュラム・マネジメントと関連付けながら実施するよう留意するものとする。
2　幼児の生活は，家庭を基盤として地域社会を通じて次第に広がりをもつものであることに留意し，家庭との連携を十分に図るなど，幼稚園における生活が家庭や地域社会と連続性を保ちつつ展開されるようにするものとする。その際，地域の自然，高齢者や異年齢の子供などを含む人材，行事や公共施設などの地域の資源を積極的に活用し，幼児が豊かな生活体験を得られるように工夫するものとする。また，家庭との連携に当たっては，保護者との情報交換の機会を設けたり，保護者と幼児との活動の機会を設けたりなどすることを通じて，保護者の幼児期の教育に関する理解が深まるよう配慮するものとする。
3　地域や幼稚園の実態等により，幼稚園間に加え，保育所，幼保連携型認定こども園，小学校，中学校，高等学校及び特別支援学校などとの間の連携や交流を図るものとする。特に，幼稚園教育と小学校教育の円滑な接続のため，幼稚園の幼児と小学校の児童との交流の機会を積極的に設けるようにするものとする。また，障害のある幼児児童生徒との交流及び共同学習の機会を設け，共に尊重し合いながら協働して生活していく態度を育むよう努めるものとする。

第7　教育課程に係る教育時間終了後等に行う教育活動など

幼稚園は，第3章に示す教育課程に係る教育時間の終了後等に行う教育活動について，学校教育法に規定する目的及び目標並びにこの章の第1に示す幼稚園教育の基本を踏まえ実施するものとする。また，幼稚園の目的の達成に資するため，幼児の生活全体が豊かなものとなるよう家庭や地域における幼児期の教育の支援に努めるものとする。

第2章　ねらい及び内容

この章に示すねらいは，幼稚園教育において育みたい資質・能力を幼児の生活する姿から捉えたものであり，内容は，ねらいを達成するために指導する事項である。各領域は，これらを幼児の発達の側面から，心身の健康に関する領域「健康」，人との関わりに関する領域「人間関係」，身近な環境との関わりに関する領域「環境」，言葉の獲得に関する領域「言葉」及び感性と表現に関する領域「表現」としてまとめ，示したものである。内容の取扱いは，幼児の発達を踏まえた指導を行うに当たって留意すべき事項である。

各領域に示すねらいは，幼稚園における生活の全体を通じ，幼児が様々な体験を積み重ねる中で相互に関連をもちながら次第に達成に向かうものであること，内容は，幼児が環境に関わって展開する具体的な活動を通して総合的に指導されるものであることに留意しなければならない。

また，「幼児期の終わりまでに育ってほしい姿」が，ねらい及び内容に基づく活動全体を通して資質・能力が育まれている幼児の幼稚園修了時の具体的な姿であることを踏まえ，指導を行う際に考慮するものとする。

なお，特に必要な場合には，各領域に示すねらいの趣旨に基づいて適切な，具体的な内容を工夫し，それを加えても差し支えないが，その場合には，それが第1章の第1に示す幼稚園教育の基本を逸脱しないよう慎重に配慮する必要がある。

健康
〔健康な心と体を育て，自ら健康で安全な生活をつくり出す力を養う。〕
1　ねらい
(1) 明るく伸び伸びと行動し，充実感を味わう。
(2) 自分の体を十分に動かし，進んで運動しようとする。
(3) 健康，安全な生活に必要な習慣や態度を身に付け，見通しをもって行動する。
2　内容
(1) 先生や友達と触れ合い，安定感をもって行動する。
(2) いろいろな遊びの中で十分に体を動かす。

- (3) 進んで戸外で遊ぶ。
- (4) 様々な活動に親しみ，楽しんで取り組む。
- (5) 先生や友達と食べることを楽しみ，食べ物への興味や関心をもつ。
- (6) 健康な生活のリズムを身に付ける。
- (7) 身の回りを清潔にし，衣服の着脱，食事，排泄などの生活に必要な活動を自分でする。
- (8) 幼稚園における生活の仕方を知り，自分たちで生活の場を整えながら見通しをもって行動する。
- (9) 自分の健康に関心をもち，病気の予防などに必要な活動を進んで行う。
- (10) 危険な場所，危険な遊び方，災害時などの行動の仕方が分かり，安全に気を付けて行動する。

3 内容の取扱い

上記の取扱いに当たっては，次の事項に留意する必要がある。

- (1) 心と体の健康は，相互に密接な関連があるものであることを踏まえ，幼児が教師や他の幼児との温かい触れ合いの中で自己の存在感や充実感を味わうことなどを基盤として，しなやかな心と体の発達を促すこと。特に，十分に体を動かす気持ちよさを体験し，自ら体を動かそうとする意欲が育つようにすること。
- (2) 様々な遊びの中で，幼児が興味や関心，能力に応じて全身を使って活動することにより，体を動かす楽しさを味わい，自分の体を大切にしようとする気持ちが育つようにすること。その際，多様な動きを経験する中で，体の動きを調整するようにすること。
- (3) 自然の中で伸び伸びと体を動かして遊ぶことにより，体の諸機能の発達が促されることに留意し，幼児の興味や関心が戸外にも向くようにすること。その際，幼児の動線に配慮した園庭や遊具の配置などを工夫すること。
- (4) 健康な心と体を育てるためには食育を通じた望ましい食習慣の形成が大切であることを踏まえ，幼児の食生活の実情に配慮し，和やかな雰囲気の中で教師や他の幼児と食べる喜びや楽しさを味わったり，様々な食べ物への興味や関心をもったりするなどし，食の大切さに気付き，進んで食べようとする気持ちが育つようにすること。
- (5) 基本的な生活習慣の形成に当たっては，家庭での生活経験に配慮し，幼児の自立心を育て，幼児が他の幼児と関わりながら主体的な活動を展開する中で，生活に必要な習慣を身に付け，次第に見通しをもって行動できるようにすること。
- (6) 安全に関する指導に当たっては，情緒の安定を図り，遊びを通して安全についての構えを身に付け，危険な場所や事物などが分かり，安全についての理解を深めるようにすること。また，交通安全の習慣を身に付けるようにするとともに，避難訓練などを通して，災害などの緊急時に適切な行動がとれるようにすること。

人間関係

〔他の人々と親しみ，支え合って生活するために，自立心を育て，人と関わる力を養う。〕

1 ねらい
- (1) 幼稚園生活を楽しみ，自分の力で行動することの充実感を味わう。
- (2) 身近な人と親しみ，関わりを深め，工夫したり，協力したりして一緒に活動する楽しさを味わい，愛情や信頼感をもつ。
- (3) 社会生活における望ましい習慣や態度を身に付ける。

2 内容
- (1) 先生や友達と共に過ごすことの喜びを味わう。
- (2) 自分で考え，自分で行動する。
- (3) 自分でできることは自分でする。
- (4) いろいろな遊びを楽しみながら物事をやり遂げようとする気持ちをもつ。
- (5) 友達と積極的に関わりながら喜びや悲しみを共感し合う。
- (6) 自分の思ったことを相手に伝え，相手の思っていることに気付く。
- (7) 友達のよさに気付き，一緒に活動する楽しさを味わう。
- (8) 友達と楽しく活動する中で，共通の目的を見いだし，工夫したり，協力したりなどする。
- (9) よいことや悪いことがあることに気付き，考えながら行動する。
- (10) 友達との関わりを深め，思いやりをもつ。
- (11) 友達と楽しく生活する中できまりの大切さに気付き，守ろうとする。
- (12) 共同の遊具や用具を大切にし，皆で使う。
- (13) 高齢者をはじめ地域の人々などの自分の生活に関係の深いいろいろな人に親しみをもつ。

3 内容の取扱い

上記の取扱いに当たっては，次の事項に留意する必要がある。

- (1) 教師との信頼関係に支えられて自分自身の生活を確立していくことが人と関わる基盤となることを考慮し，幼児が自ら周囲に働き掛けることにより多様な感情を体験し，試行錯誤しながら諦めずにやり遂げることの達成感や，前向きな見通しをもって自分の力で行うことの充実感を味わうことができるよう，幼児の行

動を見守りながら適切な援助を行うようにすること。
(2) 一人一人を生かした集団を形成しながら人と関わる力を育てていくようにすること。その際，集団の生活の中で，幼児が自己を発揮し，教師や他の幼児に認められる体験をし，自分のよさや特徴に気付き，自信をもって行動できるようにすること。
(3) 幼児が互いに関わりを深め，協同して遊ぶようになるため，自ら行動する力を育てるようにするとともに，他の幼児と試行錯誤しながら活動を展開する楽しさや共通の目的が実現する喜びを味わうことができるようにすること。
(4) 道徳性の芽生えを培うに当たっては，基本的な生活習慣の形成を図るとともに，幼児が他の幼児との関わりの中で他人の存在に気付き，相手を尊重する気持ちをもって行動できるようにし，また，自然や身近な動植物に親しむことなどを通して豊かな心情が育つようにすること。特に，人に対する信頼感や思いやりの気持ちは，葛藤やつまずきをも体験し，それらを乗り越えることにより次第に芽生えてくることに配慮すること。
(5) 集団の生活を通して，幼児が人との関わりを深め，規範意識の芽生えが培われることを考慮し，幼児が教師との信頼関係に支えられて自己を発揮する中で，互いに思いを主張し，折り合いを付ける体験をし，きまりの必要性などに気付き，自分の気持ちを調整する力が育つようにすること。
(6) 高齢者をはじめ地域の人々などの自分の生活に関係の深いいろいろな人と触れ合い，自分の感情や意志を表現しながら共に楽しみ，共感し合う体験を通して，これらの人々などに親しみをもち，人と関わることの楽しさや人の役に立つ喜びを味わうことができるようにすること。また，生活を通して親や祖父母などの家族の愛情に気付き，家族を大切にしようとする気持ちが育つようにすること。

環境
〔周囲の様々な環境に好奇心や探究心をもって関わり，それらを生活に取り入れていこうとする力を養う。〕
1 ねらい
(1) 身近な環境に親しみ，自然と触れ合う中で様々な事象に興味や関心をもつ。
(2) 身近な環境に自分から関わり，発見を楽しんだり，考えたりし，それを生活に取り入れようとする。
(3) 身近な事象を見たり，考えたり，扱ったりする中で，物の性質や数量，文字などに対する感覚を豊かにする。
2 内容

(1) 自然に触れて生活し，その大きさ，美しさ，不思議さなどに気付く。
(2) 生活の中で，様々な物に触れ，その性質や仕組みに興味や関心をもつ。
(3) 季節により自然や人間の生活に変化のあることに気付く。
(4) 自然などの身近な事象に関心をもち，取り入れて遊ぶ。
(5) 身近な動植物に親しみをもって接し，生命の尊さに気付き，いたわったり，大切にしたりする。
(6) 日常生活の中で，我が国や地域社会における様々な文化や伝統に親しむ。
(7) 身近な物を大切にする。
(8) 身近な物や遊具に興味をもって関わり，自分なりに比べたり，関連付けたりしながら考えたり，試したりして工夫して遊ぶ。
(9) 日常生活の中で数量や図形などに関心をもつ。
(10) 日常生活の中で簡単な標識や文字などに関心をもつ。
(11) 生活に関係の深い情報や施設などに興味や関心をもつ。
(12) 幼稚園内外の行事において国旗に親しむ。
3 内容の取扱い
上記の取扱いに当たっては，次の事項に留意する必要がある。
(1) 幼児が，遊びの中で周囲の環境と関わり，次第に周囲の世界に好奇心を抱き，その意味や操作の仕方に関心をもち，物事の法則性に気付き，自分なりに考えることができるようになる過程を大切にすること。また，他の幼児の考えなどに触れて新しい考えを生み出す喜びや楽しさを味わい，自分の考えをよりよいものにしようとする気持ちが育つようにすること。
(2) 幼児期において自然のもつ意味は大きく，自然の大きさ，美しさ，不思議さなどに直接触れる体験を通して，幼児の心が安らぎ，豊かな感情，好奇心，思考力，表現力の基礎が培われることを踏まえ，幼児が自然との関わりを深めることができるよう工夫すること。
(3) 身近な事象や動植物に対する感動を伝え合い，共感し合うことなどを通して自分から関わろうとする意欲を育てるとともに，様々な関わり方を通してそれらに対する親しみや畏敬の念，生命を大切にする気持ち，公共心，探究心などが養われるようにすること。
(4) 文化や伝統に親しむ際には，正月や節句など我が国の伝統的な行事，国歌，唱歌，わらべうたや我が国の伝統的な遊びに親しんだり，異なる文化に触れる活動に親しんだりすることを通じて，社会とのつながりの

意識や国際理解の意識の芽生えなどが養われるようにすること。
  (5) 数量や文字などに関しては，日常生活の中で幼児自身の必要感に基づく体験を大切にし，数量や文字などに関する興味や関心，感覚が養われるようにすること。

言葉
〔経験したことや考えたことなどを自分なりの言葉で表現し，相手の話す言葉を聞こうとする意欲や態度を育て，言葉に対する感覚や言葉で表現する力を養う。〕
1 ねらい
  (1) 自分の気持ちを言葉で表現する楽しさを味わう。
  (2) 人の言葉や話などをよく聞き，自分の経験したことや考えたことを話し，伝え合う喜びを味わう。
  (3) 日常生活に必要な言葉が分かるようになるとともに，絵本や物語などに親しみ，言葉に対する感覚を豊かにし，先生や友達と心を通わせる。
2 内容
  (1) 先生や友達の言葉や話に興味や関心をもち，親しみをもって聞いたり，話したりする。
  (2) したり，見たり，聞いたり，感じたり，考えたりなどしたことを自分なりに言葉で表現する。
  (3) したいこと，してほしいことを言葉で表現したり，分からないことを尋ねたりする。
  (4) 人の話を注意して聞き，相手に分かるように話す。
  (5) 生活の中で必要な言葉が分かり，使う。
  (6) 親しみをもって日常の挨拶をする。
  (7) 生活の中で言葉の楽しさや美しさに気付く。
  (8) いろいろな体験を通じてイメージや言葉を豊かにする。
  (9) 絵本や物語などに親しみ，興味をもって聞き，想像をする楽しさを味わう。
  (10) 日常生活の中で，文字などで伝える楽しさを味わう。
3 内容の取扱い
  上記の取扱いに当たっては，次の事項に留意する必要がある。
  (1) 言葉は，身近な人に親しみをもって接し，自分の感情や意志などを伝え，それに相手が応答し，その言葉を聞くことを通して次第に獲得されていくものであることを考慮して，幼児が教師や他の幼児と関わることにより心を動かされるような体験をし，言葉を交わす喜びを味わえるようにすること。
  (2) 幼児が自分の思いを言葉で伝えるとともに，教師や他の幼児などの話を興味をもって注意して聞くことを通して次第に話を理解するようになっていき，言葉による伝え合いができるようにすること。
  (3) 絵本や物語などで，その内容と自分の経験とを結び付けたり，想像を巡らせたりするなど，楽しみを十分に味わうことによって，次第に豊かなイメージをもち，言葉に対する感覚が養われるようにすること。
  (4) 幼児が生活の中で，言葉の響きやリズム，新しい言葉や表現などに触れ，これらを使う楽しさを味わえるようにすること。その際，絵本や物語に親しんだり，言葉遊びなどをしたりすることを通して，言葉が豊かになるようにすること。
  (5) 幼児が日常生活の中で，文字などを使いながら思ったことや考えたことを伝える喜びや楽しさを味わい，文字に対する興味や関心をもつようにすること。

表現
〔感じたことや考えたことを自分なりに表現することを通して，豊かな感性や表現する力を養い，創造性を豊かにする。〕
1 ねらい
  (1) いろいろなものの美しさなどに対する豊かな感性をもつ。
  (2) 感じたことや考えたことを自分なりに表現して楽しむ。
  (3) 生活の中でイメージを豊かにし，様々な表現を楽しむ。
2 内容
  (1) 生活の中で様々な音，形，色，手触り，動きなどに気付いたり，感じたりするなどして楽しむ。
  (2) 生活の中で美しいものや心を動かす出来事に触れ，イメージを豊かにする。
  (3) 様々な出来事の中で，感動したことを伝え合う楽しさを味わう。
  (4) 感じたこと，考えたことなどを音や動きなどで表現したり，自由にかいたり，つくったりなどする。
  (5) いろいろな素材に親しみ，工夫して遊ぶ。
  (6) 音楽に親しみ，歌を歌ったり，簡単なリズム楽器を使ったりなどする楽しさを味わう。
  (7) かいたり，つくったりすることを楽しみ，遊びに使ったり，飾ったりなどする。
  (8) 自分のイメージを動きや言葉などで表現したり，演じて遊んだりするなどの楽しさを味わう。
3 内容の取扱い
  上記の取扱いに当たっては，次の事項に留意する必要がある。
  (1) 豊かな感性は，身近な環境と十分に関わる中で美しいもの，優れたもの，心を動かす出来事などに出会い，そこから得た感動を他の幼児や教師と共有し，

様々に表現することなどを通して養われるようにすること。その際，風の音や雨の音，身近にある草や花の形や色など自然の中にある音，形，色などに気付くようにすること。
(2) 幼児の自己表現は素朴な形で行われることが多いので，教師はそのような表現を受容し，幼児自身の表現しようとする意欲を受け止めて，幼児が生活の中で幼児らしい様々な表現を楽しむことができるようにすること。
(3) 生活経験や発達に応じ，自ら様々な表現を楽しみ，表現する意欲を十分に発揮させることができるように，遊具や用具などを整えたり，様々な素材や表現の仕方に親しんだり，他の幼児の表現に触れられるよう配慮したりし，表現する過程を大切にして自己表現を楽しめるように工夫すること。

　　第3章　教育課程に係る教育時間の終了後等に行う
　　　　　教育活動などの留意事項

1　地域の実態や保護者の要請により，教育課程に係る教育時間の終了後等に希望する者を対象に行う教育活動については，幼児の心身の負担に配慮するものとする。また，次の点にも留意するものとする。
(1) 教育課程に基づく活動を考慮し，幼児期にふさわしい無理のないものとなるようにすること。その際，教育課程に基づく活動を担当する教師と緊密な連携を図るようにすること。
(2) 家庭や地域での幼児の生活も考慮し，教育課程に係る教育時間の終了後等に行う教育活動の計画を作成するようにすること。その際，地域の人々と連携するなど，地域の様々な資源を活用しつつ，多様な体験ができるようにすること。
(3) 家庭との緊密な連携を図るようにすること。その際，情報交換の機会を設けたりするなど，保護者が，幼稚園と共に幼児を育てるという意識が高まるようにすること。
(4) 地域の実態や保護者の事情とともに幼児の生活のリズムを踏まえつつ，例えば実施日数や時間などについて，弾力的な運用に配慮すること。
(5) 適切な責任体制と指導体制を整備した上で行うようにすること。
2　幼稚園の運営に当たっては，子育ての支援のために保護者や地域の人々に機能や施設を開放して，園内体制の整備や関係機関との連携及び協力に配慮しつつ，幼児期の教育に関する相談に応じたり，情報を提供したり，幼児と保護者との登園を受け入れたり，保護者同士の交流の機会を提供したりするなど，幼稚園と家庭が一体となって幼児と関わる取組を進め，地域における幼児期の教育のセンターとしての役割を果たすよう努めるものとする。その際，心理や保健の専門家，地域の子育て経験者等と連携・協働しながら取り組むよう配慮するものとする。

資料　保育所保育指針

(平成29年3月31日厚生労働省告示第117号)
(平成30年4月1日から施行)

第1章　総則

　この指針は、児童福祉施設の設備及び運営に関する基準（昭和23年厚生省令第63号。以下「設備運営基準」という。）第35条の規定に基づき、保育所における保育の内容に関する事項及びこれに関連する運営に関する事項を定めるものである。各保育所は、この指針において規定される保育の内容に係る基本原則に関する事項等を踏まえ、各保育所の実情に応じて創意工夫を図り、保育所の機能及び質の向上に努めなければならない。
1　保育所保育に関する基本原則
　(1)　保育所の役割
　　ア　保育所は、児童福祉法（昭和22年法律第164号）第39条の規定に基づき、保育を必要とする子どもの保育を行い、その健全な心身の発達を図ることを目的とする児童福祉施設であり、入所する子どもの最善の利益を考慮し、その福祉を積極的に増進することに最もふさわしい生活の場でなければならない。
　　イ　保育所は、その目的を達成するために、保育に関する専門性を有する職員が、家庭との緊密な連携の下に、子どもの状況や発達過程を踏まえ、保育所における環境を通して、養護及び教育を一体的に行うことを特性としている。
　　ウ　保育所は、入所する子どもを保育するとともに、家庭や地域の様々な社会資源との連携を図りながら、入所する子どもの保護者に対する支援及び地域の子育て家庭に対する支援等を行う役割を担うものである。
　　エ　保育所における保育士は、児童福祉法第18条の4の規定を踏まえ、保育所の役割及び機能が適切に発揮されるように、倫理観に裏付けられた専門的知識、技術及び判断をもって、子どもを保育するとともに、子どもの保護者に対する保育に関する指導を行うものであり、その職責を遂行するための専門性の向上に絶えず努めなければならない。
　(2)　保育の目標
　　ア　保育所は、子どもが生涯にわたる人間形成にとって極めて重要な時期に、その生活時間の大半を過ごす場である。このため、保育所の保育は、子どもが現在を最も良く生き、望ましい未来をつくり出す力の基礎を培うために、次の目標を目指して行わなければならない。

　　　(ア)　十分に養護の行き届いた環境の下に、くつろいだ雰囲気の中で子どもの様々な欲求を満たし、生命の保持及び情緒の安定を図ること。
　　　(イ)　健康、安全など生活に必要な基本的な習慣や態度を養い、心身の健康の基礎を培うこと。
　　　(ウ)　人との関わりの中で、人に対する愛情と信頼感、そして人権を大切にする心を育てるとともに、自主、自立及び協調の態度を養い、道徳性の芽生えを培うこと。
　　　(エ)　生命、自然及び社会の事象についての興味や関心を育て、それらに対する豊かな心情や思考力の芽生えを培うこと。
　　　(オ)　生活の中で、言葉への興味や関心を育て、話したり、聞いたり、相手の話を理解しようとするなど、言葉の豊かさを養うこと。
　　　(カ)　様々な体験を通して、豊かな感性や表現力を育み、創造性の芽生えを培うこと。
　　イ　保育所は、入所する子どもの保護者に対し、その意向を受け止め、子どもと保護者の安定した関係に配慮し、保育所の特性や保育士等の専門性を生かして、その援助に当たらなければならない。
　(3)　保育の方法
　　保育の目標を達成するために、保育士等は、次の事項に留意して保育しなければならない。
　　ア　一人一人の子どもの状況や家庭及び地域社会での生活の実態を把握するとともに、子どもが安心感と信頼感をもって活動できるよう、子どもの主体としての思いや願いを受け止めること。
　　イ　子どもの生活のリズムを大切にし、健康、安全で情緒の安定した生活ができる環境や、自己を十分に発揮できる環境を整えること。
　　ウ　子どもの発達について理解し、一人一人の発達過程に応じて保育すること。その際、子どもの個人差に十分配慮すること。
　　エ　子ども相互の関係づくりや互いに尊重する心を大切にし、集団における活動を効果あるものにするよう援助すること。
　　オ　子どもが自発的・意欲的に関われるような環境を構成し、子どもの主体的な活動や子ども相互の関わりを大切にすること。特に、乳幼児期にふさわしい体験が得られるように、生活や遊びを通して総合的に保育すること。
　　カ　一人一人の保護者の状況やその意向を理解、受容し、それぞれの親子関係や家庭生活等に配慮しながら、様々な機会をとらえ、適切に援助すること。
　(4)　保育の環境
　　保育の環境には、保育士等や子どもなどの人的環

境，施設や遊具などの物的環境，更には自然や社会の事象などがある。保育所は，こうした人，物，場などの環境が相互に関連し合い，子どもの生活が豊かなものとなるよう，次の事項に留意しつつ，計画的に環境を構成し，工夫して保育しなければならない。
　ア　子ども自らが環境に関わり，自発的に活動し，様々な経験を積んでいくことができるよう配慮すること。
　イ　子どもの活動が豊かに展開されるよう，保育所の設備や環境を整え，保育所の保健的環境や安全の確保などに努めること。
　ウ　保育室は，温かな親しみとくつろぎの場となるとともに，生き生きと活動できる場となるように配慮すること。
　エ　子どもが人と関わる力を育てていくため，子ども自らが周囲の子どもや大人と関わっていくことができる環境を整えること。
(5) 保育所の社会的責任
　ア　保育所は，子どもの人権に十分配慮するとともに，子ども一人一人の人格を尊重して保育を行わなければならない。
　イ　保育所は，地域社会との交流や連携を図り，保護者や地域社会に，当該保育所が行う保育の内容を適切に説明するよう努めなければならない。
　ウ　保育所は，入所する子ども等の個人情報を適切に取り扱うとともに，保護者の苦情などに対し，その解決を図るよう努めなければならない。
2　養護に関する基本的事項
　(1) 養護の理念
　　　保育における養護とは，子どもの生命の保持及び情緒の安定を図るために保育士等が行う援助や関わりであり，保育所における保育は，養護及び教育を一体的に行うことをその特性とするものである。保育所における保育全体を通じて，養護に関するねらい及び内容を踏まえた保育が展開されなければならない。
　(2) 養護に関わるねらい及び内容
　　ア　生命の保持
　　　(ア) ねらい
　　　　① 一人一人の子どもが，快適に生活できるようにする。
　　　　② 一人一人の子どもが，健康で安全に過ごせるようにする。
　　　　③ 一人一人の子どもの生理的欲求が，十分に満たされるようにする。
　　　　④ 一人一人の子どもの健康増進が，積極的に図られるようにする。
　　　(イ) 内容
　　　　① 一人一人の子どもの平常の健康状態や発育及び発達状態を的確に把握し，異常を感じる場合は，速やかに適切に対応する。
　　　　② 家庭との連携を密にし，嘱託医等との連携を図りながら，子どもの疾病や事故防止に関する認識を深め，保健的で安全な保育環境の維持及び向上に努める。
　　　　③ 清潔で安全な環境を整え，適切な援助や応答的な関わりを通して子どもの生理的欲求を満たしていく。また，家庭と協力しながら，子どもの発達過程等に応じた適切な生活のリズムがつくられていくようにする。
　　　　④ 子どもの発達過程等に応じて，適切な運動と休息を取ることができるようにする。また，食事，排泄，衣類の着脱，身の回りを清潔にすることなどについて，子どもが意欲的に生活できるよう適切に援助する。
　　イ　情緒の安定
　　　(ア) ねらい
　　　　① 一人一人の子どもが，安定感をもって過ごせるようにする。
　　　　② 一人一人の子どもが，自分の気持ちを安心して表すことができるようにする。
　　　　③ 一人一人の子どもが，周囲から主体として受け止められ，主体として育ち，自分を肯定する気持ちが育まれていくようにする。
　　　　④ 一人一人の子どもがくつろいで共に過ごし，心身の疲れが癒されるようにする。
　　　(イ) 内容
　　　　① 一人一人の子どもの置かれている状態や発達過程などを的確に把握し，子どもの欲求を適切に満たしながら，応答的な触れ合いや言葉がけを行う。
　　　　② 一人一人の子どもの気持ちを受容し，共感しながら，子どもとの継続的な信頼関係を築いていく。
　　　　③ 保育士等との信頼関係を基盤に，一人一人の子どもが主体的に活動し，自発性や探索意欲などを高めるとともに，自分への自信をもつことができるよう成長の過程を見守り，適切に働きかける。
　　　　④ 一人一人の子どもの生活のリズム，発達過程，保育時間などに応じて，活動内容のバランスや調和を図りながら，適切な食事や休息が取れるようにする。
3　保育の計画及び評価
　(1) 全体的な計画の作成

ア　保育所は，1の(2)に示した保育の目標を達成するために，各保育所の保育の方針や目標に基づき，子どもの発達過程を踏まえて，保育の内容が組織的・計画的に構成され，保育所の生活の全体を通して，総合的に展開されるよう，全体的な計画を作成しなければならない。

イ　全体的な計画は，子どもや家庭の状況，地域の実態，保育時間などを考慮し，子どもの育ちに関する長期的見通しをもって適切に作成されなければならない。

ウ　全体的な計画は，保育所保育の全体像を包括的に示すものとし，これに基づく指導計画，保健計画，食育計画等を通じて，各保育所が創意工夫して保育できるよう，作成されなければならない。

(2) 指導計画の作成

ア　保育所は，全体的な計画に基づき，具体的な保育が適切に展開されるよう，子どもの生活や発達を見通した長期的な指導計画と，それに関連しながら，より具体的な子どもの日々の生活に即した短期的な指導計画を作成しなければならない。

イ　指導計画の作成に当たっては，第2章及びその他の関連する章に示された事項のほか，子ども一人一人の発達過程や状況を十分に踏まえるとともに，次の事項に留意しなければならない。

　(ア) 3歳未満児については，一人一人の子どもの生育歴，心身の発達，活動の実態等に即して，個別的な計画を作成すること。

　(イ) 3歳以上児については，個の成長と，子ども相互の関係や協同的な活動が促されるよう配慮すること。

　(ウ) 異年齢で構成される組やグループでの保育においては，一人一人の子どもの生活や経験，発達過程などを把握し，適切な援助や環境構成ができるよう配慮すること。

ウ　指導計画においては，保育所の生活における子どもの発達過程を見通し，生活の連続性，季節の変化などを考慮し，子どもの実態に即した具体的なねらい及び内容を設定すること。また，具体的なねらいが達成されるよう，子どもの生活する姿や発想を大切にして適切な環境を構成し，子どもが主体的に活動できるようにすること。

エ　一日の生活のリズムや在園時間が異なる子どもが共に過ごすことを踏まえ，活動と休息，緊張感と解放感等の調和を図るよう配慮すること。

オ　午睡は生活のリズムを構成する重要な要素であり，安心して眠ることのできる安全な睡眠環境を確保するとともに，在園時間が異なることや，睡眠時間は子どもの発達の状況や個人によって差があることから，一律とならないよう配慮すること。

カ　長時間にわたる保育については，子どもの発達過程，生活のリズム及び心身の状態に十分配慮して，保育の内容や方法，職員の協力体制，家庭との連携などを指導計画に位置付けること。

キ　障害のある子どもの保育については，一人一人の子どもの発達過程や障害の状態を把握し，適切な環境の下で，障害のある子どもが他の子どもとの生活を通して共に成長できるよう，指導計画の中に位置付けること。また，子どもの状況に応じた保育を実施する観点から，家庭や関係機関と連携した支援のための計画を個別に作成するなど適切な対応を図ること。

(3) 指導計画の展開

指導計画に基づく保育の実施に当たっては，次の事項に留意しなければならない。

ア　施設長，保育士など，全職員による適切な役割分担と協力体制を整えること。

イ　子どもが行う具体的な活動は，生活の中で様々に変化することに留意して，子どもが望ましい方向に向かって自ら活動を展開できるよう必要な援助を行うこと。

ウ　子どもの主体的な活動を促すためには，保育士等が多様な関わりをもつことが重要であることを踏まえ，子どもの情緒の安定や発達に必要な豊かな体験が得られるよう援助すること。

エ　保育士等は，子どもの実態や子どもを取り巻く状況の変化などに即して保育の過程を記録するとともに，これらを踏まえ，指導計画に基づく保育の内容の見直しを行い，改善を図ること。

(4) 保育内容等の評価

ア　保育士等の自己評価

　(ア) 保育士等は，保育の計画や保育の記録を通して，自らの保育実践を振り返り，自己評価することを通して，その専門性の向上や保育実践の改善に努めなければならない。

　(イ) 保育士等による自己評価に当たっては，子どもの活動内容やその結果だけでなく，子どもの心の育ちや意欲，取り組む過程などにも十分配慮するよう留意すること。

　(ウ) 保育士等は，自己評価における自らの保育実践の振り返りや職員相互の話し合い等を通じて，専門性の向上及び保育の質の向上のための課題を明確にするとともに，保育所全体の保育の内容に関する認識を深めること。

イ　保育所の自己評価

(ア) 保育所は，保育の質の向上を図るため，保育の計画の展開や保育士等の自己評価を踏まえ，当該保育所の保育の内容等について，自ら評価を行い，その結果を公表するよう努めなければならない。
　　　(イ) 保育所が自己評価を行うに当たっては，地域の実情や保育所の実態に即して，適切に評価の観点や項目等を設定し，全職員による共通理解をもって取り組むよう留意すること。
　　　(ウ) 設備運営基準第36条の趣旨を踏まえ，保育の内容等の評価に関し，保護者及び地域住民等の意見を聴くことが望ましいこと。
　　(5) 評価を踏まえた計画の改善
　　　ア　保育所は，評価の結果を踏まえ，当該保育所の保育の内容等の改善を図ること。
　　　イ　保育の計画に基づく保育，保育の内容の評価及びこれに基づく改善という一連の取組により，保育の質の向上が図られるよう，全職員が共通理解をもって取り組むことに留意すること。
　4　幼児教育を行う施設として共有すべき事項
　　(1) 育みたい資質・能力
　　　ア　保育所においては，生涯にわたる生きる力の基礎を培うため，1の(2)に示す保育の目標を踏まえ，次に掲げる資質・能力を一体的に育むよう努めるものとする。
　　　　(ア) 豊かな体験を通じて，感じたり，気付いたり，分かったり，できるようになったりする「知識及び技能の基礎」
　　　　(イ) 気付いたことや，できるようになったことなどを使い，考えたり，試したり，工夫したり，表現したりする「思考力，判断力，表現力等の基礎」
　　　　(ウ) 心情，意欲，態度が育つ中で，よりよい生活を営もうとする「学びに向かう力，人間性等」
　　　イ　アに示す資質・能力は，第2章に示すねらい及び内容に基づく保育活動全体によって育むものである。
　　(2) 幼児期の終わりまでに育ってほしい姿
　　　次に示す「幼児期の終わりまでに育ってほしい姿」は，第2章に示すねらい及び内容に基づく保育活動全体を通して資質・能力が育まれている子どもの小学校就学時の具体的な姿であり，保育士等が指導を行う際に考慮するものである。
　　　ア　健康な心と体
　　　　保育所の生活の中で，充実感をもって自分のやりたいことに向かって心と体を十分に働かせ，見通しをもって行動し，自ら健康で安全な生活をつくり出すようになる。

　　イ　自立心
　　　身近な環境に主体的に関わり様々な活動を楽しむ中で，しなければならないことを自覚し，自分の力で行うために考えたり，工夫したりしながら，諦めずにやり遂げることで達成感を味わい，自信をもって行動するようになる。
　　ウ　協同性
　　　友達と関わる中で，互いの思いや考えなどを共有し，共通の目的の実現に向けて，考えたり，工夫したり，協力したりし，充実感をもってやり遂げるようになる。
　　エ　道徳性・規範意識の芽生え
　　　友達と様々な体験を重ねる中で，してよいことや悪いことが分かり，自分の行動を振り返ったり，友達の気持ちに共感したりし，相手の立場に立って行動するようになる。また，きまりを守る必要性が分かり，自分の気持ちを調整し，友達と折り合いを付けながら，きまりをつくったり，守ったりするようになる。
　　オ　社会生活との関わり
　　　家族を大切にしようとする気持ちをもつとともに，地域の身近な人と触れ合う中で，人との様々な関わり方に気付き，相手の気持ちを考えて関わり，自分が役に立つ喜びを感じ，地域に親しみをもつようになる。また，保育所内外の様々な環境に関わる中で，遊びや生活に必要な情報を取り入れ，情報に基づき判断したり，情報を伝え合ったり，活用したりするなど，情報を役立てながら活動するようになるとともに，公共の施設を大切に利用するなどして，社会とのつながりなどを意識するようになる。
　　カ　思考力の芽生え
　　　身近な事象に積極的に関わる中で，物の性質や仕組みなどを感じ取ったり，気付いたりし，考えたり，予想したり，工夫したりするなど，多様な関わりを楽しむようになる。また，友達の様々な考えに触れる中で，自分と異なる考えがあることに気付き，自ら判断したり，考え直したりするなど，新しい考えを生み出す喜びを味わいながら，自分の考えをよりよいものにするようになる。
　　キ　自然との関わり・生命尊重
　　　自然に触れて感動する体験を通して，自然の変化などを感じ取り，好奇心や探究心をもって考え言葉などで表現しながら，身近な事象への関心が高まるとともに，自然への愛情や畏敬の念をもつようになる。また，身近な動植物に心を動かされる中で，生命の不思議さや尊さに気付き，身近な動植物への接し方を考え，命あるものとしていたわり，大切にす

る気持ちをもって関わるようになる。
ク　数量や図形，標識や文字などへの関心・感覚
　　遊びや生活の中で，数量や図形，標識や文字などに親しむ体験を重ねたり，標識や文字の役割に気付いたりし，自らの必要感に基づきこれらを活用し，興味や関心，感覚をもつようになる。
ケ　言葉による伝え合い
　　保育士等や友達と心を通わせる中で，絵本や物語などに親しみながら，豊かな言葉や表現を身に付け，経験したことや考えたことなどを言葉で伝えたり，相手の話を注意して聞いたりし，言葉による伝え合いを楽しむようになる。
コ　豊かな感性と表現
　　心を動かす出来事などに触れ感性を働かせる中で，様々な素材の特徴や表現の仕方などに気付き，感じたことや考えたことを自分で表現したり，友達同士で表現する過程を楽しんだりし，表現する喜びを味わい，意欲をもつようになる。

第2章　保育の内容

　この章に示す「ねらい」は，第1章の1の(2)に示された保育の目標をより具体化したものであり，子どもが保育所において，安定した生活を送り，充実した活動ができるように，保育を通じて育みたい資質・能力を，子どもの生活する姿から捉えたものである。また，「内容」は，「ねらい」を達成するために，子どもの生活やその状況に応じて保育士等が適切に行う事項と，保育士等が援助して子どもが環境に関わって経験する事項を示したものである。
　保育における「養護」とは，子どもの生命の保持及び情緒の安定を図るために保育士等が行う援助や関わりであり，「教育」とは，子どもが健やかに成長し，その活動がより豊かに展開されるための発達の援助である。本章では，保育士等が，「ねらい」及び「内容」を具体的に把握するため，主に教育に関わる側面からの視点を示しているが，実際の保育においては，養護と教育が一体となって展開されることに留意する必要がある。

1　乳児保育に関わるねらい及び内容
　(1)　基本的事項
　　ア　乳児期の発達については，視覚，聴覚などの感覚や，座る，はう，歩くなどの運動機能が著しく発達し，特定の大人との応答的な関わりを通じて，情緒的な絆が形成されるといった特徴がある。これらの発達の特徴を踏まえて，乳児保育は，愛情豊かに，応答的に行われることが特に必要である。
　　イ　本項においては，この時期の発達の特徴を踏まえ，乳児保育の「ねらい」及び「内容」について

は，身体的発達に関する視点「健やかに伸び伸びと育つ」，社会的発達に関する視点「身近な人と気持ちが通じ合う」及び精神的発達に関する視点「身近なものと関わり感性が育つ」としてまとめ，示している。
　　ウ　本項の各視点において示す保育の内容は，第1章の2に示された養護における「生命の保持」及び「情緒の安定」に関わる保育の内容と，一体となって展開されるものであることに留意が必要である。
　(2)　ねらい及び内容
　　ア　健やかに伸び伸びと育つ
　　　健康な心と体を育て，自ら健康で安全な生活をつくり出す力の基盤を培う。
　　　(ア)　ねらい
　　　　①　身体感覚が育ち，快適な環境に心地よさを感じる。
　　　　②　伸び伸びと体を動かし，はう，歩くなどの運動をしようとする。
　　　　③　食事，睡眠等の生活のリズムの感覚が芽生える。
　　　(イ)　内容
　　　　①　保育士等の愛情豊かな受容の下で，生理的・心理的欲求を満たし，心地よく生活をする。
　　　　②　一人一人の発育に応じて，はう，立つ，歩くなど，十分に体を動かす。
　　　　③　個人差に応じて授乳を行い，離乳を進めていく中で，様々な食品に少しずつ慣れ，食べることを楽しむ。
　　　　④　一人一人の生活のリズムに応じて，安全な環境の下で十分に午睡をする。
　　　　⑤　おむつ交換や衣類の着脱などを通じて，清潔になることの心地よさを感じる。
　　　(ウ)　内容の取扱い
　　　　上記の取扱いに当たっては，次の事項に留意する必要がある。
　　　　①　心と体の健康は，相互に密接な関連があるものであることを踏まえ，温かい触れ合いの中で，心と体の発達を促すこと。特に，寝返り，お座り，はいはい，つかまり立ち，伝い歩きなど，発育に応じて，遊びの中で体を動かす機会を十分に確保し，自ら体を動かそうとする意欲が育つようにすること。
　　　　②　健康な心と体を育てるためには望ましい食習慣の形成が重要であることを踏まえ，離乳食が完了期へと徐々に移行する中で，様々な食品に慣れるようにするとともに，和やかな雰囲気の中で食べる喜びや楽しさを味わい，進んで食べ

ようとする気持ちが育つようにすること。なお，食物アレルギーのある子どもへの対応については，嘱託医等の指示や協力の下に適切に対応すること。
イ 身近な人と気持ちが通じ合う
　受容的・応答的な関わりの下で，何かを伝えようとする意欲や身近な大人との信頼関係を育て，人と関わる力の基盤を培う。
　(ア) ねらい
　　① 安心できる関係の下で，身近な人と共に過ごす喜びを感じる。
　　② 体の動きや表情，発声等により，保育士等と気持ちを通わせようとする。
　　③ 身近な人と親しみ，関わりを深め，愛情や信頼感が芽生える。
　(イ) 内容
　　① 子どもからの働きかけを踏まえた，応答的な触れ合いや言葉がけによって，欲求が満たされ，安定感をもって過ごす。
　　② 体の動きや表情，発声，喃語(なん)等を優しく受け止めてもらい，保育士等とのやり取りを楽しむ。
　　③ 生活や遊びの中で，自分の身近な人の存在に気付き，親しみの気持ちを表す。
　　④ 保育士等による語りかけや歌いかけ，発声や喃語(なん)等への応答を通じて，言葉の理解や発語の意欲が育つ。
　　⑤ 温かく，受容的な関わりを通じて，自分を肯定する気持ちが芽生える。
　(ウ) 内容の取扱い
　　上記の取扱いに当たっては，次の事項に留意する必要がある。
　　① 保育士等との信頼関係に支えられて生活を確立していくことが人と関わる基盤となることを考慮して，子どもの多様な感情を受け止め，温かく受容的・応答的に関わり，一人一人に応じた適切な援助を行うようにすること。
　　② 身近な人に親しみをもって接し，自分の感情などを表し，それに相手が応答する言葉を聞くことを通して，次第に言葉が獲得されていくことを考慮して，楽しい雰囲気の中での保育士等との関わり合いを大切にし，ゆっくりと優しく話しかけるなど，積極的に言葉のやり取りを楽しむことができるようにすること。
ウ 身近なものと関わり感性が育つ
　身近な環境に興味や好奇心をもって関わり，感じたことや考えたことを表現する力の基盤を培う。
　(ア) ねらい
　　① 身の回りのものに親しみ，様々なものに興味や関心をもつ。
　　② 見る，触れる，探索するなど，身近な環境に自分から関わろうとする。
　　③ 身体の諸感覚による認識が豊かになり，表情や手足，体の動き等で表現する。
　(イ) 内容
　　① 身近な生活用具，玩具や絵本などが用意された中で，身の回りのものに対する興味や好奇心をもつ。
　　② 生活や遊びの中で様々なものに触れ，音，形，色，手触りなどに気付き，感覚の働きを豊かにする。
　　③ 保育士等と一緒に様々な色彩や形のものや絵本などを見る。
　　④ 玩具や身の回りのものを，つまむ，つかむ，たたく，引っ張るなど，手や指を使って遊ぶ。
　　⑤ 保育士等のあやし遊びに機嫌よく応じたり，歌やリズムに合わせて手足や体を動かして楽しんだりする。
　(ウ) 内容の取扱い
　　上記の取扱いに当たっては，次の事項に留意する必要がある。
　　① 玩具などは，音質，形，色，大きさなど子どもの発達状態に応じて適切なものを選び，その時々の子どもの興味や関心を踏まえるなど，遊びを通して感覚の発達が促されるものとなるように工夫すること。なお，安全な環境の下で，子どもが探索意欲を満たして自由に遊べるよう，身の回りのものについては，常に十分な点検を行うこと。
　　② 乳児期においては，表情，発声，体の動きなどで，感情を表現することが多いことから，これらの表現しようとする意欲を積極的に受け止めて，子どもが様々な活動を楽しむことを通して表現が豊かになるようにすること。
(3) 保育の実施に関わる配慮事項
ア 乳児は疾病への抵抗力が弱く，心身の機能の未熟さに伴う疾病の発生が多いことから，一人一人の発育及び発達状態や健康状態についての適切な判断に基づく保健的な対応を行うこと。
イ 一人一人の子どもの生育歴の違いに留意しつつ，欲求を適切に満たし，特定の保育士が応答的に関わるように努めること。
ウ 乳児保育に関わる職員間の連携や嘱託医との連携を図り，第3章に示す事項を踏まえ，適切に対応す

ること。栄養士及び看護師等が配置されている場合は，その専門性を生かした対応を図ること。
　エ　保護者との信頼関係を築きながら保育を進めるとともに，保護者からの相談に応じ，保護者への支援に努めていくこと。
　オ　担当の保育士が替わる場合には，子どものそれまでの生育歴や発達過程に留意し，職員間で協力して対応すること。
2　1歳以上3歳未満児の保育に関わるねらい及び内容
(1) 基本的事項
　ア　この時期においては，歩き始めから，歩く，走る，跳ぶなどへと，基本的な運動機能が次第に発達し，排泄の自立のための身体的機能も整うようになる。つまむ，めくるなどの指先の機能も発達し，食事，衣類の着脱なども，保育士等の援助の下で自分で行うようになる。発声も明瞭になり，語彙も増加し，自分の意思や欲求を言葉で表出できるようになる。このように自分でできることが増えてくる時期であることから，保育士等は，子どもの生活の安定を図りながら，自分でしようとする気持ちを尊重し，温かく見守るとともに，愛情豊かに，応答的に関わることが必要である。
　イ　本項においては，この時期の発達の特徴を踏まえ，保育の「ねらい」及び「内容」について，心身の健康に関する領域「健康」，人との関わりに関する領域「人間関係」，身近な環境との関わりに関する領域「環境」，言葉の獲得に関する領域「言葉」及び感性と表現に関する領域「表現」としてまとめ，示している。
　ウ　本項の各領域において示す保育の内容は，第1章の2に示された養護における「生命の保持」及び「情緒の安定」に関わる保育の内容と，一体となって展開されるものであることに留意が必要である。
(2) ねらい及び内容
　ア　健康
　　健康な心と体を育て，自ら健康で安全な生活をつくり出す力を養う。
　　(ア) ねらい
　　　① 明るく伸び伸びと生活し，自分から体を動かすことを楽しむ。
　　　② 自分の体を十分に動かし，様々な動きをしようとする。
　　　③ 健康，安全な生活に必要な習慣に気付き，自分でしてみようとする気持ちが育つ。
　　(イ) 内容
　　　① 保育士等の愛情豊かな受容の下で，安定感をもって生活をする。
　　　② 食事や午睡，遊びと休息など，保育所における生活のリズムが形成される。
　　　③ 走る，跳ぶ，登る，押す，引っ張るなど全身を使う遊びを楽しむ。
　　　④ 様々な食品や調理形態に慣れ，ゆったりとした雰囲気の中で食事や間食を楽しむ。
　　　⑤ 身の回りを清潔に保つ心地よさを感じ，その習慣が少しずつ身に付く。
　　　⑥ 保育士等の助けを借りながら，衣類の着脱を自分でしようとする。
　　　⑦ 便器での排泄に慣れ，自分で排泄ができるようになる。
　　(ウ) 内容の取扱い
　　　上記の取扱いに当たっては，次の事項に留意する必要がある。
　　　① 心と体の健康は，相互に密接な関連があるものであることを踏まえ，子どもの気持ちに配慮した温かい触れ合いの中で，心と体の発達を促すこと。特に，一人一人の発育に応じて，体を動かす機会を十分に確保し，自ら体を動かそうとする意欲が育つようにすること。
　　　② 健康な心と体を育てるためには望ましい食習慣の形成が重要であることを踏まえ，ゆったりとした雰囲気の中で食べる喜びや楽しさを味わい，進んで食べようとする気持ちが育つようにすること。なお，食物アレルギーのある子どもへの対応については，嘱託医等の指示や協力の下に適切に対応すること。
　　　③ 排泄の習慣については，一人一人の排尿間隔等を踏まえ，おむつが汚れていないときに便器に座らせるなどにより，少しずつ慣れさせるようにすること。
　　　④ 食事，排泄，睡眠，衣類の着脱，身の回りを清潔にすることなど，生活に必要な基本的な習慣については，一人一人の状態に応じ，落ち着いた雰囲気の中で行うようにし，子どもが自分でしようとする気持ちを尊重すること。また，基本的な生活習慣の形成に当たっては，家庭での生活経験に配慮し，家庭との適切な連携の下で行うようにすること。
　イ　人間関係
　　他の人々と親しみ，支え合って生活するために，自立心を育て，人と関わる力を養う。
　　(ア) ねらい
　　　① 保育所での生活を楽しみ，身近な人と関わる心地よさを感じる。
　　　② 周囲の子ども等への興味や関心が高まり，関

わりをもとうとする。
　　③　保育所の生活の仕方に慣れ，きまりの大切さ
　　　に気付く。
　(イ)　内容
　　①　保育士等や周囲の子ども等との安定した関係
　　　の中で，共に過ごす心地よさを感じる。
　　②　保育士等の受容的・応答的な関わりの中で，
　　　欲求を適切に満たし，安定感をもって過ごす。
　　③　身の回りに様々な人がいることに気付き，
　　　徐々に他の子どもと関わりをもって遊ぶ。
　　④　保育士等の仲立ちにより，他の子どもとの関
　　　わり方を少しずつ身につける。
　　⑤　保育所の生活の仕方に慣れ，きまりがあるこ
　　　とや，その大切さに気付く。
　　⑥　生活や遊びの中で，年長児や保育士等の真似
　　　をしたり，ごっこ遊びを楽しんだりする。
　(ウ)　内容の取扱い
　　　上記の取扱いに当たっては，次の事項に留意す
　　る必要がある。
　　①　保育士等との信頼関係に支えられて生活を確
　　　立するとともに，自分で何かをしようとする気
　　　持ちが旺盛になる時期であることに鑑み，その
　　　ような子どもの気持ちを尊重し，温かく見守る
　　　とともに，愛情豊かに，応答的に関わり，適切
　　　な援助を行うようにすること。
　　②　思い通りにいかない場合等の子どもの不安定
　　　な感情の表出については，保育士等が受容的に
　　　受け止めるとともに，そうした気持ちから立ち
　　　直る経験や感情をコントロールすることへの気
　　　付き等につなげていけるように援助すること。
　　③　この時期は自己と他者との違いの認識がまだ
　　　十分ではないことから，子どもの自我の育ちを
　　　見守るとともに，保育士等が仲立ちとなって，
　　　自分の気持ちを相手に伝えることや相手の気持
　　　ちに気付くことの大切さなど，友達の気持ちや
　　　友達との関わり方を丁寧に伝えていくこと。
　ウ　環境
　　　周囲の様々な環境に好奇心や探究心をもって関わ
　　り，それらを生活に取り入れていこうとする力を養
　　う。
　(ア)　ねらい
　　①　身近な環境に親しみ，触れ合う中で，様々な
　　　ものに興味や関心をもつ。
　　②　様々なものに関わる中で，発見を楽しんだ
　　　り，考えたりしようとする。
　　③　見る，聞く，触るなどの経験を通して，感覚
　　　の働きを豊かにする。

　(イ)　内容
　　①　安全で活動しやすい環境での探索活動等を通
　　　して，見る，聞く，触れる，嗅ぐ，味わうなど
　　　の感覚の働きを豊かにする。
　　②　玩具，絵本，遊具などに興味をもち，それら
　　　を使った遊びを楽しむ。
　　③　身の回りの物に触れる中で，形，色，大き
　　　さ，量などの物の性質や仕組みに気付く。
　　④　自分の物と人の物の区別や，場所的感覚な
　　　ど，環境を捉える感覚が育つ。
　　⑤　身近な生き物に気付き，親しみをもつ。
　　⑥　近隣の生活や季節の行事などに興味や関心を
　　　もつ。
　(ウ)　内容の取扱い
　　　上記の取扱いに当たっては，次の事項に留意す
　　る必要がある。
　　①　玩具などは，音質，形，色，大きさなど子ど
　　　もの発達状態に応じて適切なものを選び，遊び
　　　を通して感覚の発達が促されるように工夫する
　　　こと。
　　②　身近な生き物との関わりについては，子ども
　　　が命を感じ，生命の尊さに気付く経験へとつな
　　　がるものであることから，そうした気付きを促
　　　すような関わりとなるようにすること。
　　③　地域の生活や季節の行事などに触れる際に
　　　は，社会とのつながりや地域社会の文化への気
　　　付きにつながるものとなることが望ましいこ
　　　と。その際，保育所内外の行事や地域の人々と
　　　の触れ合いなどを通して行うこと等も考慮する
　　　こと。
　エ　言葉
　　　経験したことや考えたことなどを自分なりの言葉
　　で表現し，相手の話す言葉を聞こうとする意欲や態
　　度を育て，言葉に対する感覚や言葉で表現する力を
　　養う。
　(ア)　ねらい
　　①　言葉遊びや言葉で表現する楽しさを感じる。
　　②　人の言葉や話などを聞き，自分でも思ったこ
　　　とを伝えようとする。
　　③　絵本や物語等に親しむとともに，言葉のやり
　　　取りを通じて身近な人と気持ちを通わせる。
　(イ)　内容
　　①　保育士等の応答的な関わりや話しかけによ
　　　り，自ら言葉を使おうとする。
　　②　生活に必要な簡単な言葉に気付き，聞き分け
　　　る。
　　③　親しみをもって日常の挨拶に応じる。

④ 絵本や紙芝居を楽しみ，簡単な言葉を繰り返したり，模倣をしたりして遊ぶ。
⑤ 保育士等とごっこ遊びをする中で，言葉のやり取りを楽しむ。
⑥ 保育士等を仲立ちとして，生活や遊びの中で友達との言葉のやり取りを楽しむ。
⑦ 保育士等や友達の言葉や話に興味や関心をもって，聞いたり，話したりする。
(ウ) 内容の取扱い
上記の取扱いに当たっては，次の事項に留意する必要がある。
① 身近な人に親しみをもって接し，自分の感情などを伝え，それに相手が応答し，その言葉を聞くことを通して，次第に言葉が獲得されていくものであることを考慮して，楽しい雰囲気の中で保育士等との言葉のやり取りができるようにすること。
② 子どもが自分の思いを言葉で伝えるとともに，他の子どもの話などを聞くことを通して，次第に話を理解し，言葉による伝え合いができるようになるよう，気持ちや経験等の言語化を行うことを援助するなど，子ども同士の関わりの仲立ちを行うようにすること。
③ この時期は，片言から，二語文，ごっこ遊びでのやり取りができる程度へと，大きく言葉の習得が進む時期であることから，それぞれの子どもの発達の状況に応じて，遊びや関わりの工夫など，保育の内容を適切に展開することが必要であること。

オ 表現
感じたことや考えたことを自分なりに表現することを通して，豊かな感性や表現する力を養い，創造性を豊かにする。
(ア) ねらい
① 身体の諸感覚の経験を豊かにし，様々な感覚を味わう。
② 感じたことや考えたことなどを自分なりに表現しようとする。
③ 生活や遊びの様々な体験を通して，イメージや感性が豊かになる。
(イ) 内容
① 水，砂，土，紙，粘土など様々な素材に触れて楽しむ。
② 音楽，リズムやそれに合わせた体の動きを楽しむ。
③ 生活の中で様々な音，形，色，手触り，動き，味，香りなどに気付いたり，感じたりして楽しむ。
④ 歌を歌ったり，簡単な手遊びや全身を使う遊びを楽しんだりする。
⑤ 保育士等からの話や，生活や遊びの中での出来事を通して，イメージを豊かにする。
⑥ 生活や遊びの中で，興味のあることや経験したことなどを自分なりに表現する。
(ウ) 内容の取扱い
上記の取扱いに当たっては，次の事項に留意する必要がある。
① 子どもの表現は，遊びや生活の様々な場面で表出されているものであることから，それらを積極的に受け止め，様々な表現の仕方や感性を豊かにする経験となるようにすること。
② 子どもが試行錯誤しながら様々な表現を楽しむことや，自分の力でやり遂げる充実感などに気付くよう，温かく見守るとともに，適切に援助を行うようにすること。
③ 様々な感情の表現等を通じて，子どもが自分の感情や気持ちに気付くようになる時期であることに鑑み，受容的な関わりの中で自信をもって表現をすることや，諦めずに続けた後の達成感等を感じられるような経験が蓄積されるようにすること。
④ 身近な自然や身の回りの事物に関わる中で，発見や心が動く経験が得られるよう，諸感覚を働かせることを楽しむ遊びや素材を用意するなど保育の環境を整えること。

(3) 保育の実施に関わる配慮事項
ア 特に感染症にかかりやすい時期であるので，体の状態，機嫌，食欲などの日常の状態の観察を十分に行うとともに，適切な判断に基づく保健的な対応を心がけること。
イ 探索活動が十分できるように，事故防止に努めながら活動しやすい環境を整え，全身を使う遊びなど様々な遊びを取り入れること。
ウ 自我が形成され，子どもが自分の感情や気持ちに気付くようになる重要な時期であることに鑑み，情緒の安定を図りながら，子どもの自発的な活動を尊重するとともに促していくこと。
エ 担当の保育士が替わる場合には，子どものそれまでの経験や発達過程に留意し，職員間で協力して対応すること。

3 3歳以上児の保育に関するねらい及び内容
(1) 基本的事項
ア この時期においては，運動機能の発達により，基本的な動作が一通りできるようになるとともに，基

本的な生活習慣もほぼ自立できるようになる。理解する語彙数が急激に増加し、知的興味や関心も高まってくる。仲間と遊び、仲間の中の一人という自覚が生じ、集団的な遊びや協同的な活動も見られるようになる。これらの発達の特徴を踏まえて、この時期の保育においては、個の成長と集団としての活動の充実が図られるようにしなければならない。
イ 本項においては、この時期の発達の特徴を踏まえ、保育の「ねらい」及び「内容」について、心身の健康に関する領域「健康」、人との関わりに関する領域「人間関係」、身近な環境との関わりに関する領域「環境」、言葉の獲得に関する領域「言葉」及び感性と表現に関する領域「表現」としてまとめ、示している。
ウ 本項の各領域において示す保育の内容は、第1章の2に示された養護における「生命の保持」及び「情緒の安定」に関わる保育の内容と、一体となって展開されるものであることに留意が必要である。

(2) ねらい及び内容
　ア 健康
　　健康な心と体を育て、自ら健康で安全な生活をつくり出す力を養う。
　　(ア) ねらい
　　　① 明るく伸び伸びと行動し、充実感を味わう。
　　　② 自分の体を十分に動かし、進んで運動しようとする。
　　　③ 健康、安全な生活に必要な習慣や態度を身に付け、見通しをもって行動する。
　　(イ) 内容
　　　① 保育士等や友達と触れ合い、安定感をもって行動する。
　　　② いろいろな遊びの中で十分に体を動かす。
　　　③ 進んで戸外で遊ぶ。
　　　④ 様々な活動に親しみ、楽しんで取り組む。
　　　⑤ 保育士等や友達と食べることを楽しみ、食べ物への興味や関心をもつ。
　　　⑥ 健康な生活のリズムを身に付ける。
　　　⑦ 身の回りを清潔にし、衣服の着脱、食事、排泄などの生活に必要な活動を自分でする。
　　　⑧ 保育所における生活の仕方を知り、自分たちで生活の場を整えながら見通しをもって行動する。
　　　⑨ 自分の健康に関心をもち、病気の予防などに必要な活動を進んで行う。
　　　⑩ 危険な場所、危険な遊び方、災害時などの行動の仕方が分かり、安全に気を付けて行動する。

　　(ウ) 内容の取扱い
　　　上記の取扱いに当たっては、次の事項に留意する必要がある。
　　　① 心と体の健康は、相互に密接な関連があるものであることを踏まえ、子どもが保育士等や他の子どもとの温かい触れ合いの中で自己の存在感や充実感を味わうことなどを基盤として、しなやかな心と体の発達を促すこと。特に、十分に体を動かす気持ちよさを体験し、自ら体を動かそうとする意欲が育つようにすること。
　　　② 様々な遊びの中で、子どもが興味や関心、能力に応じて全身を使って活動することにより、体を動かす楽しさを味わい、自分の体を大切にしようとする気持ちが育つようにすること。その際、多様な動きを経験する中で、体の動きを調整するようにすること。
　　　③ 自然の中で伸び伸びと体を動かして遊ぶことにより、体の諸機能の発達が促されることに留意し、子どもの興味や関心が戸外にも向くようにすること。その際、子どもの動線に配慮した園庭や遊具の配置などを工夫すること。
　　　④ 健康な心と体を育てるためには食育を通じた望ましい食習慣の形成が大切であることを踏まえ、子どもの食生活の実情に配慮し、和やかな雰囲気の中で保育士等や他の子どもと食べる喜びや楽しさを味わったり、様々な食べ物への興味や関心をもったりするなどし、食の大切さに気付き、進んで食べようとする気持ちが育つようにすること。
　　　⑤ 基本的な生活習慣の形成に当たっては、家庭での生活経験に配慮し、子どもの自立心を育て、子どもが他の子どもと関わりながら主体的な活動を展開する中で、生活に必要な習慣を身に付け、次第に見通しをもって行動できるようにすること。
　　　⑥ 安全に関する指導に当たっては、情緒の安定を図り、遊びを通して安全についての構えを身に付け、危険な場所や事物などが分かり、安全についての理解を深めるようにすること。また、交通安全の習慣を身に付けるようにするとともに、避難訓練などを通して、災害などの緊急時に適切な行動がとれるようにすること。

　イ 人間関係
　　他の人々と親しみ、支え合って生活するために、自立心を育て、人と関わる力を養う。
　　(ア) ねらい
　　　① 保育所の生活を楽しみ、自分の力で行動する

ことの充実感を味わう。
② 身近な人と親しみ，関わりを深め，工夫したり，協力したりして一緒に活動する楽しさを味わい，愛情や信頼感をもつ。
③ 社会生活における望ましい習慣や態度を身に付ける。
(イ) 内容
① 保育士等や友達と共に過ごすことの喜びを味わう。
② 自分で考え，自分で行動する。
③ 自分でできることは自分でする。
④ いろいろな遊びを楽しみながら物事をやり遂げようとする気持ちをもつ。
⑤ 友達と積極的に関わりながら喜びや悲しみを共感し合う。
⑥ 自分の思ったことを相手に伝え，相手の思っていることに気付く。
⑦ 友達のよさに気付き，一緒に活動する楽しさを味わう。
⑧ 友達と楽しく活動する中で，共通の目的を見いだし，工夫したり，協力したりなどする。
⑨ よいことや悪いことがあることに気付き，考えながら行動する。
⑩ 友達との関わりを深め，思いやりをもつ。
⑪ 友達と楽しく生活する中できまりの大切さに気付き，守ろうとする。
⑫ 共同の遊具や用具を大切にし，皆で使う。
⑬ 高齢者をはじめ地域の人々などの自分の生活に関係の深いいろいろな人に親しみをもつ。
(ウ) 内容の取扱い
上記の取扱いに当たっては，次の事項に留意する必要がある。
① 保育士等との信頼関係に支えられて自分自身の生活を確立していくことが人と関わる基盤となることを考慮し，子どもが自ら周囲に働き掛けることにより多様な感情を体験し，試行錯誤しながら諦めずにやり遂げることの達成感や，前向きな見通しをもって自分の力で行うことの充実感を味わうことができるよう，子どもの行動を見守りながら適切な援助を行うようにすること。
② 一人一人を生かした集団を形成しながら人と関わる力を育てていくようにすること。その際，集団の生活の中で，子どもが自己を発揮し，保育士等や他の子どもに認められる体験をし，自分のよさや特徴に気付き，自信をもって行動できるようにすること。
③ 子どもが互いに関わりを深め，協同して遊ぶようになるため，自ら行動する力を育てるとともに，他の子どもと試行錯誤しながら活動を展開する楽しさや共通の目的が実現する喜びを味わうことができるようにすること。
④ 道徳性の芽生えを培うに当たっては，基本的な生活習慣の形成を図るとともに，子どもが他の子どもとの関わりの中で他人の存在に気付き，相手を尊重する気持ちをもって行動できるようにし，また，自然や身近な動植物に親しむことなどを通して豊かな心情が育つようにすること。特に，人に対する信頼感や思いやりの気持ちは，葛藤やつまずきをも体験し，それらを乗り越えることにより次第に芽生えてくることに配慮すること。
⑤ 集団の生活を通して，子どもが人との関わりを深め，規範意識の芽生えが培われることを考慮し，子どもが保育士等との信頼関係に支えられて自己を発揮する中で，互いに思いを主張し，折り合いを付ける体験をし，きまりの必要性などに気付き，自分の気持ちを調整する力が育つようにすること。
⑥ 高齢者をはじめ地域の人々などの自分の生活に関係の深いいろいろな人と触れ合い，自分の感情や意志を表現しながら共に楽しみ，共感し合う体験を通して，これらの人々などに親しみをもち，人と関わることの楽しさや人の役に立つ喜びを味わうことができるようにすること。また，生活を通して親や祖父母などの家族の愛情に気付き，家族を大切にしようとする気持ちが育つようにすること。

ウ 環境
周囲の様々な環境に好奇心や探究心をもって関わり，それらを生活に取り入れていこうとする力を養う。
(ア) ねらい
① 身近な環境に親しみ，自然と触れ合う中で様々な事象に興味や関心をもつ。
② 身近な環境に自分から関わり，発見を楽しんだり，考えたりし，それを生活に取り入れようとする。
③ 身近な事象を見たり，考えたり，扱ったりする中で，物の性質や数量，文字などに対する感覚を豊かにする。
(イ) 内容
① 自然に触れて生活し，その大きさ，美しさ，不思議さなどに気付く。

② 生活の中で，様々な物に触れ，その性質や仕組みに興味や関心をもつ。
③ 季節により自然や人間の生活に変化のあることに気付く。
④ 自然などの身近な事象に関心をもち，取り入れて遊ぶ。
⑤ 身近な動植物に親しみをもって接し，生命の尊さに気付き，いたわったり，大切にしたりする。
⑥ 日常生活の中で，我が国や地域社会における様々な文化や伝統に親しむ。
⑦ 身近な物を大切にする。
⑧ 身近な物や遊具に興味をもって関わり，自分なりに比べたり，関連付けたりしながら考えたり，試したりして工夫して遊ぶ。
⑨ 日常生活の中で数量や図形などに関心をもつ。
⑩ 日常生活の中で簡単な標識や文字などに関心をもつ。
⑪ 生活に関係の深い情報や施設などに興味や関心をもつ。
⑫ 保育所内外の行事において国旗に親しむ。
(ウ) 内容の取扱い
　上記の取扱いに当たっては，次の事項に留意する必要がある。
① 子どもが，遊びの中で周囲の環境と関わり，次第に周囲の世界に好奇心を抱き，その意味や操作の仕方に関心をもち，物事の法則性に気付き，自分なりに考えることができるようになる過程を大切にすること。また，他の子どもの考えなどに触れて新しい考えを生み出す喜びや楽しさを味わい，自分の考えをよりよいものにしようとする気持ちが育つようにすること。
② 幼児期において自然のもつ意味は大きく，自然の大きさ，美しさ，不思議さなどに直接触れる体験を通して，子どもの心が安らぎ，豊かな感情，好奇心，思考力，表現力の基礎が培われることを踏まえ，子どもが自然との関わりを深めることができるよう工夫すること。
③ 身近な事象や動植物に対する感動を伝え合い，共感し合うことなどを通して自分から関わろうとする意欲を育てるとともに，様々な関わり方を通してそれらに対する親しみや畏敬の念，生命を大切にする気持ち，公共心，探究心などが養われるようにすること。
④ 文化や伝統に親しむ際には，正月や節句など我が国の伝統的な行事，国歌，唱歌，わらべう

たや我が国の伝統的な遊びに親しんだり，異なる文化に触れる活動に親しんだりすることを通じて，社会とのつながりの意識や国際理解の意識の芽生えなどが養われるようにすること。
⑤ 数量や文字などに関しては，日常生活の中で子ども自身の必要感に基づく体験を大切にし，数量や文字などに関する興味や関心，感覚が養われるようにすること。
エ 言葉
　経験したことや考えたことなどを自分なりの言葉で表現し，相手の話す言葉を聞こうとする意欲や態度を育て，言葉に対する感覚や言葉で表現する力を養う。
(ア) ねらい
① 自分の気持ちを言葉で表現する楽しさを味わう。
② 人の言葉や話などをよく聞き，自分の経験したことや考えたことを話し，伝え合う喜びを味わう。
③ 日常生活に必要な言葉が分かるようになるとともに，絵本や物語などに親しみ，言葉に対する感覚を豊かにし，保育士等や友達と心を通わせる。
(イ) 内容
① 保育士等や友達の言葉や話に興味や関心をもち，親しみをもって聞いたり，話したりする。
② したり，見たり，聞いたり，感じたり，考えたりなどしたことを自分なりに言葉で表現する。
③ したいこと，してほしいことを言葉で表現したり，分からないことを尋ねたりする。
④ 人の話を注意して聞き，相手に分かるように話す。
⑤ 生活の中で必要な言葉が分かり，使う。
⑥ 親しみをもって日常の挨拶をする。
⑦ 生活の中で言葉の楽しさや美しさに気付く。
⑧ いろいろな体験を通じてイメージや言葉を豊かにする。
⑨ 絵本や物語などに親しみ，興味をもって聞き，想像をする楽しさを味わう。
⑩ 日常生活の中で，文字などで伝える楽しさを味わう。
(ウ) 内容の取扱い
　上記の取扱いに当たっては，次の事項に留意する必要がある。
① 言葉は，身近な人に親しみをもって接し，自分の感情や意志などを伝え，それに相手が応答

し，その言葉を聞くことを通して次第に獲得されていくものであることを考慮して，子どもが保育士等や他の子どもと関わることにより心を動かされるような体験をし，言葉を交わす喜びを味わえるようにすること。
② 子どもが自分の思いを言葉で伝えるとともに，保育士等や他の子どもなどの話を興味をもって注意して聞くことを通して次第に話を理解するようになっていき，言葉による伝え合いができるようにすること。
③ 絵本や物語などで，その内容と自分の経験とを結び付けたり，想像を巡らせたりするなど，楽しみを十分に味わうことによって，次第に豊かなイメージをもち，言葉に対する感覚が養われるようにすること。
④ 子どもが生活の中で，言葉の響きやリズム，新しい言葉や表現などに触れ，これらを使う楽しさを味わえるようにすること。その際，絵本や物語に親しんだり，言葉遊びなどをしたりすることを通して，言葉が豊かになるようにすること。
⑤ 子どもが日常生活の中で，文字などを使いながら思ったことや考えたことを伝える喜びや楽しさを味わい，文字に対する興味や関心をもつようにすること。

オ　表現
　感じたことや考えたことを自分なりに表現することを通して，豊かな感性や表現する力を養い，創造性を豊かにする。
(ア) ねらい
① いろいろなものの美しさなどに対する豊かな感性をもつ。
② 感じたことや考えたことを自分なりに表現して楽しむ。
③ 生活の中でイメージを豊かにし，様々な表現を楽しむ。
(イ) 内容
① 生活の中で様々な音，形，色，手触り，動きなどに気付いたり，感じたりするなどして楽しむ。
② 生活の中で美しいものや心を動かす出来事に触れ，イメージを豊かにする。
③ 様々な出来事の中で，感動したことを伝え合う楽しさを味わう。
④ 感じたこと，考えたことなどを音や動きなどで表現したり，自由にかいたり，つくったりなどする。
⑤ いろいろな素材に親しみ，工夫して遊ぶ。
⑥ 音楽に親しみ，歌を歌ったり，簡単なリズム楽器を使ったりなどする楽しさを味わう。
⑦ かいたり，つくったりすることを楽しみ，遊びに使ったり，飾ったりなどする。
⑧ 自分のイメージを動きや言葉などで表現したり，演じて遊んだりするなどの楽しさを味わう。
(ウ) 内容の取扱い
　上記の取扱いに当たっては，次の事項に留意する必要がある。
① 豊かな感性は，身近な環境と十分に関わる中で美しいもの，優れたもの，心を動かす出来事などに出会い，そこから得た感動を他の子どもや保育士等と共有し，様々に表現することなどを通して養われるようにすること。その際，風の音や雨の音，身近にある草や花の形や色など自然の中にある音，形，色などに気付くようにすること。
② 子どもの自己表現は素朴な形で行われることが多いので，保育士等はそのような表現を受容し，子ども自身の表現しようとする意欲を受け止めて，子どもが生活の中で子どもらしい様々な表現を楽しむことができるようにすること。
③ 生活経験や発達に応じ，自ら様々な表現を楽しみ，表現する意欲を十分に発揮させることができるように，遊具や用具などを整えたり，様々な素材や表現の仕方に親しんだり，他の子どもの表現に触れられるよう配慮したりし，表現する過程を大切にして自己表現を楽しめるように工夫すること。

(3) 保育の実施に関わる配慮事項
ア　第1章の4の(2)に示す「幼児期の終わりまでに育ってほしい姿」が，ねらい及び内容に基づく活動全体を通して資質・能力が育まれている子どもの小学校就学時の具体的な姿であることを踏まえ，指導を行う際には適宜考慮すること。
イ　子どもの発達や成長の援助をねらいとした活動の時間については，意識的に保育の計画等において位置付けて，実施することが重要であること。なお，そのような活動の時間については，保護者の就労状況等に応じて子どもが保育所で過ごす時間がそれぞれ異なることに留意して設定すること。
ウ　特に必要な場合には，各領域に示すねらいの趣旨に基づいて，具体的な内容を工夫し，それを加えても差し支えないが，その場合には，それが第1章の1に示す保育所保育に関する基本原則を逸脱しない

よう慎重に配慮する必要があること。
4 保育の実施に関して留意すべき事項
(1) 保育全般に関わる配慮事項
　ア　子どもの心身の発達及び活動の実態などの個人差を踏まえるとともに、一人一人の子どもの気持ちを受け止め、援助すること。
　イ　子どもの健康は、生理的・身体的な育ちとともに、自主性や社会性、豊かな感性の育ちとがあいまってもたらされることに留意すること。
　ウ　子どもが自ら周囲に働きかけ、試行錯誤しつつ自分の力で行う活動を見守りながら、適切に援助すること。
　エ　子どもの入所時の保育に当たっては、できるだけ個別的に対応し、子どもが安定感を得て、次第に保育所の生活になじんでいくようにするとともに、既に入所している子どもに不安や動揺を与えないようにすること。
　オ　子どもの国籍や文化の違いを認め、互いに尊重する心を育てるようにすること。
　カ　子どもの性差や個人差にも留意しつつ、性別などによる固定的な意識を植え付けることがないようにすること。
(2) 小学校との連携
　ア　保育所においては、保育所保育が、小学校以降の生活や学習の基盤の育成につながることに配慮し、幼児期にふさわしい生活を通じて、創造的な思考や主体的な生活態度などの基礎を培うようにすること。
　イ　保育所保育において育まれた資質・能力を踏まえ、小学校教育が円滑に行われるよう、小学校教師との意見交換や合同の研究の機会などを設け、第1章の4の(2)に示す「幼児期の終わりまでに育って欲しい姿」を共有するなど連携を図り、保育所保育と小学校教育との円滑な接続を図るよう努めること。
　ウ　子どもに関する情報共有に関して、保育所に入所している子どもの就学に際し、市町村の支援の下に、子どもの育ちを支えるための資料が保育所から小学校へ送付されるようにすること。
(3) 家庭及び地域社会との連携
　子どもの生活の連続性を踏まえ、家庭及び地域社会と連携して保育が展開されるよう配慮すること。その際、家庭や地域の機関及び団体の協力を得て、地域の自然、高齢者や異年齢の子ども等を含む人材、行事、施設等の地域の資源を積極的に活用し、豊かな生活体験をはじめ保育内容の充実が図られるよう配慮すること。

第3章　健康及び安全

　保育所保育において、子どもの健康及び安全の確保は、子どもの生命の保持と健やかな生活の基本であり、一人一人の子どもの健康の保持及び増進並びに安全の確保とともに、保育所全体における健康及び安全の確保に努めることが重要となる。
　また、子どもが、自らの体や健康に関心をもち、心身の機能を高めていくことが大切である。
　このため、第1章及び第2章等の関連する事項に留意し、次に示す事項を踏まえ、保育を行うこととする。
1　子どもの健康支援
(1) 子どもの健康状態並びに発育及び発達状態の把握
　ア　子どもの心身の状態に応じて保育するために、子どもの健康状態並びに発育及び発達状態について、定期的・継続的に、また、必要に応じて随時、把握すること。
　イ　保護者からの情報とともに、登所時及び保育中を通じて子どもの状態を観察し、何らかの疾病が疑われる状態や傷害が認められた場合には、保護者に連絡するとともに、嘱託医と相談するなど適切な対応を図ること。看護師等が配置されている場合には、その専門性を生かした対応を図ること。
　ウ　子どもの心身の状態等を観察し、不適切な養育の兆候が見られる場合には、市町村や関係機関と連携し、児童福祉法第25条に基づき、適切な対応を図ること。また、虐待が疑われる場合には、速やかに市町村又は児童相談所に通告し、適切な対応を図ること。
(2) 健康増進
　ア　子どもの健康に関する保健計画を全体的な計画に基づいて作成し、全職員がそのねらいや内容を踏まえ、一人一人の子どもの健康の保持及び増進に努めていくこと。
　イ　子どもの心身の健康状態や疾病等の把握のために、嘱託医等により定期的に健康診断を行い、その結果を記録し、保育に活用するとともに、保護者が子どもの状態を理解し、日常生活に活用できるようにすること。
(3) 疾病等への対応
　ア　保育中に体調不良や傷害が発生した場合には、その子どもの状態等に応じて、保護者に連絡するとともに、適宜、嘱託医や子どものかかりつけ医等と相談し、適切な処置を行うこと。看護師等が配置されている場合には、その専門性を生かした対応を図ること。

イ　感染症やその他の疾病の発生予防に努め，その発生や疑いがある場合には，必要に応じて嘱託医，市町村，保健所等に連絡し，その指示に従うとともに，保護者や全職員に連絡し，予防等について協力を求めること。また，感染症に関する保育所の対応方法等について，あらかじめ関係機関の協力を得ておくこと。看護師等が配置されている場合には，その専門性を生かした対応を図ること。
　ウ　アレルギー疾患を有する子どもの保育については，保護者と連携し，医師の診断及び指示に基づき，適切な対応を行うこと。また，食物アレルギーに関して，関係機関と連携して，当該保育所の体制構築など，安全な環境の整備を行うこと。看護師や栄養士等が配置されている場合には，その専門性を生かした対応を図ること。
　エ　子どもの疾病等の事態に備え，医務室等の環境を整え，救急用の薬品，材料等を適切な管理の下に常備し，全職員が対応できるようにしておくこと。
2　食育の推進
　(1)　保育所の特性を生かした食育
　　ア　保育所における食育は，健康な生活の基本としての「食を営む力」の育成に向け，その基礎を培うことを目標とすること。
　　イ　子どもが生活と遊びの中で，意欲をもって食に関わる体験を積み重ね，食べることを楽しみ，食事を楽しみ合う子どもに成長していくことを期待するものであること。
　　ウ　乳幼児期にふさわしい食生活が展開され，適切な援助が行われるよう，食事の提供を含む食育計画を全体的な計画に基づいて作成し，その評価及び改善に努めること。栄養士が配置されている場合は，専門性を生かした対応を図ること。
　(2)　食育の環境の整備等
　　ア　子どもが自らの感覚や体験を通して，自然の恵みとしての食材や食の循環・環境への意識，調理する人への感謝の気持ちが育つように，子どもと調理員等との関わりや，調理室など食に関わる保育環境に配慮すること。
　　イ　保護者や地域の多様な関係者との連携及び協働の下で，食に関する取組が進められること。また，市町村の支援の下に，地域の関係機関等との日常的な連携を図り，必要な協力が得られるよう努めること。
　　ウ　体調不良，食物アレルギー，障害のある子どもなど，一人一人の子どもの心身の状態等に応じ，嘱託医，かかりつけ医等の指示や協力の下に適切に対応すること。栄養士が配置されている場合は，専門性を生かした対応を図ること。
3　環境及び衛生管理並びに安全管理
　(1)　環境及び衛生管理
　　ア　施設の温度，湿度，換気，採光，音などの環境を常に適切な状態に保持するとともに，施設内外の設備及び用具等の衛生管理に努めること。
　　イ　施設内外の適切な環境の維持に努めるとともに，子ども及び全職員が清潔を保つようにすること。また，職員は衛生知識の向上に努めること。
　(2)　事故防止及び安全対策
　　ア　保育中の事故防止のために，子どもの心身の状態等を踏まえつつ，施設内外の安全点検に努め，安全対策のために全職員の共通理解や体制づくりを図るとともに，家庭や地域の関係機関の協力の下に安全指導を行うこと。
　　イ　事故防止の取組を行う際には，特に，睡眠中，プール活動・水遊び中，食事中等の場面では重大事故が発生しやすいことを踏まえ，子どもの主体的な活動を大切にしつつ，施設内外の環境の配慮や指導の工夫を行うなど，必要な対策を講じること。
　　ウ　保育中の事故の発生に備え，施設内外の危険箇所の点検や訓練を実施するとともに，外部からの不審者等の侵入防止のための措置や訓練など不測の事態に備えて必要な対応を行うこと。また，子どもの精神保健面における対応に留意すること。
4　災害への備え
　(1)　施設・設備等の安全確保
　　ア　防火設備，避難経路等の安全性が確保されるよう，定期的にこれらの安全点検を行うこと。
　　イ　備品，遊具等の配置，保管を適切に行い，日頃から，安全環境の整備に努めること。
　(2)　災害発生時の対応体制及び避難への備え
　　ア　火災や地震などの災害の発生に備え，緊急時の対応の具体的内容及び手順，職員の役割分担，避難訓練計画等に関するマニュアルを作成すること。
　　イ　定期的に避難訓練を実施するなど，必要な対応を図ること。
　　ウ　災害の発生時に，保護者等への連絡及び子どもの引渡しを円滑に行うため，日頃から保護者との密接な連携に努め，連絡体制や引渡し方法等について確認をしておくこと。
　(3)　地域の関係機関等との連携
　　ア　市町村の支援の下に，地域の関係機関との日常的な連携を図り，必要な協力が得られるよう努めること。
　　イ　避難訓練については，地域の関係機関や保護者との連携の下に行うなど工夫すること。

第4章　子育て支援

保育所における保護者に対する子育て支援は，全ての子どもの健やかな育ちを実現することができるよう，第1章及び第2章等の関連する事項を踏まえ，子どもの育ちを家庭と連携して支援していくとともに，保護者及び地域が有する子育てを自ら実践する力の向上に資するよう，次の事項に留意するものとする。

1　保育所における子育て支援に関する基本的事項
　(1) 保育所の特性を生かした子育て支援
　　ア　保護者に対する子育て支援を行う際には，各地域や家庭の実態等を踏まえるとともに，保護者の気持ちを受け止め，相互の信頼関係を基本に，保護者の自己決定を尊重すること。
　　イ　保育及び子育てに関する知識や技術など，保育士等の専門性や，子どもが常に存在する環境など，保育所の特性を生かし，保護者が子どもの成長に気付き子育ての喜びを感じられるように努めること。
　(2) 子育て支援に関して留意すべき事項
　　ア　保護者に対する子育て支援における地域の関係機関等との連携及び協働を図り，保育所全体の体制構築に努めること。
　　イ　子どもの利益に反しない限りにおいて，保護者や子どものプライバシーを保護し，知り得た事柄の秘密を保持すること。

2　保育所を利用している保護者に対する子育て支援
　(1) 保護者との相互理解
　　ア　日常の保育に関連した様々な機会を活用し子どもの日々の様子の伝達や収集，保育所保育の意図の説明などを通じて，保護者との相互理解を図るよう努めること。
　　イ　保育の活動に対する保護者の積極的な参加は，保護者の子育てを自ら実践する力の向上に寄与することから，これを促すこと。
　(2) 保護者の状況に配慮した個別の支援
　　ア　保護者の就労と子育ての両立等を支援するため，保護者の多様化した保育の需要に応じ，病児保育事業など多様な事業を実施する場合には，保護者の状況に配慮するとともに，子どもの福祉が尊重されるよう努め，子どもの生活の連続性を考慮すること。
　　イ　子どもに障害や発達上の課題が見られる場合には，市町村や関係機関と連携及び協力を図りつつ，保護者に対する個別の支援を行うよう努めること。
　　ウ　外国籍家庭など，特別な配慮を必要とする家庭の場合には，状況等に応じて個別の支援を行うよう努めること。
　(3) 不適切な養育等が疑われる家庭への支援
　　ア　保護者に育児不安等が見られる場合には，保護者の希望に応じて個別の支援を行うよう努めること。
　　イ　保護者に不適切な養育等が疑われる場合には，市町村や関係機関と連携し，要保護児童対策地域協議会で検討するなど適切な対応を図ること。また，虐待が疑われる場合には，速やかに市町村又は児童相談所に通告し，適切な対応を図ること。

3　地域の保護者等に対する子育て支援
　(1) 地域に開かれた子育て支援
　　ア　保育所は，児童福祉法第48条の4の規定に基づき，その行う保育に支障がない限りにおいて，地域の実情や当該保育所の体制等を踏まえ，地域の保護者等に対して，保育所保育の専門性を生かした子育て支援を積極的に行うよう努めること。
　　イ　地域の子どもに対する一時預かり事業などの活動を行う際には，一人一人の子どもの心身の状態などを考慮するとともに，日常の保育との関連に配慮するなど，柔軟に活動を展開できるようにすること。
　(2) 地域の関係機関等との連携
　　ア　市町村の支援を得て，地域の関係機関等との積極的な連携及び協働を図るとともに，子育て支援に関する地域の人材と積極的に連携を図るよう努めること。
　　イ　地域の要保護児童への対応など，地域の子どもを巡る諸課題に対し，要保護児童対策地域協議会など関係機関等と連携及び協力して取り組むよう努めること。

第5章　職員の資質向上

第1章から前章までに示された事項を踏まえ，保育所は，質の高い保育を展開するため，絶えず，一人一人の職員についての資質向上及び職員全体の専門性の向上を図るよう努めなければならない。

1　職員の資質向上に関する基本的事項
　(1) 保育所職員に求められる専門性
　　　子どもの最善の利益を考慮し，人権に配慮した保育を行うためには，職員一人一人の倫理観，人間性並びに保育所職員としての職務及び責任の理解と自覚が基盤となる。
　　　各職員は，自己評価に基づく課題等を踏まえ，保育所内外の研修等を通じて，保育士・看護師・調理員・栄養士等，それぞれの職務内容に応じた専門性を高めるため，必要な知識及び技術の修得，維持及び向上に努めなければならない。
　(2) 保育の質の向上に向けた組織的な取組

保育所においては，保育の内容等に関する自己評価等を通じて把握した，保育の質の向上に向けた課題に組織的に対応するため，保育内容の改善や保育士等の役割分担の見直し等に取り組むとともに，それぞれの職位や職務内容等に応じて，各職員が必要な知識及び技能を身につけられるよう努めなければならない。

2 施設長の責務
(1) 施設長の責務と専門性の向上
　施設長は，保育所の役割や社会的責任を遂行するために，法令等を遵守し，保育所を取り巻く社会情勢等を踏まえ，施設長としての専門性等の向上に努め，当該保育所における保育の質及び職員の専門性向上のために必要な環境の確保に努めなければならない。
(2) 職員の研修機会の確保等
　施設長は，保育所の全体的な計画や，各職員の研修の必要性等を踏まえて，体系的・計画的な研修機会を確保するとともに，職員の勤務体制の工夫等により，職員が計画的に研修等に参加し，その専門性の向上が図られるよう努めなければならない。

3 職員の研修等
(1) 職場における研修
　職員が日々の保育実践を通じて，必要な知識及び技術の修得，維持及び向上を図るとともに，保育の課題等への共通理解や協働性を高め，保育所全体としての保育の質の向上を図っていくためには，日常的に職員同士が主体的に学び合う姿勢と環境が重要であり，職場内での研修の充実が図られなければならない。
(2) 外部研修の活用
　各保育所における保育の課題への的確な対応や，保育士等の専門性の向上を図るためには，職場内での研修に加え，関係機関等による研修の活用が有効であることから，必要に応じて，こうした外部研修への参加機会が確保されるよう努めなければならない。

4 研修の実施体制等
(1) 体系的な研修計画の作成
　保育所においては，当該保育所における保育の課題や各職員のキャリアパス等も見据えて，初任者から管理職員までの職位や職務内容等を踏まえた体系的な研修計画を作成しなければならない。
(2) 組織内での研修成果の活用
　外部研修に参加する職員は，自らの専門性の向上を図るとともに，保育所における保育の課題を理解し，その解決を実践できる力を身に付けることが重要である。また，研修で得た知識及び技能を他の職員と共有することにより，保育所全体としての保育実践の質及び専門性の向上につなげていくことが求められる。
(3) 研修の実施に関する留意事項
　施設長等は保育所全体としての保育実践の質及び専門性の向上のために，研修の受講は特定の職員に偏ることなく行われるよう，配慮する必要がある。また，研修を修了した職員については，その職務内容等において，当該研修の成果等が適切に勘案されることが望ましい。

資料　幼保連携型認定こども園教育・保育要領

（平成29年3月31内閣府・文部科学省・厚生労働省告示第1号）
（平成30年4月1日から施行）

第1章　総則

第1　幼保連携型認定こども園における教育及び保育の基本及び目標等
　1　幼保連携型認定こども園における教育及び保育の基本

　　乳幼児期の教育及び保育は，子どもの健全な心身の発達を図りつつ生涯にわたる人格形成の基礎を培う重要なものであり，幼保連携型認定こども園における教育及び保育は，就学前の子どもに関する教育，保育等の総合的な提供の推進に関する法律（平成18年法律第77号。以下「認定こども園法」という。）第2条第7項に規定する目的及び第9条に掲げる目標を達成するため，乳幼児期全体を通して，その特性及び保護者や地域の実態を踏まえ，環境を通して行うものであることを基本とし，家庭や地域での生活を含めた園児の生活全体が豊かなものとなるように努めなければならない。

　　このため保育教諭等は，園児との信頼関係を十分に築き，園児が自ら安心して身近な環境に主体的に関わり，環境との関わり方や意味に気付き，これらを取り込もうとして，試行錯誤したり，考えたりするようになる幼児期の教育における見方・考え方を生かし，その活動が豊かに展開されるよう環境を整え，園児と共によりよい教育及び保育の環境を創造するように努めるものとする。これらを踏まえ，次に示す事項を重視して教育及び保育を行わなければならない。

（1）乳幼児期は周囲への依存を基盤にしつつ自立に向かうものであることを考慮して，周囲との信頼関係に支えられた生活の中で，園児一人一人が安心感と信頼感をもっていろいろな活動に取り組む体験を十分に積み重ねられるようにすること。

（2）乳幼児期においては生命の保持が図られ安定した情緒の下で自己を十分に発揮することにより発達に必要な体験を得ていくものであることを考慮して，園児の主体的な活動を促し，乳幼児期にふさわしい生活が展開されるようにすること。

（3）乳幼児期における自発的な活動としての遊びは，心身の調和のとれた発達の基礎を培う重要な学習であることを考慮して，遊びを通しての指導を中心として第2章に示すねらいが総合的に達成されるようにすること。

（4）乳幼児期における発達は，心身の諸側面が相互に関連し合い，多様な経過をたどって成し遂げられていくものであること，また，園児の生活経験がそれぞれ異なることなどを考慮して，園児一人一人の特性や発達の過程に応じ，発達の課題に即した指導を行うようにすること。

　　その際，保育教諭等は，園児の主体的な活動が確保されるよう，園児一人一人の行動の理解と予想に基づき，計画的に環境を構成しなければならない。この場合において，保育教諭等は，園児と人やものとの関わりが重要であることを踏まえ，教材を工夫し，物的・空間的環境を構成しなければならない。また，園児一人一人の活動の場面に応じて，様々な役割を果たし，その活動を豊かにしなければならない。

　　なお，幼保連携型認定こども園における教育及び保育は，園児が入園してから修了するまでの在園期間全体を通して行われるものであり，この章の第3に示す幼保連携型認定こども園として特に配慮すべき事項を十分に踏まえて行うものとする。

　2　幼保連携型認定こども園における教育及び保育の目標

　　幼保連携型認定こども園は，家庭との連携を図りながら，この章の第1の1に示す幼保連携型認定こども園における教育及び保育の基本に基づいて一体的に展開される幼保連携型認定こども園における生活を通して，生きる力の基礎を育成するよう認定こども園法第9条に規定する幼保連携型認定こども園の教育及び保育の目標の達成に努めなければならない。幼保連携型認定こども園は，このことにより，義務教育及びその後の教育の基礎を培うとともに，子どもの最善の利益を考慮しつつ，その生活を保障し，保護者と共に園児を心身ともに健やかに育成するものとする。

　　なお，認定こども園法第9条に規定する幼保連携型認定こども園の教育及び保育の目標については，発達や学びの連続性及び生活の連続性の観点から，小学校就学の始期に達するまでの時期を通じ，その達成に向けて努力すべき目当てとなるものであることから，満3歳未満の園児の保育にも当てはまることに留意するものとする。

　3　幼保連携型認定こども園の教育及び保育において育みたい資質・能力及び「幼児期の終わりまでに育ってほしい姿」

（1）幼保連携型認定こども園においては，生きる力の基礎を育むため，この章の1に示す幼保連携型認定こども園の教育及び保育の基本を踏まえ，次に掲げる資質・能力を一体的に育むよう努めるものとす

る。
　ア　豊かな体験を通じて，感じたり，気付いたり，分かったり，できるようになったりする「知識及び技能の基礎」
　イ　気付いたことや，できるようになったことなどを使い，考えたり，試したり，工夫したり，表現したりする「思考力，判断力，表現力等の基礎」
　ウ　心情，意欲，態度が育つ中で，よりよい生活を営もうとする「学びに向かう力，人間性等」
(2)　(1)に示す資質・能力は，第2章に示すねらい及び内容に基づく活動全体によって育むものである。
(3)　次に示す「幼児期の終わりまでに育ってほしい姿」は，第2章に示すねらい及び内容に基づく活動全体を通して資質・能力が育まれている園児の幼保連携型認定こども園修了時の具体的な姿であり，保育教諭等が指導を行う際に考慮するものである。
　ア　健康な心と体
　　　幼保連携型認定こども園における生活の中で，充実感をもって自分のやりたいことに向かって心と体を十分に働かせ，見通しをもって行動し，自ら健康で安全な生活をつくり出すようになる。
　イ　自立心
　　　身近な環境に主体的に関わり様々な活動を楽しむ中で，しなければならないことを自覚し，自分の力で行うために考えたり，工夫したりしながら，諦めずにやり遂げることで達成感を味わい，自信をもって行動するようになる。
　ウ　協同性
　　　友達と関わる中で，互いの思いや考えなどを共有し，共通の目的の実現に向けて，考えたり，工夫したり，協力したりし，充実感をもってやり遂げるようになる。
　エ　道徳性・規範意識の芽生え
　　　友達と様々な体験を重ねる中で，してよいことや悪いことが分かり，自分の行動を振り返ったり，友達の気持ちに共感したりし，相手の立場に立って行動するようになる。また，きまりを守る必要性が分かり，自分の気持ちを調整し，友達と折り合いを付けながら，きまりをつくったり，守ったりするようになる。
　オ　社会生活との関わり
　　　家族を大切にしようとする気持ちをもつとともに，地域の身近な人と触れ合う中で，人との様々な関わり方に気付き，相手の気持ちを考えて関わり，自分が役に立つ喜びを感じ，地域に親しみをもつようになる。また，幼保連携型認定こども園内外の様々な環境に関わる中で，遊びや生活に必要な情報を取り入れ，情報に基づき判断したり，情報を伝え合ったり，活用したりするなど，情報を役立てながら活動するようになるとともに，公共の施設を大切に利用するなどして，社会とのつながりなどを意識するようになる。
　カ　思考力の芽生え
　　　身近な事象に積極的に関わる中で，物の性質や仕組みなどを感じ取ったり，気付いたりし，考えたり，予想したり，工夫したりするなど，多様な関わりを楽しむようになる。また，友達の様々な考えに触れる中で，自分と異なる考えがあることに気付き，自ら判断したり，考え直したりするなど，新しい考えを生み出す喜びを味わいながら，自分の考えをよりよいものにするようになる。
　キ　自然との関わり・生命尊重
　　　自然に触れて感動する体験を通して，自然の変化などを感じ取り，好奇心や探究心をもって考え言葉などで表現しながら，身近な事象への関心が高まるとともに，自然への愛情や畏敬の念をもつようになる。また，身近な動植物に心を動かされる中で，生命の不思議さや尊さに気付き，身近な動植物への接し方を考え，命あるものとしていたわり，大切にする気持ちをもって関わるようになる。
　ク　数量や図形，標識や文字などへの関心・感覚
　　　遊びや生活の中で，数量や図形，標識や文字などに親しむ体験を重ねたり，標識や文字の役割に気付いたりし，自らの必要感に基づきこれらを活用し，興味や関心，感覚をもつようになる。
　ケ　言葉による伝え合い
　　　保育教諭等や友達と心を通わせる中で，絵本や物語などに親しみながら，豊かな言葉や表現を身に付け，経験したことや考えたことなどを言葉で伝えたり，相手の話を注意して聞いたりし，言葉による伝え合いを楽しむようになる。
　コ　豊かな感性と表現
　　　心を動かす出来事などに触れ感性を働かせる中で，様々な素材の特徴や表現の仕方などに気付き，感じたことや考えたことを自分で表現したり，友達同士で表現する過程を楽しんだりし，表現する喜びを味わい，意欲をもつようになる。

第2　教育及び保育の内容並びに子育ての支援等に関する全体的な計画等
1　教育及び保育の内容並びに子育ての支援等に関する全体的な計画の作成等
　(1)　教育及び保育の内容並びに子育ての支援等に関す

る全体的な計画の役割

　各幼保連携型認定こども園においては，教育基本法（平成18年法律第120号），児童福祉法（昭和22年法律第164号）及び認定こども園法その他の法令並びにこの幼保連携型認定こども園教育・保育要領の示すところに従い，教育と保育を一体的に提供するため，創意工夫を生かし，園児の心身の発達と幼保連携型認定こども園，家庭及び地域の実態に即応した適切な教育及び保育の内容並びに子育ての支援等に関する全体的な計画を作成するものとする。

　教育及び保育の内容並びに子育ての支援等に関する全体的な計画とは，教育と保育を一体的に捉え，園児の入園から修了までの在園期間の全体にわたり，幼保連携型認定こども園の目標に向かってどのような過程をたどって教育及び保育を進めていくかを明らかにするものであり，子育ての支援と有機的に連携し，園児の園生活全体を捉え，作成する計画である。

　各幼保連携型認定こども園においては，「幼児期の終わりまでに育ってほしい姿」を踏まえ教育及び保育の内容並びに子育ての支援等に関する全体的な計画を作成すること，その実施状況を評価して改善を図っていくこと，また実施に必要な人的又は物的な体制を確保するとともにその改善を図っていくことなどを通して，教育及び保育の内容並びに子育ての支援等に関する全体的な計画に基づき組織的かつ計画的に各幼保連携型認定こども園の教育及び保育活動の質の向上を図っていくこと（以下「カリキュラム・マネジメント」という。）に努めるものとする。

(2) 各幼保連携型認定こども園の教育及び保育の目標と教育及び保育の内容並びに子育ての支援等に関する全体的な計画の作成

　教育及び保育の内容並びに子育ての支援等に関する全体的な計画の作成に当たっては，幼保連携型認定こども園の教育及び保育において育みたい資質・能力を踏まえつつ，各幼保連携型認定こども園の教育及び保育の目標を明確にするとともに，教育及び保育の内容並びに子育ての支援等に関する全体的な計画の作成についての基本的な方針が家庭や地域とも共有されるよう努めるものとする。

(3) 教育及び保育の内容並びに子育ての支援等に関する全体的な計画の作成上の基本的事項

　ア　幼保連携型認定こども園における生活の全体を通して第2章に示すねらいが総合的に達成されるよう，教育課程に係る教育期間や園児の生活経験や発達の過程などを考慮して具体的なねらいと内容を組織するものとする。この場合においては，特に，自我が芽生え，他者の存在を意識し，自己を抑制しようとする気持ちが生まれるなどの乳幼児期の発達の特性を踏まえ，入園から修了に至るまでの長期的な視野をもって充実した生活が展開できるように配慮するものとする。

　イ　幼保連携型認定こども園の満3歳以上の園児の教育課程に係る教育週数は，特別の事情のある場合を除き，39週を下ってはならない。

　ウ　幼保連携型認定こども園の1日の教育課程に係る教育時間は，4時間を標準とする。ただし，園児の心身の発達の程度や季節などに適切に配慮するものとする。

　エ　幼保連携型認定こども園の保育を必要とする子どもに該当する園児に対する教育及び保育の時間（満3歳以上の保育を必要とする子どもに該当する園児については，この章の第2の1の(3)ウに規定する教育時間を含む。）は，1日につき8時間を原則とし，園長がこれを定める。ただし，その地方における園児の保護者の労働時間その他家庭の状況等を考慮するものとする。

(4) 教育及び保育の内容並びに子育ての支援等に関する全体的な計画の実施上の留意事項

　各幼保連携型認定こども園においては，園長の方針の下に，園務分掌に基づき保育教諭等職員が適切に役割を分担しつつ，相互に連携しながら，教育及び保育の内容並びに子育ての支援等に関する全体的な計画や指導の改善を図るものとする。また，各幼保連携型認定こども園が行う教育及び保育等に係る評価については，教育及び保育の内容並びに子育ての支援等に関する全体的な計画の作成，実施，改善が教育及び保育活動や園運営の中核となることを踏まえ，カリキュラム・マネジメントと関連付けながら実施するよう留意するものとする。

(5) 小学校教育との接続に当たっての留意事項

　ア　幼保連携型認定こども園においては，その教育及び保育が，小学校以降の生活や学習の基盤の育成につながることに配慮し，乳幼児期にふさわしい生活を通して，創造的な思考や主体的な生活態度などの基礎を培うようにするものとする。

　イ　幼保連携型認定こども園の教育及び保育において育まれた資質・能力を踏まえ，小学校教育が円滑に行われるよう，小学校の教師との意見交換や合同の研究の機会などを設け，「幼児期の終わりまでに育ってほしい姿」を共有するなど連携を図り，幼保連携型認定こども園における教育及び保

育と小学校教育との円滑な接続を図るよう努めるものとする。
2 指導計画の作成と園児の理解に基づいた評価
(1) 指導計画の考え方
　幼保連携型認定こども園における教育及び保育は，園児が自ら意欲をもって環境と関わることによりつくり出される具体的な活動を通して，その目標の達成を図るものである。
　幼保連携型認定こども園においてはこのことを踏まえ，乳幼児期にふさわしい生活が展開され，適切な指導が行われるよう，調和のとれた組織的，発展的な指導計画を作成し，園児の活動に沿った柔軟な指導を行わなければならない。
(2) 指導計画の作成上の基本的事項
　ア　指導計画は，園児の発達に即して園児一人一人が乳幼児期にふさわしい生活を展開し，必要な体験を得られるようにするために，具体的に作成するものとする。
　イ　指導計画の作成に当たっては，次に示すところにより，具体的なねらい及び内容を明確に設定し，適切な環境を構成することなどにより活動が選択・展開されるようにするものとする。
　(ア)　具体的なねらい及び内容は，幼保連携型認定こども園の生活における園児の発達の過程を見通し，園児の生活の連続性，季節の変化などを考慮して，園児の興味や関心，発達の実情などに応じて設定すること。
　(イ)　環境は，具体的なねらいを達成するために適切なものとなるように構成し，園児が自らその環境に関わることにより様々な活動を展開しつつ必要な体験を得られるようにすること。その際，園児の生活する姿や発想を大切にし，常にその環境が適切なものとなるようにすること。
　(ウ)　園児の行う具体的な活動は，生活の流れの中で様々に変化するものであることに留意し，園児が望ましい方向に向かって自ら活動を展開していくことができるよう必要な援助をすること。
　その際，園児の実態及び園児を取り巻く状況の変化などに即して指導の過程についての評価を適切に行い，常に指導計画の改善を図るものとする。
(3) 指導計画の作成上の留意事項
　指導計画の作成に当たっては，次の事項に留意するものとする。
　ア　園児の生活は，入園当初の一人一人の遊びや保育教諭等との触れ合いを通して幼保連携型認定こども園の生活に親しみ，安定していく時期から，他の園児との関わりの中で園児の主体的な活動が深まり，園児が互いに必要な存在であることを認識するようになる。その後，園児同士や学級全体で目的をもって協同して幼保連携型認定こども園の生活を展開し，深めていく時期などに至るまでの過程を様々に経ながら広げられていくものである。これらを考慮し，活動がそれぞれの時期にふさわしく展開されるようにすること。
　また，園児の入園当初の教育及び保育に当たっては，既に在園している園児に不安や動揺を与えないようにしつつ，可能な限り個別的に対応し，園児が安定感を得て，次第に幼保連携型認定こども園の生活になじんでいくよう配慮すること。
　イ　長期的に発達を見通した年，学期，月などにわたる長期の指導計画やこれとの関連を保ちながらより具体的な園児の生活に即した週，日などの短期の指導計画を作成し，適切な指導が行われるようにすること。特に，週，日などの短期の指導計画については，園児の生活のリズムに配慮し，園児の意識や興味の連続性のある活動が相互に関連して幼保連携型認定こども園の生活の自然な流れの中に組み込まれるようにすること。
　ウ　園児が様々な人やものとの関わりを通して，多様な体験をし，心身の調和のとれた発達を促すようにしていくこと。その際，園児の発達に即して主体的・対話的で深い学びが実現するようにするとともに，心を動かされる体験が次の活動を生み出すことを考慮し，一つ一つの体験が相互に結び付き，幼保連携型認定こども園の生活が充実するようにすること。
　エ　言語に関する能力の発達と思考力等の発達が関連していることを踏まえ，幼保連携型認定こども園における生活全体を通して，園児の発達を踏まえた言語環境を整え，言語活動の充実を図ること。
　オ　園児が次の活動への期待や意欲をもつことができるよう，園児の実態を踏まえながら，保育教諭等や他の園児と共に遊びや生活の中で見通しをもったり，振り返ったりするよう工夫すること。
　カ　行事の指導に当たっては，幼保連携型認定こども園の生活の自然な流れの中で生活に変化や潤いを与え，園児が主体的に楽しく活動できるようにすること。なお，それぞれの行事については教育及び保育における価値を十分検討し，適切なものを精選し，園児の負担にならないようにすること。
　キ　乳幼児期は直接的な体験が重要であることを踏

まえ，視聴覚教材やコンピュータなど情報機器を活用する際には，幼保連携型認定こども園の生活では得難い体験を補完するなど，園児の体験との関連を考慮すること。
- ク 園児の主体的な活動を促すためには，保育教諭等が多様な関わりをもつことが重要であることを踏まえ，保育教諭等は，理解者，共同作業者など様々な役割を果たし，園児の情緒の安定や発達に必要な豊かな体験が得られるよう，活動の場面に応じて，園児の人権や園児一人一人の個人差等に配慮した適切な指導を行うようにすること。
- ケ 園児の行う活動は，個人，グループ，学級全体などで多様に展開されるものであることを踏まえ，幼保連携型認定こども園全体の職員による協力体制を作りながら，園児一人一人が興味や欲求を十分に満足させるよう適切な援助を行うようにすること。
- コ 園児の生活は，家庭を基盤として地域社会を通じて次第に広がりをもつものであることに留意し，家庭との連携を十分に図るなど，幼保連携型認定こども園における生活が家庭や地域社会と連続性を保ちつつ展開されるようにするものとする。その際，地域の自然，高齢者や異年齢の子どもなどを含む人材，行事や公共施設などの地域の資源を積極的に活用し，園児が豊かな生活体験を得られるように工夫するものとする。また，家庭との連携に当たっては，保護者との情報交換の機会を設けたり，保護者と園児との活動の機会を設けたりなどすることを通じて，保護者の乳幼児期の教育及び保育に関する理解が深まるよう配慮するものとする。
- サ 地域や幼保連携型認定こども園の実態等により，幼保連携型認定こども園間に加え，幼稚園，保育所等の保育施設，小学校，中学校，高等学校及び特別支援学校などとの間の連携や交流を図るものとする。特に，小学校教育との円滑な接続のため，幼保連携型認定こども園の園児と小学校の児童との交流の機会を積極的に設けるようにするものとする。また，障害のある園児児童生徒との交流及び共同学習の機会を設け，共に尊重し合いながら協働して生活していく態度を育むよう努めるものとする。

(4) 園児の理解に基づいた評価の実施

園児一人一人の発達の理解に基づいた評価の実施に当たっては，次の事項に配慮するものとする。
- ア 指導の過程を振り返りながら園児の理解を進め，園児一人一人のよさや可能性などを把握し，指導の改善に生かすようにすること。その際，他の園児との比較や一定の基準に対する達成度についての評定によって捉えるものではないことに留意すること。
- イ 評価の妥当性や信頼性が高められるよう創意工夫を行い，組織的かつ計画的な取組を推進するとともに，次年度又は小学校等にその内容が適切に引き継がれるようにすること。

3 特別な配慮を必要とする園児への指導

(1) 障害のある園児などへの指導

障害のある園児などへの指導に当たっては，集団の中で生活することを通して全体的な発達を促していくことに配慮し，適切な環境の下で，障害のある園児が他の園児との生活を通して共に成長できるよう，特別支援学校などの助言又は援助を活用しつつ，個々の園児の障害の状態などに応じた指導内容や指導方法の工夫を組織的かつ計画的に行うものとする。また，家庭，地域及び医療や福祉，保健等の業務を行う関係機関との連携を図り，長期的な視点で園児への教育及び保育的支援を行うために，個別の教育及び保育支援計画を作成し活用することに努めるとともに，個々の園児の実態を的確に把握し，個別の指導計画を作成し活用することに努めるものとする。

(2) 海外から帰国した園児や生活に必要な日本語の習得に困難のある園児の幼保連携型認定こども園の生活への適応

海外から帰国した園児や生活に必要な日本語の習得に困難のある園児については，安心して自己を発揮できるよう配慮するなど個々の園児の実態に応じ，指導内容や指導方法の工夫を組織的かつ計画的に行うものとする。

第3 幼保連携型認定こども園として特に配慮すべき事項

幼保連携型認定こども園における教育及び保育を行うに当たっては，次の事項について特に配慮しなければならない。

1 当該幼保連携型認定こども園に入園した年齢により集団生活の経験年数が異なる園児がいることに配慮する等，0歳から小学校就学前までの一貫した教育及び保育を園児の発達や学びの連続性を考慮して展開していくこと。特に満3歳以上については入園する園児が多いことや同一学年の園児で編制される学級の中で生活することなどを踏まえ，家庭や他の保育施設等との連携や引継ぎを円滑に行うとともに，環境の工夫をすること。

2 園児の一日の生活の連続性及びリズムの多様性に配

慮するとともに，保護者の生活形態を反映した園児の在園時間の長短，入園時期や登園日数の違いを踏まえ，園児一人一人の状況に応じ，教育及び保育の内容やその展開について工夫をすること。特に入園及び年度当初においては，家庭との連携の下，園児一人一人の生活の仕方やリズムに十分に配慮して一日の自然な生活の流れをつくり出していくようにすること。
3 環境を通して行う教育及び保育の活動の充実を図るため，幼保連携型認定こども園における教育及び保育の環境の構成に当たっては，乳幼児期の特性及び保護者や地域の実態を踏まえ，次の事項に留意すること。
(1) 0歳から小学校就学前までの様々な年齢の園児の発達の特性を踏まえ，満3歳未満の園児については特に健康，安全や発達の確保を十分に図るとともに，満3歳以上の園児については同一学年の園児で編制される学級による集団活動の中で遊びを中心とする園児の主体的な活動を通して発達や学びを促す経験が得られるよう工夫をすること。特に，満3歳以上の園児同士が共に育ち，学び合いながら，豊かな体験を積み重ねることができるよう工夫をすること。
(2) 在園時間が異なる多様な園児がいることを踏まえ，園児の生活が安定するよう，家庭や地域，幼保連携型認定こども園における生活の連続性を確保するとともに，一日の生活のリズムを整えるよう工夫をすること。特に満3歳未満の園児については睡眠時間等の個人差に配慮するとともに，満3歳以上の園児については集中して遊ぶ場と家庭的な雰囲気の中でくつろぐ場との適切な調和等の工夫をすること。
(3) 家庭や地域において異年齢の子どもと関わる機会が減少していることを踏まえ，満3歳以上の園児については，学級による集団活動とともに，満3歳未満の園児を含む異年齢の園児による活動を，園児の発達の状況にも配慮しつつ適切に組み合わせて設定するなどの工夫をすること。
(4) 満3歳以上の園児については，特に長期的な休業中，園児が過ごす家庭や園などの生活の場が異なることを踏まえ，それぞれの多様な生活経験が長期的な休業などの終了後等の園生活に生かされるよう工夫をすること。
4 指導計画を作成する際には，この章に示す指導計画の作成上の留意事項を踏まえるとともに，次の事項にも特に配慮すること。
(1) 園児の発達の個人差，入園した年齢の違いなどによる集団生活の経験年数の差，家庭環境等を踏まえ，園児一人一人の発達の特性や課題に十分留意すること。特に満3歳未満の園児については，大人への依存度が極めて高い等の特性があることから，個別的な対応を図ること。また，園児の集団生活への円滑な接続について，家庭等との連携及び協力を図る等十分留意すること。
(2) 園児の発達の連続性を考慮した教育及び保育を展開する際には，次の事項に留意すること。
 ア 満3歳未満の園児については，園児一人一人の生育歴，心身の発達，活動の実態等に即して，個別的な計画を作成すること。
 イ 満3歳以上の園児については，個の成長と，園児相互の関係や協同的な活動が促されるよう考慮すること。
 ウ 異年齢で構成されるグループ等での指導に当たっては，園児一人一人の生活や経験，発達の過程などを把握し，適切な指導や環境の構成ができるよう考慮すること。
(3) 一日の生活のリズムや在園時間が異なる園児が共に過ごすことを踏まえ，活動と休息，緊張感と解放感等の調和を図るとともに，園児に不安や動揺を与えないようにする等の配慮を行うこと。その際，担当の保育教諭等が替わる場合には，園児の様子等引継ぎを行い，十分な連携を図ること。
(4) 午睡は生活のリズムを構成する重要な要素であり，安心して眠ることのできる安全な午睡環境を確保するとともに，在園時間が異なることや，睡眠時間は園児の発達の状況や個人によって差があることから，一律とならないよう配慮すること。
(5) 長時間にわたる教育及び保育については，園児の発達の過程，生活のリズム及び心身の状態に十分配慮して，保育の内容や方法，職員の協力体制，家庭との連携などを指導計画に位置付けること。
5 生命の保持や情緒の安定を図るなど養護の行き届いた環境の下，幼保連携型認定こども園における教育及び保育を展開すること。
(1) 園児一人一人が，快適にかつ健康で安全に過ごせるようにするとともに，その生理的欲求が十分に満たされ，健康増進が積極的に図られるようにするため，次の事項に留意すること。
 ア 園児一人一人の平常の健康状態や発育及び発達の状態を的確に把握し，異常を感じる場合は，速やかに適切に対応すること。
 イ 家庭との連携を密にし，学校医等との連携を図りながら，園児の疾病や事故防止に関する認識を深め，保健的で安全な環境の維持及び向上に努めること。
 ウ 清潔で安全な環境を整え，適切な援助や応答的

な関わりを通して，園児の生理的欲求を満たしていくこと。また，家庭と協力しながら，園児の発達の過程等に応じた適切な生活のリズムがつくられていくようにすること。

　エ　園児の発達の過程等に応じて，適度な運動と休息をとることができるようにすること。また，食事，排泄，睡眠，衣類の着脱，身の回りを清潔にすることなどについて，園児が意欲的に生活できるよう適切に援助すること。

(2) 園児一人一人が安定感をもって過ごし，自分の気持ちを安心して表すことができるようにするとともに，周囲から主体として受け止められ主体として育ち，自分を肯定する気持ちが育まれていくようにし，くつろいで共に過ごし，心身の疲れが癒されるようにするため，次の事項に留意すること。

　ア　園児一人一人の置かれている状態や発達の過程などを的確に把握し，園児の欲求を適切に満たしながら，応答的な触れ合いや言葉掛けを行うこと。

　イ　園児一人一人の気持ちを受容し，共感しながら，園児との継続的な信頼関係を築いていくこと。

　ウ　保育教諭等との信頼関係を基盤に，園児一人一人が主体的に活動し，自発性や探索意欲などを高めるとともに，自分への自信をもつことができるよう成長の過程を見守り，適切に働き掛けること。

　エ　園児一人一人の生活のリズム，発達の過程，在園時間などに応じて，活動内容のバランスや調和を図りながら，適切な食事や休息がとれるようにすること。

6　園児の健康及び安全は，園児の生命の保持と健やかな生活の基本であり，幼保連携型認定こども園の生活全体を通して健康や安全に関する管理や指導，食育の推進等に十分留意すること。

7　保護者に対する子育ての支援に当たっては，この章に示す幼保連携型認定こども園における教育及び保育の基本及び目標を踏まえ，子どもに対する学校としての教育及び児童福祉施設としての保育並びに保護者に対する子育ての支援について相互に有機的な連携が図られるようにすること。また，幼保連携型認定こども園の目的の達成に資するため，保護者が子どもの成長に気付き子育ての喜びが感じられるよう，幼保連携型認定こども園の特性を生かした子育ての支援に努めること。

第2章　ねらい及び内容並びに配慮事項

　この章に示すねらいは，幼保連携型認定こども園の教育及び保育において育みたい資質・能力を園児の生活する姿から捉えたものであり，内容は，ねらいを達成するために指導する事項である。各視点や領域は，この時期の発達の特徴を踏まえ，教育及び保育のねらい及び内容を乳幼児の発達の側面から，乳児は三つの視点として，幼児は五つの領域としてまとめ，示したものである。内容の取扱いは，園児の発達を踏まえた指導を行うに当たって留意すべき事項である。

　各視点や領域に示すねらいは，幼保連携型認定こども園における生活の全体を通じ，園児が様々な体験を積み重ねる中で相互に関連をもちながら次第に達成に向かうものであること，内容は，園児が環境に関わって展開する具体的な活動を通して総合的に指導されるものであることに留意しなければならない。

　また，「幼児期の終わりまでに育ってほしい姿」が，ねらい及び内容に基づく活動全体を通して資質・能力が育まれている園児の幼保連携型認定こども園修了時の具体的な姿であることを踏まえ，指導を行う際に考慮するものとする。

　なお，特に必要な場合には，各視点や領域に示すねらいの趣旨に基づいて適切な，具体的な内容を工夫し，それを加えても差し支えないが，その場合には，それが第1章の第1に示す幼保連携型認定こども園の教育及び保育の基本及び目標を逸脱しないよう慎重に配慮する必要がある。

第1　乳児期の園児の保育に関するねらい及び内容
基本的事項
1　乳児期の発達については，視覚，聴覚などの感覚や，座る，はう，歩くなどの運動機能が著しく発達し，特定の大人との応答的な関わりを通じて，情緒的な絆が形成されるといった特徴がある。これらの発達の特徴を踏まえて，乳児期の園児の保育は，愛情豊かに，応答的に行われることが特に必要である。
2　本項においては，この時期の発達の特徴を踏まえ，乳児期の園児の保育のねらい及び内容については，身体的発達に関する視点「健やかに伸び伸びと育つ」，社会的発達に関する視点「身近な人と気持ちが通じ合う」及び精神的発達に関する視点「身近なものと関わり感性が育つ」としてまとめ，示している。
ねらい及び内容
健やかに伸び伸びと育つ
〔健康な心と体を育て，自ら健康で安全な生活をつくり出す力の基盤を培う。〕

1 ねらい
  (1) 身体感覚が育ち，快適な環境に心地よさを感じる。
  (2) 伸び伸びと体を動かし，はう，歩くなどの運動をしようとする。
  (3) 食事，睡眠等の生活のリズムの感覚が芽生える。
2 内容
  (1) 保育教諭等の愛情豊かな受容の下で，生理的・心理的欲求を満たし，心地よく生活をする。
  (2) 一人一人の発育に応じて，はう，立つ，歩くなど，十分に体を動かす。
  (3) 個人差に応じて授乳を行い，離乳を進めていく中で，様々な食品に少しずつ慣れ，食べることを楽しむ。
  (4) 一人一人の生活のリズムに応じて，安全な環境の下で十分に午睡をする。
  (5) おむつ交換や衣服の着脱などを通じて，清潔になることの心地よさを感じる。
3 内容の取扱い
  上記の取扱いに当たっては，次の事項に留意する必要がある。
  (1) 心と体の健康は，相互に密接な関連があるものであることを踏まえ，温かい触れ合いの中で，心と体の発達を促すこと。特に，寝返り，お座り，はいはい，つかまり立ち，伝い歩きなど，発育に応じて，遊びの中で体を動かす機会を十分に確保し，自ら体を動かそうとする意欲が育つようにすること。
  (2) 健康な心と体を育てるためには望ましい食習慣の形成が重要であることを踏まえ，離乳食が完了期へと徐々に移行する中で，様々な食品に慣れるようにするとともに，和やかな雰囲気の中で食べる喜びや楽しさを味わい，進んで食べようとする気持ちが育つようにすること。なお，食物アレルギーのある園児への対応については，学校医等の指示や協力の下に適切に対応すること。

身近な人と気持ちが通じ合う
〔受容的・応答的な関わりの下で，何かを伝えようとする意欲や身近な大人との信頼関係を育て，人と関わる力の基盤を培う。〕
1 ねらい
  (1) 安心できる関係の下で，身近な人と共に過ごす喜びを感じる。
  (2) 体の動きや表情，発声等により，保育教諭等と気持ちを通わせようとする。
  (3) 身近な人と親しみ，関わりを深め，愛情や信頼感が芽生える。
2 内容
  (1) 園児からの働き掛けを踏まえた，応答的な触れ合いや言葉掛けによって，欲求が満たされ，安定感をもって過ごす。
  (2) 体の動きや表情，発声，喃語等を優しく受け止めてもらい，保育教諭等とのやり取りを楽しむ。
  (3) 生活や遊びの中で，自分の身近な人の存在に気付き，親しみの気持ちを表す。
  (4) 保育教諭等による語り掛けや歌い掛け，発声や喃語等への応答を通じて，言葉の理解や発語の意欲が育つ。
  (5) 温かく，受容的な関わりを通じて，自分を肯定する気持ちが芽生える。
3 内容の取扱い
  上記の取扱いに当たっては，次の事項に留意する必要がある。
  (1) 保育教諭等との信頼関係に支えられて生活を確立していくことが人と関わる基盤となることを考慮して，園児の多様な感情を受け止め，温かく受容的・応答的に関わり，一人一人に応じた適切な援助を行うようにすること。
  (2) 身近な人に親しみをもって接し，自分の感情などを表し，それに相手が応答する言葉を聞くことを通して，次第に言葉が獲得されていくことを考慮して，楽しい雰囲気の中での保育教諭等との関わり合いを大切にし，ゆっくりと優しく話し掛けるなど，積極的に言葉のやり取りを楽しむことができるようにすること。

身近なものと関わり感性が育つ
〔身近な環境に興味や好奇心をもって関わり，感じたことや考えたことを表現する力の基盤を培う。〕
1 ねらい
  (1) 身の回りのものに親しみ，様々なものに興味や関心をもつ。
  (2) 見る，触れる，探索するなど，身近な環境に自分から関わろうとする。
  (3) 身体の諸感覚による認識が豊かになり，表情や手足，体の動き等で表現する。
2 内容
  (1) 身近な生活用具，玩具や絵本などが用意された中で，身の回りのものに対する興味や好奇心をもつ。
  (2) 生活や遊びの中で様々なものに触れ，音，形，色，手触りなどに気付き，感覚の働きを豊かにする。
  (3) 保育教諭等と一緒に様々な色彩や形のものや絵本などを見る。
  (4) 玩具や身の回りのものを，つまむ，つかむ，たたく，引っ張るなど，手や指を使って遊ぶ。

(5) 保育教諭等のあやし遊びに機嫌よく応じたり，歌やリズムに合わせて手足や体を動かして楽しんだりする。

3 内容の取扱い

上記の取扱いに当たっては，次の事項に留意する必要がある。

(1) 玩具などは，音質，形，色，大きさなど園児の発達状態に応じて適切なものを選び，その時々の園児の興味や関心を踏まえるなど，遊びを通して感覚の発達が促されるものとなるように工夫すること。なお，安全な環境の下で，園児が探索意欲を満たして自由に遊べるよう，身の回りのものについては常に十分な点検を行うこと。

(2) 乳児期においては，表情，発声，体の動きなどで，感情を表現することが多いことから，これらの表現しようとする意欲を積極的に受け止めて，園児が様々な活動を楽しむことを通して表現が豊かになるようにすること。

第2 満1歳以上満3歳未満の園児の保育に関するねらい及び内容

基本的事項

1 この時期においては，歩き始めから，歩く，走る，跳ぶなどへと，基本的な運動機能が次第に発達し，排泄の自立のための身体的機能も整うようになる。つまむ，めくるなどの指先の機能も発達し，食事，衣類の着脱なども，保育教諭等の援助の下で自分で行うようになる。発声も明瞭になり，語彙も増加し，自分の意思や欲求を言葉で表出できるようになる。このように自分でできることが増えてくる時期であることから，保育教諭等は，園児の生活の安定を図りながら，自分でしようとする気持ちを尊重し，温かく見守るとともに，愛情豊かに，応答的に関わることが必要である。

2 本項においては，この時期の発達の特徴を踏まえ，保育のねらい及び内容について，心身の健康に関する領域「健康」，人との関わりに関する領域「人間関係」，身近な環境との関わりに関する領域「環境」，言葉の獲得に関する領域「言葉」及び感性と表現に関する領域「表現」としてまとめ，示している。

ねらい及び内容

健康

〔健康な心と体を育て，自ら健康で安全な生活をつくり出す力を養う。〕

1 ねらい

(1) 明るく伸び伸びと生活し，自分から体を動かすことを楽しむ。

(2) 自分の体を十分に動かし，様々な動きをしようとする。

(3) 健康，安全な生活に必要な習慣に気付き，自分でしてみようとする気持ちが育つ。

2 内容

(1) 保育教諭等の愛情豊かな受容の下で，安定感をもって生活をする。

(2) 食事や午睡，遊びと休息など，幼保連携型認定こども園における生活のリズムが形成される。

(3) 走る，跳ぶ，登る，押す，引っ張るなど全身を使う遊びを楽しむ。

(4) 様々な食品や調理形態に慣れ，ゆったりとした雰囲気の中で食事や間食を楽しむ。

(5) 身の回りを清潔に保つ心地よさを感じ，その習慣が少しずつ身に付く。

(6) 保育教諭等の助けを借りながら，衣類の着脱を自分でしようとする。

(7) 便器での排泄に慣れ，自分で排泄ができるようになる。

3 内容の取扱い

上記の取扱いに当たっては，次の事項に留意する必要がある。

(1) 心と体の健康は，相互に密接な関連があるものであることを踏まえ，園児の気持ちに配慮した温かい触れ合いの中で，心と体の発達を促すこと。特に，一人一人の発育に応じて，体を動かす機会を十分に確保し，自ら体を動かそうとする意欲が育つようにすること。

(2) 健康な心と体を育てるためには望ましい食習慣の形成が重要であることを踏まえ，ゆったりとした雰囲気の中で食べる喜びや楽しさを味わい，進んで食べようとする気持ちが育つようにすること。なお，食物アレルギーのある園児への対応については，学校医等の指示や協力の下に適切に対応すること。

(3) 排泄の習慣については，一人一人の排尿間隔等を踏まえ，おむつが汚れていないときに便器に座らせるなどにより，少しずつ慣れさせるようにすること。

(4) 食事，排泄，睡眠，衣類の着脱，身の回りを清潔にすることなど，生活に必要な基本的な習慣については，一人一人の状態に応じ，落ち着いた雰囲気の中で行うようにし，園児が自分でしようとする気持ちを尊重すること。また，基本的な生活習慣の形成に当たっては，家庭での生活経験に配慮し，家庭との適切な連携の下で行うようにすること。

人間関係

〔他の人々と親しみ，支え合って生活するために，自立心を育て，人と関わる力を養う。〕

1 ねらい
 (1) 幼保連携型認定こども園での生活を楽しみ，身近な人と関わる心地よさを感じる。
 (2) 周囲の園児等への興味・関心が高まり，関わりをもとうとする。
 (3) 幼保連携型認定こども園の生活の仕方に慣れ，きまりの大切さに気付く。
2 内容
 (1) 保育教諭等や周囲の園児等との安定した関係の中で，共に過ごす心地よさを感じる。
 (2) 保育教諭等の受容的・応答的な関わりの中で，欲求を適切に満たし，安定感をもって過ごす。
 (3) 身の回りに様々な人がいることに気付き，徐々に他の園児と関わりをもって遊ぶ。
 (4) 保育教諭等の仲立ちにより，他の園児との関わり方を少しずつ身につける。
 (5) 幼保連携型認定こども園の生活の仕方に慣れ，きまりがあることや，その大切さに気付く。
 (6) 生活や遊びの中で，年長児や保育教諭等の真似をしたり，ごっこ遊びを楽しんだりする。
3 内容の取扱い
 上記の取扱いに当たっては，次の事項に留意する必要がある。
 (1) 保育教諭等との信頼関係に支えられて生活を確立するとともに，自分で何かをしようとする気持ちが旺盛になる時期であることに鑑み，そのような園児の気持ちを尊重し，温かく見守るとともに，愛情豊かに，応答的に関わり，適切な援助を行うようにすること。
 (2) 思い通りにいかない場合等の園児の不安定な感情の表出については，保育教諭等が受容的に受け止めるとともに，そうした気持ちから立ち直る経験や感情をコントロールすることへの気付き等につなげていけるように援助すること。
 (3) この時期は自己と他者との違いの認識がまだ十分ではないことから，園児の自我の育ちを見守るとともに，保育教諭等が仲立ちとなって，自分の気持ちを相手に伝えることや相手の気持ちに気付くことの大切さなど，友達の気持ちや友達との関わり方を丁寧に伝えていくこと。

環境
〔周囲の様々な環境に好奇心や探究心をもって関わり，それらを生活に取り入れていこうとする力を養う。〕
1 ねらい
 (1) 身近な環境に親しみ，触れ合う中で，様々なものに興味や関心をもつ。
 (2) 様々なものに関わる中で，発見を楽しんだり，考えたりしようとする。
 (3) 見る，聞く，触るなどの経験を通して，感覚の働きを豊かにする。
2 内容
 (1) 安全で活動しやすい環境での探索活動等を通して，見る，聞く，触れる，嗅ぐ，味わうなどの感覚の働きを豊かにする。
 (2) 玩具，絵本，遊具などに興味をもち，それらを使った遊びを楽しむ。
 (3) 身の回りの物に触れる中で，形，色，大きさ，量などの物の性質や仕組みに気付く。
 (4) 自分の物と人の物の区別や，場所的感覚など，環境を捉える感覚が育つ。
 (5) 身近な生き物に気付き，親しみをもつ。
 (6) 近隣の生活や季節の行事などに興味や関心をもつ。
3 内容の取扱い上記の取扱いに当たっては，次の事項に留意する必要がある。
 (1) 玩具などは，音質，形，色，大きさなど園児の発達状態に応じて適切なものを選び，遊びを通して感覚の発達が促されるように工夫すること。
 (2) 身近な生き物との関わりについては，園児が命を感じ，生命の尊さに気付く経験へとつながるものであることから，そうした気付きを促すような関わりとなるようにすること。
 (3) 地域の生活や季節の行事などに触れる際には，社会とのつながりや地域社会の文化への気付きにつながるものとなることが望ましいこと。その際，幼保連携型認定こども園内外の行事や地域の人々との触れ合いなどを通して行うこと等も考慮すること。

言葉
〔経験したことや考えたことなどを自分なりの言葉で表現し，相手の話す言葉を聞こうとする意欲や態度を育て，言葉に対する感覚や言葉で表現する力を養う。〕
1 ねらい
 (1) 言葉遊びや言葉で表現する楽しさを感じる。
 (2) 人の言葉や話などを聞き，自分でも思ったことを伝えようとする。
 (3) 絵本や物語等に親しむとともに，言葉のやり取りを通じて身近な人と気持ちを通わせる。
2 内容
 (1) 保育教諭等の応答的な関わりや話し掛けにより，自ら言葉を使おうとする。
 (2) 生活に必要な簡単な言葉に気付き，聞き分ける。
 (3) 親しみをもって日常の挨拶に応じる。
 (4) 絵本や紙芝居を楽しみ，簡単な言葉を繰り返したり，模倣をしたりして遊ぶ。

(5) 保育教諭等とごっこ遊びをする中で，言葉のやり取りを楽しむ。
(6) 保育教諭等を仲立ちとして，生活や遊びの中で友達との言葉のやり取りを楽しむ。
(7) 保育教諭等や友達の言葉や話に興味や関心をもって，聞いたり，話したりする。

3 内容の取扱い
上記の取扱いに当たっては，次の事項に留意する必要がある。
(1) 身近な人に親しみをもって接し，自分の感情などを伝え，それに相手が応答し，その言葉を聞くことを通して，次第に言葉が獲得されていくものであることを考慮して，楽しい雰囲気の中で保育教諭等との言葉のやり取りができるようにすること。
(2) 園児が自分の思いを言葉で伝えるとともに，他の園児の話などを聞くことを通して，次第に話を理解し，言葉による伝え合いができるようになるよう，気持ちや経験等の言語化を行うことを援助するなど，園児同士の関わりの仲立ちを行うようにすること。
(3) この時期は，片言から，二語文，ごっこ遊びでのやり取りができる程度へと，大きく言葉の習得が進む時期であることから，それぞれの園児の発達の状況に応じて，遊びや関わりの工夫など，保育の内容を適切に展開することが必要であること。

表現
〔感じたことや考えたことを自分なりに表現することを通して，豊かな感性や表現する力を養い，創造性を豊かにする。〕

1 ねらい
(1) 身体の諸感覚の経験を豊かにし，様々な感覚を味わう。
(2) 感じたことや考えたことなどを自分なりに表現しようとする。
(3) 生活や遊びの様々な体験を通して，イメージや感性が豊かになる。

2 内容
(1) 水，砂，土，紙，粘土など様々な素材に触れて楽しむ。
(2) 音楽，リズムやそれに合わせた体の動きを楽しむ。
(3) 生活の中で様々な音，形，色，手触り，動き，味，香りなどに気付いたり，感じたりして楽しむ。
(4) 歌を歌ったり，簡単な手遊びや全身を使う遊びを楽しんだりする。
(5) 保育教諭等からの話や，生活や遊びの中での出来事を通して，イメージを豊かにする。
(6) 生活や遊びの中で，興味のあることや経験したことなどを自分なりに表現する。

3 内容の取扱い
上記の取扱いに当たっては，次の事項に留意する必要がある。
(1) 園児の表現は，遊びや生活の様々な場面で表出されているものであることから，それらを積極的に受け止め，様々な表現の仕方や感性を豊かにする経験となるようにすること。
(2) 園児が試行錯誤しながら様々な表現を楽しむことや，自分の力でやり遂げる充実感などに気付くよう，温かく見守るとともに，適切に援助を行うようにすること。
(3) 様々な感情の表現等を通じて，園児が自分の感情や気持ちに気付くようになる時期であることに鑑み，受容的な関わりの中で自信をもって表現をすることや，諦めずに続けた後の達成感等を感じられるような経験が蓄積されるようにすること。
(4) 身近な自然や身の回りの事物に関わる中で，発見や心が動く経験が得られるよう，諸感覚を働かせることを楽しむ遊びや素材を用意するなど保育の環境を整えること。

第3 満3歳以上の園児の教育及び保育に関するねらい及び内容
基本的事項
1 この時期においては，運動機能の発達により，基本的な動作が一通りできるようになるとともに，基本的な生活習慣もほぼ自立できるようになる。理解する語彙数が急激に増加し，知的興味や関心も高まってくる。仲間と遊び，仲間の中の一人という自覚が生じ，集団的な遊びや協同的な活動も見られるようになる。これらの発達の特徴を踏まえて，この時期の教育及び保育においては，個の成長と集団としての活動の充実が図られるようにしなければならない。
2 本項においては，この時期の発達の特徴を踏まえ，教育及び保育のねらい及び内容について，心身の健康に関する領域「健康」，人との関わりに関する領域「人間関係」，身近な環境との関わりに関する領域「環境」，言葉の獲得に関する領域「言葉」及び感性と表現に関する領域「表現」としてまとめ，示している。

ねらい及び内容
健康
〔健康な心と体を育て，自ら健康で安全な生活をつくり出す力を養う。〕

1 ねらい
(1) 明るく伸び伸びと行動し，充実感を味わう。
(2) 自分の体を十分に動かし，進んで運動しようとす

(3) 健康，安全な生活に必要な習慣や態度を身に付け，見通しをもって行動する。
2 内容
(1) 保育教諭等や友達と触れ合い，安定感をもって行動する。
(2) いろいろな遊びの中で十分に体を動かす。
(3) 進んで戸外で遊ぶ。
(4) 様々な活動に親しみ，楽しんで取り組む。
(5) 保育教諭等や友達と食べることを楽しみ，食べ物への興味や関心をもつ。
(6) 健康な生活のリズムを身に付ける。
(7) 身の回りを清潔にし，衣服の着脱，食事，排泄などの生活に必要な活動を自分でする。
(8) 幼保連携型認定こども園における生活の仕方を知り，自分たちで生活の場を整えながら見通しをもって行動する。
(9) 自分の健康に関心をもち，病気の予防などに必要な活動を進んで行う。
(10) 危険な場所，危険な遊び方，災害時などの行動の仕方が分かり，安全に気を付けて行動する。
3 内容の取扱い
上記の取扱いに当たっては，次の事項に留意する必要がある。
(1) 心と体の健康は，相互に密接な関連があるものであることを踏まえ，園児が保育教諭等や他の園児との温かい触れ合いの中で自己の存在感や充実感を味わうことなどを基盤として，しなやかな心と体の発達を促すこと。特に，十分に体を動かす気持ちよさを体験し，自ら体を動かそうとする意欲が育つようにすること。
(2) 様々な遊びの中で，園児が興味や関心，能力に応じて全身を使って活動することにより，体を動かす楽しさを味わい，自分の体を大切にしようとする気持ちが育つようにすること。その際，多様な動きを経験する中で，体の動きを調整するようにすること。
(3) 自然の中で伸び伸びと体を動かして遊ぶことにより，体の諸機能の発達が促されることに留意し，園児の興味や関心が戸外にも向くようにすること。その際，園児の動線に配慮した園庭や遊具の配置などを工夫すること。
(4) 健康な心と体を育てるためには食育を通じた望ましい食習慣の形成が大切であることを踏まえ，園児の食生活の実情に配慮し，和やかな雰囲気の中で保育教諭等や他の園児と食べる喜びや楽しさを味わったり，様々な食べ物への興味や関心をもったりするなどし，食の大切さに気付き，進んで食べようとする気持ちが育つようにすること。
(5) 基本的な生活習慣の形成に当たっては，家庭での生活経験に配慮し，園児の自立心を育て，園児が他の園児と関わりながら主体的な活動を展開する中で，生活に必要な習慣を身に付け，次第に見通しをもって行動できるようにすること。
(6) 安全に関する指導に当たっては，情緒の安定を図り，遊びを通して安全についての構えを身に付け，危険な場所や事物などが分かり，安全についての理解を深めるようにすること。また，交通安全の習慣を身に付けるようにするとともに，避難訓練などを通して，災害などの緊急時に適切な行動がとれるようにすること。

人間関係
〔他の人々と親しみ，支え合って生活するために，自立心を育て，人と関わる力を養う。〕
1 ねらい
(1) 幼保連携型認定こども園の生活を楽しみ，自分の力で行動することの充実感を味わう。
(2) 身近な人と親しみ，関わりを深め，工夫したり，協力したりして一緒に活動する楽しさを味わい，愛情や信頼感をもつ。
(3) 社会生活における望ましい習慣や態度を身に付ける。
2 内容
(1) 保育教諭等や友達と共に過ごすことの喜びを味わう。
(2) 自分で考え，自分で行動する。
(3) 自分でできることは自分でする。
(4) いろいろな遊びを楽しみながら物事をやり遂げようとする気持ちをもつ。
(5) 友達と積極的に関わりながら喜びや悲しみを共感し合う。
(6) 自分の思ったことを相手に伝え，相手の思っていることに気付く。
(7) 友達のよさに気付き，一緒に活動する楽しさを味わう。
(8) 友達と楽しく活動する中で，共通の目的を見いだし，工夫したり，協力したりなどする。
(9) よいことや悪いことがあることに気付き，考えながら行動する。
(10) 友達との関わりを深め，思いやりをもつ。
(11) 友達と楽しく生活する中できまりの大切さに気付き，守ろうとする。
(12) 共同の遊具や用具を大切にし，皆で使う。
(13) 高齢者をはじめ地域の人々などの自分の生活に

関係の深いいろいろな人に親しみをもつ。
3 内容の取扱い
　上記の取扱いに当たっては，次の事項に留意する必要がある。
(1) 保育教諭等との信頼関係に支えられて自分自身の生活を確立していくことが人と関わる基盤となることを考慮し，園児が自ら周囲に働き掛けることにより多様な感情を体験し，試行錯誤しながら諦めずにやり遂げることの達成感や，前向きな見通しをもって自分の力で行うことの充実感を味わうことができるよう，園児の行動を見守りながら適切な援助を行うようにすること。
(2) 一人一人を生かした集団を形成しながら人と関わる力を育てていくようにすること。その際，集団の生活の中で，園児が自己を発揮し，保育教諭等や他の園児に認められる体験をし，自分のよさや特徴に気付き，自信をもって行動できるようにすること。
(3) 園児が互いに関わりを深め，協同して遊ぶようになるため，自ら行動する力を育てるようにするとともに，他の園児と試行錯誤しながら活動を展開する楽しさや共通の目的が実現する喜びを味わうことができるようにすること。
(4) 道徳性の芽生えを培うに当たっては，基本的な生活習慣の形成を図るとともに，園児が他の園児との関わりの中で他人の存在に気付き，相手を尊重する気持ちをもって行動できるようにし，また，自然や身近な動植物に親しむことなどを通して豊かな心情が育つようにすること。特に，人に対する信頼感や思いやりの気持ちは，葛藤やつまずきをも体験し，それらを乗り越えることにより次第に芽生えてくることに配慮すること。
(5) 集団の生活を通して，園児が人との関わりを深め，規範意識の芽生えが培われることを考慮し，園児が保育教諭等との信頼関係に支えられて自己を発揮する中で，互いに思いを主張し，折り合いを付ける体験をし，きまりの必要性などに気付き，自分の気持ちを調整する力が育つようにすること。
(6) 高齢者をはじめ地域の人々などの自分の生活に関係の深いいろいろな人と触れ合い，自分の感情や意志を表現しながら共に楽しみ，共感し合う体験を通して，これらの人々などに親しみをもち，人と関わることの楽しさや人の役に立つ喜びを味わうことができるようにすること。また，生活を通して親や祖父母などの家族の愛情に気付き，家族を大切にしようとする気持ちが育つようにすること。

環境
〔周囲の様々な環境に好奇心や探究心をもって関わり，それらを生活に取り入れていこうとする力を養う。〕
1 ねらい
(1) 身近な環境に親しみ，自然と触れ合う中で様々な事象に興味や関心をもつ。
(2) 身近な環境に自分から関わり，発見を楽しんだり，考えたりし，それを生活に取り入れようとする。
(3) 身近な事象を見たり，考えたり，扱ったりする中で，物の性質や数量，文字などに対する感覚を豊かにする。
2 内容
(1) 自然に触れて生活し，その大きさ，美しさ，不思議さなどに気付く。
(2) 生活の中で，様々な物に触れ，その性質や仕組みに興味や関心をもつ。
(3) 季節により自然や人間の生活に変化のあることに気付く。
(4) 自然などの身近な事象に関心をもち，取り入れて遊ぶ。
(5) 身近な動植物に親しみをもって接し，生命の尊さに気付き，いたわったり，大切にしたりする。
(6) 日常生活の中で，我が国や地域社会における様々な文化や伝統に親しむ。
(7) 身近な物を大切にする。
(8) 身近な物や遊具に興味をもって関わり，自分なりに比べたり，関連付けたりしながら考えたり，試したりして工夫して遊ぶ。
(9) 日常生活の中で数量や図形などに関心をもつ。
(10) 日常生活の中で簡単な標識や文字などに関心をもつ。
(11) 生活に関係の深い情報や施設などに興味や関心をもつ。
(12) 幼保連携型認定こども園内外の行事において国旗に親しむ。
3 内容の取扱い
　上記の取扱いに当たっては，次の事項に留意する必要がある。
(1) 園児が，遊びの中で周囲の環境と関わり，次第に周囲の世界に好奇心を抱き，その意味や操作の仕方に関心をもち，物事の法則性に気付き，自分なりに考えることができるようになる過程を大切にすること。また，他の園児の考えなどに触れて新しい考えを生み出す喜びや楽しさを味わい，自分の考えをよりよいものにしようとする気持ちが育つようにすること。
(2) 幼児期において自然のもつ意味は大きく，自然の大きさ，美しさ，不思議さなどに直接触れる体験を

通して，園児の心が安らぎ，豊かな感情，好奇心，思考力，表現力の基礎が培われることを踏まえ，園児が自然との関わりを深めることができるよう工夫すること。
(3) 身近な事象や動植物に対する感動を伝え合い，共感し合うことなどを通して自分から関わろうとする意欲を育てるとともに，様々な関わり方を通してそれらに対する親しみや畏敬の念，生命を大切にする気持ち，公共心，探究心などが養われるようにすること。
(4) 文化や伝統に親しむ際には，正月や節句など我が国の伝統的な行事，国歌，唱歌，わらべうたや我が国の伝統的な遊びに親しんだり，異なる文化に触れる活動に親しんだりすることを通じて，社会とのつながりの意識や国際理解の意識の芽生えなどが養われるようにすること。
(5) 数量や文字などに関しては，日常生活の中で園児自身の必要感に基づく体験を大切にし，数量や文字などに関する興味や関心，感覚が養われるようにすること。

言葉
〔経験したことや考えたことなどを自分なりの言葉で表現し，相手の話す言葉を聞こうとする意欲や態度を育て，言葉に対する感覚や言葉で表現する力を養う。〕
1 ねらい
(1) 自分の気持ちを言葉で表現する楽しさを味わう。
(2) 人の言葉や話などをよく聞き，自分の経験したことや考えたことを話し，伝え合う喜びを味わう。
(3) 日常生活に必要な言葉が分かるようになるとともに，絵本や物語などに親しみ，言葉に対する感覚を豊かにし，保育教諭等や友達と心を通わせる。
2 内容
(1) 保育教諭等や友達の言葉や話に興味や関心をもち，親しみをもって聞いたり，話したりする。
(2) したり，見たり，聞いたり，感じたり，考えたりなどしたことを自分なりに言葉で表現する。
(3) したいこと，してほしいことを言葉で表現したり，分からないことを尋ねたりする。
(4) 人の話を注意して聞き，相手に分かるように話す。
(5) 生活の中で必要な言葉が分かり，使う。
(6) 親しみをもって日常の挨拶をする。
(7) 生活の中で言葉の楽しさや美しさに気付く。
(8) いろいろな体験を通じてイメージや言葉を豊かにする。
(9) 絵本や物語などに親しみ，興味をもって聞き，想像をする楽しさを味わう。
(10) 日常生活の中で，文字などで伝える楽しさを味わう。
3 内容の取扱い
上記の取扱いに当たっては，次の事項に留意する必要がある。
(1) 言葉は，身近な人に親しみをもって接し，自分の感情や意志などを伝え，それに相手が応答し，その言葉を聞くことを通して次第に獲得されていくものであることを考慮して，園児が保育教諭等や他の園児と関わることにより心を動かされるような体験をし，言葉を交わす喜びを味わえるようにすること。
(2) 園児が自分の思いを言葉で伝えるとともに，保育教諭等や他の園児などの話を興味をもって注意して聞くことを通して次第に話を理解するようになっていき，言葉による伝え合いができるようにすること。
(3) 絵本や物語などで，その内容と自分の経験とを結び付けたり，想像を巡らせたりするなど，楽しみを十分に味わうことによって，次第に豊かなイメージをもち，言葉に対する感覚が養われるようにすること。
(4) 園児が生活の中で，言葉の響きやリズム，新しい言葉や表現などに触れ，これらを使う楽しさを味わえるようにすること。その際，絵本や物語に親しんだり，言葉遊びなどをしたりすることを通して，言葉が豊かになるようにすること。
(5) 園児が日常生活の中で，文字などを使いながら思ったことや考えたことを伝える喜びや楽しさを味わい，文字に対する興味や関心をもつようにすること。

表現
〔感じたことや考えたことを自分なりに表現することを通して，豊かな感性や表現する力を養い，創造性を豊かにする。〕
1 ねらい
(1) いろいろなものの美しさなどに対する豊かな感性をもつ。
(2) 感じたことや考えたことを自分なりに表現して楽しむ。
(3) 生活の中でイメージを豊かにし，様々な表現を楽しむ。
2 内容
(1) 生活の中で様々な音，形，色，手触り，動きなどに気付いたり，感じたりするなどして楽しむ。
(2) 生活の中で美しいものや心を動かす出来事に触れ，イメージを豊かにする。
(3) 様々な出来事の中で，感動したことを伝え合う楽

しさを味わう。
　（4）感じたこと，考えたことなどを音や動きなどで表現したり，自由にかいたり，つくったりなどする。
　（5）いろいろな素材に親しみ，工夫して遊ぶ。
　（6）音楽に親しみ，歌を歌ったり，簡単なリズム楽器を使ったりなどする楽しさを味わう。
　（7）かいたり，つくったりすることを楽しみ，遊びに使ったり，飾ったりなどする。
　（8）自分のイメージを動きや言葉などで表現したり，演じて遊んだりするなどの楽しさを味わう。
　3　内容の取扱い
　　上記の取扱いに当たっては，次の事項に留意する必要がある。
　（1）豊かな感性は，身近な環境と十分に関わる中で美しいもの，優れたもの，心を動かす出来事などに出会い，そこから得た感動を他の園児や保育教諭等と共有し，様々に表現することなどを通して養われるようにすること。その際，風の音や雨の音，身近にある草や花の形や色など自然の中にある音，形，色などに気付くようにすること。
　（2）幼児期の自己表現は素朴な形で行われることが多いので，保育教諭等はそのような表現を受容し，園児自身の表現しようとする意欲を受け止めて，園児が生活の中で園児らしい様々な表現を楽しむことができるようにすること。
　（3）生活経験や発達に応じ，自ら様々な表現を楽しみ，表現する意欲を十分に発揮させることができるように，遊具や用具などを整えたり，様々な素材や表現の仕方に親しんだり，他の園児の表現に触れられるよう配慮したりし，表現する過程を大切にして自己表現を楽しめるように工夫すること。

第4　教育及び保育の実施に関する配慮事項
　1　満3歳未満の園児の保育の実施については，以下の事項に配慮するものとする。
　（1）乳児は疾病への抵抗力が弱く，心身の機能の未熟さに伴う疾病の発生が多いことから，一人一人の発育及び発達状態や健康状態についての適切な判断に基づく保健的な対応を行うこと。また，一人一人の園児の生育歴の違いに留意しつつ，欲求を適切に満たし，特定の保育教諭等が応答的に関わるように努めること。更に，乳児期の園児の保育に関わる職員間の連携や学校医との連携を図り，第3章に示す事項を踏まえ，適切に対応すること。栄養士及び看護師等が配置されている場合は，その専門性を生かした対応を図ること。乳児期の園児の保育においては特に，保護者との信頼関係を築きながら保育を進めるとともに，保護者からの相談に応じ支援に努めていくこと。なお，担当の保育教諭等が替わる場合には，園児のそれまでの生育歴や発達の過程に留意し，職員間で協力して対応すること。
　（2）満1歳以上満3歳未満の園児は，特に感染症にかかりやすい時期であるので，体の状態，機嫌，食欲などの日常の状態の観察を十分に行うとともに，適切な判断に基づく保健的な対応を心掛けること。また，探索活動が十分できるように，事故防止に努めながら活動しやすい環境を整え，全身を使う遊びなど様々な遊びを取り入れること。更に，自我が形成され，園児が自分の感情や気持ちに気付くようになる重要な時期であることに鑑み，情緒の安定を図りながら，園児の自発的な活動を尊重するとともに促していくこと。なお，担当の保育教諭等が替わる場合には，園児のそれまでの経験や発達の過程に留意し，職員間で協力して対応すること。
　2　幼保連携型認定こども園における教育及び保育の全般において以下の事項に配慮するものとする。
　（1）園児の心身の発達及び活動の実態などの個人差を踏まえるとともに，一人一人の園児の気持ちを受け止め，援助すること。
　（2）園児の健康は，生理的・身体的な育ちとともに，自主性や社会性，豊かな感性の育ちとがあいまってもたらされることに留意すること。
　（3）園児が自ら周囲に働き掛け，試行錯誤しつつ自分の力で行う活動を見守りながら，適切に援助すること。
　（4）園児の入園時の教育及び保育に当たっては，できるだけ個別的に対応し，園児が安定感を得て，次第に幼保連携型認定こども園の生活になじんでいくようにするとともに，既に入園している園児に不安や動揺を与えないようにすること。
　（5）園児の国籍や文化の違いを認め，互いに尊重する心を育てるようにすること。
　（6）園児の性差や個人差にも留意しつつ，性別などによる固定的な意識を植え付けることがないようにすること。

　　　第3章　健康及び安全

　幼保連携型認定こども園における園児の健康及び安全は，園児の生命の保持と健やかな生活の基本となるものであり，第1章及び第2章の関連する事項と併せ，次に示す事項について適切に対応するものとする。その際，養護教諭や看護師，栄養教諭や栄養士等が配置されている場合には，学校医等と共に，これらの者がそれぞれの専門性を生

かしながら，全職員が相互に連携し，組織的かつ適切な対応を行うことができるような体制整備や研修を行うことが必要である。

第1 健康支援
 1 健康状態や発育及び発達の状態の把握
  (1) 園児の心身の状態に応じた教育及び保育を行うために，園児の健康状態や発育及び発達の状態について，定期的・継続的に，また，必要に応じて随時，把握すること。
  (2) 保護者からの情報とともに，登園時及び在園時に園児の状態を観察し，何らかの疾病が疑われる状態や傷害が認められた場合には，保護者に連絡するとともに，学校医と相談するなど適切な対応を図ること。
  (3) 園児の心身の状態等を観察し，不適切な養育の兆候が見られる場合には，市町村（特別区を含む。以下同じ。）や関係機関と連携し，児童福祉法第25条に基づき，適切な対応を図ること。また，虐待が疑われる場合には，速やかに市町村又は児童相談所に通告し，適切な対応を図ること。
 2 健康増進
  (1) 認定こども園法第27条において準用する学校保健安全法（昭和33年法律第56号）第5条の学校保健計画を作成する際は，教育及び保育の内容並びに子育ての支援等に関する全体的な計画に位置づくものとし，全ての職員がそのねらいや内容を踏まえ，園児一人一人の健康の保持及び増進に努めていくこと。
  (2) 認定こども園法第27条において準用する学校保健安全法第13条第1項の健康診断を行ったときは，認定こども園法第27条において準用する学校保健安全法第14条の措置を行い，教育及び保育に活用するとともに，保護者が園児の状態を理解し，日常生活に活用できるようにすること。
 3 疾病等への対応
  (1) 在園時に体調不良や傷害が発生した場合には，その園児の状態等に応じて，保護者に連絡するとともに，適宜，学校医やかかりつけ医等と相談し，適切な処置を行うこと。
  (2) 感染症やその他の疾病の発生予防に努め，その発生や疑いがある場合には必要に応じて学校医，市町村，保健所等に連絡し，その指示に従うとともに，保護者や全ての職員に連絡し，予防等について協力を求めること。また，感染症に関する幼保連携型認定こども園の対応方法等について，あらかじめ関係機関の協力を得ておくこと。
  (3) アレルギー疾患を有する園児に関しては，保護者と連携し，医師の診断及び指示に基づき，適切な対応を行うこと。また，食物アレルギーに関して，関係機関と連携して，当該幼保連携型認定こども園の体制構築など，安全な環境の整備を行うこと。
  (4) 園児の疾病等の事態に備え，保健室の環境を整え，救急用の薬品，材料等を適切な管理の下に常備し，全ての職員が対応できるようにしておくこと。

第2 食育の推進
 1 幼保連携型認定こども園における食育は，健康な生活の基本としての食を営む力の育成に向け，その基礎を培うことを目標とすること。
 2 園児が生活と遊びの中で，意欲をもって食に関わる体験を積み重ね，食べることを楽しみ，食事を楽しみ合う園児に成長していくことを期待するものであること。
 3 乳幼児期にふさわしい食生活が展開され，適切な援助が行われるよう，教育及び保育の内容並びに子育ての支援等に関する全体的な計画に基づき，食事の提供を含む食育の計画を作成し，指導計画に位置付けるとともに，その評価及び改善に努めること。
 4 園児が自らの感覚や体験を通して，自然の恵みとしての食材や食の循環・環境への意識，調理する人への感謝の気持ちが育つように，園児と調理員等との関わりや，調理室など食に関する環境に配慮すること。
 5 保護者や地域の多様な関係者との連携及び協働の下で，食に関する取組が進められること。また，市町村の支援の下に，地域の関係機関との日常的な連携を図り，必要な協力が得られるよう努めること。
 6 体調不良，食物アレルギー，障害のある園児など，園児一人一人の心身の状態等に応じ，学校医，かかりつけ医等の指示や協力の下に適切に対応すること。

第3 環境及び衛生管理並びに安全管理
 1 環境及び衛生管理
  (1) 認定こども園法第27条において準用する学校保健安全法第6条の学校環境衛生基準に基づき幼保連携型認定こども園の適切な環境の維持に努めるとともに，施設内外の設備，用具等の衛生管理に努めること。
  (2) 認定こども園法第27条において準用する学校保健安全法第6条の学校環境衛生基準に基づき幼保連携型認定こども園の施設内外の適切な環境の維持に努めるとともに，園児及び全職員が清潔を保つようにすること。また，職員は衛生知識の向上に努めること。

2 事故防止及び安全対策
　(1) 在園時の事故防止のために，園児の心身の状態等を踏まえつつ，認定こども園法第27条において準用する学校保健安全法第27条の学校安全計画の策定等を通じ，全職員の共通理解や体制づくりを図るとともに，家庭や地域の関係機関の協力の下に安全指導を行うこと。
　(2) 事故防止の取組を行う際には，特に，睡眠中，プール活動・水遊び中，食事中等の場面では重大事故が発生しやすいことを踏まえ，園児の主体的な活動を大切にしつつ，施設内外の環境の配慮や指導の工夫を行うなど，必要な対策を講じること。
　(3) 認定こども園法第27条において準用する学校保健安全法第29条の危険等発生時対処要領に基づき，事故の発生に備えるとともに施設内外の危険箇所の点検や訓練を実施すること。また，外部からの不審者等の侵入防止のための措置や訓練など不測の事態に備え必要な対応を行うこと。更に，園児の精神保健面における対応に留意すること。

第4 災害への備え
　1 施設・設備等の安全確保
　(1) 認定こども園法第27条において準用する学校保健安全法第29条の危険等発生時対処要領に基づき，災害等の発生に備えるとともに，防火設備，避難経路等の安全性が確保されるよう，定期的にこれらの安全点検を行うこと。
　(2) 備品，遊具等の配置，保管を適切に行い，日頃から，安全環境の整備に努めること。
　2 災害発生時の対応体制及び避難への備え
　(1) 火災や地震などの災害の発生に備え，認定こども園法第27条において準用する学校保健安全法第29条の危険等発生時対処要領を作成する際には，緊急時の対応の具体的内容及び手順，職員の役割分担，避難訓練計画等の事項を盛り込むこと。
　(2) 定期的に避難訓練を実施するなど，必要な対応を図ること。
　(3) 災害の発生時に，保護者等への連絡及び子どもの引渡しを円滑に行うため，日頃から保護者との密接な連携に努め，連絡体制や引渡し方法等について確認をしておくこと。
　3 地域の関係機関等との連携
　(1) 市町村の支援の下に，地域の関係機関との日常的な連携を図り，必要な協力が得られるよう努めること。
　(2) 避難訓練については，地域の関係機関や保護者との連携の下に行うなど工夫すること。

第4章 子育ての支援

　幼保連携型認定こども園における保護者に対する子育ての支援は，子どもの利益を最優先して行うものとし，第1章及び第2章等の関連する事項を踏まえ，子どもの育ちを家庭と連携して支援していくとともに，保護者及び地域が有する子育てを自ら実践する力の向上に資するよう，次の事項に留意するものとする。

第1 子育ての支援全般に関わる事項
　1 保護者に対する子育ての支援を行う際には，各地域や家庭の実態等を踏まえるとともに，保護者の気持ちを受け止め，相互の信頼関係を基本に，保護者の自己決定を尊重すること。
　2 教育及び保育並びに子育ての支援に関する知識や技術など，保育教諭等の専門性や，園児が常に存在する環境など，幼保連携型認定こども園の特性を生かし，保護者が子どもの成長に気付き子育ての喜びを感じられるように努めること。
　3 保護者に対する子育ての支援における地域の関係機関等との連携及び協働を図り，園全体の体制構築に努めること。
　4 子どもの利益に反しない限りにおいて，保護者や子どものプライバシーを保護し，知り得た事柄の秘密を保持すること。

第2 幼保連携型認定こども園の園児の保護者に対する子育ての支援
　1 日常の様々な機会を活用し，園児の日々の様子の伝達や収集，教育及び保育の意図の説明などを通じて，保護者との相互理解を図るよう努めること。
　2 教育及び保育の活動に対する保護者の積極的な参加は，保護者の子育てを自ら実践する力の向上に寄与するだけでなく，地域社会における家庭や住民の子育てを自ら実践する力の向上及び子育ての経験の継承につながるきっかけとなる。これらのことから，保護者の参加を促すとともに，参加しやすいよう工夫すること。
　3 保護者の生活形態が異なることを踏まえ，全ての保護者の相互理解が深まるように配慮すること。その際，保護者同士が子育てに対する新たな考えに出会い気付き合えるよう工夫すること。
　4 保護者の就労と子育ての両立等を支援するため，保護者の多様化した教育及び保育の需要に応じて病児保育事業など多様な事業を実施する場合には，保護者の状況に配慮するとともに，園児の福祉が尊重されるよ

う努め，園児の生活の連続性を考慮すること。
5 地域の実態や保護者の要請により，教育を行う標準的な時間の終了後等に希望する園児を対象に一時預かり事業などとして行う活動については，保育教諭間及び家庭との連携を密にし，園児の心身の負担に配慮すること。その際，地域の実態や保護者の事情とともに園児の生活のリズムを踏まえつつ，必要に応じて，弾力的な運用を行うこと。
6 園児に障害や発達上の課題が見られる場合には，市町村や関係機関と連携及び協力を図りつつ，保護者に対する個別の支援を行うよう努めること。
7 外国籍家庭など，特別な配慮を必要とする家庭の場合には，状況等に応じて個別の支援を行うよう努めること。
8 保護者に育児不安等が見られる場合には，保護者の希望に応じて個別の支援を行うよう努めること。
9 保護者に不適切な養育等が疑われる場合には，市町村や関係機関と連携し，要保護児童対策地域協議会で検討するなど適切な対応を図ること。また，虐待が疑われる場合には，速やかに市町村又は児童相談所に通告し，適切な対応を図ること。

第3 地域における子育て家庭の保護者等に対する支援
1 幼保連携型認定こども園において，認定こども園法第2条第12項に規定する子育て支援事業を実施する際には，当該幼保連携型認定こども園がもつ地域性や専門性などを十分に考慮して当該地域において必要と認められるものを適切に実施すること。また，地域の子どもに対する一時預かり事業などの活動を行う際には，一人一人の子どもの心身の状態などを考慮するとともに，教育及び保育との関連に配慮するなど，柔軟に活動を展開できるようにすること。
2 市町村の支援を得て，地域の関係機関等との積極的な連携及び協働を図るとともに，子育ての支援に関する地域の人材の積極的な活用を図るよう努めること。また，地域の要保護児童への対応など，地域の子どもを巡る諸課題に対し，要保護児童対策地域協議会など関係機関等と連携及び協力して取り組むよう努めること。
3 幼保連携型認定こども園は，地域の子どもが健やかに育成される環境を提供し，保護者に対する総合的な子育ての支援を推進するため，地域における乳幼児期の教育及び保育の中心的な役割を果たすよう努めること。

〈監修者紹介〉
無藤　隆（むとう たかし）
　　白梅学園大学大学院特任教授
　　文科省中央教育審議会教育課程部会幼児教育部会 主査
　　内閣府子ども子育て会議 会長　等歴任

《幼稚園教育要領 改訂
　保育所保育指針 改定
　幼保連携型認定こども園教育・保育要領 改訂》について

編集・制作　株式会社　同文書院
112-0002
東京都文京区小石川 5-24-3
TEL 03-3812-7777　FAX 03-3812-8456

第5章　乳幼児期の認知の発達 ──────────────── 63
　　　　　1　認知すること，行動すること　63
　　　　　2　人は社会的動物であること（新しい発達観の登場）　76
　　　　　3　まとめ　85

第6章　子どもの遊びの発達 ────────────────── 91
　　　　　1　遊びとはなにか　91
　　　　　2　遊びと知識　92
　　　　　3　遊びの誕生と分化　98
　　　　　4　遊びと社会性　103
　　　　　5　遊びを豊かにするために　106

第7章　発達のつまずきと養育者・施設の役割 ─────────── 111
　　　　　1　発達とつまずき　111
　　　　　2　つまずきマップ　117
　　　　　3　養育者を援助する　129
　　　　　4　他の章との関連　132

第8章　保育所・幼稚園における子どもの発達 ─────────── 135
　　　1　保育所における子どもの発達─「状況論的」視点からみた子どもの発達─　135
　　　　　2　幼稚園における子どもの発達　146

第9章　福祉施設における子どもの発達 ──────────── 167
　　　　　1　相談機関という福祉施設における子どもの発達　167
　　　　　2　一時保護所という福祉施設における子どもの発達　178
　　　　　3　母子通園センターという福祉施設における子どもの発達　183

第10章　子育て支援について ─────────────────── 187
　　　　　1　子育て支援はなぜ必要か　187
　　　　　2　子育て支援センターについて　195

第11章　子どもの観察・研究法 ───────────────── 201
　　　　　1　実践的研究としての保育実践　201
　　　　　2　フィールド観察研究について　207

索　引　211

第1章

社会・文化的文脈での子育てと人間発達

1 生物としての人間と社会の中で生きる人間

[1] 生物としての人間

　人間はいうまでもなく生物であり，動物の一種である。近代の科学はヨーロッパで生まれたが，科学がキリスト教の直接的な支配から脱する以前のヨーロッパにおいては，聖書に書かれていることは単に宗教上の教えであることを超えた真理であった。ガリレオ・ガリレイ（1564-1642）が地動説的な宇宙論を発表したために，異端審問所の裁判にかけられ，地動説の撤回を強いられた例はよく知られている。

　地動説と並んで受難にあった例は進化論である。キリスト教において，人間は神の姿に似せられて創造された特別の存在であったために，人類がサルとの共通の祖先から進化したことを説く進化論が登場したとき，聖書の内容を擁護する創造説との間で激しい論争が巻き起こされた。

　けっきょく科学史上においては，チャールズ・ダーウィン(1809-82)の唱えた，自然選択説にもとづく進化論（ダーウィニズム）が勝利したが，人間を特別な存在として他の動物と区別する人間中心主義的な見方は，姿を変えて生物学の中に入り込んだ。すなわち生物進化の法則とは，原始的で単純な構造を持った生物から，次第に複雑な構造を持ったより高等な生物へと進化していくというものであり，その進化の最高の段階へ到達したのが私たち人類であるとされたのである。この人間中心の進化観は，常識といえるほどに広まったために，今でも素朴な進化論として信じられている向きがある。

　人類が並外れて優れた知能を持ち，そのために全地球を支配したといえるほどの繁栄を遂げたことは間違いないが，それは道具の製作・使用と共同作業を可能とする，大脳化と手先の器用さの発達によるものである。この大脳化は，さまざまにある進化の道筋，言い換えれば適応戦略の1つなのであって，公平な立場で，空を飛べる鳥，最高時速が100kmを超えるチーターなど，それぞれに特技を持っ

ガリレオ・ガリレイ

チャールズ・ダーウィン

た他の動物たちの中で比較するならば，自慢できる能力が他にはあまりないともいえる。それでも人類は優れた道具を次から次へ開発することで，他のどんな動物もかなわないような力を獲得したとはいえよう。

　道具の使用を文化と呼ぶならば，チンパンジーもまた文化を持つことが明らかになったので，もはや文化が人類の専売特許であるとはいえなくなった。とはいえ，チンパンジーが持つその水準は，せいぜいまだ大脳化が始まっていなかったころの人類の祖先が，地球上に姿を現したころを想像させる程度のものにすぎず，現代文明との差は歴然である。そのように，たしかに大脳化による知能の発達とその産物としての高度な文化の発達が，生物の中での人間の特別さを際立たせていることは事実であるが，それが生物進化の程度を測る唯一の物差といえるのかどうかを，よく考えてみる必要がある。

　脳が進化したことで地球上にあまねく繁栄するようになった事実をもって，人類が生物学的に最も進化した高等動物なのだといってしまうと，次から次へと新種が発見されるために，いまだに地球上にどれぐらいの種類がいるのか正確にはわからないほど繁栄している，昆虫の進化を説明できない。昆虫類はそのどれもが小さいために目立たないが，全動物の種類の実に3/4を占める最大の生物群である。そしていうまでもなく，昆虫の脳はちっぽけである。ただしそのわりには，昆虫たちの行動は驚嘆するほど巧妙であり，いちがいに下等とはいえない。例えばアリは代表的な社会性動物であり，みごとに規律のとれ，よくできた集団行動を備えている。大脳化とは別の進化の道を昆虫たちはたどったのである。人間の持つ知能を物差にして，どちらが生物としてより優れているかを単純に比較できない好例である。

　そもそも優れた知能を持った人類の登場は，進化史上の必然であったとはいえないのであって，繁栄した期間の長さでいうなら，せいぜい数百万年前までしかさかのぼることができない人類は，1億数千万年続いたといわれる恐竜には，まだはるかに及ばない。時代とともに殺し合いをエスカレートさせている人類が，1億年後に生存していると確信を持って予言できるであろうか。6500万年前に起こった恐竜の絶滅は，それがあまりに突然であったために，その原因に諸説があり，絶滅せずに進化し続けた可能性もないとはいえない。恐竜が絶滅してくれたからこそ，それによって生じた空白を生めるようにして進化した，その後の哺乳類の繁栄と，その中からの人類の登場があるのであって，宇宙のどこかに地球とよく似た環境の星があったとしても，そこに人間によく似た高等生物が進化しているかどうかはわからないのである。

　人間中心の素朴な進化観は，ちょうどかつて信じられていた，地球中心の天動説に比せられる見方であり誤りである。真実は，地球が生命の存在する，今のところ唯一の星であるという意味では特殊であっても，宇宙の中心どころか，広大な宇宙を構成する，無数にある銀河群の中の，ごく平凡な銀河系の片隅にある太

陽系の，そのまた小さな一惑星にすぎないように，人類の進化もまた，過去に何度も繁栄と絶滅を繰り返してきた生命進化の歴史の中での，ひとコマに過ぎないのである。

［2］社会の中で生きる人間

　人類が獲得した，高度に発達した知能は，それがどれほどすばらしい能力であったとしても，生物の進化史の中で見るならば，環境への適応戦略の1つにすぎず，次々に枝分かれをするようにして進んできた，さまざまな生物進化の道の1つにすぎない。そのように考えるならば，人類の大脳化に，適応戦略上のどのような意味があったのかを，改めて明らかにしなくてはならない。

　従来人類が高度な知能を発達させたことの適応上の利点として，素手で猛獣に立ち向かったらとうていかなわないほど非力である代わりに，道具である武器を使用することで無敵になったことや，環境に身体を順応させるばかりでなく，生きていく上で都合のよいように，その道具を，環境を大きく改変させるために使うことで，比類のない適応能力を獲得できたことが挙げられてきた。この進歩があまりに急激であったために，生物学上の身体的な進化と区別して，これを文化的進化と呼ぶことがある。

　人類が他の動物種には見られない急速な文化的進化を遂げたことは事実であるが，これだけの説明では，他の動物種との際立った違いばかりが強調され，霊長類としての共通の進化をしてきたはずなのに，その連続的な側面を明らかにできない。加えて，この大脳化と結びついた人類無敵説には，進化の法則があたかも強いものが弱いものを駆逐して生き残っていくものであるかのような，弱肉強食観が色濃く見てとれる。

　ダーウィン主義進化論（ダーウィニズム）における自然選択説は，過去において，弱肉強食の最適者生存の法則と同一視されてきた歴史的経緯がある。もしこれが正しければ，肉食の猛獣が生き残り，その餌食にされる草食動物はとっくに絶滅しているはずであるが，その草食動物たちは，そうやすやすとは餌食にならないし，繁殖力の点でも天敵の猛獣に勝っているので，少しぐらい食べられてしまったからといって，それによって種全体の存続が脅かされるほどではないのである。つまりここでもまた適応戦略上の違いとして説明できるのであって，どう猛であることと，適応能力が高いこととは同じではない。弱いものにも弱いものなりの生き延びる術が備わっているので，絶滅を免れているのである。

　人類が優れた知能を備えるようになった，より本質的な理由として，最近になって考えられるようになった説に，霊長類に共通する社会的進化説とでも呼ぶべきものがある。この説では，脳の進化は他の種との間での生存競争の結果というよりも，種内において，それぞれの個体が共存して生き延びていけるように，複雑な社会的関係が必要になった結果なのである。

霊長類はもともと森の中で樹上生活をするように適応し，それによって外敵から身を守ることができるようになったといわれる。さらに群れをつくって共同生活をすることで，捕食者に食べられてしまわないようにすることができた。樹上生活に適応したために，果実を主食とするようになったのであるが，果実は1年中豊富にあるわけではないので，これを獲得し，取られてしまわないよう防衛する上でも，群れをつくったほうが都合よかった。またそのように群の中で互いに協力し合う一方で，個体どうしは，同時に食べ物や異性といった，資源をめぐって争う競争相手でもあった。

　一方での協力と，他方での競争。この矛盾した関係をバランスよく保っていくためには，複雑な知能行動が要求される。すなわち他の個体の行動選択をあらかじめ予測してうまく自分の行動を選ぶことが，群れ生活でのやりとりでは自分に大きな利益をもたらすことになる。資源が少なくなったときには，群れ全体でいっしょにエサを探したほうが効率的であり，そのときに運良くエサを見つけることができた個体が，見つけられなかった個体に分けてやることで恩を売っておけば，次に立場が逆転したときに，その恩返しを期待できる。また遺伝的に人間に最も近く，知能も高いチンパンジーにおいては，力が強いことは肉体的に強いことを必ずしも意味せず，グループの中で適切な味方を多く得ることを意味する場合がしばしばであるという。つまり霊長類では，資源をめぐる競争者でもあり協力者でもある種内他個体との間での，複雑な交渉を通じて，自分自身が有利に振る舞えるような知的能力を進化させてきたと考えられるのである。このような知能をマキャヴェリ的知能と呼んでいる。

　人類の進化を考える上での，ここから得られる結論というものは，知能の発達は複雑な社会的関係の発達と一体であり，したがって社会的能力の発達こそが，人間発達の根幹であるに違いないということである。人類はサルとの共通の祖先から枝分かれした後に，急速に大脳化の進化を遂げた。とすれば，私たち人間の社会的能力は，その間に大脳化しなかったチンパンジーの比ではないであろう。つまり利己的な打算だけで他者と付き合うようなマキャヴェリ的知能を，人類が超えている可能性があるということである。認知の発達や感情の発達の章で，このことが明らかにされるであろう。

　ここでそのように人類が高度に社会的行動を発達させたのだとすると，なぜ戦争が絶えないのかという疑問がわくかもしれない。戦争は究極の暴力というべきものであり，人間ほど暴力的な動物は他に類を見ない。戦争は文化の産物であり，初めから人類が暴力的だったわけではないとの説もあるが，チンパンジーが群れどうしで抗争をし，一方の群れが他方の群れを皆殺しにした例や，自分たちの縄張りに紛れ込んだ，よそ者の1頭のチンパンジーを，皆で追い回して殴り殺す例などが知られているので，組織的な暴力が，発達した知能の反面の産物である事実は否定できない。

暴力を反社会的な異常行動と見る向きがあるが、しかし最近の霊長類学の観点から見るならば、チンパンジーは子ども時代に、過度に暴力的にならないように自制心をしつけられるので、暴力はその場の感情に身を任せた抑制の効かない逸脱行動であるよりは、自分の立場を有利にするための手段であり、計算された知能行動になっている。戦争もまた同様であり、世界大戦を経験するまで、戦闘行為は殺人犯罪ではなく、政治的な手段として許容されていた。つまり暴力による攻撃行動もまた社会的行動の1つなのであって、マキャヴェリ的知能においては、反社会的な逸脱行動とはいいきれないのである。

だからといって暴力や戦争をなくすことはできないなどと、悲観主義におちいる必要はない。霊長類における群れの単位は、現代の人類社会においては、国家が解体されて民族などの単位に細分化される一方で、他方ではいやおうなしに、経済活動や環境問題、核戦争の危険、さらには近い将来における宇宙開発など、国家や民族を超えた地球規模で考え行動しなくてはならない状況が生まれた。また交通や通信手段の発達により、異なる文化と接触する機会も増えている。このようなより高度な文化的進化の段階としての新しい時代を迎えようとしているときに、その新しい時代を担うべき子どもたちがどのように発達すべきか、そのためにどのような子育てが必要であるかを考えるならば、暴力によらない対人的な問題解決能力を幼児期から培うことに、十分な意義があるといえるであろう。遊びの発達の章や、保育園・幼稚園における子どもの発達の章において、そのことが触れられるであろう。

2 子育てと発達心理学

[1] 文化的行動としての人間行動

人間は哺乳動物の一種である。哺乳動物を字義通りに理解すれば、乳によって育つ動物ということになる。この生物学上の事実から、人間も他の哺乳動物と同様に、母親の手によって、その母性愛を受けながら育てられるのが自然であるとの考えが、しごく当然のことのように通用しているように思われる。第1節において、人間だけを比類のない高等動物として特別視してきた過去の考えの誤りを指摘したが、それと同時に、それでも人間が地球に登場してからの長いとはいえない進化史の中で、比類のない高度な知能を発達させたのは事実であり、それによって、生物学的進化とは区別されるべき文化的進化がもたらされたことを指摘した。

このことは、一見矛盾したことを言っているように聞こえるかもしれないが、優れているとか、劣っているとかといった価値観で判断するときに、大脳化による知能の高さと、生物としてどれだけ進化しているかとか、それゆえに優れているのだといった判断の基準とを、混同してはならないということである。空を飛ぶ能力、足の速さ、暗闇で自由に行動する能力といった、個々の能力において、

それぞれの動物種の間で差異があるのは当然であり，人間が持つ能力の中で圧倒的に優れているといえるのが知能行動なのである。

　文化的進化を遂げた人類の，他の動物との際立った違いは，社会的行動の複雑さと，通常の環境下での純粋な本能行動の消滅である。実のところ，生まれつきの本能行動は，他の動物においても，以前に考えられていたほど単純ではなく，本能行動と学習行動との違いも，それほど画然と区別できるわけでもないことがわかってきたのであるが，進化生物学の言い方を借りるならば，本能的行動は，遺伝子の直接的支配をそれだけ多く受けているということになる。そして人類の文化的進化の歴史は，その遺伝子の直接的な支配からより自由になる歴史であったといえるのである。

　このことは，単純化していってしまえば，他の動物においては本能行動であるものが，人間においてはそうではないということである。それを文化的行動とここでは呼んでおく。というのは，現生種である，ホモ・サピエンスと呼ばれる私たち人類は，人種や民族の差を超えて，生物種としては同一であるにもかかわらず，どのような社会で生まれ育つかによって，異なる行動を示すからである。これを文化によって規定される行動とみなすことができる。ここでいう文化の違いとは，地理的空間的な違いばかりでなく，歴史的時間的な違いも含んでいる。そして子育て行動もまた，文化によって大きく異なることが明らかにされているのである。

[2] 近代社会の中で生まれた母性と子育て

　子どもは家族の中で，とりわけ母親の愛情によって育てられるとする社会通念は，実は人類の歴史の中で，そう遠くない時代に生まれたものであることが明らかになってきた。夫婦・親子の間の特別な愛情の絆によって結ばれた関係というのが，一般的に頭に描かれる家族のイメージであろう。ところがこの家族意識は，イングランドやフランスなどの西ヨーロッパにおいて，近代社会の出現にともなって生まれたものであることが，社会史・心性史といった分野の研究によって指摘されるにいたった。

　近代以前の中世ヨーロッパ社会においては，上の家族意識はまだ形成されておらず，今日の家族に当たる語は，系族あるいは血族を意味した。家族史研究の分野で最も重要な業績のひとつである『子供の誕生』の著者フィリップ・アリエスは，中世のヨーロッパ社会においては，大人と区別される子ども期という観念が存在していなかったことを明らかにした。当時は乳幼児の死亡率がきわめて高かったために，小さな子どもは数のうちにすら入らないことがあった。実際には娘が2人いるのに，下の娘がまだ幼いために，「子どもは結婚適齢期の娘ひとりしかいない」と話されたりしたのである。ここでいう子どもは，親子の関係を指すものであって，発達段階としての子どもではない。幼い子どもはそれほど存在が

薄かったので，2～3人亡くしても，さほど悲しむこともなかった。またイギリスでは，完全に大人に庇護される7歳ごろを過ぎると，子どもはすぐさま全寮制の学校へ入れられたり（男の子に限られる），徒弟や召使いとして他人の家で住み込みで雑役をさせられるために，生家を離れた。そしてそれほどに親子がともに暮らす期間が短かったために，家族は情緒的なものとして存在しえなかった。それが中産階級においては17世紀以降，家族は財産と生命を伝える制度であることから，子どもの精神と身体を守り育てる機能を持つものへと変貌し，さらに18世紀以降になると，それまで渾然一体であった家族生活と社交生活が分離され，家族内の関係が濃密化・私化したのだという。

同様の相次ぐ研究によって，近代における家族の結晶化の核が母子関係にあり，性愛の感情が結婚の優越な決定因となって，母親にとって子どもが最大の価値をもって認識されたこと，共同体など外部の環境から隔離された家族内の情緒的な親しみの感情が現れたことが定説になった。

それまでの伝統的家族と区別される，こうした近代家族の出現は，一見すると日本においては，「家」制度が解体した，第二次世界大戦後においてようやく一般化したかのようであるが，産業革命を契機とする近代資本主義国家の登場と近代家族の出現とがもしも不可分一体のものであるならば，日本の近代化は明治維新によって始まったのであるから，戦前の日本社会は，前近代的な家族のままでの近代化という，きわめて特殊なものであったことになる。ところがこの点についても，近代家族に見られる家族愛，すなわち恩や孝といった親と子の上下関係にもとづく感情ではなく，親子が親しみあい，家族が団らんを楽しむ親子の対等な情愛が，明治期の中ごろには見られるようになったらしいことが明らかになってきた。この時期は，ちょうど教育勅語による忠孝教説が登場しており，矛盾しているかのようであるが，にもかかわらず，それまでは見られなかった親子の情愛が同時に垣間見られるのである。即位したときは17歳とまだ青年だった明治天皇が，歳を経るにつれて，全日本国民（臣民）との間で，あたかも父と子のように互いに慈しみと愛慕を抱いていると修身書に説かれるにいたっており，これは上下の関係を伴ってはいるものの，家族の情愛の再現であり，心理的な距離の接近が見られるのであって，近代的な家族意識なしにはありえないことなのだという。

近代社会の特徴のひとつは，性役割分業の明確化であり，家事労働と子育てが妻・母親の社会的役割とされ，とりわけ子育てが家族の中心的な役割にすえられたことである。明治期の後半になると，国力増強のための良妻賢母主義による女子教育論が台頭したといわれる。それまで「婦徳」とは従順でひたすらに孝を尽くすことであったが，それが国民として母としての務めを通して，国家に貢献することに意味が変化したのである。戦後の民主主義国家と戦前の天皇制国家との違いはあれ，子育てが母親の義務とはみなされず，家族の情愛が意識されていなかった江戸時代までの社会とは明らかに異なる近代的家族が，そこには共通して

あるといえよう。

［3］揺らぎ始めた家族意識と子育ての混乱

　近代社会における，経済の発展に伴う現象のひとつは少子化であろう。
　生活が今ほど豊かではなかったころの日本では，子だくさんであることが一般的であったが，今では1人っ子が珍しくなくなった。少子化がとめどもなく進行しているのである。前節において，近代社会の特徴のひとつが性役割分業であることに触れたが，女性の社会進出が急速に進み，男女が共同で社会に参画する社会を築こうとしているのが今の社会である。そうなると子育ての営みは，家族だけでは担いきれず，いやおうなしに家族の外へ移されていくことになる。つまり子育ての社会化である。母親の育児不安や子育ての混乱といった現代社会に見られる現象は，もはや子育てが家族の中で，母親の手によって担いきれなくなったにもかかわらず，子育てを担う責任が依然として母親に求められている点にある。
　少子化に歯止めをかけるためには，子どもを生み育てやすい社会にする必要があるとか，家庭の育児力が低下しているために，家族支援・子育て支援が必要であると言われるようになった。子育てを担う役割が，それだけまだ家庭に対して期待されているということであるが，家の中にいっしょにいながら，「孤食」といわれる，家族がめいめいばらばらに食事をする現象が問題になるなど，近代社会を特徴づけてきた一家団らんの家族イメージが，今や虚像となりつつある。
　同時に，こうした現象に符合するかのように，家庭における児童虐待の急増や，学校における不登校や学級崩壊，いじめ，ごく普通の生徒が突然問題行動を引き起こすといった「新しい荒れ」と呼ばれる現象など，今の子どもたちの育ちにくさ・育てにくさが露見している。子育てをめぐっての深刻な事態がいま進行していることは間違いないが，何よりも家族が理想からどんどん遠ざかりつつあることに根本的な原因があるとみなして，家族の復権を説くことが，真の解決になりうるのどうかを，よく考えてみる必要があろう。
　なぜならすでに見てきたように，母性愛を主とする家族の愛情に包まれて育つ子どもの姿というものは，近代社会における理想像ではあっても，時代を超えての普遍的な理想像であるとは言いがたいからである。この近代社会における理想的な子育ては，それを性役割として母親に担わせ，合わせて父親をも含めた，親子の情愛による強い絆で結ばれる，心の拠りどころとしての家族意識が存在することが前提になるのであるが，そうした条件が現代社会では失われつつあるのである。
　近代家族を理想化する立場から見れば，いま起こっている子育てをめぐるさまざまな異常といえる事態は，家族の崩壊に起因しているように映るであろう。しかし近代家族の姿というものは，ひとつの時代が産んだ文化であり，女性を女性であるがゆえに家庭の中に閉じ込めておかなくてはならない合理的な根拠が失わ

れた以上，子育ての責任を母親だけに負わせることは，事実上不可能になったと言わなくてはならない。さまざまな意味で，いま私たちは従来の近代社会とは異なる社会を生きようとしている。しかしながら，その新しい社会における，新しい価値観や理想についての共有化されたイメージが，まだはっきりと形を成しておらず，社会の急激な変化に戸惑っているというのが現実ではないであろうか。

[4] 発達心理学から見た子育て

近代家族を理想とする考え方が発達心理学に体現された好例は，第3章で触れられる母子関係論であろう。発達初期における母親による養護が発達上不可欠であるとの説は，文化を超えて通用するとはいいがたいことが明らかにされている。母子関係論は母親との愛着（アタッチメント）関係を過大評価した点で誤りをおかしたが，人間発達における愛着行動の重要性に着目した点は功績であると言ってよい。

かつて発達心理学や教育心理学において，オオカミに育てられたためにオオカミのようになってしまった野生児の例を引きながら，人間は無限の発達の可能性を持っており，人間だけが環境しだいで何にでもなってしまうのであって，人間の発達は環境によって決定されると主張された。しかし今日ではこの主張は，生物学の方から，野生児の事例への疑念と，人間も生物である以上，遺伝に一切規定されない無定形な発達をするなどということはありえないとの批判を受けている。

進化生物学や行動遺伝学といった，人間を含めた動物の行動を研究する，生物学の領域の発展や，発達心理学自身の研究の深化から，生物学的制約という概念が登場した。これはすべての動物が遺伝によって規定された種に固有の発達をするのであり，人間もその例外ではないというものである。

遺伝的要因を重視する考えは生得説につながる。しかしそれが古典的な生得説と決定的に異なるのは，単純な遺伝決定論ではなく，種内の個体差よりも種間の差に注目し，例えばなぜ人間の子どもが生まれて数年のうちに，苦もなく言葉を自由に操れるようになるのはなぜかといった，人間が生まれながらに共通して備えていると思われる行動や能力に目を向ける。つまり文法も含めて人間が発達の初期に言葉を獲得できるのは，言葉の獲得を可能にする何らかの装置が遺伝的に備わっているのではないかと考えるのである。そしてもうひとつの違いは，遺伝的要因が行動に及ぼすというときのその及ぼし方が，環境的要因からまったく独立した固定的・不可避的なものではなく，環境を通して作用し発現し，可変的であると考える点である。これを前者から区別して，新生得説と呼ぶ。

そこで人間の発達における生物学的制約とは何かを明らかにすることが課題となる。言語発達はその例であるが，より根源的であると考えられるのは，コミュニケーション能力であろう。言語もまたコミュニケーション手段のひとつである。言語に限らず，人間のさまざまな行動や能力が，コミュニケーションに関係して

いる。人間は言葉を獲得する以前からコミュニケーションの能力を持っており，それが愛着行動なのである。愛着行動はまた感情の発達にも深く関わっている。その意味で，感情表出は重要なコミュニケーション手段であるといえる。

コミュニケーション能力は社会的関係を取り結ぶために不可欠である。先に人間の知能が，複雑な社会的関係の中で巧妙に立ち振舞う必要性から発達した可能性について言及した。このことに特に関係の深い行動は，対人交渉能力と愛他行動である。「新しい発達観」と称する流れは，この考えに合致している。すなわち旧来の発達観が，発達を個人に内在する能力の自己展開とみなす傾向があったのに対して，新しい発達観は，個人を取り巻く状況，とりわけ周囲の人的環境に対する働きかけを通して行動が活性化し発達していくととらえるのである。

このように発達を関係の中に位置づけ，相対化することはまた，障害概念の見直しにもつながる。WHO（世界保健機構）は，2001年に障害概念の改定作業を行い，従来いうまでもない前提のように考えられてきた，障害／健常の二分論の見直しをはかっている。日常生活を送る上での困難さが，障害の程度を測る上での基準の1つになりうるが，バリアフリーの環境を整備することは，結果として身体的障害を軽減させることになるし，知的な障害についても，適切な支援と周囲の理解によって，生活上の困難さを軽減できる。また医学的・生物学的・心理学的な意味での障害についても，科学技術や教育方法の進歩・開発によって軽減されうる。

その反対に，近年今までの医学的・心理学的診断においては健常と見なされてきた子どもたちの間に，さまざまな問題を生じていることがクローズアップされて来ており，保育所や幼稚園の保育現場に戸惑いと混乱をもたらしている。知的障害児として認定され，特別な障害児保育を受けている子どもたちよりも，信じられないほどに，はるかに生活面での自立が遅れている家庭児が珍しくないのである。

発達とは単純にできないことができるようになることではない。例えば世界には，幼いときは子どもを裸で放っておいて，ところ構わずたれ流しをしても気にとめない文化がある。トイレット・トレーニングがないのである。したがってここでは，排泄の訓練は幼児期の発達課題にはならない。このようにある文化では取るに足りないことが，別の文化では重大な関心事である場合があり，その事実を発達心理学は無視してはならない。しかしながら他方において，人間は与えられた文化・環境に一方的に適応するだけの存在ではない。人間の行動は文化によって規定されると同時に，自身が文化の担い手でもある。とりわけ近代以降の社会は，めまぐるしく変化していく社会であり，社会へ主体的に参加する機会が飛躍的に増大した社会である。このような社会にあっては，いかに生きるべきかという生涯発達上の課題は，あらかじめその解答が用意されているというよりも，より生きやすい社会をつくっていこうとする営みの中で見出されると考えるべきであろう。そのことを見とおした子育てが求められなくてはならないのである。

〈引用・参考文献〉

P. アリエス（杉山光信・杉山恵美子訳）『＜子供＞の誕生——アンシャン・レジーム期の子供と家族生活』みすず書房，1980

R. バーン（小山高正・伊藤紀子訳）『考えるサル——知能の進化論』大月書店，1998

長崎勤・古澤頼雄・藤田継道編著『臨床発達心理学概論——発達支援の理論と実際』ミネルヴァ書房，2002

牟田和恵『戦略としての家族——近代日本の国民国家形成と女性』新曜社，1996

小川秀司『たちまわるサル——チベットモンキーの社会的知能』京都大学学術出版会，1999

Silverberg, J. & Gray, J. P. (Eds.) *Aggression and peacefulness in humans and other primates*. New York: Oxford University Press, 1992

Chapter 2

乳幼児と養育者

知性の身体化と養育者の役割

1 はじめに

　本章は，日常の乳幼児と養育者との生活に見られる現象を2つを挙げて，そこに含まれる乳幼児期の発達を理解する重要な概念を述べる。1つの現象は乳児と養育者の「原初的会話」で，もう1つは乳児と養育者の「注視（注意）の共有化」である。この2つの現象を通して，乳幼児期の発達における重要な概念である(1) 身体の精神化，(2) 発達の足場作りあるいは養育者による意識の貸し付け(3) 間主観性，と (4) ヴィゴツキーの「発達の最近接領域（ZPD）」を取りあげる。まずは生後2カ月頃の乳児と養育者の原初的会話を取り上げる。

2 原初的会話

　生後2カ月未満の赤ちゃん（Y）が機嫌良く声を出している。そばにいた養育者が仕事を置いて至近距離まで近づいて相手をする。ごく平凡な風景だ。

表 2-1 ■ 2カ月児と養育者の会話

記号	発　話（発　声）	養育者の方向付け
C1	養育者：おお、何がしゃべってみてごらん。Yちゃん。	〈提案、促し、期待〉
Y1	Y：（クーイング）	
C2	養育者：おお、じょうずじょうず。(笑い) もう一つ。	〈賞賛、強化、情動〉
Y2	Y：（またクーイング）	
C3	養育者：おお、じょうずじょうず。もう一つ。	〈賞賛、強化〉
Y3	Y：（クーイング）	
C4	養育者：わかった、わかった。(笑い)	〈強化、情動〉
Y4	Y：（クーイング）	
C5	養育者：はい、もうひとこと、もうひとこと。	〈期待、促し〉
Y5	Y：（クーイング）	

次ページにつづく→

C6	養育者：おお、おお、おお、おお。		〈賞賛、情動〉
Y6	Y：….（しゃっくり）		
C7	養育者：はい、もうひとこと。ん？		〈賞賛、促し〉
Y7	Y：（クーイング）		
C8	養育者：あー、あー、それからどうしました。		〈賞賛、物語〉
Y8	Y：（クーイング）		
C9	養育者：おお、そう！。それから、それからどうしたの？		〈期待、物語〉
Y9	Y：（クーイング）		
C10	養育者：おーお、そうなの（笑い）。そしてどうしたの、ん？		〈強化、情動〉
Y10	Y：（クーイング）		
C11	養育者：おーお、おーお。そう。		〈賞賛、強化〉
Y11	Y：（クーイング）（しゃっくり）（ぐずるときの喉頭破裂音）		
C12	養育者：もういやになったの？ん？		〈情動の知覚〉
Y12	Y：….		
C13	養育者：じゃ、おわりにしようね。はい、はい。		

　このごくありふれたできごとのなかに，乳幼児の発達に関する2つの重要な側面を理解させてくれる材料が含まれている。1つは乳幼児の発達における精神・知性の身体化の側面，もう1つは乳幼児発達における養育者の役割に関するものである。

3　精神・知性の身体化

　赤ちゃんが生まれたときに，身体があり，生命維持のための身体機能（例えば呼吸，摂食，排泄など）および簡単な反応（例えば幾つかの反射，外界の刺激に対する感覚，知覚）がすでに機能している。しかし新生児の身体や身体機能には，まだより高次な知性が宿っていない。養育者との相互交渉と感情的的交流を通して，赤ちゃんは文字通りの母語及び養育者の表情，声のトーン，視線，ジェスチャーを理解し始め，自らこれらを使おうとし，つまり身体が精神を帯びてくる，すなわち精神・知性の身体化である。

*クーイング（cooing）乳児が気嫌のいい時発する音声。はっきりとした「子音─母音」のように音節の構造を持っていない非叫喚音。

　上の2カ月の乳児のクーイング*とさらに数カ月後の喃語(なんご)や12カ月過ぎの言語的発声を比べてみよう。生後2～3カ月までの乳児の発声を，6～7カ月時の基準喃語の発声やのちの発声を比べ，まず気がつくのは前者の音声の不安定さである。クーイングの発声としての不安定性は，赤ちゃんの「首の座り」（姿勢）の制御や発声器官（舌，唇など）の制御の未熟のために，発声する間の一定程度の持続の間，声道を筒状に維持できないことと関連する。生後6～7カ月になると運動能力の発達や繰り返しの練習の結果として，これらの制御は一段と成熟し，複数個の「子音─母音」の組み合わせ（例えば，baba, mama, dadaなど）を可

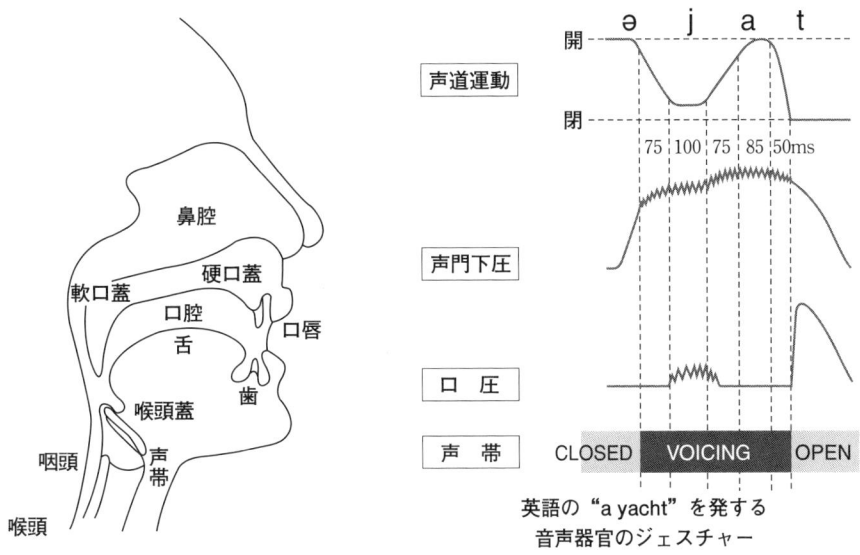

＊小嶋祥三「声からことばへ」桐谷滋編『ことばの獲得』ミネルヴァ書房，1999，p.4，およびJ. M. Picket：*The sounds of speech communication*. Allyn AND Bacon, 1980, p.114より改変。

＊図2-1 ■ 音声器官と動的ジェスチャー

能にする。さらにこれらの音声の組み合わせの種類が増え流暢に，的確に発声され，外界の対象物や事象と結びつき，言語となる。このように，最初に意味がほとんどない不安定な発声が，養育者とのやりとりを通して意味を表し，意味を理解する精神・知性が帯びる道具となる過程を「精神・知性の身体化」と呼びたい。

発声は声帯，喉，舌，歯，唇，軟（硬）口蓋などの音声器官（図2-1）が構成する動的ジェスチャーとして捉えることができる。2～3カ月時のクーイングから喃語，さらに後の成熟した構音への発達的変化には，最初の不定形のジェスチャーが分化して精緻になる過程がみられる。成熟した言語音声の構音とは，分化した音声器官が時間軸上に高い精度でジェスチャーを構成することである。つまり，構音の発達は身体（音声器官）の分節化，言い換えれば精神化である。このような身体の精神化を可能にするための養育者の導きと助けの役割は大である。

4 養育者の役割：発達の足場作り

乳幼児の発達において養育者の世話や愛情が重要な役割を持つことは誰にもわかる。しかし，乳幼児のこころ・精神の発達のためには，世話や保護を提供することを遙かに越える養育者の役割がある。乳幼児の心の発達は上に述べた身体や身体機能の発達以外に，こころが機能する枠組み，あるいは心を構成する文脈が必要である。これはあたかも養育者が乳幼児の周りに足場を組み，子どもがこれらを足がかりとして，より高次な精神状態へ進んでいけるような状況である。ヒトの乳児が生後十数カ月で他の霊長類が持っていない特徴，例えば視線の共有や指差しを注意の共有の手段として理解し利用できることは，人間の養育者のこのような育て方に由来する（Butterworth, 2001）。

上の2カ月児と養育者との「対話」における養育者の発話を少し詳しく分析すれば次の幾つかの特徴がみられる。

　① **相手の意図状態を想定する。**「対話」の最初に，養育者がYに提案しYの発声を促した（C1）。養育者のこの促しはYの状態や能力に関する期待に基づく。この例でみられる養育者の発言のほとんどについて同じことが言える。つまり，人間の養育者が子どもに接するときほとんどつねに子どもの意図状態（信念，欲望）を無意識の内に探り，対応するのである。養育者の想定や期待は子どもとの日々の生活に根ざしており思いこみではないことは言うまでもない。上の例において，このような想定はさらに養育者の発話で強化されたと言える。というのは，養育者の提案（期待）に対して，Yが図らずもクーイングをした（Y1）。無論，Yは養育者の提案に対して答えたとは言えない。少なくとも，Yにそのような意識があるとは断言できない。しかし，Yと「対話」をしようとしている養育者にとって，そしてYの後の発達にとって，「あたかもそうであるかのように」やりとりが展開されることが大きな意味を持つ。この点は後にもう一度取り上げる。

　② **価値観の提示（評価）。**おそらく養育者の期待に答えようという意図と無関係なYのクーイングに対して，養育者が賞賛（あるいはその振り）をする（C2，C3）。これは子どもの「努力」をなるべくほめるという多くの人間社会の価値観，特に現代の日本社会に見られる子育て観の表れと言える。

　③ **対話の原型である「応答」もしくは「かわりばんこ」を示す。**この例に見られるやりとりはほとんど一問一答という形式になっている。この形式は多くの初期の相互交渉やコミュニケーションの研究者が強調する対話の原型である。

　④ **物語風の展開。**Yの最後のクーイング以外，明らかな「意味」や「意図」があるとは言い難いが，養育者はそれらの発声を物語があると理解し，もしくはその振り（C4，C9，C11）をし，Yの発声を物語りがあるかのようにその継続・展開を促す。特に，質問調で「それから？」，「それからどうしたの？」と聞き，そして「おーお，そう！」，「おーお，そーなの」などでYの発声を物語の説明として理解し受け止める，あるいは受け止める振りをする（C8，C9，C10，C11）。

5　養育者の「意識の貸し付け」による発達

　このように，養育者は子どもとの相互交渉のなかに自分の意図や欲望を投射する。一見意図も方向性もない一連の子どもの行動に，特定の意図や価値を付与し物語で語られるような形式（枠組み）を与える。クーイングや初期の発声のような，おそらく意図・意識もない，体系化されていない乳幼児の行動は，養育者の意識の貸し付けによって，意図・意識を持つようになり体系化されていく。言い換えれば，養育者のこれらの枠組みの意識の借用を足がかりにして子どもは発達する。養育者が子どもとの暮らしの中に子どもの精神機能を形作り高めていくの

は,養育者と子どもが所属する社会が共有する文化的道具である。もとより養育者が子どもに与えたこのような足場（養育者の意図,欲望,価値や枠組み）は,養育者を育てた社会・文化から「借りた」ものである。子どもとの相互交渉を通して,養育者は子どもがこれから暮らしていく社会が共有している文化を次世代に伝承していく姿（足場）でもある。一方,上の例においては見られなかったが,このような乳幼児への文化の伝承は,保守的で単純な受け売りの行為ではない。乳幼児と養育者にまつわり変化する環境や事物から,養育者が常に新しい要素を取り入れ乳幼児と関わっていく中で,新しい文化をも創り出すのである。

　意識の貸与と関連する別の例を挙げて見よう。小さい子どもは鼻をかむことがなかなかできない。養育者に「『ふーん』してごらん」と促されてもただ相手を見る,あるいは「ふーん」と口で言って,いっこうに鼻をかむことができない。しかし"養育者や大人が息を鼻から集中して出す実演"と「ふーんしてごらん」という言語的教示は,子どもの意識をあるところに集中させる効果がある。やがて,養育者や大人の意識の貸与によって,子どもは自分の身体と意識の連結を見つけ自ら鼻をかむことができるようになる。

　乳児に向ける行動と言葉による養育者の意識の貸与は,子どもの意識や注意をある特定なところへ導くことでもある。上の「原初的対話」の例において,意識の貸与の効果は決して顕著ではない。次に述べる共同注視の発達を通して,乳幼児が養育者の注視の方向の背後にある養育者のこころ・意識を意識するようになり,養育者の言葉や行動によって注意の共有が可能になる。上の「対話」にもみられる養育者の賞賛（C2,C3）や情動の表出（C2,C4,C10）は,子どもの意識をある特定なところに維持する機能があり,言葉が子どもにとって賞賛の意味を持つとき,賞賛の意識貸与,注意の共有の効果はいっそう高まる。乳児は養育者の言葉の内容を理解できないが,表出された情動を相手の意図と態度として直接的に知覚することができる。

6　間主観性

　上の「対話」はなぜ可能か。これに答えそして新生児・乳児の心性を理解するために,研究者は「間主観性」という概念を提唱している。「間主観性」と言う概念は,トレヴァーセン（C. Trevarthen）という乳幼児と養育者のコミュニケーションを研究している発達心理学者によって出された。

　表2−1では音声の文字化のみで十分に表現しきれなかったが,実際の会話の場面においては,乳児と養育者が音声のみならず,表情やジェスチャーでもやりとりを行った。このような相互交渉の中で,養育者と乳児は互いの主観的状態（情動や態度）を知覚し共有する。言い換えれば,養育者と乳児のこころが出会っている。このような「意識する意図を持つ主体が互いの心的状態に合わせ対応

すること」を「間主観性」とトレヴァーセンは定義した（Trevarthen, 1977）。

トレヴァーセンによれば，間主観性は生後1年目において，「一次的間主観性」から「二次的間主観性」へと発達する。前者は最も初期の新生児・乳児と養育者との直感的なこころの交流をする感性であり，後者は生後7～8ヵ月頃における乳児が環境の中の対象物に関わって養育者とのやりとりが可能になるような感性とした（Trevarthen & Hubley, 1978）。

7 共同注視（注意）の発達

養育者は子どもの顔を見る。子どもも養育者の顔を見る。互いに目を見る，見たい。養育者は特に子どもの顔（目）を見たい。養育者には子どもの機嫌や覚醒状態をチェックしたり，自分の方にを注目しているかどうかを確認するという強い欲望・動機がある。この強い動機にはたぶん生物学的基礎があると思われるが，同時に文化の産物でもある。相互交渉を通してこの動機は子どもの方にも移され伝染される。生後11ヵ月頃に，乳児は養育者の視線の方向を手がかりにして養育者が見つめている対象物や事象に注目することができるようになる。このように相手の視線を手がかりに相手と同じ対象物や事象に注視することを「共同注視」と呼ぶ（麻生，2002；Scaife & Bruner, 1975；Butterworth, 2001）。

共同注視における視線の手がかりが後に言語に変わり，言葉を手がかりにして相手と同一の事物に関して注意を共有することができるようになる。これは「共

表2-2 ■乳幼児期における共同注意発達の段階

発達段階	開始月（週）齢	特　徴*
共有された注意の高まり	出生時	乳児の覚醒，大人の夢中ぶり
相手への献身的関与	6～8週	対面交渉時の情動的交流
三者関係	9～10週	両親と乳児
三者間注視共有の始まり	3～4ヵ月	養育者と乳児と対象事物
物との関わり	5～6ヵ月	物に対する乳児の興味と手で操作する技能，物の探索に対する大人のサポート
注意の共有	9～10ヵ月	乳児の指さしと社会的参照，物を要求・言及するルーチン
基準的指さし	11ヵ月	指さしながら人を見る
注意共有しっかりなる	13ヵ月	幼児の初語，物やシンボルに向けた持続的，変化のある様式
シンボルの出現	18ヵ月	幼児が脱文脈化された単語とシンボルを産出し，不在の事物への注意の共有

*特徴は欧米社会の中流文化を背景に持つ対象者に見られる典型例である。

同注意」である。共同注意（注視）は乳幼児の後の認知発達，語彙の獲得やコミュニケーション能力の発達の重要な基礎である。

では，共同注視（注意）はどのように発達するのか。上の例に倣って，(1) 乳児の身体の身体技能の制御の発達の側面（主に姿勢の制御の発達）と (2) 養育者の役割の側面（主に意識の貸し付け）という2つの視点から取り上げる。その前に，乳幼児期の共同注視（注意）の大まかな発達的順序を述べておく。

バタワースとアダムソンら（Butterworth, 2001；Adamson & McArthur, 1995）によれば，乳児と養育者の間の共同注視（注意）の発達の過程において，表2-2が示す幾つかの段階が見られる。

8 個人の能力としての共同注視の発達

乳児が養育者の視線を追随するという一見単純な行動を実証的に示しその重要性を指摘したのはScaife & Brunerによる1975年の論文であった（Scaife & Bruner,1975）。この論文をきっかけとして，数多くの研究がなされてきた。特に生後数カ月から18カ月までに，この現象を実験室で系統的に研究しその発達のメカニズムを明らかにしようとしたのはイギリスの発達心理学者のバタワース(G. Butterworth)であった。以下は彼の研究の概略である（Butterworth, 2001）。

バタワースによれば，最初の段階は生後6カ月頃に見られる。実験室にて，乳児と対面に座っている養育者の視線の移動が対象児の注視の方向の手掛かりになる。しかし，この段階の乳児は，養育者の視線の方向を正確に読みとることができず，養育者の注視対象と乳児の間に他のより目立った対象物があれば，乳児はそちらを注視してしまうことが多い。この時期の注視の共有は生態学的メカニズムによるものとバタワースは考える。

生後12カ月頃，新しいメカニズム（幾何学的メカニズム）の出現によって，養育者の視線の方向や指さしの方向は，左か右かという大まかな方向だけではなく，より正確な対象の位置を示す手掛かりとして乳児に読み取られる。養育者がターゲットにした対象物が目立たなくても，乳児は正しく注視することができるので，幾何学的メカニズムはこれまでの生態学的メカニズムより発達していると言える。

共同注視が共同注意へ発達する最後のメカニズムは生後18カ月頃に見られる象徴的メカニズムである。それまで乳児が手掛かりにするのは養育者の視線の方向であったため，乳児の後ろにある乳児の視野を越えた対象への視線や指さしに対して，乳児は約40度位振り向くが対象を見つけられず，探すのを放棄する。18カ月頃になると，乳児は見えない場所にある対象に対しても，養育者の視線の手掛かりで探し出し注視をすることができる。

9　共同で達成する共同注視

　大方の研究者によれば，乳児の共同注視の能力がある程度はっきり認められるのは生後12～3カ月ころである。つまり，この時期になれば，乳幼児が養育者や他者の視線の方向を手掛かりにして，その人が注視している事物に自分も視線を合わせることができる。本格的な共同注視（注意）状態の達成には，養育者と乳児がほうぼう同時に注意を高めることができることから（18ページの表2－2の「共有された注意の高まり」），呼ばれたら乳児が養育者の目線に合わせること，そして，乳児が自ら養育者の顔（目）を見る，さらに養育者の目線の方向に視線を向けることが必要である。

　乳児がこれらの行動をするためには，自らの姿勢制御が不可欠であるが，生後数カ月までは，養育者が乳幼児の能力を補う役割を担う。言い換えれば，日常生活において，生後6～7カ月までの養育者と乳児の共同注視状態は，主に養育者が乳児の姿勢制御の未熟さを補う形で達成される。さらに，12カ月を過ぎると，幼児がかなり自ら姿勢を制御し養育者に注意するため，共同注視（注意）の達成における養育者の負担が相対的に減り，養育者が工夫することの内容も変化する。

　共同注視という状態は養育者と乳児で構成する相互交渉のシステムの状態である。子どもの未熟さによって現れたこの相互交渉システムの課題を，生後1年半の間に主に養育者によってその解決が図られる。共同注視（注意）の達成に養育者と子どもが乗り越えなければならない課題は（1）子どもの姿勢制御の未熟さによる「空間的束縛」と（2）子どもの記憶と象徴能力の未熟さによる「時空間的束縛」に分けられる。以下はこの2つの束縛を越える課題を説明する。

10　姿勢制御と注意の共有

　新生児は無力な存在とよく言われ，特に運動能力や姿勢の制御の点においてその無力さは顕著である。そのため，最初の数週間において赤ちゃんは「あおむけ」（仰臥位あるいは背臥位）にされることが多い。この時期に抱かれるときいわゆる横抱きが主である。生後2～3カ月経って，ようやく首がすわる。養育者が両脇を支えて膝の上に座らせる，あるいは赤ちゃんの周りにクッションか何かで支えて座らせることができるのは4～5カ月である。1人で床やイスの上に座ることができるのは生後6カ月以後である。

　生後半年くらいの間のこれらの姿勢制御能力の制限が赤ちゃんの注視（注意）できる範囲を大幅に限定する。そのため，あるいは「にもかかわらず」，養育者はさまざまな方法を用いて，乳児の顔（目）を見る，あるいは乳児が自分の方を見るようにさせる。例えば，養育者が仰向けにされている乳児の真上から覗き込むように，乳児の視線の中に入る。あるいは支えられて座っている乳児と同じ高

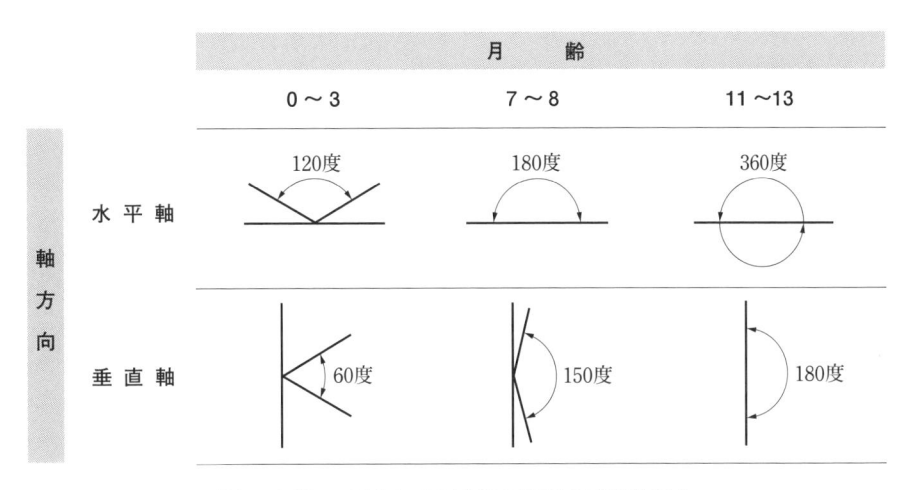

	月齢		
軸方向	0〜3	7〜8	11〜13
水平軸	120度	180度	360度
垂直軸	60度	150度	180度

図2-2 ■12カ月までの乳児の視界の発達的変化

さに養育者がしゃがみ，真っ正面から乳児の顔を見る。物の提示の場合も同様に，乳児の視線に入るように物を見せ，音を出しながら提示する。

　姿勢制御ができないために生じた「空間的束縛」を養育者が積極的に乗り越え解決することによって，生後半年位までの乳児とある程度の注視（注意）の共有が可能になる。

　乳児の姿勢の制御と身体運動の発達に対応して，生後12カ月までの乳児の垂直軸と水平軸の視野の大まかな変化を図2-2で示す。

11　時間的束縛と注意の共有

　本格的な注意の共有は，「今，ここで，見える」対象の限定を越えて，「過去，将来，見えない」対象に対する注意の共有である。例えば，子どもの顔（目）を見なくても，養育者が「あの猫，可愛かったね」と言えば，子どもが養育者の意図した意味を理解しその対象を思い出し，同時に「可愛かったね」と言えるときの養育者と子どもとの間の注意の共有状態である。この状態は，先の注視の共有より，さらに「時間・空間的束縛」を乗り越える必要がある。その場にない相手の意図する対象に注意を向けるため，言及された事物を思い出す記憶能力と不在の物や事物を再び現出する象徴能力が必要である。「今・現在」という境界を越えなければ，注意の共有は「共同注視」に限定される。「今・現在」という境界を越えれば，両者の注意は過去，将来に向けて自由に向けられ，真の注意の共有になる。

12　共同注視（注意）の発達における養育者の意識の貸し付け

　仰向けに寝かされている乳児にとって，意識の限界は目の前に展開される限られた視界である。時たまに現れる養育者の顔や提示される物に，乳児は注視する。

この時期において，養育者の顔や物を注視するには，養育者の努力が必要であり，見えない物はあたかも存在しない。生後6～7カ月ころに1人で座れるようになれば，乳児の視界は大きく拡大し，乳児の周りのさまざまな位置から養育者の顔や対象物をより自由に注視することができるようになり，養育者の発話や音声の提示によって乳児の注意を引くこともできる。12カ月を過ぎれば，ほとんどの子どもが歩き始め，子どもの視界にはもはや限界がない。空間的束縛を乗り越えた養育者と子どもの相互交渉システムは，「今，ここで，見える」世界を越えて「過去と将来そして見えない世界」へ向かう。言語の理解と想記によって養育者と子どもは互いの意識の中の事物に注意を共有することができるようになる。

　子どもはより有能な養育者の行動や言語による意識を養育者とのやりとりを通して，いわば「借りて」，子どもの所属の文化から活動するための道具を獲得し，これらの道具を用いてさらにより高い発達の域に到達する。共同注視はやがて共同注意に拡大され，養育者と子どもの共有できる意識は彼らの所属の文化のあらゆる物に及ぶ。この養育者が子どもをより高い発達の域に到達させる過程について，ヴィゴツキーの発達の最近接領域という概念が知られている。

13　ヴィゴツキーの「発達の最近接領域（ZPD）」概念

　ソビエトの心理学者ヴィゴツキー（L. S. Vygotsky, 1896-1934）によれば，乳幼児期の精神機能はまず養育者と乳児との間で行われる相互交渉という文脈の中で機能し，のちに乳児が1人でできるようになる。発達は一連の養育者の足場作りを足がかりにして成し遂げられるのである。一定の時期において，子どもが1人でできることの到達度をAという領域とすれば，養育者，教師や同年齢の子どもと共同でできる到達度はAより高いBとなる。発達は養育者と子どもの間の相互交渉あるいは折衝によって，援助されるときの高い到達度と援助のない1人で成し遂げる低い到達度との間の差である「発達の最近接領域（zone of proximal development）」の一連の引き上げである。

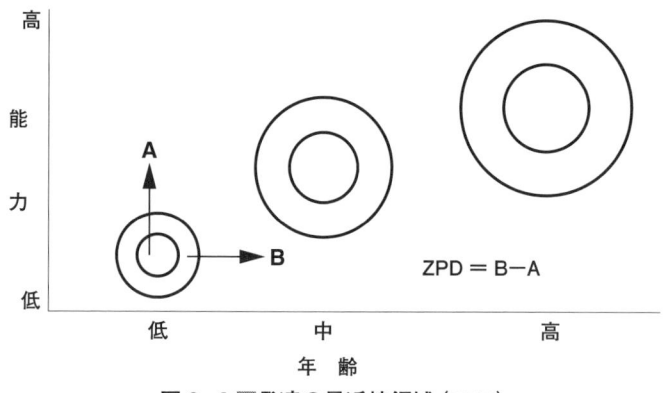

図 2-3 ■発達の最近接領域（ZPD）

上に挙げられた原初的会話と共同注視の例において，子どもがある時点で到達できる水準は，養育者の行動的・言語的導きや方向づけという援助によって，特定の方向と水準へ引き上げられる。言語として子音−母音の構音さえ安定していないクーイング発声が養育者の情動に伴う言語的・行動的「枠づけ」によって，いかにも意味のある会話的やりとりとして聞こえる。発達の初期において，このようなエピソードは日常的に繰り返される中で，子どもの発声，構音はつねにより高い水準へ向け，向かわせられ，喃語期を経て初語を発し，1語文，2語文を発するようになる。

　最初の2〜3カ月において，仰臥姿勢のためかなり限定された視野に養育者の顔や物が持ち込まれ示される。首が座り視野が拡大され，共同注視を達成するため，養育者がしなければならない行動の調整は前より変わり，養育者は時間的・空間的に拡大しつつある乳児との共同の経験をより複雑な言語で表現する。子どもとの注視（注意）の共有がより大きな自由度で達成可能になる。

　これらの例で見られる養育者と子どもの発達の最近接領域の引き上げにおいて，子どもにとって，情動を伴う養育者の行動や発話は，従事している（させられている）活動に必要な意識を貸し付ける効果がある。このような意識の貸与によって，子どもは自分の所属の文化を獲得し発達するのである。

〈参考文献〉

Adamson, L., & McArthur, D. Joint attention, affect, and culture. In Chris Moor & Philip J. Dunham (Eds.), *Joint attention: Its orgins and role in development*. Hillsdale: LEA. Pp.189-204, 1995.

麻生　武『乳幼児の心理−コミュニケーションと自我の発達』サイエンス社，2002

Bakeman, R., & Adamson, L. Coordinating attention to people and objects in mother-infant and peer-infant interaction. *Child Development, 55*, 1278-1289, 1984.

Butterworth, G. Joint visual attention in infancy. In Gavin Bremner & Alan Fogel (Eds.), *Blackwell handbook of infant development*. Oxford: Blackwell Publishers, 2001.

Scaife, M. & Bruner, J. S. The capacity for joint attention for the infant. *Nature, 253*, 265-266, 1975.

L. S. ヴィゴツキー（柴田義松訳）『精神発達の理論』明治図書，1970

Trevarthen, C. Descriptive analyses of infnat communicative behaviour. In H. R. Schaffer (Ed.), *Studies in mother-infant interaction*. London: Academic Press, 1977.

Trevarthen, C., & Hubley, P. Secondary intersubjectivity: Confidence, confiders and acts of meaning in the first year. In A. Lock (Ed.), *Action, gesture and symbol*. New York: Academic Press, 1978.

第3章 Chapter 3

養育者との出会い
愛着の形成と展開

1 愛着理論

　20世紀後半に発達心理学に最も影響を与えた理論の1つとしてJ. ボゥルビーの愛着行動制御理論（以下，愛着理論と略す）が挙げられる（Bowlby, 1969）。愛着とは特定の人物に対して抱く愛情的絆のことであり，愛着を向けられる人物は愛着対象と呼ばれる。愛着の存在は愛着行動により示され，具体的には，愛着対象を目で追ったり，耳で確かめたりする定位行動，自分の方に愛着対象を引き寄せるための信号行動（泣き，微笑，喃語など），自らが愛着対象の方に接近し，それを維持するための行動（しがみつく，這う，後を追う，探し求めるなど）が愛着行動である。愛着行動は捕食者からの防御という種の保存に役立つ重要な機能をもつため，進化の過程において獲得された本能行動であると考えられている。

　愛着対象となるのは通常，主たる養育者である母親であるが，父親や祖父母，保育者が対象となる場合もあるし，時にはぼろぼろの毛布などに対して愛着が向けられることもある。乳児にとって愛着対象は安全基地としての機能をもち，愛着対象がいることで安心して知らない場所でも活発に探索活動を行うことができる。また不安を感じた時や体調が悪い時は，愛着対象へ接近し，安心感を得ようとする。このように乳児の愛着システムは愛着対象への身体的近接と心理的有用性をモニターし，その対象へ向けた愛着行動の賦活や制御をしているのである。

　彼が愛着理論を展開する契機となったのは，WHOの要請を受けて施設に収容された子どもたちの研究をしたことであった。そこで彼は，「子どもたちの精神衛生に最も重要なのは乳幼児が母親と暖かい親密な関係を継続し，その中で満足感と喜びを味わうことである」ことを確信したのである。そしてそれに対する理論的裏づけとして，当時注目を浴びていた比較行動学における知見や制御理論の考え方を彼が依拠する精神分析的枠組みの中に統合し，本理論が構築され

J. ボゥルビー

たのである。愛着理論は現在では親子関係のみならず，友人あるいは恋愛対象などを含む幅広い対人関係にまで適用されるほど大きな影響力をもつグランドセオリーとなっている。

2　二次的動因説に対する反証

　ボゥルビーの愛着理論が提唱されるまで，乳児が母親に対して形成する強い結びつきは主に二次的動因説により説明されていた。すなわち，母親が乳児の生理的欲求を充足するがゆえに，乳児は母親に対して愛着を形成すると考えられていたのである。しかし，この説に対して大きな疑問を投げかけることになったのは，次に述べる比較行動学やサルを用いた実験からの知見であった。ボゥルビーはこれらの発見に大きな影響を受けたのである。

[1] 比較行動学的アプローチ

　二次的動因説に対して最初に疑問を呈したのは，比較行動学者K. ローレンツの刻印づけ（インプリンティング）の研究である（Lorenz, 1935）。刻印づけとは，成熟した状態で誕生する鳥類（カモ，アヒルなど）が，孵化直後に目にした動く対象に対して，たとえそれが親でなくとも接近や追随反応などの社会的行動を形成することである。二次的動因説では，愛着の形成には食べ物などの報酬が母親から子どもに対して与えられることが必要であった。しかし，刻印づけでは，報酬がなくとも愛着行動の1つである追随反応が形成されるのである。しかも最初に刻印づけされた対象に対しては強い不可逆性があり，さらに成体になった時の行動パターン（例えば，配偶者選択）にも影響を与えるということが見出された。

　また刻印づけの現象からは初期経験の重要性も指摘された。刻印づけの形成に

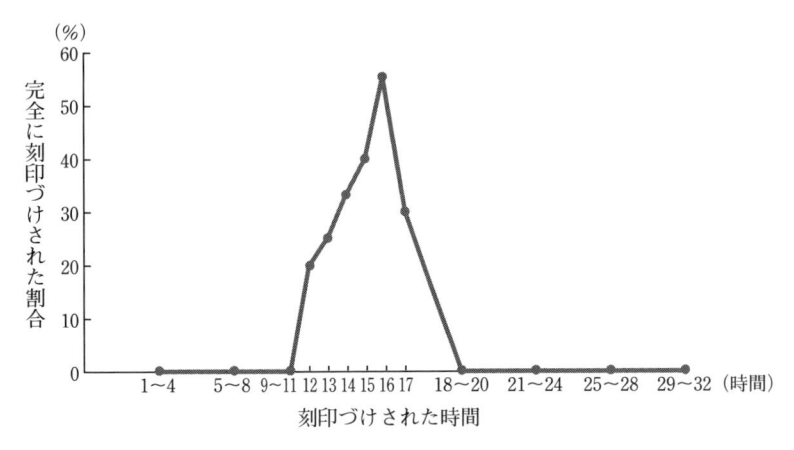

図 3-1 ■刻印づけの敏感期（Hess, 1973）

資料）川上清文他著『図説・乳幼児発達心理学』同文書院，1990, p.52

は敏感期が存在し，生後まもなくのある一定期間を逃すともはや反応を形成することが困難であることが明らかにされたからである（図3−1）。人間は鳥類に比べると成熟に時間を要するため，鳥類のように短期間ではないかもしれないが，それでも母子の愛着の形成にはある程度の敏感期が存在すると現在考えられている。

［2］サルを用いた実験的アプローチ

二次的動因説に対するもう1つの反証として挙げられるのは，H. F.ハーロウらが行なったアカゲザルについての一連の実験結果である。彼らは誕生直後に母ザルから子ザルを分離し，針金で作られた代理母やわらかい布をまきつけた代理母と一緒に飼育する実験を行なった（Harlow & Zimmermann, 1959）。その際，食べ物と快適な接触のどちらが愛着の形成にとってより重要であるかを調べるため，半数の子ザルには針金製の母親に備え付けられた哺乳ビンから授乳し，残りの半数には布製の母親に備え付けられた哺乳ビンから授乳した。このようにして1日のうち各々の代理母親と過ごした時間を測定すると，どちらの代理母親から授乳されようとも，小ザルは布製の母親の上で大部分の時間を過ごしていた（図3−2）。どちらの子ザルも1日の内，平均15時間もの間布製の母親にしがみついて過ごし，針金製の母親と1〜2時間以上過ごす子ザルは一匹もいなかったのである。また，小ザルに恐怖刺激を提示すると，どちらの代理母から授乳されていようとも，子ザルは布製の母親のもとに走って行ってしがみつき，恐怖感を静めようとした（図3−3）。これらの結果は，子ザルの愛着形成に重要なのは空腹の満足という報酬ではなく，快適な肌触りや暖かさであるということを物語っている。

図3−2 ■ 子ザルが布製代理母と針金製代理母とともに費やした滞在時間（Harlow & Zimmermann, 1959）

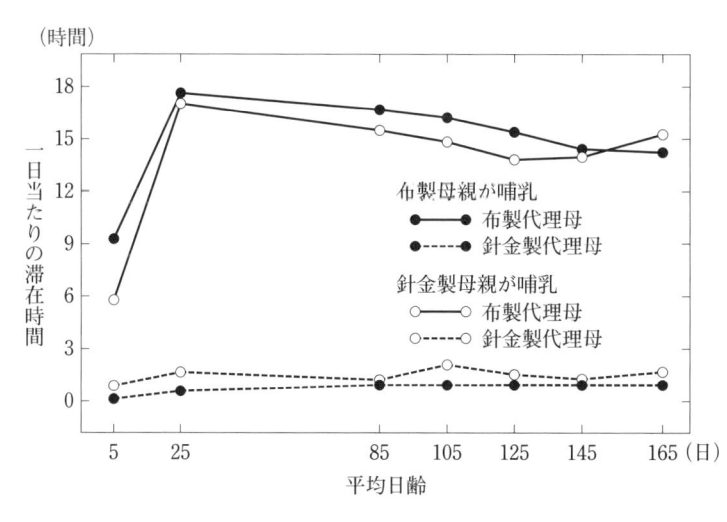

図3−3 ■ 赤毛ザルによる隔離効果の実験（Harlow & Zimmermann, 1959）

また，ハーロウらは母性剥奪の影響を調べるために，アカゲザルを社会的に隔離して育てるという実験も行なっている（Harlow & Harlow, 1970）。その結果，生後6カ月間以上隔離して育てられた子ザルは，その後仲間の中に入れられても社会的関係をもつことができず，また子どもを産んだとしても育てることができなかった。このように子ザルが母親に対して愛着をもつことは，仲間との社会的関係を形成する上できわめて重要であり，それはまた異性との愛情関係を形成し，子育てをするための土台ともなるのである。

3 愛着を形成するための生得的基盤

近年，乳児は他者と関わるための知覚的および社会的能力を生得的に備えているということが，科学的機器や方法上の進歩により明らかになってきた。また，養育者も乳児に対しては特別な方法で働きかけるということが知られている。以下において，愛着を形成するための土台となるこれらの乳児の特徴や能力について述べる。

［1］乳児の形態的特徴

私たちは乳児を見ると通常かわいいと感じ，思わず微笑みかけ，声をかけてしまう。乳児がこのように他者から本能的ともいえる養育行動を引き出すことができるのは，その特徴的な形態としぐさのためである。ローレンツによると，身体に比べて大きな頭，額の大きな丸い顔，低い位置にある大きくて丸い眼，ふっくらとした頬，小さくて目立たない鼻と口，短くて太い四肢，ぎこちない動作などの乳児の特徴は母性本能にとってのサイン刺激となるのである（図3-4）。このような特徴はほとんどすべての動物の赤ちゃんの特徴であり，これらの特徴をもつことで，まわりの動物の攻撃行動を抑制し，養育行動を引き起こすことができるのである。

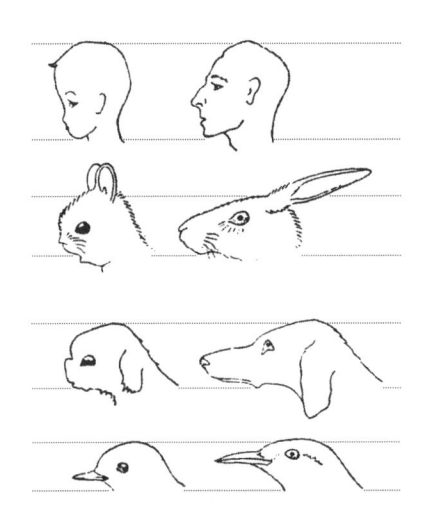

図3-4■赤ちゃんと大人の形態特徴の比較

資料）ティンバーゲン著，永野為武訳『本能の研究』三共出版，1975, p.207

［2］知覚能力

乳児は，どのようなものに対しても同じように注意を向けるわけではない。ある特徴をもった刺激をより好み，それに対してより多くの注意を向ける。例えば，視覚刺激を対にして提示して，各々に対する注視時間を測定してみると，新生児は単純な図形よりも複雑な図形を好み，特に顔の図形を好んで最も長く注視する（図3-5）。新生児はまだ眼の水晶体をうまく調節することができないため，約20cmの距離にあるものがもっともよく見える。これは母親に抱かれた時に，ちょ

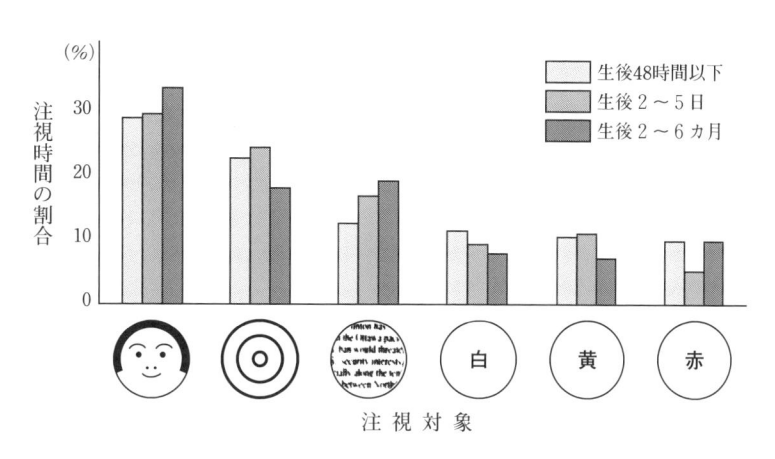

図 3-5 ■図形パターンに対する乳児の好み (Fantz, 1961)
資料）藤崎真知代他著『保育のための発達心理学』新曜社, 1998, p.106

うど母親の顔がくる距離である。したがって，新生児にとってはちょうど自分の好きな図形パターンである人の顔（母親の顔）がよく見えることになり，母親の顔を学習するには好都合となる。

また聴覚的に，新生児は音の高さや強さ，音色などの違いを弁別し，より高い音域の音を好むということがわかっている。大人や子どもはそのことを特別意識しているわけではないが，乳児に話しかける時には自然に通常の話し方よりもより高い，抑揚のある声で話しかけ，結果的に子どもの注意を自分の方に引き付けている。このような子どもへの話しかけは母親語（マザーリース）といわれ，さまざまな言語文化圏において観察されている。さらに乳児は，他の女性の声より母親の声に選択的に耳を傾ける。乳児が音のする方を見るという視覚と聴覚の生得的協応能力をもっているということとあわせて考えると，このことは母親の外見的特徴を容易に学習することにつながるであろう。

嗅覚的には，新生児は生後6日以内に自分の母親の匂いを識別できるようになる（MacFarlane, 1975）。頭の一方に母親の母乳を染み込ませたパッドを置き，反対側に別の母親の母乳を染み込ませたパッドを置くと，新生児は自分の母親の匂いの方を好んだのである。

以上述べたように生まれて間もない乳児でさえも与えられた刺激を平等に取り込んでいるのではなく，能動的に刺激を選択し，母親へより多くの注意を向けるような巧妙な仕組みをいくつか備えている。これらの仕組みは乳児に母親についての学習を促すことで母親を確実に識別させ，母親に対しての愛着を形成する基礎となる。

[3] コミュニケーション能力

① 交替反応

コミュニケーションの基本は交替反応である。一方が話しているときに他方がそ

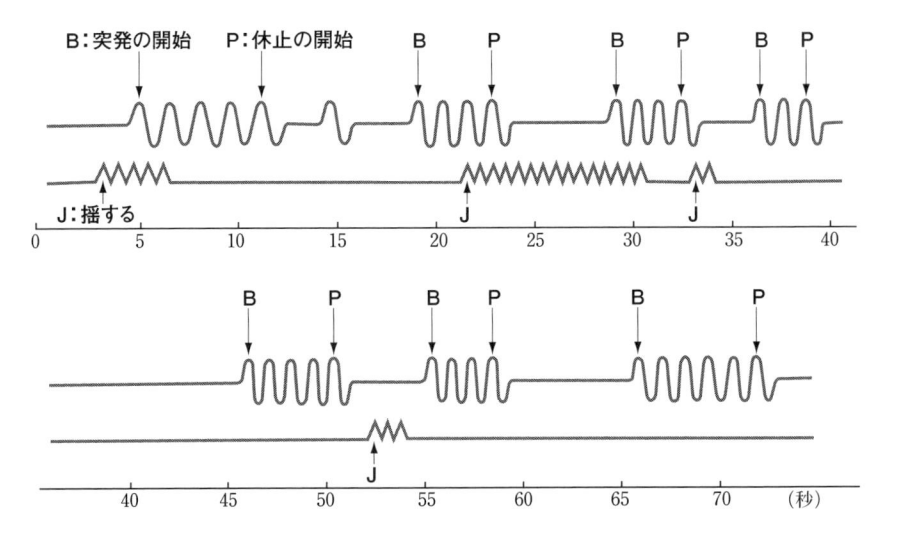

図 3-6 ■母親の揺する行為と突発的な吸啜の体制：生後 2 週間時における哺乳びん授乳の75秒間 (K. Kaye, 1982*)

＊鯨岡峻，他訳『親はどのようにして赤ちゃんをひとりの人間にするか』ミネルヴァ書房，1993

れを聞き，相手が話し終えてから話し始めるというように，互いに時間的に重複しないで交替でやりとりをしなければ会話は成立しない。実は，この交替反応と同じ時間的構造が新生児の母乳（ミルク）の飲み方と母親の働きかけの中にすでに見られるのである。母親は授乳する時，乳児が飲んでいる時には何もしないが，乳児が飲むのを止めると哺乳瓶を揺らしたり，乳児の身体を揺すったりして（母乳栄養の場合）乳児に働きかける。そして揺すり終えられると乳児は再び乳首を吸い始める。しばらくすると乳児はまた休み，母親は乳児を刺激する。このような交替反応が授乳場面では何度も繰り返されるのである（図 3-6）。また，たとえ飲み始めであっても揺すられると乳児は直ちに飲むのをやめる。あるいは通常より長い時間揺すられたとしても，やはり揺すられている間は乳首を吸おうとはしない。このようなことから，乳児の吸うという行動と母親の働きかけは互いに交替で生じるように，母親が働きかけている間は乳児の吸う行動は抑制されるように遺伝的に構成されていると考えられている。栄養摂取という点からは母乳を休まずに早く飲むほうが効率がよいにもかかわらず，哺乳動物の中で唯一，人間の乳児だけ休みながら母乳を飲む。つまり，唇によるコミュニケーションを栄養摂取よりも優先するようにプログラムされているのである。また，一度も乳児に授乳したことのない母親でさえも，乳児が休止している時に揺するという行動をとるため，母親の介入も本能的反応ではないかと考えられている。

② エントレインメント

私たちは会話をしている時，聞き手は無意識的に話し手の語りの調子やリズムに合わせてからだの動きや位置を変えている。このように互いの行動が時間的にかみ合って同期している相互作用はエントレインメント（引きこみ現象）とよば

れ，コミュニケーションを円滑に進行させるのに役立っている。新生児と母親のやりとりを細かく分析してみると，同様の現象が見られるということが明らかになっている（Condon & Sander, 1974）。養育者が話しかけると，新生児は話しかけられたことばの語，音節，音素の切れ目などに同期して頭や手足を動かし，また養育者もそれらの動きに応えるかのように同調して話しかけているのである。しかし，これらの反応は母音の連続や物理的に叩く音に対しては生じない。乳児はエントレインメントにより正確な情報は伝達できないが，母親の働きかけに対して無関心でいるのではなく，母親との会話に参加しているというメッセージを伝えることができるのである。

③ 初期模倣

新生児が覚醒して静かな状態の時に，大人がゆっくりと舌を出す動作を何度か繰り返して見せると，乳児はじっとそれを見つめ，そのうちに自ら舌を出し始める（図3−7）。口を開けたり，唇を尖らせたりする動作に対しても模倣する。また，大人が怒りや喜びなどの表情を示すと，それらを見分けて同じ表情を作り出すことができる。新生児がこのような模倣をできるのは，自分の口や舌について知っているからではなく，まして自分と相手の口や舌との対応関係について理解しているからでもない。相手の表情や動きについての視覚的情報と自分の口や顔の動きがもたらす運動感覚的情報間の同一性認知，すなわち，異感性間知覚が生得的に組み込まれているからであると考えられている。

模倣はただ単に他者の表情や動作を再生産することができるという能力を示しているだけではない。模倣を通じてコミュニケーションしているのである。また模倣により他者と同じ状態を共有することで通じあい，繋がりあっているともいえる。このように人間は他者と繋がりあうことを求めて生まれてくるのである。

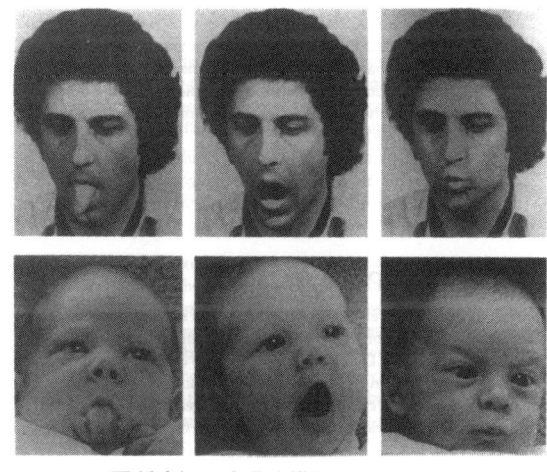

図3−7 ■新生児の生得的模倣(Meltzoff & Moore, 1977)

④ 情動的コミュニケーション

ことばの話せない乳児にとって情動表出は重要なコミュニケーションの手段である。まず，乳児は泣くことで自分が不快な状態にあることを母親に伝える。泣かれると，母親は授乳したり，オムツをかえたりして，乳児の不快な状態を改善しようとする。それでも泣き止まない場合は，乳児を優しく抱っこして，優しい口調で話しかけたり，揺すったりして乳児の機嫌を直そうとする。母親がこのようにゆったりした気持ちでかかわると，安心した雰囲気が伝わって，乳児の否定

的情動は次第に鎮静化していく。このような母親の働きかけは情動調律と呼ばれている。乳児はこれらのやりとりを通して，自分が泣くと世話をしてもらえることに気づき，次第に意図的に泣いて養育者からかかわりを引き出すようになる。

また乳児は心地よい状態の時は，微笑むことで相手にそれを伝える。2～3カ月頃になると社会的微笑が出現し，乳児は人の顔を見てよく微笑むようになる。母親は乳児から見つめられ，微笑みかけられると乳児をいとしいと感じずにはいられない。思わず，乳児に引き込まれて微笑み返し，あやして乳児をさらに喜ばせようとする。このように微笑は養育者を乳児に引き付けて，やりとりを展開していく重要な契機となる。これらのやりとりの中で乳児と母親は互いに見つめあい，快い愛情のこもった情動を共有しながら，互いの気持ちが繋がりあっていることを確認し，一体化した関係を形成する。

以上述べたように，乳児は泣きや微笑を通じた情動的交流を母親との間で展開しながら，母親を基本的に「心地よいもの」として受け止め，安心感や信頼感をもち，母親に対して愛着を形成していく。また，母親に対する信頼感は人間一般に対する信頼感の基礎ともなる。一方，母親は乳児を喜ばせ気持ちが通じ合う経験を重ねることで，育児への自信，さらには母親としての自信を深めていくのである。

4 愛着行動の発達

愛着行動の発達は4つの段階に分けられる。第1番目は「無差別的な定位と発信」の段階で，3カ月頃まで続く。この段階の乳児は人に対して，目で追う，微笑むなどの行動を示し，人の声を聞いたり顔を見たりすると泣き止むことが多いが，母親を他人と識別することはできない。第2番目の「特定の人物に対する定位と発信」の段階になると，乳児は母親をそれ以外の人と区別できるようになり，母親に対してより親密な方法で愛着行動を示すようになる。しかし，「物の永続性」を獲得していないので，母親がいなくなっても不安にはならない。この段階は一般的に生後6カ月頃まで続く。

第3番目は「発信や動作による特定の人物への接近維持」の段階で，この段階の乳児はますます母親を求めるようになり，外出しようとする母親の後を泣きながら追ったり（「分離不安」），知らない人を警戒し，時には見ただけで泣いたりする（「人見知り」）。母親の不在や見知らぬ人の存在は，母子間で形成されてきた独特のコミュニケーション様式が通用しない事態を引き起こして乳児に不安を与えるため，「分離不安」や「人見知り」が生じると考えられている。さらにこの時期，乳児は移動することができるようになり，母親のもとを離れて周囲を探索するようになる。しかし，いったん不安を感じるとすばやく母親のそばに戻って落ち着きを取り戻し，しばらくするとまた探索を再開する。すなわち「安全基

地」として母親を利用するようになるのである。

　第4番目は「目標修正的パートナーシップの形成」の段階である。乳児は3歳前後になると，母親のそれまでの行動や状況を観察することで，母親の目標やそのための行動について推察できるようになり，それに合わせて自己の行動や目標を修正し，母親と協調できるようになる。それまでは，自分の要求を通すために母親を叩いたり，かんしゃくを起こしていたのが，母親がことばで説明すれば理解して我慢できるようになるのである。

5　愛着の内的作業モデル

　乳児期後期以降になると，愛着関係はそれまでの母子間の相互作用のパターンから構築された内的作業モデルに徐々に支配されるようになる。内的作業モデルとは，本来「頭の中で小規模実験をするために作られた実用模型」を意味する。人間がある目標を設定し，それを達成するためのプランを立てる際には，環境についての作業モデルを持たねばならないし，また自分の行動の力量や可能性についての作業知識も必要である。それらに基づいて，遭遇する出来事を評価・解釈し，未来の予測をして，有効な行動計画を立て，実行するのである。

　内的作業モデルのなかでも特に重要なのは，自己と養育者についてのモデルである。乳児が助けを求めた時に養育者がそれを受け入れ，適切に応答するならば，「自分の気持ちを安定させてくれる，信頼できる人」という養育者についての内的作業モデルが構築されるであろう。また同時に，そのような養育行動に見合うような「有能で，価値のある，愛されるべき存在」という自己についての肯定的内的作業モデルが作られるであろう。一方，養育者が乳児の愛着行動の拒否や無視を繰り返した場合，養育者については「拒否的で情緒的応答性に乏しい，近づきがたい人物」という内的作業モデルが構築され，自己についても，「助けを求めても拒否され，愛されるに値しない無価値で，無能な人間」という内的作業モデルとなるであろう。このように，自己と愛着対象に関しての内的作業モデルは補完的な性質をもつようになる。

　母子間の愛着関係は発達とともに内的作業モデルとして次第に内化され，愛着対象や自己の愛着に関連する行動，思考，感情を，解釈，予測，制御する基礎となっていく。したがって，後で述べる種々の愛着パターンはこの内的作業モデルの反映といえるのである。愛着の内的作業モデルは，実際の経験によって更新や修正を繰り返しつつも，その人の生涯を通じて対人関係に作用し，その影響は次世代との関係性のパターンにまでも及ぶと考えられている。つまり人は自分自身が子どもの頃に経験した親子間の相互作用と同じパターンを，内的作業モデルを介して実際に自分が親になった時に子どもに向ける傾向があるのである。

6 愛着の測定と分類

[1] 乳児期

ボゥルビーの愛着理論の発表後しばらくして爆発的に愛着研究が盛んになった背景には，M. エインズワースが生後12ヶ月頃の乳児の愛着行動の体制化における個人差を実験室で観察するための手続き，「ストレンジ・シチュエーション」法を開発したことがある（Ainsworth & Wittig, 1969）。これはその当時フィールド型の研究を実験室に持ち込んだという点で画期的であり，また実用的な方法としても評価された。表3－1に示されるように，この手続きでは，知らない場所に母子を招き，ストレンジャーと母親のそれぞれの存在・不在という状況を組み合わせて子どもに対して徐々にストレスを加えて情緒的不均衡を引き起こし，それが母親との接触によって解消され，安定化していくダイナミズムを子どもの行動を手がかりに評定する。

一連のエピソードで観察する子どもの行動は，探索，泣き，微笑，発声，凝視などの乳児の行動である。また相互作用的行動として，母親への接近・接触を求める行動，しがみついたりなどの接触を維持する行動，かんしゃくなどの抵抗行動，顔をそむけるなどの回避行動，微笑や視線を交わしたりのコミュニケーション行動なども評定する。そして分離・再会場面におけるこれらの行動をもとに，愛着の質は大まかに安定型（Bタイプ），不安定・回避型（Aタイプ），不安定・両価型（Cタイプ）の3つのタイプに分類される（表3－2）。また最近は失体制化・混乱型（Dタイプ）とよばれる非常に情動的に混乱した特徴をもつタイプが見出されている。これらの分類は家庭での行動に対応し，また安定しているということが確認されている。特に欧米中流家庭を対象とした場合安定性は高く，米

表3-1 ■ストレンジ・シチュエーションのエピソードの概要（Ainsworth, et al., 1978）

エピソード	人員構成	時間	行動の記述
1	母，乳児，実験者	1分	実験者が母親と乳児を実験室に案内し，退室する。
2	母，乳児	3分	乳児は降ろされて，探索する。母親は必要な時に関わる。
3	母，乳児 ストレンジャー	3分	ストレンジャーが入室し，最初の1分間は沈黙し，次の1分間は母親と話をし，最後の1分間乳児と遊ぶ。
4	乳児，ストレンジャー	3分	母親は乳児とストレンジャーを残して退室する（第一の分離場面）。
5	母，乳児	3分	母親が戻り，ストレンジャーは静かに退室する（第一の再会場面）。
6	乳児のみ	3分	母親は乳児を残して退室（第二の分離場面）。
7	乳児，ストレンジャー	3分	ストレンジャーが入室し，必要ならば乳児に関わる。
8	母，乳児	3分	母親が戻り，ストレンジャーは静かに退室（第二の再会場面）。

第3章●養育者との出会い

表3-2■乳児の愛着分類とストレンジ・シチュエーションにおける行動 (Hesse, 1999より再構成)

愛着タイプ	ストレンジ・シチュエーションでの行動
安定型（B）	分離前は部屋の中を探索し、玩具で遊ぶ。親がいなくなると寂しがり、第二番目の分離場面では泣くことが多い。親が戻ると自分からあいさつし、身体的接触を求める。ある程度接触した後に降ろされると、遊びに戻る。
不安定・回避型（A）	親との分離で泣かない。再会場面で親を避けて無視する（たとえば、離れていったり、顔をそむける）。殆ど近づいたり接触を求めたりせず、泣きもしないし、怒りもしない。親への反応は非情動的である。手続きの間は玩具などに注意を向けている。
不安定・両価型（C）	分離前でも機嫌が悪く、殆ど探索しない。手続きの間中親にこだわり、怒っているか、受身的であることもある。再会場面では下に降ろされるのを嫌がり、親に慰めてもらおうとし、たいてい親に注意を向けて泣き続ける。再会後に探索しない。
失体制化・混乱型（D）	親がいる時に体制化されない、方向の定まらない行動を示し、行動方略が時間的に崩壊している。たとえば、ボーッとして、動作を停止したりする。また親が入室すると立ち上がり、それから前かがみに倒れてうずくまることもある。あるいはしがみついて激しく泣き、視線をそらしてのけぞることもある。

　国では6カ月経過しても、50人中48人、すなわち96％の乳児が同じグループに分類されたと報告されている（Waters, 1978）。

　各愛着パターンの分布は、これまで世界各地で測定された結果によると、国や文化によりかなりの違いがあることが判明している。表3-3に示されるように、ドイツの場合はAタイプが他の諸国に比べてかなり多いが、日本でこのタイプの乳児はほとんど報告されておらず、かわりにCタイプが多い。日本の母子は日常的に分離をほとんど経験することがなく、就寝時も一緒に眠るという密着型の生活スタイルであるため、欧米と同じ手続きを日本の母子に適用した場合子どもにかかるストレスが強すぎるのではないかと推測されている。

表3-3■文化の違いにみるアタッチメントタイプの分布状態 (荘厳, 1994)

	国・地域名	A1	A2	B1	B2	B3	B4	C1	C2	iC	N
1	アメリカ	11	9	9	10	42	4	6	7	0	106
2	日本・札幌	0	0	7	31	17	3	14	10	0	25
3	日本・札幌	0	0	14	21	25	18	11	11	0	28
4	日本・大阪	0	0	8	14	50	9	12	0	7	131
5	ドイツ	39	10	0	20	10	2	8	4	0	36
6	ドイツ	20	23	14	20	11	7	2	2	0	44
7	スウェーデン	8	14	12	18	40	6	2	2	0	51
8	イスラエル	0	8	2	25	20	8	24	9	0	82
9	イスラエル	0	3	17	31	28	6	14	3	0	36
10	オランダ	9	15	26	15	15	16	2	2	0	136

（注）数値は％で表示されているが、小数点以下は四捨五入されている。

[2] 幼児期

　幼児期の愛着の質を測定するための手続きは，メインらにより開発された（Main & Cassidy, 1988）。愛着の質は母子分離場面後の子どもの再会行動パターンに最もよくあらわれるという考えに基づき，「ストレンジ・シチュエーション」法と同様に，この手続きにも母子の分離場面（約1時間）が含まれている。まず最初，子ども，母親，実験者の3人が約20分間プレイ・ルームで一緒に過ごし，その後母親は退室する。子どもはその間実験者と部屋に残って種々の実験に参加する。そして最後の15分間子どもは自由に遊び，その後親と再会する。

　この時の3～5分間に子どもが親に向けた行動評定をもとに，愛着は以下の4つのパターンに分類される。1つ目は安定型で，子どもは親との再会を喜び，リラックスして親に働きかける。2つ目は不安定・回避型で，感情をあまり表に出さないで，親と向き合わないタイプである。3つ目は不安定・両価型で，回避，悲しみ，怒り，敵意の感情を示し，親へ接近したり，また回避したりする。4つ目は不安定・統制型で，親に対して自分が親的な役割をとることで，親を支配・統制しようとする。これらの愛着パターンの分類は安定性があり，1ヵ月後に再び測定した場合，安定型から不安定・両価型までの3つの分類の安定性は84％（統制型を含めると安定性は62％）であった。

[3] 成人期

　メインらはさらに青年期以降を対象とした愛着の内定作業モデルを探るために，成人用愛着インタビューを考案した（George, Kaplan, & Main, 1984）。これは回想法を中心とした半構造化された面接法で，18の質問項目から構成されている。質問項目で尋ねられるのは，子どもの頃の親との関係やそれにまつわる具体的体験，親からの拒否，しつけのための脅し，虐待の経験などについてである。また，幼少期の経験が自分の人格に与えた影響などについても質問される。評定の対象となるのは，被験者が答えた内容はもちろんであるが，話の内容に整合性や一貫性があるかどうかなど，意図しない対話の質についても評定が行なわれる。これらの評定に基づき，各個人の愛着は主に3つのパターン，安定・自律型，拒絶（dismissing）型，とらわれ（preoccupied）型，に分類される。

　安定・自律型の者は，愛着関係に価値を見出し，愛着に関する経験が自分の発達に影響を及ぼしていると考えている。インタビューに対しては，話しづらい内容に対してもオープンで，協力的であり，これは安定した愛着の乳児が示す直接的接近の仕方に対応していると考えられている。また話の内容には一貫性があり，親に対する肯定的感情と否定的感情とが統合されている。

　不安定型に分類される者は，話の一貫性に欠けるという特徴がある。つまり実際に述べる親の具体的な行動とそれに対する評価が一致していない。不安定型に分類される者の親は安全基地としてほとんど機能しておらず，そのような親をも

った場合の不安への対処方略により愛着のタイプは拒絶型ととらわれ型に分かれる。拒絶型の者は面接の内容を不愉快と感じ，自分の人格発達における初期の愛着関係の影響を否定し，特定の事件を思い出すことが困難で，時には経験を理想化することもある。このような特徴は不安定・回避型の乳児の行動に一致すると考えられている。とらわれ型の者は不安定・抵抗型の乳児に相当し，過去の経験についての言述に混乱が見られ，親との関係については怒りかあるいは無抵抗の態度を示す。また愛されていなかったという記憶があり，現在も愛着関係に過剰にとらわれている。各個人の愛着はこれら3つの愛着タイプに加えて，未解決・失体制化型（unresolved/disorganized）にも分類されることがある。このタイプの者は喪失や虐待などの心的外傷をもち，その話題では明らかに混乱を示す。この型は乳児の失体制化・混乱型に対応していると考えられている。

　この面接法が出現したことで，それまでほとんど乳児を対象に行動レベルにのみ焦点をあてていた愛着研究で，より高次の精神機能（表象や言語）を扱うことができるようになり，また養育行動の媒介要因としての表象過程の役割理解も促されることになったのである。

7　愛着パターンの先行要因

　これまで述べてきたように，乳児期から成年期にわたり愛着の質には個人差があり，それはいくつかのパターンに分類できる。では，この個人差は一体何に由来するのであろうか。安定した愛着の質が，後で述べるように子どもの発達の広範囲にわたってしかも持続的に肯定的影響を及ぼしつづけるとするならば，愛着の質における個人差をもたらす要因を探ることは重要である。これまでにいくつかの観点から，愛着の質の形成に影響する要因が考えられてきたが，ここでは主に2つの要因について述べる。

　1つ目の要因として，母親側の養育行動の違いがあげられる。母親が，乳児に最適レベルの刺激を与え，乳児の信号行動に適切にすばやく応答して苦痛や不安を軽減するならば，乳児にとって母親は「安全基地」として機能し，安定した愛着が形成される。対照的に，子どもを拒否したり，過剰な刺激を与えると回避型の愛着となり，刺激に乏しく，応答性も低く，しかもその応答性に一貫性がない場合は抵抗型の愛着を形成するといわれている

　このような養育行動の差異をもたらすものの1つとして，前に述べたように母親自身が受けた養育に基づいて形成された愛着の内的作業モデルにおける違いが挙げられる。実際，母親が妊娠している時に愛着表象を評定し，生まれた子どもの愛着パターンとの関連をみてみると，母親の愛着の安定・不安定と乳児の愛着パターンの安定・不安定との一致率は75％にものぼった（Fonagy, Steele & Steele, 1991）。ボウルビーが述べるように，愛着は世代間で再生産される傾向があるの

である。

2つ目の要因として、乳児の気質的特徴の差異が挙げられる。まず、乳児の気質的特徴の差異がストレンジ・シチュエーションにおける乳児の行動の差異となって表れるということが考えられる。例えば、新生児期の行動特徴により愛着の質はある程度予測できるとされている。また、乳児の気質的特徴は母親の養育行動への影響を通じて、結果的に愛着パターンの分類と関係するという可能性もある。生まれた時からよく泣き、機嫌がなかなかなおらない子どもをもつ母親は無力感を抱きやすく、次第に乳児に関わることが少なくなり、結果的に乳児は不安定な愛着を形成することになるかもしれないのである。

8 愛着タイプと後の発達との関係

［1］ その理論的背景

愛着という概念が注目を集めたのは、愛着がまさに「ゆりかごから墓場まで」人間の一生を通じて存続し、初期の愛着の質が後の行動発達および精神的健康にきわめて重要な影響を及ぼすとされたからである。それではなぜ初期の愛着の質が後の発達に影響を及ぼすと考えられるのであろうか。その根拠となる考え方は少なくとも4つある（Weinfield, Sroufe, Egeland & Carlson, 1999）。

第1に、初期の愛着関係にまつわる経験が生後急速に成長する脳の発達過程に影響を及ぼし、結果的に神経レベルで子どもの心理的な発達に持続的な影響を与え続けるということがある。第2に、初期の愛着関係は情動制御の学習の基礎となるということが挙げられる。乳児の機嫌が悪くなった時、それをなだめるのは養育者である。その時、初期の愛着関係は母親の行動や制御のパターンが内化されることを通じて子どもの情動制御に影響を与える。

第3に、愛着対象を観察し、また愛着対象とやりとりすることを通して、乳児は他者とやりとりする方法を獲得し、それを新しい場面や関係にも適用していく。それは結果的に、他者からも養育者と同じような反応を引き出すことになり、また子どもが同じ性質の対象や場面を選ぶことで、これらの社会的特徴はよりいっそう強固になっていくと考えられる。

第4に、愛着における個人差は表象を介して影響を与える。初期の愛着関係から形成された内的作業モデルに基づいて子どもは養育者からどのように扱われるかを予測する。そして次第にこれらの内的表象は、養育者以外の他者との新しい関係、新しい経験へと拡大され、子どもの期待や行動を導いていくようになる。例えば、親に対して応答的で、近づきやすいという期待を形成した子どもは肯定的な期待をもって他者に接近するであろうし、親に拒否された子どもは、他者からも拒否されると予測し、敵意のあるスタイルで他者に接するであろう。母親から気まぐれな対応をされた子どもは、他者にもそのような応答を予測し、ためら

いがちで消極的な接近方法をとるであろう。

　このようにさまざまな観点から，愛着の質は後の発達に重要な影響を及ぼすと予測される。以下において，愛着の影響に関してこれまで得られた結果について述べる。

［２］対人関係への影響

　まず，愛着パターンは後の愛着パターンとかなりの程度の一致が見られる。メインら（1988）の報告によると6歳時点でのA・B・C・Dの愛着分類と乳児期の愛着分類との一致度は，母親との間では82％，父親との間では62％であった。またドイツのサンプルでも同じような期間で同程度の安定性が見出されている。これらの結果から母子関係の質は乳児期から幼児期にかけてかなりの程度安定しているということがうかがえる。また，愛着関係は母子の分離再会場面以外での母子関係にも影響を及ぼす。例えば，母親と一緒に課題に取り組む様子を観察すると，それ以前に安定した愛着を示した子どもは不安定な愛着の子どもよりも，母親の要求に対して従順で，攻撃的行動が少なく，肯定的感情が多いということが報告されている（Matas, Arend & Sroufe, 1978）。このように，乳児期の安定した愛着は母子の調和的関係の基礎となっているのである。

　さらに，母子関係の質は後の仲間関係にも影響が及ぶ。乳児期に安定した愛着を示した子どもは後に仲間と良好な関係を形成し，人気が高く，リーダーシップをとるなど対人関係能力において優れている。一方，乳児期に不安定な愛着を示した子どもは後に対人関係においてさまざまな問題を示すとされている。例えば，乳児期に不安定・抵抗型であった子どもは仲間から攻撃的なかかわりをより多く受ける（Jacobson & Wille, 1986），幼児期に敵対行動を示した子どもの多くが乳児期にD型であった（Lyons-Ruth, Alpern & Repacholi, 1993）など，後の仲間関係で問題が多い。しかも愛着の質が仲間関係に与える影響力は学童期や思春期まで続くといわれている。

　また，愛着の質は教師に対する行動とも関係するようである（Sroufe, Fox & Pancake, 1983）。例えば，安定型の子どもは教師に対し必要な時に率直に援助を求めはするが，過度に依存はしない。抵抗型の子どもは他児と遊ばないで絶えず教師の近くにいて注意や接触を求める。回避型の子どもは教師に接近しても自分の方に注意が向けられると拒否的態度を示すというように接近―拒否のパターンを示し，気持ちが落ち込んだ時などには部屋の隅にひきこもる。このように母子の間に見られる関係と同じようなパターンが対教師との関係においても観察されている。

［３］人格特徴への影響

　愛着の質は後のさまざまな人格特徴とも関連することが見出されている。乳児

*困難な状況において粘り強くかつ機知に富んだ仕方で反応する能力

期に安定した愛着を示した子どもは，幼児期に自我の強さ・効力性が他の子どもよりも優れていた（Waters, Wippman & Sroufe, 1979）。また「自我弾力性」*尺度に関しても，乳児期に安定した愛着を示した子どもは幼児期に自我弾力性得点が高いことが見出されている（Arend, Gove & Sroufe, 1979）。要するに，安定した愛着を形成している子どもは不安が少なく，自分に対して自信があり，新しいことに興味をもって，困難な状況でも粘り強くがんばる傾向がある。このような安定型の子どもの特徴は遊び仲間にとっては魅力的で，人気者になるひとつのゆえんであるかもしれない。

また，愛着の質は環境的ストレスや性などの要因に媒介されて，後の精神病理や問題行動とも関連するといわれている。不安・抵抗型の愛着歴を持つ者は不安障害を，不安・回避型の愛着歴をもつ者は問題行動を生じる可能性が高く，また両者はともにうつ状態になりやすいと考えられている。このように安定した愛着をもつことは好ましい人格特徴を形成する上で重要な基盤となるのである。

[4] 表象レベルへの影響

乳児期の愛着のパターンは後に表象レベルで捉えた愛着の内的作業モデルと関連する。例えば，子どもに親子の分離場面の写真を見せてどのように感じ，どのように振舞うかを尋ねると，子どもの述べた対処行動や感情表現の質は乳児期の愛着の質と強い関係があった（Main, Kaplan & Cassidy, 1985）。また幼児を対象に家族人形を用いて愛着の内的作業モデルを評定した場合も，行動観察による愛着分類と関係していた（Bretherton, Ridgeway & Cassidy, 1990）。このように乳児期の愛着の質は後の愛着の内的作業モデルに影響を及ぼすということが確かめられている。

**例えばパペット・インタビューでは，パペットの蛙「ビックス」に対して，「ビックス，あなたは○○ちゃんのことが好き？」などの質問をして，「自分が他者からのどのように捉えられているか」についての子ども自身の受け止め方を人形のことばとして答えさせる。

さらに，愛着のパターンは自己概念とも関係する。幼児を対象にパペット・インタビュー**などを通して自己概念を評定すると，愛着のパターンごとに自己概念が異なることが見出されている（Cassidy, 1988）。安定した愛着をもつ子どもは自分を肯定的に受容しつつも，自己が完璧ではないということも認識し，回避型の愛着の子どもは「完全・完璧な存在」としての自己イメージをもち，また統制型の子どもは，否定的な自己イメージを示す傾向が見られた。ボウルビーが提唱するように，愛着パターンと自己の心的表象との間には補完的な結びつきがあるのである。

また，愛着のパターンは仲間関係の表象にも影響を及ぼすという結果が得られている（Cassidy, Kirsh, Scolton & Parke, 1996）。安定した愛着を示す子どもは仲間をやさしいと感じ，不安定な愛着を示す子どもは反対に仲間に対して敵意を感じていた。しかもこれらの表象は仲間に対する行動に影響を及ぼし，その行動はさらに仲間からの評価や行動へと影響を及ぼしていくと見なされる。

以上述べてきたように，愛着のパターンは子どもの自己，他者，関係性などの

表象の発達と密接に関連し，これらの表象における差異は実際の社会的行動における差異となって表れ，対人関係に影響を及ぼしていく。

9 日本における子育て状況と愛着形成の問題

　これまで述べてきたように，子どもの人格および社会的発達にとって養育者との間に安定した愛着を形成することはきわめて重要なことである。現代の日本社会では主たる養育者はほとんど母親であり，子どもが愛着を形成する対象は主に母親となる。このことは子どもの愛着の発達にとってあるリスクを伴うことになる。まず先に述べたように，母親が不安定な愛着歴を持つ場合，子どもとの間に不安定な愛着が再生産される可能性が高くなる。また，核家族の中で父親が多忙でほとんど育児に関われない状況は，母親に育児ストレスを引き起こし，不適切な養育行動が結果的に子どもの不安的な愛着の形成を助長することになるかもしれない。ひと昔前の日本では，子どもの養育には母親のみならず，同居している祖父母や他の親族も関わり，子どもは複数の人間との間に愛着を形成することができ，このようなリスクは回避できた。

　母親の子どもへの圧倒的な影響力を軽減するためには，父親が積極的に育児参加することが必要であるし，また社会的育児支援を担う保育者の役割も重要となってくる。母親をサポートすることで，子どもが難しい気質的特徴をもつ場合でも，不安定な愛着形成を回避できることがあるように，身近に頼みとする他者がいることで子育てにおける負担やストレスは軽減され，母親は子どもに対して応答的に振舞うことができ，不安定な愛着の形成を免れることができるのである。このように現代社会においては，子育てを社会全体で支援する体制を家庭の内外において整える必要があると思われる。

〈引用文献〉

Ainsworth, M. D. S., Blehar, M. C., Waters, E. & Wall, S. *Patterns of attachment: Psychological study of the strange situation*. Hillsdale, NJ: Erlbaum, 1978.

Ainsworth, M. D. S. & Wittig, B. A. Attachment and exploratory behavior of one year olds in a strange situation. In B. M. Foss (Ed.), *Determinants of infant behavior, Vol. 4*. London: Methuen., 1969.

Arend, R., Gove, F., & Sroufe, L. A. Continuity of individual adaptation from infancy to kindergarten: A predictive study of ego-resiliency and curiosity in preschoolers. *Child Development, 50*, 950-959, 1979.

Bowlby, J. *Attachment and Loss, vol.1: Attachment*. London: Hogarth, 1969.（黒田実郎・大羽蓁・岡田洋子訳『母子関係の理論Ⅰ：愛着行動』岩崎学術出版社，1976）

Bretherton, I., Ridgeway, D., & Cassidy, J. Assessing internal working models of the attachment relationship: An attachment story completion task for 3-year-olds. In M. T. Greenberg, D. Cicchetti, & E. M. Cummings

(Eds.), *Attachment in the preschool years,* Chicago: University of Chicago Press, pp. 273-308, 1990.

Butterworth, G., & Harris, M. *Principles of developmental psychology,* Hove: Lawrence Erlbaum Associates Ltd., 1994.

Cassidy, J. Child-mother attachment and the self in six-year-olds. *Child Development, 59,* 121-134, 1988.

Cassidy, J., Kirsh, S. J., Scolton, K. L., & Parke, R. D. Attachment and representations of peer relationships. *Developmental Psychology, 32,* 892-904, 1996.

Condon, W. S. & Sander, L. Neonate movement is synchronized with adult speech. *Science, 183,* 99-101, 1974.

Fantz, R. L. The origins of form perception. *Scientific American, 204,* 66-72, 1961.

Fonagy, P., Steele, H., & Steele, M. Maternal representations of attachment during pregnancy predict the organization of infant-mother attachment at one year of age. *Child Development, 62,* 891-905, 1991.

George, C., Kaplan, N., & Main, M. *Adult Attachment Interview protocol.* Unpublished manuscript, University of California at Berkley, 1984.

Harlow, H. F., & Harlow, M. K. The young monkeys. In P. Cramer (Ed.), *Readings in developmental psychology today.* Del Mar, California: CRM Books, pp.58-63, 1970.

Harlow, H. F., and Zimmermann, R. R. Affectional responses in the infant monkey. *Science, 130,* 421, 1959.

Hess, E. H. *Imprinting.* New York: Van Norstrand Reinhold, 1973.

Hesse, A. The adult attachment interview: Historical and current perspectives. In J. Cassidy & P. R. Shaver (Eds.), *Handbook of attachment: theory, research, and clinical applications.* NY: Guildford Press, 1999.

Jacobson, J. L., & Wille, D. E. The influence of attachment pattern on developmental changes in peer interaction from the toddler to the preschool period. *Child Development, 57,* 338-347, 1986.

Kaye, K. *The mental and social life of babies.* Brighton: Harvester Press, 1982.（鯨岡　峻・鯨岡和子訳『親はどのようにして赤ちゃんをひとりの人間にするか』ミネルヴァ書房，1993）

Lorenz, K. Z. Der Kumpan in der Umvelt des Vogels. J. Orn. Berl,. 83, 1935. Eng. Trans. In C. H. Schiller (Ed.), *Instinctive Behavior.* New York: International Universities Press, 1957.

Lyons-Ruth, K., Alpern, L., & Repacholi, B. Disorganized infant attachment classification and maternal psychosocial problems as predictors of hostile-aggressive behavior in the preschool classroom. *Child Development, 64,* 572-585, 1993.

MacFarlane, A. Olfaction in the Development of social preferences in the human neonate. In *Parent Infant Interaction (CIBA Foundation Symposium 33).* Amsterdam: Elsevier, 1975.

Main, M., & Cassidy, J. Categories of response to reunion with the parent at age6: Predictable form infant attachment classifications and stable over a 1-month period. *Developmental Psychology, 24,* 1-12, 1988.

Main, M., Kaplan, N., & Cassidy, J. Security in infancy, childhood and adulthood: A move to the level of representation. In I. Bretherton & E. Waters (Eds.), *Growing Points of Attachment Theory and Research, Monograph of the Society for Research in Child Development, 50* (1-2, Serial No. 209), 66-104, 1985.

Matas, L., Arend, R. A., & Sroufe, L. A. Continuity of adaptation in the second year: The relationship between quality of attachment and later competence. *Child Development, 49,* 547-556, 1978.

Meltzoff, A. N., & Moore, M. K. Imitation of facial and manual gestures by human neonates. *Science, 198,* 75-78, 1977.

荘厳舜哉『人間行動学：心理人理学への道』福村出版, 1994

Sroufe, L. A., Fox, N. E., & Pancake, V. R. Attachment and dependency in developmental perspective. *Child*

Development, 54, 1615-1627, 1983.

Waters, E. The reliability and stability of individual differences in infant-mother attachment. *Child Development, 49,* 483-494, 1978.

Waters, E., Wippman, J., & Sroufe, L. A. Attachment, positive affect, and competence in the peer group: Two studies in construct validation. *Child Development, 50,* 821-829, 1979.

Weinfield, N. S., Sroufe, L. A., Egeland, B., & Carlson, E. A. The nature of individual differences in infant-caregiver attachment. In J. Cassidy & P. R. Shaver (Eds.), *Handbook of attachment: theory, research, and clinical applications.* NY: Guildford Press, 1999.

第4章　*Chapter 4*

乳幼児期の感情の発達

1　感情とは*

*英語圏で用いられている感情に相当する用語に，emotion, affect, feelingなどがある。一般的にはaffectはあらゆる感情を指すのに用いられるが，emotionはaffectの中でも，たとえば怒りや恐れ，快などのように特殊なもの，より強い反応が生起するもののみに用い，またfeelingは感情のより主観的な側面に注目する際に用いられることが多いといった区別がある。しかし，これらの用語の範囲については本文中に述べたように一定しておらず，affectとemotionを同義とする例も少なくない。またこれらの用語に対し，以前はemotionを「情動」とし，affectとfeelingを「感情」と訳す例が多かったが，最近ではこれらのすべてを区別せずに「感情」と訳すことも多い。本書でもemotion, affect, feelingを区別せずに「感情」という用語を用いている。

［1］感情の定義と役割

　誰でも日常生活の中で喜んだり，怒ったり，悲しんだりという感情を経験する。私たちはみな感情がどのようなものであるかということについて知っているが，感情を定義することは実は非常に難しいとされている。たとえば，数年前に出版された有斐閣刊『心理学事典』(1999)にさえ，現在でも感情をどの範囲に規定するか，また用語をどのように用いるかがいまだに一致していないと書かれているのである。

　感情をどのように定義するかは，その依拠する理論によって異なっている。現在までの感情理論には，大きく分けて以下の5つの流れがあるとされている（濱ら，2001）。すなわち，C.ダーウィンを開祖とし，感情は生存にとって必要なため進化の過程に基づいて存在しているもので，各感情には特定の身体的兆候があると考える「進化論学派」，W.ジェームズを開祖とし，独特の生理的反応・表情・表出を持つ基本的な感情（基本感情）があることを想定する「生理心理学派」，W.B.キャノンを開祖とし，感情に関する生理学的な神経回路網や脳の生理学などの神経組織の解明に重点を置く「神経学派」，S.フロイトを開祖とし，人間の感情的混乱や感情的障害に取り組んで成果をあげている「力動学派」の4つの伝統的な流れ（Plutchik, 1981）に，M.B.アーノルドを開祖とする「認知学派」を加えた5つの流れである。最後の「認知学派」は，感情はその環境をどのように評価するかによって引き起こされると考えており，さらに，感情は厳密な生理学用語では説明できない文化特異的な社会構成体であり，社会的文脈の中でのみ理解できるとする感情の「社会構成主義」を導いたとされている。

　このように感情についての考え方はさまざまであるが，感情には「感情状態」，「感情表出」，「感情経験」という大きく分けて3つの位相があることは研究者間でかなり一致している**。「感情状態」とは，ある感情と特定のつながりを持つ，

身体的あるいは神経生理学的活動の変化と定義される仮説構成概念であり，心拍や呼吸数の変化，顔の紅潮，発汗，ホルモン活動などの生理的変化，また，顔の表情，身体的表出や発声の変化などが含まれている。「感情表出」は，表情，身体的表出，発声，活動水準など客観的に観察可能な身体の変化であり，内的な「感情状態」が外に表されたものと考えられている。また，「感情経験」とは，自分の「感情状態」や「感情表出」に対する解釈や評価のことであり，無意識的なレベル（身体が自分の身体自身の機能に注意を向け制御しようとする：たとえば怒りの状態を身体的に体験している）と意識的レベル（意識的に自分自身について考える：たとえば自分が怒っていると自分で気づく）の2つのレベルの経験があるとされている（Lewis & Haviland-Jones, 2000）。すなわち，感情が喚起された時の反応には，身体的な一定の変化が起こる，その変化が外に表出される，その変化と表出についての解釈がなされるという3つの側面が含まれていると考えられているのである。

　ところで，上述した伝統的な感情理論は，どちらかというと感情についての個人の内的反応や主観的経験という側面に焦点を当てたものであるが，最近では，感情をプロセスとしてとらえ，さらにその機能的側面に焦点を当てる考え方が出されて注目されている。たとえばJ. J. キャンポスは，感情を「その個人にとって重要な関係とみなされる事柄との関係において，その個人と，内的・外的環境との関係を確立し，維持し，あるいは中断させるようなプロセス」と定義しているが（Camposら, 1989），この考え方は以下の2つの点において非常に重要である。すなわち，第1には，たとえば同じ刺激であっても関係性により生じる感情が同じではないというように，感情は単に個人が感じるものではなく，関係の中で生じるとしていることである。第2には感情をプロセスとしてとらえ，感情が受け手の感情や行動に影響を与え，さらにその受け手の感情が送り手の感情や行動に影響を与えていくというダイナミックな機能に注目していることである。このような考え方は子どもの感情発達研究，特に後に述べるような感情制御の研究にも大きな影響を与えたとされている。

　それでは，感情にはどのような機能があるのであろうか？　遠藤利彦は，感情の機能を上述した感情の3つの位相に対応させて整理している（遠藤, 1995）。第1の機能は「感情体験」と関連するもので，感情が個体を何らかの行為に駆り立てる動機づけ的性質を有しているということである。特に，目の前に迫った危険に意識を集中させ，そこから脱却できるように動機づけるという否定的感情の働きは，個体の生き残りのために重要な意味を持つと考えられている。

　第2の機能は，「感情状態」と関連するもので，感情がある行為を起こすために最適な身体状態を瞬時に整えるということである。この機能は第1の機能と結びついて，さらに個体の生存確率を高めるのに役立つ。ある行為に対する動機づけだけが高まっても，身体の準備状態が整っていなければその行為をすばやく行

＊＊しかし，これらの3つの位相間の対応の仕方については議論がある。たとえば，ある特定の「感情表出」にある特定の「感情体験」が対応すると考える研究者もいれば，意図的に内的状態とは異なる表出を作ることができることなどから「感情表出」と「感情体験」の1対1の対応に疑問を持つ考えもある。また，「感情状態」と「感情表出」の関係にしても，同様に1対1の対応を認めるかどうかで意見は異なっている。

うことはできないが，感情に伴う身体的変化によって，その行為を起こすのに適切な身体的状態をも作り出されているのである。

第3の機能は，「感情表出」と関連するもので，感情が個体間の重要な情報伝達，コミュニケーションを可能にしているということである。このことは，言葉を話さない乳児にとって特に重要である。養育者は，子どもに対する自分の行為によって生じた子どものさまざまな感情表出から，子どもの内的な状態についての情報を得，自らの行為を評価し，さらに次の行為へとつなげていくことができる。また，子どもも養育者の感情表出を読みとり，それによって自分の行為を調整することができるのである（社会的参照）。

特に西欧社会では古くから感情は理性の対極とされ，生活を乱す厄介者とされてきた。しかし，現在ではそのような見方は大きく変わり，感情は決して理性と対立するものではなく，われわれの行動を支える合理的・機能的側面を持ち，子どもの発達においても非常に重要な役割を担っていると考えられているのである。

［2］感情の発達

では，このように子どもの発達において重要な役割を果たす感情はどのように出現してくるのだろうか。感情の発達についてはさまざまな説があるが，ここではM.ルイス（Lewis, 1993）の説を中心に説明する。

ルイスは乳児の表した感情を観察し，生まれてからの3年間の感情の発達を図4－1（次ページ）のようにまとめた。この図にあるように，おとなの持つ感情の多くは2～3歳頃までに発達すると考えられる。

さてルイスによると，乳児にはまず苦痛，満足感，興味という3つの感情が存在する。そして3カ月までに，満足から喜びが分かれて生じる。生まれたばかりの乳児でも，うとうとしている時などにほほえみを示すことがある。ただし，このほほえみは生理的状態を反映したもので，周りからの働きかけによって生じるものではない*。見知った出来事や人の顔など，何らかの刺激に対して喜びを示すようになるのが，3カ月頃までということである**。

苦痛からは，まずは悲しみと嫌悪，そして怒り，最後に恐れが分化してくる。

悲しみが苦痛から分かれて出現するのも，喜びと同様に3カ月頃までである。悲しみが苦痛から分化するのと同時期に，口の中に入ったまずいものを吐き出して取り除くという原初的な形の嫌悪もみられるようになる。

怒りは，悲しみや嫌悪より少し後の4～6カ月の間に出現する。この感情は子どもが欲求不満の時や，自分がやろうとしていることをじゃまされた時に生じる。すなわち，怒りは自分を妨害するものに対する反応と考えられる。そして，この感情が乳児期にみられるということから，かなり早い時期から子どもは自分の目標とそれをじゃまするものを認識し，「どのようにしたら自分の目標が達成され

＊このような生理的な反応としてのほほえみは生理的微笑と呼ばれている。
＊＊人の顔や周囲の人からの働きかけに対するほほえみは，社会的微笑と呼ばれる。

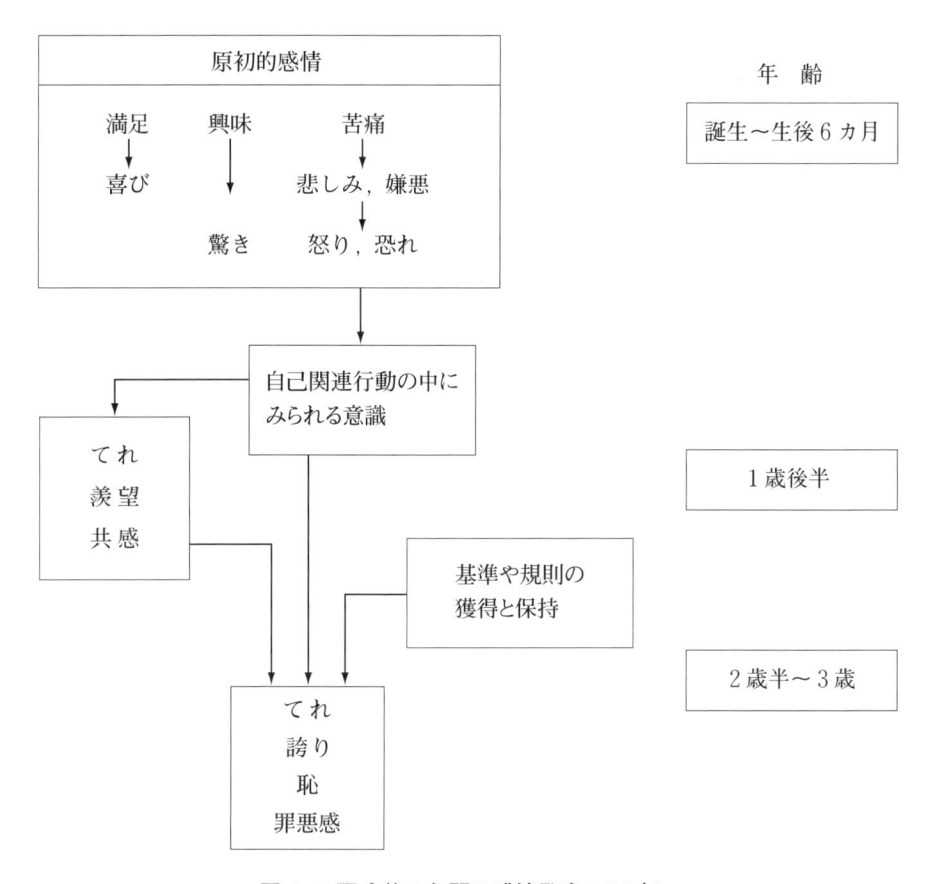

```
┌─────────────────────────────┐
│         原初的感情           │                    年　齢
│   満足　興味　苦痛           │
│   ↓    ↓    悲しみ, 嫌悪    │              ┌──────────────┐
│   喜び        ↓              │              │ 誕生〜生後6カ月│
│         驚き  怒り, 恐れ     │              └──────────────┘
└─────────────────────────────┘
              ↓
      ┌──────────────────┐
      │ 自己関連行動の中に │
      │ みられる意識      │
      └──────────────────┘
     ↓            ↓
┌─────────┐                                  ┌──────────────┐
│ てれ    │                                  │   1歳後半     │
│ 羨望    │                                  └──────────────┘
│ 共感    │
└─────────┘         ┌──────────────┐
                    │ 基準や規則の │
                    │ 獲得と保持   │
                    └──────────────┘
              ↓        ↓
          ┌─────────┐                        ┌──────────────┐
          │ てれ    │                        │ 2歳半〜3歳   │
          │ 誇り    │                        └──────────────┘
          │ 恥      │
          │ 罪悪感  │
          └─────────┘
```

図4−1 ■ 生後3年間の感情発達のモデル
＊この図はM.ルイス（Lewis, 1993, p.232）のFigure 16.1に基づき作成した。

るのか」についてある程度考えられるような認知能力を発達させているといえよう。

　恐れの出現は怒りよりもさらに遅く，6カ月頃になるようである。この感情も怒りと同様に認知の発達と結びついている。恐れの発達には比較という認知能力が必要になる。すなわち恐れは，この感情の原因となる出来事と恐れを引き起こさない（安全な）出来事とを比較できるようになって生じる。したがって，生まれてすぐは見知らぬ人への恐れはみられないが，記憶の中にある自分の知っている人の顔と目の前にある人の顔を比較でき，その違いに気づくようになると，子どもは人見知りをするようになる。なお高さに対する恐れのように，認知能力だけでなく運動能力の発達も影響することがある。高さに対する恐れは，はいはいができるようになった後に生じるといわれている。おそらく自分で移動できるようになり経験の範囲が広がる中で，このような恐れも学んでいくのだろう。

　また6カ月頃には驚きが興味から分かれて発達する。驚きは予想が外れた時や自分の信じていること（信念）と違うことが起こった時に示される感情であるが，何かを発見した時にもこの感情は生じる。

第4章●乳幼児期の感情の発達

以上のように、生後8〜9カ月までの間に基本感情と呼ばれるような感情（つまり、喜び、悲しみ、嫌悪、怒り、恐れ、驚き）が発達してくる。そしてこれらの初期の感情の出現には、認知能力の発達が影響している。この他に愛着など他者との対人関係や運動能力の発達も関連していると考えられる。

したがって、子どもの発達を待つだけでなく、周囲のおとなは子どもの表情や反応から感情や欲求を読みとって反応を返したり、子どもに合ったペースで、できるだけ多彩な経験をつませることも、感情を育てていく上で大切であろう。

さて、1歳後半頃になると、客体的自己意識＊が発達してくる。客体的自己意識が発達した結果、てれ、羨望、共感などの自己意識的感情と呼ばれる新しい感情が出現する。言いかえると、自分と他者は違う人間であることに気づき、自分に注意を向け、他者から自分はどのように見られているのかを認識できるようになると、これらの感情が生じてくる。

＊この意識は自己関連行動において示される。例えば、子どもの鼻に気づかれないように口紅を塗った後に鏡を見せたとき、図4-2のように子どもが鏡に映った像ではなく、自分自身の鼻を触ったら、客体的自己意識が発達していると考えられる。

以上の自己意識的感情は自己評価を必要としていないが、次に述べる感情のグループは、自己評価の発達が必要となる。

自分の行動をおとなの許可や賞賛などの外的基準や、それまでに学習したり、子ども自身が発達させてきた内的基準にてらして評価する自己評価の能力は、2歳頃に生じる。この自己評価能力と関連した感情が自己意識的評価感情と呼ばれる誇り、恥、罪悪感で、3歳頃に発達してくる。すなわち、自分の感覚や行動を基準と比較し、その結果自分が基準に達していないと判断すると恥や罪悪感を感じる。反対に、基準を達成できた場合は誇りを感じる。たとえばお漏らしをしないでトイレに行けた時、子どもは誇らしげな顔をするが、我慢しきれず漏らしてしまうと、気まずそうな様子をみせる。以上の自己意識的評価感情、特にその中でも罪悪感は、道徳性や後で述べる向社会的行動の発達と関連するといわれている（Eisenberg, 2000）。

ここまで見てきたように、3歳頃までに子どもの感情は大きく分化していく。そして、その後もさまざまな経験や新たな認知能力の発達などを通して、感情は複雑になる。

なお、「私はうれしい」、「私は悲しい」など、自分自身の感情について意識できるようになるには、当然のことながら自己の発達が必要である。

また、罪悪感や恥の発達には、自分と他者が違う存在であることを理解したり、自分や他者が何かを引き起こす存在であると認識できるかどうかといったことも影響する（Ackerman, Abe, & Izard, 1998）。このことから、子どもが自分と他者の違いに気づき、「自分」をしっかりと持てるようにおとながかかわっていくことは、自己の発達だけでなく、感情の発達にも結びつくと考えられる。

子どもが表した感情に対する周囲の人の対応や反応などから、自分の感情について学び、意識できるようになっていく部分も大きい

図4-2■自己関連行動の例

(Lewis, 1998)。したがって、おとなは子どもの示している感情を読みとって名づけたり（「恐かったね」、「楽しいね」、「悪いことしちゃったなって気持ちかな」）、原因について述べたり（「おもちゃをとられて怒ったのね」）、対応したり（抱き上げる、ほほえみ返すなど）して、子どもの中の感情を育て、そしてその感情を子ども自身が意識するためのてがかりを提供するような関わりを心がけることも大切である。

また自己意識的評価感情については、社会的基準の理解と行為の善悪の判断が関連してくる。このため、これらの感情を育てるにはただ「ダメでしょ」と叱るのではなく、社会的基準の説明（「〜するのは良い／良くない」）や、子どものとった行動の説明（「○○と思って××したのね」「○○したのはとても良いことだよ／良くなかったね」など）、さらに今後どうしたらよいのかといったことの説明なども重要であろう。

2 感情制御と養育者による感情の社会化

［1］感情的有能さと感情制御

今までに述べたように、子どもは3歳頃までに、大人とほぼ同じような感情のレパートリーを持つようになるが、子どもはさらにこれらの感情をうまく使うことを学んでいかなければならない。子どもは、感情に関するさまざまな知識やスキルを他者との感情的コミュニケーションを通して蓄え、それを活用することで、自分の置かれた社会的文脈にふさわしい振る舞いをすることができるようになっていくのである。このような感情をうまく使う能力を「感情的有能さ」と呼び、それには表4－1に示すような主に8つのスキルが含まれている（Saarni, 1999）。表4－1によると、感情的有能さには非常に多様な側面が含まれていることがわかるが、これらの側面は大きく2つにわけて考えることができるだろう。すなわち、自己の感情状態や感情表出をうまくコントロールするという感情制御の側面と、自己や他者の感情を正しく理解するという感情理解の側面である。感情理解に関しては後に詳しく述べることにして、まず感情制御やその発達について考えてみたい。

ところで、感情制御という用語にはどのような意味が含まれているのであろうか。現在のところ、感情制御という用語は大きく2つの意味を持っていると考えられている（Fox, 1994）。ひとつは、感情が個人の内的過程及び外的行動、さらに社会的相互作用を調整・制御する働きを持つという意味である（たとえば、須田, 1999）。すなわちこれは、制御するものとしての感情という側面に注目している。もう1つは、個体が感情の表出・反応の形態、あるいは感情そのものを何らかの形で調整・制御するという意味である（たとえば、Kopp, 1989）。すなわちこれは、制御される対象としての感情という側面に注目しているのである。

表4-1 ■感情的有能さの8つのスキル (Saani, 1999, p.5より改変)

スキル1	自分の感情状態に気づく能力
スキル2	状況や表出の手がかりから他者の感情を認識する能力
スキル3	自分が所属する文化で一般的に用いられている感情に関する語彙や感情表現を使う能力
スキル4	他者の感情経験に共感的にかかわる能力
スキル5	内的な感情状態と外的な表出が必ずしも一致しないことの理解や，自分の情動表出が他者に影響を及ぼすことの理解
スキル6	様々な自己制御方略を利用して自分の否定的な感情状態に適応的に対処する能力
スキル7	感情がどのようにやりとりされるかによって，他者との関係性がかなり規定されていることの理解
スキル8	感情に関して自己効力感を持っていること。

　このように，感情制御という用語は2つの異なる意味で使われているが，一般には後者の意味で使用されている場合が多い（遠藤, 1995）。そこでこれからは，後者の意味での感情制御，すなわち制御される対象としての感情という側面に焦点をあてて述べていくこととする。感情制御をこのように考えた場合の定義として比較的よく紹介されているものにR. A. トンプソン（1994）のものがある。彼は感情制御を「個人の目標を達成するために，感情的反応（特に強度や時間的性質など）を監視したり，評価したり，改変したりするための，外的及び内的プロセス」と定義している。非常に幅広い定義であり，感情制御にはレベルの異なるさまざまなプロセスが含まれることが想定されている。

　はじめに述べたように感情には「感情状態」，「感情表出」，「感情体験」という3つの位相が含まれているが，K. A. ドッジとJ. ガーバー（1991）は，感情制御に含まれるさまざまなプロセスをこれらの3つの位相に相当する，神経生理学−生化学的領域，認知−経験的領域，運動−行動的領域の3領域にかかわる3つの次元に整理して考えている（図4−3）。すなわち，第1の次元は領域内の制御とされ，3つの領域それぞれの内部における制御について扱うものである。たとえば，心拍の変動が他の神経生理的側面に影響を与えるといった同じ領域内で起こる制御がこれにあたる。第2の次元は領域間の制御とされ，3つ領域の相互作用による制御について扱うものである。たとえば，感情の認知が感情の表出に影響を与えるといった領域と領域の間で起こる制御がこれにあたる。第3の個人間の制御とは，これらの3つの領域すべてをもつ個人とそれにかかわる環境との間の相互作用による感情制御について扱うものである。たとえば，子どもが母親の援助を受けて感情を制御するといった例がこれにあたるのである。

　それでは，子どもの感情制御はどのように発達していくのだろうか。子どもの

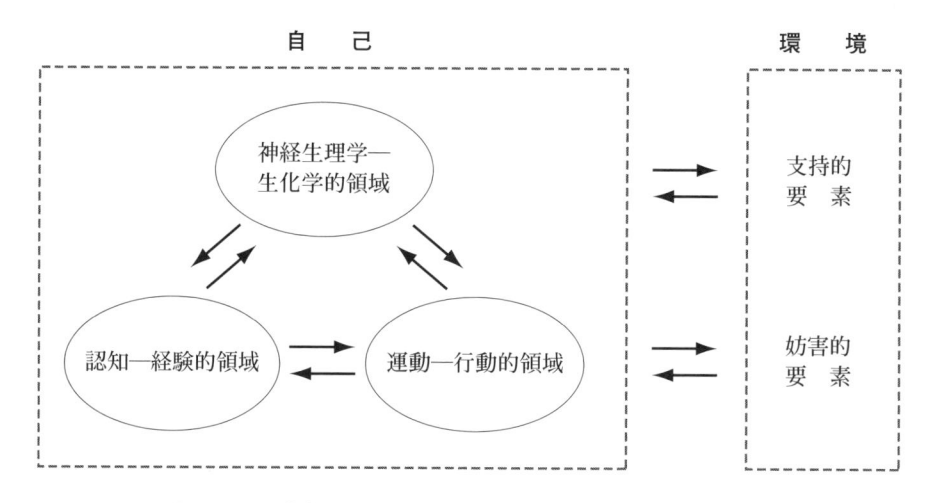

図4-3 ■感情制御の概念図式 （Dodge & Garber, 1991 p.7 より）

　感情制御の発達には大きく分けて3つの側面があるとされている（Walden & Smith, 1997）。第1は，一般的には他律から自律へと言われているような，感情の二者間制御から自己制御への移行（Sroufe, 1996）という側面である。生後1年ほどの間は，子どもの感情は主に養育者主導で制御される。養育者は子どもの感情表出を読みとり，意味を付与し，それに応答することによって子どもの感情を制御するが，特に生後半年ほどの間はその相互作用に子ども側の意図が関わる余地はあまりない。もちろんそれは，生まれて間もない乳児に感情制御行動がみられないという意味ではない。乳児自身が，未熟ながらもたとえば視線をそらせたり，指を吸ったりというような制御行動を行うことは可能であり，しかもそれは徐々に増加していくのである。そして生後半年をすぎるころから，子どもは意図的に養育者を求めるようになる。第3章で述べたような愛着関係の発達に伴い，子どもは感情制御のために特定の養育者を相互交渉の相手とし，接触を求め，自ら行動するようになるのである。このころは，感情制御に子どもと養育者の両者が積極的に関与する，まさに二者間制御の時期であるといえよう。
　その後幼児期全般を通して，子どもの感情制御は，養育者主導の対人間方略から子ども自身による個人内方略へと変化していく。すなわち，感情の自己制御が可能になっていくのである。この変化は，子どもの表象作用や言語，また自己意識の発達などによって支えられている。しかし，この変化は急激に起こるのではなく，養育者の援助の下に感情の自己制御が行われる移行期的な段階がその前に存在すると考えられており，それは幼児期前期にあたる。幼児期前期には，子どもは養育者の援助がなくても自己制御活動のみで自分の感情をうまく制御することができることもあるが，まだほとんどの場合それは難しく，養育者の支持的な介入により子どもの感情制御が可能となる場合が多い。また養育者も，まだ自分の助けなしに子どもだけで感情を制御することを期待してはいないだけでなく，

子どもが養育者の指導に従うことを期待しているのである。小学校に入るころまでには，子どもは多くの場合，もはや養育者の助けがなくても感情を自己制御することができるようになる。そして養育者の感情制御方略は内化され，子どもの自己制御方略の形成に影響を与えると考えられている。

　感情制御の発達の第2の側面は，幼い時期には制御方略のなかでも具体的行動方略（例えばおもちゃで遊ぶなど）がよく使用されるが，成長とともに精神的方略（例えば状況の肯定的側面について考えるなど）が加わってくるというものである。子どもの持つ感情に関する知識の増加による自他の感情状態の推測能力の増大もこのような側面に影響を与えている。

　第3の側面は，感情の時間的もしくは強度の特徴に関する変化である。発達につれ感情の制御能力が増すとともに，制御は速くなり，覚醒度の調整がうまく行われるようになり，強度のピークが変化し，回復時間も短縮するなどの特徴がみられるようになるとされている。

［2］養育者による感情の社会化

　子どもの感情の発達に影響する要因はさまざまであり，たとえば，気質的特徴や認知的特徴などといった子ども自身の特徴も影響を与えている。しかし，先ほど述べたような感情的有能さの発達に特に大きな影響を与えるのが，感情の社会化というプロセスである。感情の社会化には子どもの仲間関係なども関わってくるが，子どもの年齢が低いうちは，社会化の主なエージェントとして重要なのはやはり養育者である。

　養育者による感情の社会化には，「モデリング」「随伴性」「指導」という3種類のメカニズムがある（Halberstadt, 1991 ; Denham, 1998）。モデリングは，養育者自身の感情表出やその特徴が子どもの感情の発達に影響を与えるというものである。養育者の感情表出は，特定の状況下でどのような感情が表出されるのか，そしてどのような感情表出が受け入れられるのかを暗黙のうちに子どもに伝えている。たとえば，恐ろしいものを見た時の養育者の感情表出や対処を見ることで，子どもは恐れを表出する表情や仕草，またそのような感情をコントロールする方法を学ぶのである。また，養育者の作りだす感情的な環境が子どもの感情の表出傾向に影響を与える。養育者の感情は，その場の相互作用における子どもの感情表出に直接的に影響するだけでなく，他の状況下での子どもの感情の表出傾向にも影響を与えるといわれている。たとえば養育者の否定的感情の表出はその場での子どもの否定的感情の表出と関連しているが，その効果は養育者がいない場所でも持続することが報告されている（Denham & Grout, 1992）。

　さらに，養育者の感情表出は，子どもの感情理解の発達にも影響を与える。すなわち，養育者がさまざまな感情を自由に表出すれば，子どもはそれらの感情の意味や適切さについて学ぶことができるが，養育者がつねに否定的な感情を表出

していると，子どもはいつも不安で感情がうまく制御されない状態にさらされていることになり，感情について多くのことを学ぶことができないと指摘されている（Dunn & Brown, 1994）。

随伴性は，子どもの感情表出に対する養育者の反応が，子どもの感情発達に影響を与えるというものである。子どもの感情表出に対して報酬を与えるような養育者の反応（たとえば子どもの感情表出をうまくとらえ，対処法などの適切なアドバイスを与える）は，子どもの肯定的な感情を持続させ，否定的な感情への耐性を高め，否定的な感情をうまく制御するように子どもを導く。一方，子どもの感情表出を罰するような養育者の反応（子どもの感情表出を無視したり，ごまかそうとしたり，馬鹿にしたりするなど）は，子どもが感情の重要性を学んだり，うまく対処する事を学ぶ機会をつぶしてしまうことになるのである。さらに，子どもの感情に対する養育者の適切な反応は，子どもの感情表出の調整を促進する。たとえば，子どもは養育者の反応から怒りを表出してよい状況とそうではない状況の区別を知ることができるし，またどの程度怒りを表出して良いかについても学ぶことができるのである。

指導は，子どもの感情表出を養育者が言語化したり，感情について話し合ったりすることを含んでいる。養育者が感情について話すことは，感情についてのさまざまな情報を子どもに直接的に教えることになるため，子どもの感情の発達にとって重要であると考えられている。このような指導と関係する概念に，メタエモーションがある。メタエモーションはJ. M. ゴットマンらが提唱した概念で，養育者自分自身と子どもの感情に対する感情と思考が構造化されたものである（Gottmanら, 1997）。メタエモーションは単なる感情についての感情ではなく，感情と思考の両者，また感情の実行機能を含むものと考えられており，情動に対する「気づき」と「指導」という2つの次元からなっている。たとえば子どもが何らかの感情を表出した時，養育者は子どもの感情に気づき，それを認め，ラベルづけし，対処の仕方を教えるかもしれない。こういった一連のふるまいや，それを支える養育者自身の感情や思考といったものがメタエモーションである。養育者のメタエモーションは，養育者の養育行動に影響するだけではなく，子どもの生理的制御機能，ひいては感情制御能力に影響をあたえ，さらに子どもの後の対人関係や学校の成績などに影響を与えるという結果も報告されている。

このように養育者による感情の社会化にはさまざまなメカニズムがあり，子どもの感情の発達に多様な影響を与えている。養育者は子どもの感情発達においても非常に大きな役割を担っていることを理解し，適切な援助ができるように心がけなければならない。ところで，今までに養育者の適切なかかわりが必要であるということを何度も述べてきたが，どのような感情が"適切"であるかは，私たちが所属している社会・文化的文脈によって異なっていることを，改めて指摘しておきたい。泣いている子どもをなだめようとする時にどのような方略を利用し

ようとするかという，ごく日常的に繰り返される関わりでさえ文化間でかなり異なっており，たとえばアメリカの母親は，日本の母親に比べて身体的接触をあまりしようとせず，言葉や表情で子どもをなだめようとすることが多い（氏家，1997）などという相違が報告されている。このような違いは，養育者の感情に対する考え方だけでなく，子育てそのものに対する信念の違いなどからもたらされており，さらに感情の社会化を通して子どもたちに受け継がれていく。感情やその制御の発達は，社会・文化的文脈の中に位置づけられて初めて意味をもつものであることを忘れてはならない。

3 他者感情の理解と向社会的行動の発達

[1] 他者感情の理解

ここでは，前節でふれた感情的有能さの2側面のうち，感情理解，特に他者感情の理解の側面をとりあげる。他者の感情に気づき理解することは，より良い人間関係を築くためにも重要である。では，子どもはいつ頃から他者の感情を理解できるようになるだろうか。

私たちは，表情を手がかりに他者の感情を理解することがよくある。新生児でさえも人間の顔には特別な反応を示すといわれている。また，3〜4カ月程度の乳児は，ほほえみとそれ以外の感情を示した表情を区別できることもさまざまな研究で示されている。ただしこの時期には，表情の示している意味を理解できていない（吉川・益谷・中村，1993参照）。他者の表情の意味を理解し始めるのは，おそらく10カ月前後であろう。子どもはこのくらいの年齢になると，どうしたらよいか自分では判断できないような状況におかれた時に，母親の表情をみて自分の行動を決めるといった，社会的参照を行うようになる。たとえば見慣れないおもちゃがあった時に，子どもは母親がほほえむとそのおもちゃに近づくが，恐そうな顔や怒ったような顔をしている時はおもちゃに近づくのをやめる。なおこの段階では，表情の理解はポジティブ，ネガティブといった程度のもので，個々の感情を区別した理解はまだ難しいと考えられる。

表情を手がかりに他者の感情を推測する能力は，年齢とともに発達していく。ここでも，感情の発達と同様に基本感情と呼ばれる喜び，悲しみ，怒り，恐れ，嫌悪での理解がより早く発達する（Wiggers & van Lieshout, 1985）。ただし，特に年少の子どもの場合は表情を混同することがある。このような間違いは怒りと悲しみなどネガティブな感情の間で起こりやすいが，悲しみと中立の（特に感情は表現されていない）表情を混同することもある（Reichenbach & Masters, 1983）。

他者の感情は，表情などの感情表出だけでなく，その他者のおかれた状況を手がかりに理解することも可能である。この能力は，早い時期から発達しはじめている（例えば，L.ミケールソンとM.ルイス（Michalson & Lewis, 1985）によると，

2歳児でも「誕生日パーティーの時」といった単純な状況であれば、状況のみから他者が喜びを感じていると理解できる)。

　状況から他者の感情を推測することも、最初はポジティブとネガティブの区別から始まり、年齢とともに理解できる感情が増え、より複雑になっていく。たとえば3歳児は状況からポジティブな感情とネガティブな感情を区別できるが、悲しみ、怒り、恐れを区別して理解することは難しい。他方、4歳児は悲しみと怒りを区別でき、5歳児になると状況を手がかりに悲しみと恐れ、および悲しみと怒りをそれぞれ区別して理解できた（DeConti & Dickerson, 1994）。

　この他、さまざまな研究をまとめると、おそらく、5歳頃には他者の喜び、悲しみ、怒り、恐れ、嫌悪を状況からある程度理解できるようになり、特に5歳前後の発達的な変化はかなり大きいと考えられる＊。ただし、感情の原因の性質を考慮しなければならないような状況や、「ウサギはかごの中にいると思っていたのに、他の子が抱いていた時の感情」といった他者の信念（この例の場合の他者の信念は「ウサギはかごの中にいる」）を考慮しなければならないような状況、あるいは他者の行為が感情の原因となる対人的な状況（たとえば「太郎くんの使っていた積み木を次郎くんが勝手にとった」）などの、より複雑な状況の場合、基本感情に含まれるような感情であっても、状況から適切に理解できるようになるのは5歳頃か、場合によってはそれ以降である＊＊。

　なお、言葉の発達から感情の理解を調べた研究では、言葉を話し始める2歳前後にはすでに他者の感情に関心を持ち、他者の感情を何らかの方法で推測する能力が発達し始めており、さらに感情の原因やその影響についても簡単な知識を持っていることが示唆されている（Bretherton, Fritz, Zahn-Waxler, & Ridgeway, 1986参照）。

　ところで、他者の感情をより正確に理解するには、ある状況では一般的にどのような感情を感じるか（「誕生パーティでは、うれしいと感じる」など）ということだけでなく、それぞれの人物の好み、立場など、さまざまな手がかりが必要である。さらに、それらの複数の手がかりをできるだけ矛盾のないように統合しなければならない。このように表情、状況、好み、社会的カテゴリーといった複数の手がかりをうまく統合して他者の感情を理解できるようになるのは、6〜7歳ぐらいからのようである（Genepp, 1989）。以上をまとめると、5歳頃には他者感情の理解に大きな変化が生じると考えられる。

　以上のような表情や状況といったさまざまな手がかりを利用して他者の感情を理解する能力の発達や、感情の原因の理解の発達には、認知能力や言語能力の発達が影響している。しかしそれだけでなく、前節で述べたように、周りの人が感情について会話をしたり、感情の原因について述べたりすることもまた、これらの感情の理解の発達に影響する。また、周囲のおとなが示す感情も、子どもの感情理解に影響する。したがって、子どもとかかわる際には、不必要に怒ったり、否定的な感情

＊この発達についての見解は、DeConti & Dickerson(1994)、Michalson & Lewis(1985)、Reichenbach & Masters(1983)、Wiggers & van Lieshout(1985)、およびBroke(1971)を参考にした。

＊＊この点については、De Conti & Dickerson(1994)、Hadwin & Perner(1991)を参考にした。

や反応ばかりを返すのではなく肯定的な感情の割合を多くしながら，多様な感情で接するように心がけるべきだろう。そして感情を名づけたり，その原因について説明したり，あるいは感情に結びつくような心の状態（欲求，信念など）について話したりし，さらには自分と他者では同じ状況でも違う感情を持つ場合もあるということを体験させたり，解説したりすることによって，子どもの他者感情の理解の発達を援助できると考えられる。特に感情そのものの理解が十分に発達していない，より年少の幼児の場合は，混乱しやすい感情や複雑な状況については，当たり前と思えることでも丁寧に解説したり，その子どもの感情を代弁したり，子ども自身と他の人の感情の違いについて説明することが必要であろう。

［2］共感と向社会的行動

共感についてはさまざまな定義があるが，一般的には「他者の感情の状態を理解し，そして，他者の感情と同じような感情を共有すること」と定義される。したがって，前項の感情の理解は共感の基礎になると考えられる。ただし他者の感情を正確に理解できたとしても，必ずしも共感につながるわけではない。他者が苦痛を感じていることに気づいた結果，他者と感情を共有せず，自分自身が不快になったり不安を感じたりすることもある。

N. アイゼンバーグ（Eisenberg, 2000）によると，こうした他者の感情の推測や共感は，向社会的行動＊などの社会的行動と密接な関連がある。たとえば他者の苦痛に共感し，苦痛を気づかったりすることは向社会的行動に結びつきやすい。これに対し，他者の苦痛に対して自分自身がいやな気持ち，すなわち個人的苦痛を感じた場合は，他者の苦痛を取り除くことが，自分の苦痛を取り除く方法として最も簡単な場合にのみ，向社会的行動が生じる。

またアイゼンバーグは，情動性，特にネガティブ情動性＊＊と感情制御能力の組み合わせによって，向社会的行動や問題行動を示す傾向が変化すると述べている。たとえば，情動性が低く，感情を強く感じることが比較的少ない場合は，感情制御能力の高低に関わらず，向社会的行動を示す傾向が高い。しかし情動性が高い場合は，感情制御能力の高低によって結果が変わってくる。すなわち，情動性が高くても，感情を適度にコントロールできれば，他者の感情に共感し他者の苦痛を気づかい，向社会的行動を示す傾向が高くなる。しかし感情のコントロールがうまくいかないと，個人的苦痛を感じ，問題行動を示す傾向が高くなる。ところでRoberts & Strayer（1996）は，感情を表現するほど共感が高いことを示している。このこともあわせて考えると，適度に情動性が高く（つまり適度に感情豊かで），自分の感情を適切にコントロールできることは，向社会的行動につながるといえるだろう。

それでは，他者感情の理解や他者の感情への共感，あるいは情動性や感情制御は，どのようなプロセスを通って，向社会的行動へとつながっていくのだろうか。

＊共感と同様，向社会的行動の定義も多くあるが，一般的には「他の人を助ける，他人と協力するといった，他者のためになるような自発的な行動」と定義される。

＊＊情動性とは感情的反応の強さや，感情の激しさのことであり，ネガティブ情動性とは，否定的な感情の感じやすさやその激しさのことである。

図4－4は感情を含む他者の反応を受け取った後，今度は自分がその人に反応を返すまでのプロセスを示したものである。まず他者とのやりとりが始まると，やりとりの相手の感情やその場の状況などを読みとり，解釈する（①，②）。そして感情や状況を解釈した結果，あるいはその人との関係などにてらして，たとえば「相手ともっと仲良くなる」といった目標を立てる（③）。目標が決まったら，どうすればその目標を達成できるかを考え（④），思いついた方法の中から行動に移すものを選ぶ。そして実際にどうするかを決定し（⑤），行動に移す（⑥）。この結果，再び相手から反応が返ってくるので，最初の①の段階に戻り，さまざまなことを読みとることになる。

　実際には，この図に示された流れはほとんど意識されずにすぎていくものであり，時と場合に応じて前の段階に戻ることもあるだろう。そして，他者の感情や状況を適切に読みとって解釈し，その人のためになり，お互いにとってよりよい

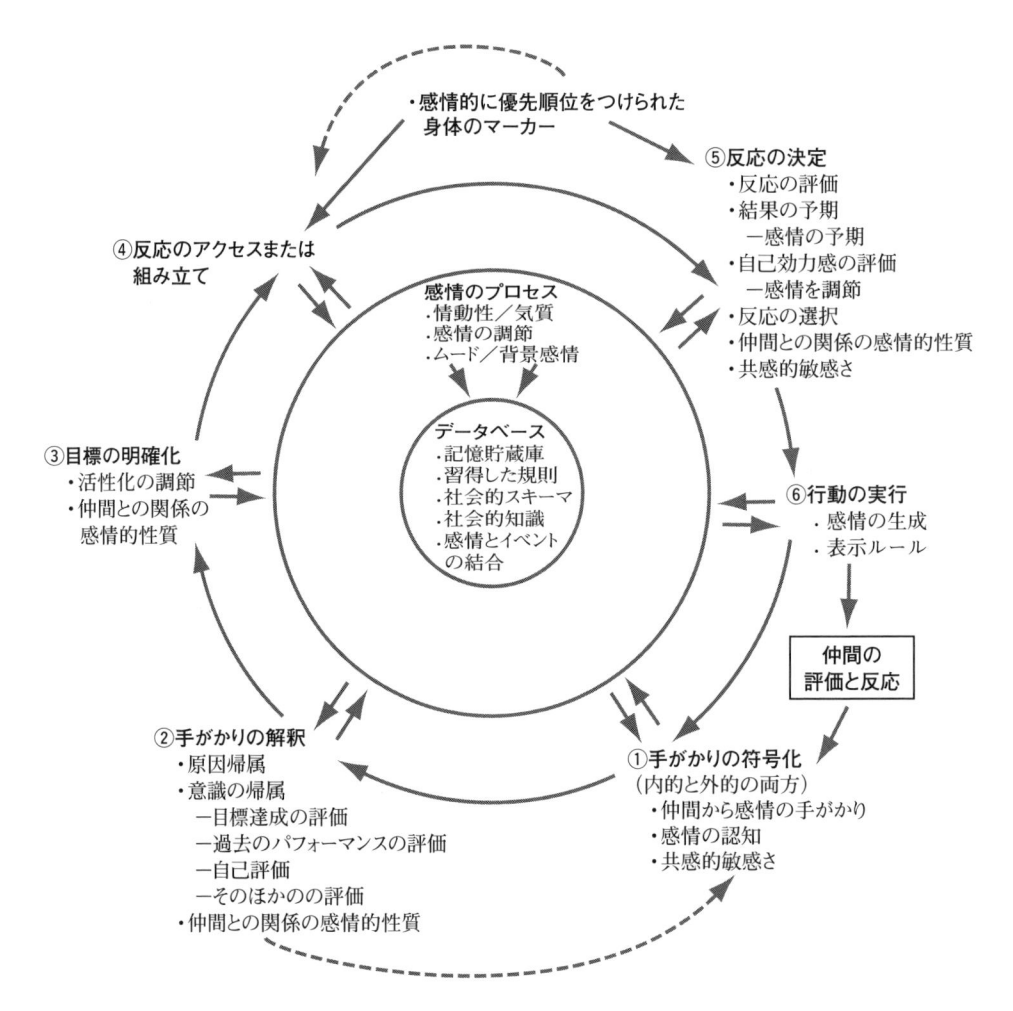

図4-4 ■社会的情報処理において感情プロセスと認知を取り入れた統合的モデルのモデル
　　＊この図はLemerise & Arsenio（2000, p.113）のFigure 2に基づき作成した。

関係を維持することを目標とし，この目標を達成するための効果的な方法を実行した場合，向社会的行動が示されるのではないだろうか。逆に，この流れのどこかの段階でつまずいたり失敗したりし，最後までそのつまずきや失敗が修正されない場合は，向社会的行動をとることができず，対人関係の問題などが生じる可能性がある。したがって，子どもの向社会的行動の発達を促す方法の1つとして，図の流れがスムーズにいくように，各段階に必要な能力の発達を援助することが考えられる。

　この流れのすべての段階に影響しうるものとして，情動性と感情制御がある。感情制御の発達の援助については，前節やこの節の前半で述べたようなことがあげられる。適度な情動性を育てるようなかかわりとしては，1節や2節で述べたことが参考になるだろう。その他，共感性も複数の段階に関連しているが，共感性の発達には養育者との安定した愛着（第3章参照）や，周囲のおとなが他者に共感的に関わることによって，促進されるといわれている（澤田, 1992）。当然のことながら，いずれの能力についても子どもの中に感情を育てることが大切である。

　またデータベースもすべての段階に関わってくる。たとえば，相手の感情を読みとったり，解釈したりする時に，データベースに蓄積されたそれまでの経験や，「『誕生パーティ』という状況では『喜び』を感じる」といった状況と感情の組み合わせの知識なども参考にする。また目標を立てる段階や，目標を達成するための方法を考え，決定する際にも，データベースに入っているそれまでの経験や，学んできたルールを参考にするしたがって，データベースを充実させることも忘れてはならない。そのためには，おとなが子どもの手本となるように他者に共感したり，向社会的行動を示したりする，それぞれの状況にあった感情を表現する，あるいは感情の原因や感情を引き起こす状況について説明するといったことが考えられる。さらに，データベースに蓄積された知識をできるだけ多様な場面で適用できるように，個々の事例をまとめるような説明をすることも必要である。特に認知能力が十分に発達していない子どもにとっては，このようなまとめは大きな助けとなるであろう。

　なお，同じように「向社会的行動をとれない」という結果になったとしても，その理由はさまざまである。他者の感情や状況を読みとるのに失敗したり，解釈を間違ってしまったからかもしれないし，感情や状況の解釈は適切でも，社会的に望ましくない目標を立てているのかもしれない。あるいは，設定した目標を達成するための方法を知らないのかもしれない。たとえば，1歳代の乳児でも悲しそうにしている人を慰めようとするが，その時に（相手の好みに関係なく）自分の好きなおもちゃを差し出したりする。より年長の幼児でも他の子を慰めようとして苦しみの原因となった人を攻撃することもある（澤田, 1992参照）。知識としてどうするべきかということを知っていたとしても，自分自身の感情制御がうま

くいかず，相手とけんかをしてしまうこともあるだろう。特に年少の子どもの場合はそれぞれの段階を別々に考えると適切に判断できるが，それらをまとめて行動に結びつけていくことができないという可能性も考えられる。

したがって実際に援助する際には，子どもが何につまずいているのかを明らかにし，援助の焦点をはっきりさせるべきである。また，まず最初に子どもができている部分を認めることも大切である（たとえば，自分の好きなおもちゃを差し出して他の人を慰めようとした場合に，「○○ちゃんを喜ばせようとしてくれたのね」と慰めようとしたことを認め，その後で「○○ちゃんはこのおもちゃが好きだから，このおもちゃを持っていってあげよう」とより効果的な方法を提案するなど）。

以上，この章では子どもの感情の発達に関連することについて説明してきた。最初でも述べたように，感情は私たちの行動に影響し，子どもの発達において重要な役割を果たす。そして乳幼児期は，他者とのかかわりの中で，感情の基礎が作られていく時期である。したがって，子どもの感情の発達を支えるためには，子どもとおとな，あるいは子ども同士のかかわりを大切にし，さらに，子どもたちと関わるおとな自身が自分の中に豊かな感情を育てていくことが重要ではないだろうか。

〈引用文献〉

Ackerman, B. P., Abe, J. A. A., & Izard, C. E. Differential emotions theory and emotional development: Mindful of modularity. In M. F. Mascolo & S. Griffin(Eds.), *What developmes in emotional development?* New York: Plenum Press, pp.85-106, 1998.

Bretherton, I., Fritz, J., Zahn-Waxler, C., & Ridgeway, D. Learning to talk about emotions: A functionalist perspective. *Child Development, 57*, 529-548, 1986.

Campos, J.J., Campos, R.G., & Barrett, K. C. Emergent themes in the study of emotional development and emotion regulation. *Developmental Psychology, 25*, 394-402, 1989.

DeConti, K. A., & Dickerson, D. J. Preschool children's understanding of the situational determinants of other's emotions. *Cognition and Emotion, 8*, 453-472, 1994.

Denham, S. A. *Emotional development in young children.* The Guilford Press, 1998.

Denham, S. A., & Grout, L. Mother's emotional expressiveness and coping: Topography and relations with preschooler's social-emotional competence. *Genetic, Social, and General Psychology Monographs, 118*, 75-101, 1992.

Dodge, K. A., & Garber, J. Domains of Emotion Regulation. In J. Garber & K. A. Dodge (Eds.), *The development of emotion regulation and dysregulation*, 1991.

Dunn, J., & Brown, J. R. Affect expression in the family: Children's understanding of emotions and their interactions with others. *Merrill-Palmer Quarterly, 40*, 120-137, 1994.

Eisenberg, N. Emotion, regulation, and moral development. *Annual Review of Psychology, 51*, 665-697, 2000.

遠藤利彦「乳幼児期における情動の発達とはたらき」麻生武・内田伸子編『講座・生涯発達心理学2　人生への旅立ち』金子書房，pp.129-162，1995

Fox, N. A.(Ed.). The development of emotion regulation: Biological and behavioral considerations. *Monographs of S.R.C.D., 59*, 1994.

Gnepp, J. Children's use of personal information to understand other people's feelings. In C. Saarni & P. L. Harris (Eds.), *Children's understanding of emotion.* New York: Cambridge University Press, pp.151-177, 1989.

Gottman, J. M., Katz, L. F., & Hooven, C. *Meta-Emotion. How Families Communicate Emotionality.* Lawrence Erlbaum, 1997.

Halberstadt, A. G. Socialization of expressiveness: Family influences in particular and a model in general. In R. S. Feldman & S. Rime (Eds.), *Fundamentals of emotional expressiveness.* Cambridge University Press, 1991.

濱治世・鈴木直人・濱保久『新心理学ライブラリ17　感情心理学への招待　感情・情緒へのアプローチ』サイエンス社，2001

Kopp, C. B. Regulation of distress and negative emotions: A developmental view. *Developmental Psychology, 25*, 343-354, 1989.

Lemerise, E. A., & Arsenio, W. F. An integrated model of emotion processes and cognition in social information processing. *Child Development, 71*, 107-118, 2000.

Lewis, M. The emergence of human emotions. In M. Lewis & J. M. Haviland (Eds.), *Handbook of emotions.* New York: Guilford Press, pp.223-235, 1993.

Lewis, M. The development and structure of emotions. In M. F. Mascolo & S. Griffin (Eds.), *What develops in emotional development?* New York: Plenum Press, pp.29-50, 1998.

Lewis, M., & Haviland-Jones, J. M.(Eds.). *Handbook of Emotions* (2nd ed.). Guilford Press, 2000.

Michalson, L., & Lewis, M. What do children know about emotions and when do they know it? In M. Lewis & C. Saarni (Eds.), *The socialization of emotions.* New York: Plenum Press, pp.117-139, 1985.

中島義明他編『心理学辞典』有斐閣，1999

Reichenbach, L., & Masters, J. C. Children's use of expressive and contextual cues in judgments of emotion. *Child Development , 54*, 993-1004, 1983.

Roberts, W., & Strayer, J. Empathy, emotional expressiveness, and prosocial behavior. *Child Development , 67*, 449-470, 1996.

Saarni, C. The development of emotional competence. New York: Guilford Press, 1999

澤田瑞也『共感の心理学　そのメカニズムと発達』世界思想社，1992

Sroufe, L. A. *Emotional development. The organization of emotional life in the early years.* Cambridge University Press, 1996.

須田治『情緒がつむぐ発達』新曜社，1999

Thompson, R. A. Emotion regulation: A theme in search of definition. In N. A. Fox (Ed.), The development of emotion regulation: Biological and behavioral considerations. *Monographs of S.R.C.D., 59*, 25-52, 1994.

氏家達夫「情動の発達」三宅和夫・内田伸子編『乳幼児心理学』放送大学教育振興会，38-47，1997

Walden, T. A., & Smith, M. C. Emotion regulation. *Motivation and Emotion, 21*, 7-26, 1997.

Wiggers, M., & van Lieshout, C. F. M. Development of recognition of emotions: Children's reliance on situational and facial expressive cues. *Developmental Psychology, 21*, 338-349, 1985.

吉川左紀子・益谷　真・中村　真編『顔と心―顔の心理学入門―』サイエンス社，1993

〈参考文献〉

Borke, H. Interpersonal perception of young children: Egocentrism or empathy? *Developmental Psychology, 5*, 263-269, 1971.

Hadwin, J., & Perner, J. Pleased and surprised: Children's cognitive theory of emotion. *British Journal of Developmental Psychology, 9*, 215-234, 1991.

浜治世編『現代基礎心理学8　動機・情緒・人格』東京大学出版会，1981

C. E. イザード『感情心理学　比較発達研究シリーズ1』（荘厳舜哉監訳）ナカニシヤ出版，1996

第5章

Chapter 5

乳幼児期の認知の発達

1 認知すること，行動すること

[1] 環境の知識を獲得できる能力を持って生まれ出ること

あかちゃんは独力で食事もできない状態で生まれ出る。オッパイを飲む時養育者がダッコし口元に乳首を持っていかねばならない。大人と同じように歩き出すには約1年が必要である。しかしながら，近年，新生児は生得的に，光そのものではなく，対象物を見ることができる能力を持って生まれ出ると考えられるようになった（Gibson, 1979）。* 例えば，新生児の段階で，自分の母親を識別できていること，顔と顔でないものなど図形弁別が可能であること，連続する音連鎖から要素を切り取り分節化してリズム，メロディを知覚できること，母親の声がわかること，等々が実験的に明らかになってきている。つまり，あかちゃんは目への光エネルギーの洪水と混沌を見るのではなく，外界を，大人と同じような「認知枠組み」をもって見ることができる能力を持って生まれてくる。

このように，あかちゃんは出力レベル・行動的には「生理的早産」といえるほど未成熟で生まれ出てくるが，入力レベル・認知的には適応的処理ができる状態で生まれ，どんどん認知経験を貯蔵していくのである。

*物理学的に考えると，目は光を受容する器官である。網膜は光のパターン（強弱，周波数・色，空間）を受け取る。しかしながら，私たちは，対象物を見ると，感じる。「対象物が見える」という特徴は，生得的だとGibsonは考えている。

[2] 能動的探索をするあかちゃん（ピアジェ理論による）

言葉の発達を調べてみると，「理解は表出に先行する」という事実が浮かび上がってくる。言葉の発達もまた入力レベルが先に発達すると言える。フロイトは重要なのは患者の信じてきた心的現実であるとしている。つまり，心の中に現実とほぼ同型のバーチャルリアリティを作りそれを現実よりも重要視する動物が人間であるとする。ジャン・ピアジェは，表象の成立・象徴化を元に「心の中で試行錯誤する，つまりシミュレーションして考えること」の重要性を指摘している。「行動してから考える」でもなく，「行動しながら考える」でもなく，「心の中で考えてから行動する」という戦略を採用したこと，現実から時間的・空間的に離

れていろいろと考えることができること，がヒトという種が進化の頂点に立つことを可能にしたと言える。では，どのようなプロセスを経て，ヒトはそのように発達するのであろうか？

　ピアジェは，「人間の本質は好奇心と探索心をもって行動することである」と指摘した発達心理学者の1人である。彼は，まずもって，あかちゃんが自身の身体を思うように操作できるようになることが重要だと考える。あかちゃんにとって自分の身体が動くことが快感であり，欲求なのである。あかちゃんは原始反射を繰り返す。そして，徐々に反射を意識的に抑制する回路を形成していく。反射を抑制することで，随意的に，自分の思い通りに，運動を行えるようになっていく。ピアジェは反射的行動から随意的行動に発達していく経過を循環反応の質的変化として捉えている。

［3］反　射

　反射とは，特定の刺激によって無意識的自動的に特定の筋肉運動・分泌腺活動が誘発される現象をいう。吸啜（きゅうてつ）反射を例にとると，あかちゃんの口の中に指・乳首を入れるとそれに吸いつく。

　随意的・意識的な行動に反射を組み込み，柔軟に環境の変化に対応できることが発達である。脳性麻痺児の場合，原始反射の抑制が困難で，むしろ反射が昂進しすぎることもある。その結果，随意運動の発達が遅滞することになる。療育は，発達と同様に，反射の抑制に焦点が当てられる。なぜなら，把握反射が抑制されないと，ボールは握られたままで，投げることは不可能である。また，交叉性伸展反射とは，首が右に向くと左手は屈曲し右手伸展となり，頭が左に向くと左手伸展し右手屈曲になる反射である。それゆえ，これが随意的に抑制されないと，両手で拍手する，ものを目の前で見て手で掴むことができない。あかちゃんは反射を抑制することで，自分の身体を随意的に，思い通りに動かすことができるようになるのである。表5−1に反射の発達的推移を記した。

表5-1 ■原始反射の生起と消失の時期について

原始反射	説　明	生理的に存在する時期	消失・抑制時期
ルーティング反射	頬に乳首を与えると頭を動かして乳首を口の中に導入する。	0〜3カ月	6カ月
吸啜反射	口の中に入った乳首・指を吸う。	0〜3カ月	6カ月
自動歩行	脇を支え，身体を傾け，足裏を地面につけると，歩行様運動をする。	0〜1カ月	3カ月
把握反射	手のひらに棒などを当てるとそれを全ての指で握る。	6カ月	
交叉伸展反射	頭を右に向けると，右手が伸展し，左手が屈曲する。	0〜4カ月	3カ月

第5章 ● 乳幼児期の認知の発達

［4］第一次循環反応

　吸啜反射が乳首だけでなく，他の刺激にも適用され，吸えるものは何でも吸うようになる。吸えるものは何でも吸うという他の刺激への行動般化が生じる。あかちゃんはこれを繰り返す中で，思うように（随意的に）手が動く，腕が動く，腕の構造（上腕と上腕，指は五本，回旋するには，曲げるにはどうするか）等を理解する。手足をはじめとする自分の身体が「習慣」的に動くことで，自分の身体は手段・道具になる。ピアジェは習慣（habit）の形成と名づけた。あかちゃんは自分の身体が思い通りに動くことに感動し，そのことをただただ繰り返すのである。この繰り返しをピアジェは第1次循環反応と名づけた。この反復の中で，身体に関する知識だけでなく，もの・できごとについての知識もあかちゃんは獲得する。例えば，乳首と親指は同じではない，固さが違う，片方はお乳が出るが，指は出ない，ガラガラは振ると音がするが，スプーンは音がしないなど，世界についての知識を獲得していくのである。

［5］第二次循環反応

　自分の身体が思い通りに動くようになり，徐々に自動化し習慣になると，身体をいかに動かすかは意識しなくても良くなる。そうなると，あかちゃんは自分の身体を道具にして対象物に働きかけ，外界を探索し始める。例えば，ものを手で掴めるようになると，掴んだものは何でも口に持っていってなめるという行動を長期間循環的に行うようになる。あかちゃんは目的を持って指しゃぶりなどを行うわけではない。動作は個々バラバラで偶発的に生じ，時に道を失い何をしているのかわからなくなる。獲得した行動レパートリーを種々の刺激に当てはめることで，外界を知り，対象物を発見するのである。手当たり次第に，ものを口に入れる。吸ってみる，噛んでみることで，石は噛めない，ブロックは吸ってもお乳は出ない，砂はザラザラで，ミカンはおいしい，などを学習する。ピアジェはこれを分析的行動と名づけ，可逆性，柔軟性，内部的再分節化が生じるとしている。

　次に，あかちゃんは運動の結果を意識の対象にすることができるようになる。言い換えれば，あかちゃんの興味は自分の行動それ自体から，行為の結果に移る。例えば，足を動かすとベッドの上につるしたメリーゴーランドが動くという偶然の結果にあかちゃんは気づき興味を持つと，興味ある出来事の再現を目指し，何度も繰り返すのである。偶然に生じた結果の再現をめざし，循環的に反復することで，あかちゃんは，因果関係（足を動かすことが原因で，メリーゴーランドが動くことは結果）に気づき，因果関係を目的手段関係に組み替えることもできるようになる（メリーゴーランドを動かす目的で，足を動かす）。そして最終的に意図的行為ができるようになる。意図があかちゃんの心の中に成立すると「目標達成の努力をしていること」が周囲の大人たちにわかるようになり大人の援助が受けやすくなるのである。このようにして，興味ある結果が得られたときに，そ

の再現を目指して努力する，反応し続けるのである。また，この時期に獲得される一番重要な行動スクリプトは，目と手の協応である。近くにあるハサミを手に持つには，ハサミがどこにあるかという視覚情報に基づいて手をハサミの方向に動かすのである。目からの情報が手の動きを先導し，フィードバックしている証拠は，鏡を見てアイシャドーをつけるとき，手が左右を間違えることをみなさんはよく知っていると思う。

［6］柔軟性のある第二次循環反応（スクリプト化した反応系列）

このようにして，多数の第二次循環反応が形成される。これらは，種々の行動レパートリー（ピアジェはこれを「スキーマ」と名づけた）になり，あかちゃんがその時々に持つ意図・目的に合わせて，それらを臨機応変に随意的に組み合わせて，より複雑な階層化した行動を可能にする。これらは，「スクリプト」と言われる。目的を達成するために，系列的に要素的行動（スキーマ）を順番に並べるのである。図5－1はマーヴィン・ミンスキーの考えた積み木で塔を作るスクリプトである。このように，要素的行動を順次組み合わせて目標達成まで繰り返すのである。赤ちゃんは要素的行動をすでに獲得した後に，スクリプトをコンピューターブログラムのように作るのである。うまく作るには，これまで獲得したスキーマ・スクリプトを，新しい状況に当てはめてみるとか，微調整がなされる。目的が達成できそうかをいつもチェックすること，目的に近づいているスキーマは維持され，目的から外れるスキーマは中断されるという判断もできて，徐々に効率化しスピードアップされるのである。例えば，対象物が衝立の後ろに置かれ一部分が見えなくなっているとき，子どもは，はじめのうち，掴む，叩くスキーマを使って衝立を取り除こうとするが，その後に，その対象物を掴むというスク

図5-1 ■ミンスキーの積み木で塔を作るスクリプトの例

目的：立方体の積み木で塔を作る
(1)　塔を作る場所を決める。
(2)　1個の積み木をつまむ。
(3)　作る場所に置く。
(4)　手を広げて積み木から手を放す。
(5)　塔の高さが十分かを判定する。　〈Yesなら終了，Noなら (6) へ〉
(6)　1個の積み木を掴む。
(7)　前に置いた積み木の上に今回の積み木を置き，手のひらを広げる。
(8)　(4) と同じ動作で，積み木をのせる。
(9)　(5) へもどる。
注意：塔を作る場所は平坦でなければならない。
　　　塔が1本の棒のようになるように，上下の積み木にズレが出ないようにする。

リプトにそって行動するのである。この時にはもう目的が設定されている。衝立を取り去ることは真の目的達成のための下位目標になっているのである。(J. ピアジェ『知能の心理学』みすず書房, p.200)

［7］第三次循環反応（頭の中で試行錯誤する，実験してみる，2歳）

　次に重要なのは目的を達成するために，複数の手段を組み合わせ，順序づけておこなうスクリプト（台本）の形成である。例えば，毛布に乗っかっている大好きな人形を自分の方に取り寄せるのに，毛布を引っ張る，棒を用いて取り寄せるなど，数ステップのスキーマを組み合わせるのである。

　子どもは目的を立て，それを達成するために何度も試行錯誤を繰り返す。そして，解決できるスクリプトを複数作り，状況に応じて違うプログラムを使うようになる。

　このようにして子どもは能動的探索をする。探索することで，子どもは重力があること，1つの場所にある対象が位置を占めたらもう1つの対象はその場所に位置することができないこと，ボールとボールがぶつかると反発することなど，自然を法則・規則として理解し始めるのである。例えば，この時期，ボール遊びを始めると，ボールを遠くに飛ばせるには，腕をどのような軌道で動かすか？ボールを放すタイミングは？　ボール軌道のどの時点で手から放すのか？　手首を使うのか？　ノーバウンドで相手に届くためには，どのくらいの強さで腕を振るか？などなど，多くの要因を適切に設定する必要があり，それを計算できるシステムを構築するのである。以上まとめると次の4項目が重要である。

　（1）能動的実験による新しい手段の発見
　（2）頭の中で考えて，新しい手段・スクリプトの発明
　（3）先行経験の一般化に基づく予期・期待の成立
　（4）表象・イメージを用いて結果を考えてみる。心の中で失敗を繰り返し，成功したものだけを現実世界で実行に移す。

［8］表象能力の出現（突然の洞察を可能にする）

　あかちゃんは対象を自分の身体を用いて操作する。そして，その結果得られた体験を個人的映像的エピソードとして貯蔵してきたが，この時期になると，対象の心的代替物としての表象（頭の中にある，例えばリンゴの知覚表象）を形成する。表象を獲得することで，現実に存在しない対象について，頭の中で考えることができるし，夢も見ることができる。出来事表象・刺激表象をあかちゃんは数多く形成していく。ピアジェはこのような表象を「対象のスキーマ」と名づけた。これは，対象がなくなっても存在し続けるという意味で対象の永続性を支えるものになる。

　表象は，その後，サイン・シンボル・ジェスチャーなどが知覚表象（対象のス

キーマ）と分離して形成される。例えば，子どもが食べ物を見たときに，口をモグモグさせ音を立てるとするとそれは食べることのサインである。また，交通信号の赤・青・黄色はそれぞれ「停止，進行，危険」を表すシンボルである。シンボルは社会的に決められており，個人間共有知識としての符号のことである。ジェスチャー，例えば，指さしは自分の注意している対象物を相手に伝えようとする身振りである。表象がこのように多様なものになる中で，言語表象が出現するのである。

　以上，循環反応を中心に2歳までの発達を述べてきたが，ピアジェの認知についての基本的な考え・アイデアは感覚間統合においてみることができる。新生児期においては，見えること，聞こえること，触覚に感じることなど，各種の感覚は断片的な状態で，孤立しているが，運動することと身体性を中核にして，感覚間相互作用が生じ，全部の感覚が統合されるようになるとピアジェは考えた。例えば，お母さんの声が右から聞こえると，右方向に顔と視線を向ける。そうして，お母さんのところに行く。このことは，聴覚空間と視覚空間の一致・同型性が成立しなければできない。感覚間統合は重要である。例えば，リンゴをリンゴとして認知するためには，リンゴをさわり，持ち，投げる，食べる，見る，など全ての感覚情報を同型的に統合させることが基盤になる。つまり，リンゴはまるくて，赤くて，つやつやしていて，食べたらおいしくて，と各感覚からバラバラに入力された情報を，概念とその属性（外延と内包）として統合することが認知なのである。

　このように，ピアジェにそって発達を追っていくと，「あかちゃんは孤独な探検家である」という考えが浮かび上がる。そしてこのことは，養育者は発達を支援するという仕事を担っていないのかという疑問に突き当たる。この疑問をもった研究者達は，ヒトという種が社会・集団を作る動物であることに注目し，あかちゃんの発達にとって，親をはじめとする周囲の大人の存在の重要性を強調する。（ピアジェ，前掲書，参照）

［9］前操作期の認知＊
—身体を基盤にした認知と論理的な思考の間をつなぐ時期—

　ピアジェの発達段階説を参考にすると，子どもの認知は，「感覚運動期」「前操作期」「具体的操作期」「形式的操作期」という順序でその仕方や内容を変えていく。「前操作期」とは，主に誕生から2歳はじめ頃までの「感覚運動期」と主に7～8歳頃に始まる「具体的操作期」の間の時期にあたる。この「前操作期」の子どもは，「感覚運動期」の最後に現れてくる表象＊＊や言葉の力を基盤に，論理的に考える能力を育む途中の段階にいる。だから，「前操作期」の子どもは，ある出来事についての子どもなりの解釈・理由を「…だから」と表現できるが，その理由が原因と結果の関係になっていなかったり，大人の常識的な答えと違って

＊ここでの「認知」という言葉は，広い意味を持たせて使用されている。この節では，知覚や知能，認識あるいは思考という言葉を含めて「認知」と表現している。ただし，思考という言葉については，頭の中に思い描いていることを加工する活動を指す場合に使用している。
＊＊誠信心理学辞典（1981）によると，直観的に心に浮かぶ像のことで，刺激がなく感覚器官が反応しないにも関わらず，思い浮かばれるモノや人の像のことを言う。あるものを別のものに見立てて使用する（バナナを受話器に見立てて「もしもし」と言う）時，別のものが表象されているという。

第5章●乳幼児期の認知の発達

表5-2■ピアジェの発育段階表

段　階	年　齢	説　　明
感覚運動期	誕生から2歳	子どもは感覚すること運動することで学習する。他者模倣，対象物の知覚，活動する能力の発達が生じる。自動的・反射的な行動から目的的意図的な行動へ
前操作期	2歳～7歳	シンボル・表象を使って，環境・対象と相互作用する。思考はまだ論理的ではない，言語の発達とイマジネーションの発達がある。
具体的操作期	7歳～11歳	思考は論理的になる，柔軟性があり，心の中で操作できる，抽象的に考えることはできないが論理的算数的操作は可能である。
形式的操作期	11歳以上	抽象的科学的思考ができる。論理的思考ができる。

いたりする。たとえば，高さの同じ2つの円柱の入れ物・コップ（AとA'）とそれらより高さが低く幅の広い円柱の入れ物・コップ（B）を用意し，AとA'の両方に同じ量の水を入れておき，A'の中身をBへ移したときの子どもの答えを聞くという有名な実験がある（フラベル，1963）。「前操作期」の子どもは，幅の広いほうの円柱に移された水を見て，①円柱の幅が広いので幅の広い円柱に入っている水の方が多いと答えるか，あるいは，②水面が高いので高い円柱に入っている水の方が多い，と答えることが多い。大人から見れば，両方の水の量は，移し替えただけなのだからどちらも同じ量であることが正しい答えである。しかし，「前操作期」の子どもからはこのような答えは出てこない。このように，「前操作期」の子どもの認知の仕方は，大人の認知の仕方と異なることがあり，また，その認知の理由も大人から見て論理的ではない。

　ここからは，このような環境の変化に対して，何か答えを導こうとするが，まだ十分に論理的ではない「前操作期」の子どもの認知の特徴について述べていくことにする。

[10] ピアジェの発達の見方

　多少，乱暴な説明になるが，ピアジェは，子どもの認知が発達する過程は，1つの目標に向かって2つの作用が働くことで実現されると考えた。その目標というのが「均衡化」と呼ばれるもので，2つの作用というのが「同化」と「調節」と呼ばれるものである（フラベル，1963）。

　子どもは，成長していく中で周囲のモノや人が自分にとってどんな意味を持つのかを確かめながら，周囲の事柄（環境）の理解を深めていく。環境の理解を深めていく過程で，子どもは今まで見たことや聞いたことのないものに出会う。その時，子どもは，「あれは何だ？」という状態に置かれる。つまり，子どもは今まで見たことも聞いたこともない事柄に出会うと，知識の上で不安定な状態（不均衡状態）になる。子どもは，この不安定状態を解消しようと何かわからないモノを自分の知っているいろいろな事柄と比較する。そうして自分のすでに知って

いる事柄に何かわからないモノを当てはめて理解をする。この理解の仕方が「同化」である。たとえば，サカナは水の中に住んでいることを知っていて，クジラやシャチを初めて見たとき，海にいるからクジラやシャチはサカナだと理解するというようなものである。

　しかしながら，勉強を進めていくとクジラやシャチは，サカナではないことがわかってくる。学校で習うかもしれないし，大人に教えてもらうかもしれないが，今までクジラをサカナと思っていた子どもは，クジラやシャチが哺乳類の仲間であることを知る。「哺乳類は陸上で生活している動物」と思っている子どもは，「哺乳類」が必ずしも陸上で生活しているわけではない，ということを「哺乳類」についての知識に新しく加えることになる。このように自分の知っている事柄の内容を変えて新しい内容にし，理解することを「調節」という。

　環境を自分の中で首尾一貫して矛盾なく理解するために，自分の中にある知識に当てはめる，あるいは，新しい枠組みを作って知識全体の関係を改める，といった作業を調節というのである。

　ここでのクジラについての記述における，ピアジェの発達の見方は，「均衡化」を目指して，「同化」と「調節」を繰り返すというものである。

[11]「前操作期」の子どもの認知特徴

　前の節で，ピアジェにとって発達とは，同化と調節の作用によって均衡化を図ることだ，と説明した。子どもは，同化と調節の両方の作用を上手に使って，環境のさまざまな事柄を矛盾なく理解し，その理解をひろげて一般化していく。しかし，前操作期の子どもは，他の発達段階（具体的操作期や形式的操作期）の子どもや青年と比べて，同化と調節の間に安定した均衡が相対的にない。つまり，同化が優勢であるといわれる。

　このことは，前操作期の子どもが見た目の特徴に簡単に影響されてしまうことにある。この節の最初で述べたように，前操作期の子どもは，見た目の特徴に簡単に引きつけられて，結果的に間違った答えを出してしまう。A'の円柱の入れ物とBの円柱の入れ物の特徴となる点（A'は容器の高さ，Bは容器の直径）に注意が引きつけられ，その部分の比較だけでどちらの入れ物に入っている水の量が多いかを判断してしまう。ピアジェは，このようにモノの１つの属性（高さや幅等）に注意が集中して，他の属性に注意が向かない前操作期の子どもの認知の特徴を「中心化」と呼んだ。この中心化という特徴によって，前操作期の子どもは，注意した事柄とは違う別の属性やそれ以外の無関係な事柄に引きつけられる。そして今したばかりの判断を台なしにしてしまう。それに対して，高さだけや容器の直径だけに注意が引きつけられることなく，水の高さが減れば直径が大きくなっている，そしてその逆も起きるということに気がつくのが「脱中心化」と呼ばれる状態である。脱中心化の状態では，ある特定の事柄だけに注意が引きつけられ

ないため，推論も的を得たものになる。

　水の量の問題は，前操作期の子どもには難しいが，大人には簡単な問題である。その理由は，前操作期の子どもが中心化という特色を持っているからというだけではなく，「もし，これを元に戻したらどうなるかな？」という想像が難しいからでもある。水の量の問題で，大人は，A'からBに水を移したことが，中身が増えたり減ったりしたわけではないということを知っている。この知識は，A'からB，さらにBからA'と水を移す作業の中で，水を移す前のA'の水位と，移し終えて元に戻ったA'の水位が変わっていないと推論することができることから得られたのである。大人は，この一連の手続きを覚えていて，A'からBへ水を移した時，頭の中でBからA'へ水を戻している様子を想像できる。たとえば，頭の中でビデオ巻き戻し映像を見ているようなものだ。前操作期の子どもには，この巻き戻しを頭の中でやることができない。

　ピアジェは，このような大人と前操作期の子どもの違いを「可逆性」と「非可逆性」という言葉で表現している。「可逆性」は，あるモノ（ここでは表象になる）が何かの変形や変化を受けても，その変化の手続きと逆の手続き行うことで元の状態に戻すことができることである。ちょうど，Aに5を足した後，5を引くと元のAに戻るようなものだ。一方，「非可逆性」は，「可逆性」の操作にある「5を引く」ということができない状態になる。これが前操作期の子どもの操作であり，この時期の子どもの思考の特徴とされている。

　前操作期の子どもの認知に関して，最も特徴的であるとされているのが，「自己中心性」である。あらかじめ断わっておくと，「私だけが良ければすべて良い」というような利己主義とは全然違う。ピアジェの理論で述べられる「自己中心性」とは，前操作期の子どもの場合，モノの見方や感じ方が自分の見方だけで，他の人からどう見えるかというような推測ができないことを言う。

　このような自己中心性によるモノの見方は，「アニミズム」と「リアリズム」という認識の仕方と関係している。ピアジェが前操作期の子どもの認知を説明するときに使う「アニミズム」と「リアリズム」という言葉は，この2つの言葉の一般的な意味とは若干違う。

　自己中心性によるモノの見方は，2つの問題を生じさせると考えられている。1つ目の困難は，前操作期の子どもが他の人が持つ役割・考え・立場を推測できないために，自分の視点だけから推論したことを正しいことだと他の人に押しつけることである。前操作期の子ども同士が遊んでいてぶつかる場面というのは，このようなモノの見方が背景にある。2つ目の困難は，1つ目の困難が原因となって，前操作期の子どもはあるモノについて考えることはできるが，あるモノについての「自分の考え」を考えることができない。別の言葉で表現すれば，自分の考えをチェックすることができないといってもよいだろう。大人は，いま話題になっていることを考えながらいろいろなことを話すことができる。だから，関

係のない話が長く続いたりすると,「おや?」というような表情をしたり,「ところで…」と話題を元に戻そうとすることができる。一方,前操作期の子どもは,話の内容がどんどん変化していっても,その時頭に浮かんでいることを話すのみだから,最初の話の出発点に戻ることができない。

これらの困難は,社会生活に適応する上での問題になると考えられるが,この困難を解決する唯一の方法は,前操作期の子どもがさまざまな人と出会い,考え方や立場の違いに触れたり,自分の主張が受け入れられないというような経験を沢山したりすることである。

[12]「前操作期」の発達の様子

これまでは,前操作期の子どもの認知特徴について触れてきた。さまざまな特徴が指摘されたが,この時期のすべての子どもが環境のことすべてについて自己中心的であり,中心化の傾向を持ち,非可逆性の考え方をする,というわけではない。2歳から6ないし7歳までの4～5年の間に子どもはいろいろな変化を見せる。前操作期は,前半の2～4歳の時期と後半の4～7歳の時期に分けて書かれることがある。前半の時期を「前概念位相」,後半の時期を「直観的思考位相」と呼んでいる(メイヤ,1969)。前節で取り上げた前操作期の子どもの認知特徴(自己中心性・非可逆性・中心化)は,「前概念位相」の時期の出来事である。そして,直観的思考位相と呼ばれる時期に入ると,子どもは,考えるときに言葉を手がかりとして利用するようになり,周囲の人々との間で行われるさまざまなやり取りを通じて「具体的操作期」の特徴,たとえば具体的な問題を論理的に考えたり,可逆的な思考ができたりすることなど(バーターワース・ハリス,1994)を身につけていく。

前概念位相と直観的思考位相の間の変化についての例として,たとえば,"シェリフのバッジを付ける"という動作を考えよう(メイヤ,1969)。前概念位相の子どもにとってバッジをつけることは,"自分はシェリフである"という意味を表しているだけである。一方,直観的思考位相の子どもには,シェリフのバッジをつけることが,自分の考えているシェリフという役割を演ずることになる(メイヤ,1969)。

ただし,直観的思考位相にある子どもは,言葉を使ってさまざまな事柄を考え,自分の考えを説明するようになったとしても,その思考の中身は状況によって相変わらず自己中心性という言葉で表現できる性質をなお残している。

その例としてあげられるのが次のものである(メイヤ,1969)。直観的思考位相の子どもは,身近で良く知っているモノと,身近ではないモノとで因果関係についての理解の仕方が違うことがある。例えば,子どもは,毎日現れる太陽を"新しい"太陽だと言ったりすることがある。ボールなら,それが見えなくなったときでもボールはあるのだとわかるが,遥か遠くに離れた太陽の場合にはそう

することができない。そして，ボールは，外から何かの力が働かないと動かないということを理解していても，太陽の場合は，毎日"目を覚まして起きてくる（アニミズム）"ので動くと考える。

　子どもがモノの形や硬さなど，周囲にあるものの特性を知るようになったとしても，それは，子どもが必ずしも周囲にあるものがどんなグループに含まれているのか，あるいは，それぞれの特性のどれとどれが関係しているのかについて完全に理解しているということではない。ただ，その理解ができつつある段階である。

　先に紹介した，「水の量の問題」を思い出して欲しい。直観的思考位相の子どもは，まだモノの性質について2つ以上のこと（例えば，高さと幅）を一緒に考えることができない。また，相対的な物事の判断が難しく，周りのモノについて「良いか，悪いか」の判断をすることが特徴である。つまり，ある事柄Aと別の事柄Bを比べて「AよりBの方が…である」という相対的な判断が苦手なのである。例えば，子ども同士のケンカの時に，「太郎君が次郎君の悪口を言った」，「次郎君が太郎君の足を蹴った」とお互いに譲らない場面で保育者が介入したときに，保育者の言葉かけ（たとえば，「悪口を言うのは悪い，悪口を言われたからといって蹴ることは悪い」）に対して自分は悪くないということを考えてしまう。

　しかし，子どもは「水の量の問題」のような経験をたくさんすることによって，徐々に2つの性質が同時に変化したときに，その同時変化はあってもよいということがわかるようになる。このような気づきが，後に「保存」の原則の理解に結びついてくる。

[13] 直観的思考位相での言葉の特徴

　直観的思考位相に入ると，子どもは，大人のものとは内容が大きく違うけれども，言葉を使って物事を考えることができてくる。この時期の言葉は，次の3つの特徴を持っている。

　まず，この時期の子どもの（直観的）思考の大切な道具として，言葉が使われる。この時期，独り言が共通して現れる（発話思考と呼ばれる）。

　第2は，コミュニケーションに，言葉が使われるということである。しかしそのコミュニケーションは自己中心性を持ったものである。一般に，7～8歳になるまでは（具体的操作期に入るまでは），子どもは，他の人も自分と同じように考えるものだと思っているので，言い方が固定し，意思疎通が限られてしまう。この時期の子どもの言い争いは，お互いに異なる意見を単にぶつけることになってしまい，なぜ意見がぶつかるのか，あるいは相手が自分のどのような点を誤解しているのかなどを理解したり，その誤解を解こうとする努力をしない。さらに言い争っていることについて，実際は，お互いがよく知っているわけではないということが付け加わる。このような状況を自己中心的なコミュニケーションという。

最後に，この時期の子どもの会話は，自己中心性という側面を持つけれども，同時に社会的コミュニケーションの始まりでもあるということである。社会的コミュニケーションは，自分の考えを他人へ伝えたり，自分と相手の考え方の違いを理解しながら，協力関係を作るために有効な方法である。直観的思考位相の子どもの会話は，発話思考が周りの人へ向けられたものであり，子ども本人の個人的な考えを周囲の人に知らせることにつながる。このような発話思考を周囲の人に向けることは，最初のうちはメッセージや考えをお互いに交換するための道具としてよりも，むしろ遊びなどの活動をはじめるときに活躍する。しかし，そのような経験を積み重ねていく中で，お互いに相手への興味・関心が芽生え，自分もわかり相手もわかるような表現を身につけていく。

[14] 言語と思考の発達について —ヴィゴツキーの理論—

　これまで，ピアジェの理論をもとに，子どもの認知の仕方，特に2歳頃から6，7歳までの期間の子どもの認知の仕方がどのように変化していくのかを見てきた。そこで描かれる子どもの発達の姿は，中心化したモノの見方から脱中心化したモノの見方への道筋であった。また，思考に関しては非可逆性から可逆性へ変化する様子であった。そして，環境の認識は自己中心性が徐々に弱くなってゆくことで徐々に客観的になる。

　これらの変化をまとめると，ピアジェの理論は，はじめ子どもの言葉や思考は個人的なものだが，周囲の大人や子どもとのやりとりによって，言葉は他者との対話として社会化し，言葉による思考は自分だけの視点のものから他人の視点を考慮したものへ変化するということである。

　このようなピアジェの理論とは別に，言葉は最初から社会的な役割を持っていて，発達するに従って思考の道具としての役割を果たすようになる，という考え方もある。このような考え方を示したのが，旧ソビエトの心理学者ヴィゴツキー (L. S. Vygotsky) である。ヴィゴツキーの理論は，人間の発達を考えるときにわれわれが生活している環境からの影響を重視したものと考えられている（バターワース・ハリス，1994）。

　この節は，ピアジェの理論が正しいのか，あるいはヴィゴツキーの理論が正しいのか，ということを確かめようとしているのではない。子どもの発達を考えるときに，子どもの発達のどのような側面に注目するかによって，発達の様子についての説明の仕方がいろいろできるということを紹介する。この節のテーマは，社会・文化的環境が子どもの認知の発達に及ぼす影響を考えることと，子どもの言語と思考の発達の関係を考えることである。

　さて，この節の最初の目的に関して1つの事例報告を紹介しよう。この事例は人間が人間社会で育つという当たり前のことが，ヒトという種（動物）を人間にするということについて述べている。ヒトが人間として成長していくために，環

境が大変重要であることが理解できるだろう。

　この事実を最も衝撃的に示すのは，一般に「野生児」と呼ばれる事例についての記述だろう。インドのミドナプールというところで発見され，保護された2人の女の子の事例である（シング・ジング，1942）。発見された当時の彼女らの様子を簡単にまとめると，彼女達は衣服を着ることを拒み，養育者から食べ物を直接受け取ることを拒み，食事をするときは食器を使わず直接かぶりつき，走るときは2足よりも手足を使って4足で走る方が速く，視覚・聴覚・嗅覚は動物のように鋭い，などの特徴が述べられている。そして，さらに年長になって野生児が教育の効果として数十個の単語を理解するまでになる姿が描かれている。この事例からは非常に多くの事柄（例えば野生児への教育の効果・可能性と限界，発達に関する遺伝と環境の問題）が示唆されている。しかし，それにも増して重要なことは，生まれて間もなく，あるいは乳児期の段階で人間社会から隔離されたヒトは，成長しても完全な人間に戻ることができないということである。

　野生児の事例は，ヒトが人間として発達するための条件として，社会的な環境が不可欠であることを示している。このような社会や文化が子どもの発達に強く影響を与えると考えたのが，先程も紹介したヴィゴツキーである。彼は，類人猿と人間の子どもの問題解決場面（例えば，チンパンジーが高いところにあるバナナをどのようにして取ろうとするか，など）の行動についての研究成果を比較して，思考と言語の2つの能力の関係を考察している（ヴィゴツキー，柴田訳，1962）。

　そこで得られた彼の結論は，言語と思考の発達が，平行して同じペースで行われるのではないということである。言語と思考のそれぞれの力は，例えば，それぞれ別の種から芽が出たものと考えたのである。われわれは，考え事をするとき，普通，言語を使っている。「明日の予定は，○○と▲▲をすることだ。それで，まだ余裕があったら，◇◇をする」と大人は考える。そして，このような言葉は普通頭の中で使われ，音声として外に出てくることはまれである。言葉は考えるための道具になっていて，頭の中だけで使われる言葉を「内言」という。一方，自分の感情を表し（後には，自分の考えを表現することも含まれる），音声が伴う言葉を「外言」という。だから，大人の視点から見ると，思考と言語は強く結びついていると考えがちだ。

　大人の視点から見た「思考と言語は強く結びついている」という考え自体は，大きく間違ってはいない。しかし，子どもの思考と言語の関係は，大人のそれとは違うのである。ヴィゴツキーの理論によれば，子どもの思考の発達は，言葉を使わない段階（このような思考をビューラーは「道具的思考」と呼んだ）から，言葉を使う段階（「言語的思考」という）に変化するとされる。また，言語は感情などを主に表すために使われる段階から，自分の周りの世界を理解したり，課題を解決したりするために使われる段階に変化するとされる。そして，ほぼ2歳

頃に，言葉を使わない思考の力と，感情などを表していた言語の力が，ともに関係するようになり，言葉を使って思考をするという新しい力が現れるとされる。つまり，2歳以前の子どもの場合，思考と言語が無関係の時期がある。

ヴィゴツキーは，2歳頃の年齢の子どもが「言葉」を発見すると表現している。ここで用いられている「言葉」は，モノの名前や単語ということではなく，考える道具として使うことのできるものである。そして，言語を発見するためには，思考（道具的思考）の力が必要であるとする。

いったん，言語と思考が子どもの中で関連づけられると，言語の力は思考をより論理的にするように思考の発達を後押しする。そして，子どもが使用する母国語の文法にあった表現が可能になるレベルに言語の力が届いたときに，言語は，思考のための基本的な枠組みとして位置づけられるようになるとされている。

2　人は社会的動物であること（新しい発達観の登場）

あかちゃんは社会，集団の一員として処遇されることなくしては生きていけない。あかちゃんが最初に出会う集団，それは家族である。あかちゃんは家族の構成員としてすぐさま認められるのだろうか？　最近の幼児虐待の事例を検討すると，あかちゃんを家族の一員として認めず，家族の幸せを乱すものとして，むしろ，排除しようとしていると言える。あかちゃんは自分の命を親に預けねば生きていくことは不可能である。つまり，「世話をすることが幸せだ，生きがいだ」と養育者に思わせなければあかちゃんは生き続けることができない。研究者が考え出した第1の答えは「親は母性本能を持っている」というものだった。しかし，今では，あやしい論議であることがわかってきたようである。第2の答えは「あかちゃんらしさ」という武器をあかちゃんは持っているというものである。皮膚がスベスベしている，頭が大きく，足が短く，三または四等身であること，目と目の間隔が広いなどなどの身体的特徴が，「カワイー」と感じさせ世話する気持ちを親から引き出すというものである。しかし，近年の子育て事情では，このような武器だけでは生きていけない。

第3は，「あかちゃんはコミュニケーション能力を持って生まれ出る」というトレヴァーセン（C. Trevarthen）の提案である。つまり，身体的なあかちゃんらしさでなく，彼は，大人のコミュニケーション的働きかけにあかちゃんが応答できることが無力な自分を生きながらえさせると主張している。親はあかちゃんが自分にコミュニケーションをしてくれることに感動し，カワイイと思い，「この子のために必死になろう」と決心するのである。

では赤ちゃんが持つコミュニケーション能力とは一体どんなものだろうか
（1）微笑みには微笑みで答えるなど表情模倣と感情の共有ができる。親の感情的コミュニケーションに反応できる。

（2）人の声に反応して，応答の声（クーイング）を出すことで，あたかも会話しているように親は思える。生後すぐに母親の声と他の人の声を区別することができること。
（3）新生児模倣（舌だしなど）の存在など，親と自分が同類の生き物（同型性）と親が考えてしまう行動ができること。
（4）音楽（リズムとメロディ）に積極的に反応すること。親は言葉でコミュニケーションをしているが，子どもは声のピッチ変化と強度変化で親の気持ちを受け取る（正高，2002）。
（5）アイコンタクト，ダッコしてくれた大人の目をじっと見つめる。この時瞳孔が大きく開くので，親は感動する。

現実的には，新生児が誕生直後からわれわれと同じレベルの複雑で精巧な心的装置を持っているとは考えられない。しかし，上記5つの技能を持っていることにより，養育者は新生児があたかも自分と同レベルのこころの機能を駆使してコミュニケーションしていると思いこみ，相互的なコミュニケーションを楽しむ。また，養育者とあかちゃんの間に圧倒的な能力差があっても，養育者の側が，子どもは自分と同じレベルの能力を持つと思いこんでコミュニケーションすることに子育ての秘密がある。この思いこみを続けるために，ヴィゴツキーは「発達の最近接領域」という言葉で，ショップラーは「構造化された状況」という言葉で，あかちゃんが主体的に課題を解決できる状況と文脈を無意識的に設定する大人の態度に言及している。子どもの行動に対する大人の意味づけとその意味づけに対するあかちゃんの応答が蓄積されることで，子どもの心内に大人の意味づけ機能が取り込まれるプロセスが文化の伝達には必須であると考えられる。この時，大人は最近接領域・足場（つまり，大人に支えられてやっとできる段階）をさりげなく作り上げ，実力以上にできることが増えることで子どもの発達を促進させるのである。例えば，子どもは遠くにあるものが欲しいので手を伸ばし掴もうと何度も行うとする。この時，大人が「これが欲しいの」と言いながら，それを取ってやる中で，文化的道具である指さしの仕方を教える。子どもはこの繰り返しの中で，「あれがほしい」という要求を示す指示として，腕を伸ばす，指さしをすることを理解するのである（佐藤公治，1996）。

何はともあれ，親子は「支配─被支配の関係」にあるが，親子関係は擬似的平等関係を維持する必要がある（第3章参照・親子が愛着し合うこと）。この信念をE. H. エリクソンは基本的信頼感と名づけた。生後4カ月頃になると，あかちゃんは徐々に，自分の思い通りにならないことが増え始める。そして，その原因が「いつも一緒にいる養育者」のせいであると思いこむようになる。そして，泣いたりわめいたりを繰り返すうちに，相手に自分の要求・要請をしなければわかってもらえないことにも気づくようになるのである。言い換えれば，これまで世

界が思い通りになっているように思えたのは,「この人のおかげ」であることに気づき始める。そして,要求を持つ自己を発見すると同時に他者を発見するのである。このように考えると,発達の原動力は,ピアジェの言う「あかちゃんは孤独な探索者」だけではないと考えざるを得ない。大人の存在が発達の原動力であると考えられる。

　つまり,大人がいつも側にいて発達を援助し,子どもが人類の文化を主体的に獲得するようにうまくし向けることが重要なことであると言える。この考えの代表者はトマセーロである。彼は,文化を学習することが発達であるとしている。

[1] 文化を学習する

　大人はどのようにして子どもに文化を学習させるのか？
　子どもは自分の所属する社会・集団の規範や,人間関係のルール,共有知識,コミュニケーション手段としての母国語の獲得など集団が共有する知識を持たなければ集団構成員の1人として生きてはいけない。ここでは,その学習プロセスを音素獲得に絞って論じてみよう。

[2] 母国語の音素獲得について

　1970年代,乳幼児のスピーチ知覚の研究が隆盛で,あかちゃんは母国語の音素の弁別だけでなく,世界の言語全部に含まれる音素を弁別できることがわかった。逆に大人は母国語音素のみしか弁別できない。音素獲得が学習によるという理論ではこのようなことは考えられないことである。

　わかりやすく言うと,日本人のあかちゃんは生後6カ月までは,/l/と/r/の違いを弁別できるが,生後12カ月頃には,両音素の違いは弁別できなくなり,同じ日本語音素「ラ /r/」に聞こえるようになってしまうということである。この事実は発達と言えるのだろうか？　むしろ退行・限定化が生じたと言うべきである。すなわち,生得的に新生児は世界で使われている音素全ての聴覚的弁別能力を持って生まれてくるが,文化による学習が,母国語音素のみに限定するのである。

　新生児に対するこの実験は以下の選好法により行った(Werker, J.F. and Desjardins, R.N., 2001)。

　あかちゃんは音素カテゴリーに変化があると変化した音源の方に頭を動かす。正解すると,玩具の動物がドラムとシンバルを叩く。実験助手もシンバルを叩き,ほめる。この随伴性学習後に1つの音素,カテゴリーを提示する。ランダムに音素をとりかえる。とりかえた時,あかちゃんは音源の方に頭を動かすかを見るのである。

　刺激1〈ヒンズー語に存在し英語には存在しない音素 vs ヒンズー語と英語両方に存在する音素〉

例えば気音ありとなしの /t/ と/T/ 気音ありの /T/ との違いは英国語の人は，当初はわからないが，練習するとわかる。

結果；6カ月から8カ月の乳児はすべての音素の弁別ができる。4歳，8歳，12歳児はすべて，英語人大人と同じ成績でできなかった。ヒンズー語人は4歳で，刺激1の音素弁別ができていた。結果は表5-3の通りであった。

表5-3 ■実験結果

	英語を話す大人	ヒンズー語を話す大人	生後6～8カ月の英語乳児
/Ta/と/ta/の弁別	×　練習してもダメ（両方とも英語ではtと聞こえる）	○	○
/t̬/と/d̬/の弁別	×　練習でうまくなった	○	○
/ba/と/da/の弁別	○	○	○

/T/　反転（反り舌）音（舌が円くなり軟口蓋の近くに舌先がある）
/t/　歯茎音（舌先は上の歯のところにある）

そして類似の課題を，生後6～8カ月児と10～12カ月児にも行った。

	生後6～8カ月	生後10～12カ月	
/k/と/q/	○　弁別できた	×　弁別できなかった	

このように，生後6カ月では弁別できた子音が，12カ月では，赤ちゃんは音素の変化がわからなくなったのである。

［3］この結果をどのように説明するのか？

この音素限定化現象は母国語のみを聞く環境（特定的経験）において生じるといえる。特定の音素が聞こえている環境では，その音素を弁別できる能力は維持されるが，音素が聞こえない環境では弁別回路は消滅するという説が考えられる。もし消滅するならば，第二外国語の獲得は不可能になる。しかし，第二外国語の獲得は可能である。では何が生じたのか？

正解はカテゴリー分けという心理学的機能にある。例えば，われわれは虹を見たとき「虹は7色である」と言う。しかし虹をじっくり見ると波長の長い赤から波長の短い紫まで連続的に変化しており，どこから赤でどこから黄色と分割する所を決定するのは困難である。しかし，ぼやっとみると七色に見えてしまうのである。このように，連続的に変化するものを複数カテゴリーに分割して考えることができるのが人間の能力である。この音素弁別の限定化にはこのカテゴリー化が関わっているとするのである。つまり，日本人の/r/と/l/は同じ日本語音素｛ラ｝カテゴリーになるのである。/r/と/l/の弁別は日本語環境では有効性がないので気にしなくなってしまうのである。

現在の脳発達の神経心理学的研究では，脳の神経細胞とその回路網は誕生前には過剰に存在し，誕生後，その神経細胞と回路が活動し得た場合に生き残り，一

度も活性化しない場合には，消滅ないし萎縮する，すなわち，「活動依存的」と言われている。「活動依存的」とは，ある神経回路は活動すると，つまりインパルスが発射されるとその活動量に比例して神経栄養物質が供給され，その結果，その回路は生き残るということである。このように，神経回路の維持には環境刺激が必要だと言え，刺激を与える養育者の関わりも非常に重要だと考えられる。母国語獲得，道具操作，絵本など文化を子どもに伝達することが養育者の重要な仕事なのである。音素理解ができた子どもに対する養育者としての次の課題は「単語獲得」である。

　モノに名前をつけることNaming：「ママ」と発声された聴覚表象・信号が「お母さん」という意味を持っているということにあかちゃんが気づき，それをコミュニケーションに使い始めることをnamingという。聴覚表象・信号を対象と随伴させて繰り返し与えることが親の仕事であり，あかちゃんは信号と対象の連合ができる能力を持って生まれ出る。この能力を用いて，知覚表象（環境刺激の脳内代替物）と信号表象との連合を行うのである。言葉は，集団構成員が分かち持つ共同知識として歴史的に既に決まっている。日本人なら，犬という動物の名前は，イヌであってドッグではない。だから，日本人なら，それを使用しなければ大人とコミュニケーションすることができないのである。つまり，あかちゃんは言語・世界についての知識を主体的に学習するのであるが，その知識は文化として既に存在しているものである。それゆえ，知識をどのように獲得し，蓄積し，整理するかなどについては，全面的な大人の援助を必要とするのである。とりわけ愛着対象としての大人と一緒に居ること，一緒にいろいろなことをすること，一緒に経験することが重要だといえる。一緒にいることで，養育者が子どもの心情をわかろうと努力し，あかちゃんは「同一視（お母さんとそっくりになりたい，お母さんと一心同体だと感じたい）」をめざすようになる。このあかちゃんの願いが特定の文化の吸収と発達を支える最も基本的な傾向性なのである。

［4］注意の発達：単一対象への注意から，複数の対象に同時に注意できること

　生後6カ月まで，あかちゃんは1つの出来事・ものに注意するとそれ以外のものに対しては抑制をかけ，たった1つのものにしか注意を集中させることができない。この段階では，二項関係（私とあなたの関係，又は，わたしと対象物の関係）は成立するが，三項関係（わたしとあなたと対象物）の成立は不可能であると言える。しかし，種々の運動・活動・知覚活動が自動化し無意識化し，習慣化（habit）するにつれて注意のリソースに余裕が生じ，2つの事柄に同時に注意することが可能になってくる。そうすると，人に関わりながらモノに関わることができるようになる。つまり，「お母さんとあかちゃんが一緒になって同じ対象物を見て，これは何？」ということができるようになる。これをバターワースは共

同注意と定義した。しかし，共同注意は，同じものを一緒に見ていることを意味するのではない。むしろ共同して課題達成を行うために，目標を共有していることが重要なのである。

［5］目標設定し，目標に近づくように努力できること，二人が共通の目標を持てること

　あるものに共同注意している状態とは2人がそのものについて同じことを考えていることである。このことが可能になるには，相手が自分と同型的な機能と構造を持つ個体（エージェント）だ，つまり，同じ主体的な人間だということを前提とする必要がある。ブルーナーはこの前提を獲得するために人類は手遊び，童謡などを発明したと考えた。表5－4はイナイイナイバー遊びにおける親子のやりとりの基本構造（format）を示したものである。フォーマットは子どものあらゆる日常生活で非常に有効な働きをしている。例えば，保育所での，朝の会，散歩，昼寝，歯磨きなどの時間では，活動の流れ（スクリプト・フォーマット）を既に獲得した子どもは，次に何をするかが予測できるので，不安なく対処できる。例えば，この問題について秦野悦子は以下のように説明している。

　「おやつですよ」という言葉かけだけで，たとえば，こどもは以下のような一連の行動を始める。＜今関わっている遊びを中断し，おもちゃをかたづける→手を洗う→席について配膳を待つ→グループメンバーみんなの準備が完了したら挨拶をして食べる＞（別冊発達22, p246）。

　ブルーナーは秦野の言うスクリプト・フォーマットを親子で共有することを土台にして言葉を教えていると考えているのである。
　ブルーナーは生後5カ月から数カ月間，この親子遊びを継続して観察した。その中で，非言語的なコミュニケーションがすでに成立しており，その経験の中で，あかちゃんは意図を持つ存在となり，結果の再現をめざし努力する存在となるとしている。加えて，目標に向かって努力していることが大人にわかるようになり，大人の手助けが可能になる。トマセーロはこの現象を共同関与（Joint Engagement）と名づけた（表5－5参照）。共同関与とは目標を共有することで仕事の分担が可能になるという意味である。このことが可能になると，親子のコミュニケーションは目標を共有しているかを確認するための社交的技法と目標共有の勧誘・要請をすることが重要になる。時に親が要請者であかちゃんが援助者，そしてその逆になるといった形で，「交代する，取り替え可能な2人」という経験を積み重ねることで両者ともに相手の意図とこころの内容を共有することが可能なことを子どもは了解するのである。
　共同注意が成立すると，いよいよ，文化学習は加速する。加えて，この時期に

は言語学習が始まる。言語は文化を子どもに伝達すること，コミュニケーションを通して世界のこと世間のことを知識として蓄える道具として最適である。

表5-4 ■イナイイナイバー遊びの構造（ブルーナー，「乳幼児の話し言葉」より作成）

ゲーム構造
（1）始まり（誰が人形を隠す役（ゲームの主体者）をするかを決める）。
（2）人形は見えなくなる（同時に主体者は「イナイイナイーーーー」と言う）。子どもの反応を待つ（発声があるか，見えなくなった所を探すか？ 再出現を予期しているか？）
（3）人形が出てくる，子どもは喜ぶか？
（4）End-mark信号（終わったよ，出てきたね）を子どもに与える。
（5）次に，もう1度やるかを2人で決める。 （1）に戻る。

遊びの反復の中での親の仕事
（ア）生後6から11ヶ月では ゲームの主体者は母親が独占している。生後14カ月では，遊びの78％は子どもがゲームの主体者になった。どちらがゲームの主体者になるかを相談して決めるようになる。
（イ）コミュニケーションには話し手と聞き手があり，その役割を順次交代するように，遊びも主体者と受け手があり，それが交代するということを子どもが理解する。コミュニケーションの基本型の成立。
（ウ）イナイイナイバー遊びをしたいという意図を持っていることを子どもに伝える努力をする。大人の行動全てを機械的に模倣するよりは，その大人の意図を把握し，その意図の実現の為に色々努力する方が結局相手と同様の行動をすることになることに気づかせる。
（エ）既に獲得した知識の共有度をチェックする態度を身につけさせる。母親が考えている包丁（切れる，危ない，持ち方がある）の知識と子どもの知識には大きな差がある。その差に気づき，その差を埋める努力をする。今の状況で何が必要な知識かは今2人が持っている共同目標に規定されている。「イナイイナイ」という発信行動が子どもに次の行動を予測させるか？
（オ）指さしなどの指示行為も文脈依存性が高い，それゆえ，大人が文脈を整理し整え，単純化してやらないと効果的な指示にはならない。今，何に焦点化しなければならないかを指示する（子どもの名前を呼ぶ，こっちを見たら，「お人形さんを見て」という，見ていないと「〜を見て」を繰り返す）。
（カ）焦点化したものを見ているかの確認をして，遊びの流れを理解しているかを検討する。
（キ）遊びを始めたり，コミュニケーションを始めるというスキルと「ヘルプ，援助して」というスキルを教える。
（ク）大人の反応もそれに組み込まれている固定的な長い行動連鎖を構成する。
（ケ）子どもが飽きてきたらバリエーションを導入する。導入により，固定的・普遍的な深層構造と，毎回微妙に変化する表層構造に分かれることが可能になる。表層構造と深層構造の存在を理解することで，言語の獲得が始まる。

子どもの学習プロセス
イナイイナイバー遊びでなく，人形遊びになったりする。（生後5カ月）。目標が設定できない維持できない。
「イナイイナイ」の場面で，つまり人形が見えなくなっているとき，子どもの発声が増えた。予期・期待の成立 End-Mark信号が出される完了段階で，発声が多くなり，「もう1度やって」という要請が出現した。
1歳2カ月になると，要請はパートナー（母親）への視線・音声として発現する。この時の言葉は，イナイイナイバーの一部の発声，イナイ，バーなどが出現する。要請スキルに信号が含まれる。
1人遊びの時に，＜モノが見えなくなる（イナイイナイ）→再出現（バー）＞というフォーマットを1人遊びの時に繰り返す。思い出して行う。遅延模倣の出現
この遊びのクライマックスである，「バー」と言って人形が再出現することに格別の興味を示し，再出現を期待する。ドラマの全体構造を理解し応答する。フォーマットの獲得
自分が遊びの主体者として振る舞うようになると，親の示した種々の行動の模倣が多発した。自分が遊びを仕切るようになる。遊びの主体者・エージェント

表 5-5　共同注意の 3 タイプ (Tomasello, 1999, p65)

	時　期	様　相	関連事項	心的内容として
非共同注意	5〜10 カ月	ものに注意すると，周囲の人に注意できないし，人に注意すると交代に表情交換したりできるが，モノに注意できない		大人がいて自分に注意を向けていることがわかる
相手の注意をチェックする	9〜12 カ月	近距離で大人と注意を共有する	共同関与（一緒に〜する），ものを見せる（これを見てください）	大人は「何に」注意しているかが分かる。目標達成への努力をする
相手の注意に追随する	11〜14 カ月	遠距離でも大人の注視する対象を見つけることができる	Social Referencing 模倣学習	大人の注意を操作しよう，命令する
命令的注意 相手の注意を方向づける	13〜15 カ月	初めに大人の顔を見て，注意をこちらに求め，次に注視対象を見ることで大人の注意を対象に焦点化させる	Help の合図を出す 叙述の指さし言語を参照する	

　この時期，子どもは，特定の人への愛着の成立を基盤に以下のようなことがらが理解できるようになる。
・大人は自分と同じく，意図を持つ存在，行為の主体者であり，私と同じような知識を持っている。つまり，ヒトとして私と同型である。それゆえ，他者は自分の考えるように考え，自分の振る舞うように振る舞うので，推測可能なのでありコミュニケーションできるのである。
・大人と認識を共有したい，大人と知識を共有したい，共有できることが喜びである，という意欲・願望を子どもは持つようになる。養育者はこの願望に答えながら，より豊かな方向へ発達させる。言語獲得に関して言えば，①子どもの発した音声を模倣すること（報酬）で子どもの行動の評価をフィードバックする。②子どもが親の音声を模倣するように振り向ける。③子どもの心の内容を，拡大的に，言葉で表現する。④大人の心の内容を表現する。⑤こどもの間違いを正しい表現に変えて子どもに返す。⑥子どもの発話を意味的文法的に拡大する。⑦子どものできる少し上のレベルでの相互作用をめざすなどが大人の仕事と言える。
・次に子どもは大人の注意を操作するようになる。子どもの行動は目的行動になり，目標達成のプロセスはより複雑になり，多数のステップに分けたり，サブ目標を設定したりするようになる。また，大人の援助を目標達成プログラムに

織り込むようになる。そして，プログラムの途中に妨害物があっても，その妨害物を取り除く。また寄り道をしても，目的を見失うことはなくなる。
・養育者の微笑みなど誉められることが社会的報酬になり，見つめ合う，こころを通じ合うといったことが重要なものとなる。
・叙述的指さしに象徴される，「認識をただ共有することが嬉しい」という気持ちができあがる。

［6］共同注意と語彙獲得（より豊かな相互作用をめざし，拡大解釈と注意関心の方向を操作すること）

あかちゃんがリンゴを見て，さわって，食べているとき，共同注意している大人が随伴的に「それはリンゴだよ」と声かけをすることがnaming（語彙獲得）の基本的パラダイムであるとすれば，共同注意場面を有効利用することが重要になる。

1．子どもが特定の対象に関心・興味を向けている時に，その興味に反応する（視線を共有させたり，声かけする）。親のその反応が報酬になることで子どもの興味を増幅させることができる。
2．子どもの興味・関心を大人が興味を向けさせたい対象に移行させることができる。注意要請し，共同注意できると報酬を与える。
3．例えば，リンゴの色にnamingさせたい（単語赤いの獲得）時，赤いに対応するモノの属性に子どもが注意したときに，大人は共同注意を発動させ，naming（赤だよ）することで教えるのである。つまり，「あかちゃんが今まさにしたこと，言ったこと」を基本に，その時の文脈を維持しながらそれを少し拡張して，新しい語彙をひきだす」試みが重要なのである。
4．ある対象（モノ）の概念を持つということは，その対象の種々の属性を統合的に把握することでもある。言い換えれば，同じ"モノ"に複数の名前をつけることができることを子どもは理解しなければならない。例えば，ミニカーは，「くるま」であり，「おもちゃ」であり，「色は黄色」であり，「カローラ」であり，「のりもの」なのである。同じモノに種々の名前がつけられることを理解できるには，言語の獲得の初期プロセスで非常に重要なことである。今，私が関わっている特殊学級に通う知的障害児は，自分の犬をエルザという名前で覚え呼びかけていたが，「イヌ」だと先生が教えたら自分のイヌにエルザと呼ばなくなってしまった。たぶん，彼は対象にはたった1つの名前しかつかないと信じているのであろう。
5．あるモノを自分と他者とで共同注意している時に，相手がそのモノに対してどんな情動的態度を持っているかがわかり，自分がそれに対してどんな情動的態度を示すかを知っているとしたら，子どもは，ある事物の自分にとっての意味と相手にとっての意味が違うものだということに気づく。例えば，僕

はお父さんが大好きだが，お母さんはお父さんが好きではないということに気づいた子どもは，ヒトというものが，モノとは違う認識システムを必要とすることがわかる。
6．このように，共同注意の大人パートナーは，子どもの言語獲得を促進する働きかけを積極的に行っている。そして，多くの研究が，子どもがより多くの共同注意エピソードを経験していると，語彙獲得はより進むという正の相関を報告している。ダナムとダナム（Dunham and Dunhum, 1993）は，とりわけ，子どもが自己の注意をあるモノに焦点化しているときにそのモノの名前を大人が言うというストラテジーが語彙獲得に有効だとしている。

[7] 注意の共有と，会話をするということ

　真の会話は生後2歳後期になって生じると言われている。会話になるということは，あるトピックが共同注意の焦点になっていること，パートナーの注意が今どこに焦点づけられているかがわかることが子どもに求められる。また，井戸端会議，世間話をする場合でも相手のまだ知らないこと〔情報価のあるもの〕を話すことが会話を継続させる秘訣であることを子どもは知らねばならない。しかし，この情報は相手がまだ持っていない情報だと，われわれはどのようにして判断するのであろうか

　これらのことを可能にするために，共同注意が生じているエピソードを大人は維持し，拡張なコメントをそれに付け加えるのである。拡張的コメントを付け加えることで，大人は子どもに，より進んだ文法構造を示してみせる，自分と大人が違うことを考えているという不一致に子どもはぶつかり，他者が意図的存在，主体的存在であることに気づくのである。そして，子どもはいよいよ大人のこころの内容を知りたくなり，会話に励むことになる。

3　まとめ

　以上，乳幼児期の認知の発達をピアジェとトマセーロという2人の発達心理学者の理論をまとめる形で論じてきた。両者を比較してどのように考えるかは1人1人の読者に任せられることになる。保育士・幼稚園教諭を目指す諸君は，これら知識を保育現場で見直す努力が必要であり，その中で，事実として，子どもはどんなプロセスで発達していくのか，そこでの保育士・幼稚園教諭・養育者を含む大人達の仕事を見極め，子ども達を相互に影響を与えあって，生きていくということについて，独自の考えを，ゆっくりと作っていくことが望まれる。

〈引用・参考文献〉

Bruner, J. *Child's talk: Learning to use language.* Oxford University Press, 1983（寺田晃・本郷一夫訳『乳幼児の話し言葉―コミュニケーションの学習』新曜社，1988）

Butterworth, G. and Harris, M. *Principles of developmental psychology.* Lawrence Erlbaum. East Sussex, England, 1994（村井潤一監訳　小山正・神土陽子・松下淑訳『発達心理学の基本を学ぶ―人間発達の生物学的・文化的基盤―』ミネルヴァ書房，1997）

Dunlap, L. L. *An Introduction to early childhood special education.* Boston: Allyn and Bacon Press, 1997

Flavell, J. H. *The developmental psychology of Jean Piaget.* 1963（岸本弘・紀子訳『ピアジェ心理学入門　上』明治図書，1969）

Gibson, J. J. *The ecological approach to visual perception,* Boston: Houghton Mifflin, 1979（古崎敬・古崎愛子他訳『生態学的視覚論』サイエンス社，1985）

Maier, H. W. *Three theories of child development: The contributions of Erik H. Erikson, Jean Piaget, and Robert R. Sears, and their applications,* Revised edition. 1969（大西誠一郎監訳『児童心理学三つの理論　エリクソン／ピアジェ／シアーズ』黎明書房，1976）

Moore, C. and Dunham, P. J.(Eds.). *Joint attention: Its origins and role in development.* 1995（大神英裕監訳『ジョイント・アテンション―こころの起源とその発達を探る―』ナカニシヤ出版，1999）

Piaget, J. *La Psychologie de L' Intelligence,* 1952（波多野完治，滝沢武久訳『知能の心理学』みすず書房，1967）

Singh, J. A. L. and Zingg, R. M. *The wolf-children of midnapore. Wolf-children and feral man.* Harper & Brothers, 1942（中野善達・清水知子訳『狼に育てられた子　カマラとアマラの養育日記　野生児の記録1』福村出版，1977）

Tomasello, M. The cultural origins of human cognition. London: Harvard University Press, 1999

Werker, J. F. and Desjardins, R. N. Listening to speech in the 1st year of life: Experiential influences on phoneme perception. In Tomasello, M. and Bates, E. (Eds.), *Language development.* Malden, MA.: Blackwell Publishers, 2001

ヴィゴツキー（柴田義松訳）『思考と言語　上』明治図書，1962

佐久間和子「運動発達とその遅れの指導」『別冊発達』22，1997（前川喜平・三宅和夫編『障害児・病児のための発達理解と発達援助』ミネルヴァ書房，1977，所収）

佐藤公治『認知心理学から見た読みの世界』北大路書房，p.32，1996

■発達に関する表

1. 典型的な認知発達

新生児
- 甘いものを好む。甘い，塩辛い，すっぱい，苦いを弁別する。
- ある種の匂いに反応する，自分の母親の匂いが分かる
- 高い声・音を好む，音楽（リズムメロディなど）的要素を好む。母親の声を選好する。
- 見えるものを追いかける，色彩感覚はまだ十分発達していない。近視で，前方約30cmで焦点が合う。
- 大きなものがぶつかってきそうになると，逃げようとする，ビックリする
- 人間の顔を好む，ある程度表情を弁別する。

1から4カ月
- 自分の身体の動きに興味を持ち，単純な行為を行う。
- 出来事の予測を，限定的にだが，行う。
- こぶしを握ったり広げたりする。頭を右に向けたりする。玩具を手に持ち投げる。

4から8カ月
- 興味ある出来事を繰り返す。再現をめざす。
- 見慣れた行動の模倣をする。

8～12カ月
- 意図的な，目標行動をする。
- 出来事の予期・期待ができる。
- もっと複雑な行動の模倣

12～18カ月
- 環境を探索することを始める。
- 目標を達成するために複数の要素的行為を組み合わせる。
- 複数ステップのスクリプトに従って行動する。

18～24カ月（2歳）
- 遅延模倣（一定の時間がたった後，思い出して模倣する）。刺激に誘発されてではない。
- ままごと遊び（母になりきって）に熱中する。現実と幻想の混在

2歳
- 多くの種類の"モノ"や絵を認知する。知覚表象の飛躍的増大，階層的ネットワークの成立
- 2つのモノの色属性に注目してマッチングができる。
- 「もっとちょうだい，もう少しすくなくして」という比較級（相対的）の概念が分かる。
- 絵に描かれた，活動（歩く，遊ぶ，上る）を指さしできる。

3歳
- ものの機能についての質問に答えることができる。道具，人工物の理解，機能の抽出
- 「同じ，違う」という概念を使用できる。
- 大きさの違いを弁別できる
- 「なぜ，どうして」を多発し，質問することに興味を持つ。
- 複数の"もの（例えば絵カード）"の中から＜仲間はずれ＞の1枚を指さしできる。
- 自分が男の子か女の子かを知っている。
- 5つまで数えることができる。
- 色を基準にして，複数セット（赤と青と黄色セット）にものを分類することができる。

4歳
- 色や形を基準にして「これとこれは同じ」とマッチングできる。
- 4種の色名を言える。
- 大きさを基準にして，ものの分類ができる。
- ものを10まで数えることができる。
- ものの絵の名前が10個以上言える。
- 「お入りなさい」といった命令に従うことができる。
- 「寒い，疲れた」など，より抽象的な単語の意味が分かる。

5歳
- 1円，5円，10円，50円，100円硬貨を区別できる。
- 1から10までの数字がわかる。
- 使用法という基準で複数の絵カードを分類できる。基準が違うと別の分類になることがわかる。
- 単純な引き算ができる。
- 課題に注意し続ける時間がのびる。注意継続時間の増大。
- 色の名前はだいたいわかる。
- 8ピースのジグソーパズルを完成させる。

6歳
- 「最初，真ん中，最後」という概念が分かる。
- 因果関係を利用して事態を理解できる
- 物語の主人公の気持ちを理解できる。
- 物語の結末を推論できる
- 複数の基本図形を認知する。
- 物語を順序づけて，人に分かるように話すことができる。

2. 言語発達表

平均年齢	理解（聞き手）	表出（話し手）
0〜3カ月	●騒音にビックリする ●アイコンタクトする ●人の声に注意する	●色々なニーズに対応した泣き
6カ月	●人の声の出所が分かる ●自分の名前を言われると反応する	●オー，アーなどを言う ●母音のみ表出可能 ●話を聞いた後に，発声する ●バブバブと言う ●声を出して笑う
12カ月	●簡単な命令に従うことができる ●名前を言われると応答し，イヤと言える ●多くの単語を理解する，単語と動作を連合することができる	●初めての言葉の出現 ●ジェスチャーをする，バブバブは継続中 ●単語を何度も繰り返し模倣する ●イナイイナイバー遊びができる
18カ月	●要請されたもの（新聞など）を持ってくる	●単語20個が表出できる ●一語文を話す
24カ月	●身体の部分の名前が分かる ●「ハイ，イイエ」で答える質問に応答できる ●代名詞（わたし，あなた）が分かる	●150個の単語，単語が劇的に増える ●単語を組み合わせる→二語文 ●文法に合った文章の出現 ●環境音（バシャバシャ，バタン）の模倣 ●自分の事を自分の名前で指示する（ケンチャンはね，） ●ハイ・イイエ質問を使う ●話し手と聞き手が交代するというような，会話にかんする原則的技能を効果的に使用する ●言語を用いて，種々の経験を関連づけることができる。
30カ月	●2つのことを同時に行えと言う要請をこなすことができる。 ●大きい，小さいなどの形容詞，上に，下に，などの位置関係を理解する ●色名がわかる	●350単語 ●なぜ，どうしてなどの疑問文を使う ●歌を歌う
3歳	●機能を述べると何かわかる（肉を切るものは何？ 包丁） ●長い複雑な文を理解する	●700単語 ●三，四語文を使う ●物語を話す ●自分の経験を話すことができる ●自分の名前の姓と名の両方を言える ●現在形に加えて，過去形を使用できる ●難しい課題に挑戦している時，内言（私的な）を利用して次に何をするかを決める ●「もっと」という言葉を多発する ●韻を踏むということが分かる ●色の名前が言える。 ●名前を言うことで，ものを要求できる ●文法規則を過剰に適用する（英語では，過去形を作るには-edをつけるという規則を不規則動詞にも適用する
4歳	●三要素のスクリプトの要請に応えることができる ●時間概念がわかる	●因果関係を文章で述べることができる（because句を使用できる） ●多くの子音を構音できる

資料）*An Introduction to Early Childhood Special Education* (ed. L. L. Dunlup, 1997) より，一部変更

Chapter 6

第6章

子どもの遊びの発達

1 遊びとはなにか

　漫画「ゲゲゲの鬼太郎」の作者として有名な水木しげるは,『のんのんばあとオレ』(1977) という自伝的な本の中で,「たのしみが多すぎて, 勉強どころではなかった」という子ども時代の体験を語っている。橋本やよい (1994) はそれを要約して, 次のように紹介している。

　しげる少年はありとあらゆる遊びを経験している。「ダマシ」(落とし穴のこと), 石けり, 鬼ごっこ。当時の子どもには既成のおもちゃは, ほとんどなかった。何でも独力で工夫して作らなくてはならなかった。凧, 竹馬, 杉鉄砲。一人の時も, しげる少年は多趣味で忙しかった。紙相撲, 昆虫採集, 新聞の題字集めのほかいろいろな収集,「日本, 及び世界都市人口表」の作成, 挿絵つきの小説など, ありとあらゆるものを自分で作り出し, 空想をふくらませた。(p69)

　赤ちゃんがティッシュペーパーを次々と引きだして箱を空っぽにしてしまうのも, 幼児が鬼ごっこに興じるのも, 小学生がコンピューター・ゲームに没頭するのも, チンパンジーが知恵の輪（金属製のパズル）をいじくり回すのも, ごほうびがもらえるからというような理由からではなく, まずはその活動そのものがおもしろいからにはちがいない。
　「遊び」の根底には, そのような, 心の奥底から発する「おもしろいものごと」への引力がある。ほめられもしないのに, なんの得にもならないのに, なにかに興味を持ち, その活動そのものによろこびを感じ, おもしろがり, 没頭する。そのような「遊び心」を, 水木しげるは誇らしげに「多趣味」「奇癖」とふり返り, 心理学者はそれを「内発的動機づけによる行動」と名づけるのだ。
　「遊びとはなにか」というのは, 実は答えることが難しい問いだ。高橋たまき (1991) によれば, 古代ギリシャの昔からたくさんの賢人が「遊びとはなにか」

と考え続けてきたが，結局「万人を納得させる定義がまだ存在しないのが実情である」と述べ，その理由として遊びの複雑さと多様さをあげている。

しかし，「遊びはまさに生活の必要性から切れたところから生ずるものである。（中略）遊びの本質はむしろ繰り返しより新しさにあるだろう」（無藤，1991）という考え方もある。いいかえれば，遊びがつかみどころがないのは，それが"いつも通り"の必然性からはみ出した余計な部分で，いわば"なんでもあり"だからなのだ。

そんなわけで，「ズバリ，これが遊びです」ということは難しいが，遊びの活動に共通する特徴をいくつかあげることはできるだろう。岩立（1997）は，ある活動が遊びであるといえるための条件として，①だれかのためではなく自分自身のやりたい気持ちによる活動であること，②他者から与えられたものではなく自分で自由に選んだ活動であること，③楽しい活動であること，④想像力をはたらかせる活動であること，⑤のめり込んで無我夢中になる活動であること，という5つをあげている。

また，遊びが，無意味で無駄な暇つぶしかというと，そういうわけでもない。遊びが子どもの発達にとってもつ意味について，中西（1997）は次の4つをあげている。①他者とのやり取りなど社会的な経験を積むこと，②知識を得たり想像力をはたらかせたりすること，③身体を動かして使いこなすこと，④ストレスを解放するなどの治療的な働きがあること。この治療的な働きについて思い出されるのは，1995年の阪神・淡路大震災のあと，被災した子どもたちが，積木で作った町並みを「地震だ」といって破壊する遊びをすることがあったという逸話である。このような，ショッキングな体験の再現的な活動は，心の傷をいやすために必要なことだという考え方もある（西澤，1997）。

生活上の必要性ということでいえば，なくても困らないように見える遊びの活動が，実は人間の発達にとって大きな意味を持っている。以下，見方によって多様な姿を見せる「遊び」に，さまざまな角度から光をあててみよう。

2 遊びと知識

私たち大人は，「遊び」を勉強や仕事と別のものと考えている。大人の1日の過ごし方を3つに分ければ，睡眠と仕事（勉強）と余暇に分けられるだろう。遊びは，余暇の中に含まれる活動であることが多い。しかし，子どもの場合，大人のような分け方にはならない。

保育所保育指針では，「第2章 子どもの発達」のところで，子どもの生活における遊びの位置づけが述べられている。そこでは，「子どもの主体的活動の中心となるのは遊びである」とし，遊びと子どもの発達がお互いに密接に関連しており，遊びの内容は子どもの発達水準に支えられ，同時に，さまざまな遊びを通

じて子どもの発達が促されるという考えを示している。また，幼稚園教育要領（平成10年12月）では，第1章総則「1　幼稚園教育の基本」（2）のところで「幼児の自発的な活動としての遊びは，心身の調和の取れた発達の基礎を培う重要な学習であることを考慮して，遊びを通しての指導を中心として（以下略）」という文章が見られる。ここでは，遊びを教育の方法として位置づけており，心身の調和的な発達の基盤となる学習活動と考えている。

　遊びが子どもの主体的な活動の中心であり，遊びのもつ学習活動としての面に注目すると，遊びを通して能動的に周囲のさまざまな事柄についての知識を獲得していく子どもの姿が浮かび上がってくる。これが遊びと知識の関係を考察する1つ目の理由である。

　また，ジュコーフスカヤによると，ごっこ遊びのテーマになっていることについて，その知識がまったくなければごっこは持続しないことが示されている（ジュコーフスカヤ，1965）。つまり，ごっこ遊びやその雰囲気を維持し，楽しむためには，ごっこ遊びのテーマに関係する知識が必要であり，遊びの構成や展開そのものに知識が重要な役割を果たしていることになる。これが，遊びと知識の関係を考察する2つ目の理由である。

　さて，遊びと知識の関係について考察する前に，この節での「遊び」と「知識」という言葉の中身を決めておこう。まず，「遊び」は，子ども同士や子どもと大人が遊んでいるという感覚をもつ活動と大人の方で子どもと遊んでいるという感覚を持つ活動の2つを含んでいる。ピアジェの理論では，感覚運動期の第2次循環反応の時期に至らないと適応行動と遊びの区別が明瞭にならないと考えている（フラベル，1963）。しかし，遊びは子どもの側だけで行われているわけではない。大人の側から見ると，食事，おむつ交換，沐浴以外の子どもとの活動は，子どもと遊んでいるのである。つまり，大人が「遊んでいる」と意識し，そこで作り出される楽しい雰囲気の中で，この時期の子どもは，反射を抑制し，周囲の世界を探索すると見なすことができる。

　次に，ここで取り上げる「知識」は，言葉や四字熟語の意味のようなものだけではない，ということである。むしろ，ここでの知識とは，身の回りにあるものの特性や生活上の技能のことが中心である。たとえば，ゴムボールは，握るとポワンポワンと押し返してくるという感覚があるとか，瀬戸物は落とすとガシャンとびっくりするような音がして割れるということ，あるいは，ドライバーや金槌はどのように使うのか，車を運転するときはハンドルを回したりシフト・レバーを前に押したり後ろへ引いたりする，というような事柄を指している。

　この節では，まず，遊びによって乳児期の子どもが獲得するさまざまな知識について取り上げる。次に，知識がごっこ遊びに及ぼす影響について考えていく。

［1］乳児期の遊びと知識

　ピアジェの理論によれば，適応行動と遊びの明瞭な区別は，第2次循環反応の時期に現れるとされている（フラベル，1963）。それ以前は，自発的な遊びは身体を自由に動かせないとか，周囲の認知がまだ十分ではないので，不明瞭なのである。

　しかし，この見方は，子どもの行動のみに注目したまとめ方である。子どもの姿や生活の様子を考えてみれば，子どものそばには必ず養育者がいる。「遊び」という言葉は，様々な定義のされ方をしてきているが（中野，1993），この時期の子どもと養育者のやり取りを考えると，そのやり取り自体を子どもが楽しんでいて，養育者と子どものワンセットで遊びの空間ができ上がっている。つまり，子どもは産まれてすぐに「遊び」の雰囲気の中にいる。たとえば，生後およそ4カ月の子どもにガラガラを握らせておいて養育者が子どもの目の前でガラガラを振ると，子どもは，養育者のガラガラを振る様子を熱心にじっと見つめ，養育者がガラガラを振ることを止めると，ガラガラを持った手を振り始める（白石，1994）。

　このとき，養育者は，ガラガラを振りながら，「運動発達が順調か？」「ガラガラの方を注視するか？」「ガラガラの音は聞こえていそうか？」などと発達の遅れを見つけようと乳児の様子を見ているわけでは必ずしもない。むしろ，一般の養育者は，子どもの目の前で振られるガラガラを熱心に子どもが見ることで「あ，見てる見てる」と楽しみ，子どもがガラガラを振る様子を見て「ガラガラを振ったゾ」と喜ぶ。そのような養育者の声の調子，表情と身振りを見て子どもも心地よいという表情を見せる。養育者の遊びの雰囲気に誘われて子どももその遊びの楽しさを実感している。このように乳児期前期の子どもは，世話をしてくれる人やあやしてくれる人というような，自分にとって大切な人が誰かを知り，また，興味深い音がするのは，どんな形をしていてどんな手触りがあるのかというモノの持っている特性についての知識を蓄えていく。

　生後8～9カ月ころになると，子どもの大好きな遊びに「イナイイナイバー」遊びが入ってくる（白石，1994）。手で覆われた養育者の顔が「イナイイナイ」という声の後に「バー」で出てくると，子どもは全身で喜びを表す。養育者は，「イナイイナイ」の喋り方を長くしたり，短くしたり，「イナイイナイ」と「バー」の間の間隔をあけたりして何度も繰り返し，子どもの喜ぶ様子を楽しむ。

　この8～9カ月という時期は，人見知りをする時期としてよく知られているが，自分が知っているものと知らないものを区別できていることが，「イナイイナイバー」を楽しんだり，見知らぬ大人を見て怖がったりすることを支えている。イナイイナイバー遊びが楽しく，見知らぬ大人が怖いのはなぜかということを考えると，イナイイナイバー遊びには，「イナイイナイ」と「バー」という2つの場面が結びついていて，必ず，自分の安心できる人の顔が出てくるという期待がも

第6章●子どもの遊びの発達

てる。つまり、子どもはイナイイナイバー遊びの構造を知識として知っているから、「バー」のときに現れる大人の顔を期待し、楽しむことができるのである。しかし、子どもにとって見知らぬ大人とは、その人と自分がどんな関係をもつかわからない存在である。期待もできなければ、自分がどうすればよいのかもわからず、楽しむ余裕もないからだと推測することができる。

この後、10カ月を過ぎるころから、道具をその用途に応じて使おうとする遊びがでてくる。櫛をみた子どもが、はじめ何をするものか分からず、口にくわえてみたり、いろいろ考えあぐねた結果、髪を梳かすものであることを思い出し、自分の頭に櫛を当てたり、保育士の髪も梳かしてあげるというやりとりがでてくる（白石，1994）。この頃の子どもは、周囲の物に対して好奇心が非常に旺盛で、「あれは何だろう？」「これは何だろう？」「どうやって使うのか？」という気持ちが子どもの様子に表れてくる。認知的な発達と対応させると、共同注意を実現する指さしを駆使して、周囲の事物の名称や呼び名を養育者から聞き出していく時期と前後する。

このように見てくると、乳児期の子どもの遊びには、養育者に先導されながら自分の持っているその時の能力を試し、楽しむという姿が見えてくる。そして、試み、楽しむ経験を積み重ねる中で、子どもは周囲のさまざまな事物の特性や、イナイイナイバー遊びにみられるような期待によって形作られる2つの場面の関係についての知識を蓄えていくと考えられる。

[２] ごっこ遊びの基盤となる力

幼児期になった子どもの代表的な遊びに、ごっこ遊びがある。このごっこ遊びができるようになり、そのごっこ遊びが上手に大人の様子を真似したり、創造的なストーリーを展開するために必要な力に「象徴」能力がある。ごく大ざっぱに説明すると、「象徴」とは、現実の生活の様子を別の場面で替わりのものを使って再現することと言えるだろう。

この象徴の力は、子どもの言語能力の発達と深い関係があると考えられている。第5章でも触れたが、思考は言語を使った様式になり、言葉は知能（子どもの周囲に起きるさまざまな課題場面を目的に添ったやり方で効率良く解決する力、適応能力）としての力を発揮するようになる。そして、そのためには、象徴能力の発達が重要な役割を果たすと考えられている。ヴィゴツキーは、2歳頃の子どもの様子について、「子どもは、言語の象徴的機能を発見したかのように思われる」と表現している（ヴィゴツキー，1962）。

さて、象徴能力と関係が深いとされる言語能力は、どのような道筋を経て発達していくのか。子どもは、1歳頃の初語の発話から、1歳半頃までの間に話し言葉が顕著に増加する（田中・田中，1984）。この時期の子どもの話し言葉では、今まで1つの言い方で表していたある動物（例えば、イヌを「ワーワー」という）

を他の動物と比べ，違うことをわかっていく中で，他の動物を表す別の表現（例えば，ネコを「ニャーニャー」という）が出てくる。このような変化は，子どもの日常生活で周囲にあるさまざまな事物でも起こるようになる。また，このような変化の後に，そのような表現に動作や様子を意味するような発声が続いて，2語発話ができるようになる。

　1歳半頃，子どもが自分から使える話し言葉は，30語前後であったのが，2歳頃には300語，2歳半で500語前後，3歳頃に1,000語近くになるといわれている（田中・田中，1984）。このように子どもは，言葉の量（語彙量という）を2歳から3歳にかけて爆発的に増大させる。このような語彙量の増大は，子どもが単に単語（名詞）をたくさん覚えていくということだけでなく，名詞とつながる動詞や自分の気持ちを表すような言葉を2語文という形式を操る中で増やしていくからである。

　2歳半頃からは，モノが2つの相反する性質を持つことができることをわかり始める（第5章参照）。きれいと汚い，好きと嫌い，大きいと小さい，長いと短い，などの性質である。経験したことを言葉で表現するという活動は，言語的な思考の発達を支える活動となり，子どもに周囲のものの全体と部分のそれぞれの名前を呼ぶことができるようにする。また，「○○を△△する」というような表現を理解することがだんだんできるようになってくる。

　言葉をこのように理解することができるようになると，遊びの面でも，別々の単位としてあった動作を関連させて，「人形に洋服を着せてから食事を食べさせる」「食事をしてから寝かせる」というような順序を持った（見通しを持った）ものになってくる。また，遊びの他にリズムや音楽でも，言葉の発達の進み方と並行するように，緩急や強弱といったリズム感の感受性が増したり，さまざまな楽器の音色の弁別ができるようになったりする（田中・田中，1984）。

　また，象徴の力を表す子どもの活動に模倣がある。第5章で触れた前概念位相の子どもたちは，自発的に他人の真似や象徴的な模倣活動をよく行う。

　ピアジェ理論における前概念位相の子どもの模倣についてメイヤは次のように記述した（メイヤ，1969）。「子どもは，自分が見たように真似るが，その正確さに対する関心は薄い。そしてモデルを自分にとって大切なものだと考え，自分の知覚できるかぎりのモデルの全活動をしばしば一つの動作の中にはめ込んでしまおうとする。さらに，模倣は，子どもに事物を表す新しい象徴を与え続け，有用な行動レパートリーを増していく。また子どもは，自分から他人へ，他人から自分へと視点を移しながら模倣活動を洗練し，できる限りモデルの活動シーケンスに接近する。とりわけこの位相には，その関心や意識が，環境の中の事物や活動にむけられる。」

　この記述によると，前操作期に入った子どもたちは，模倣を通じて周囲のさまざまな事柄についての知識を獲得していくことがわかる。何のために模倣をする

のかという子どもの気持ちは，認知能力や言語能力の発達とともに変化し，ただマネをしているという気持ちが中心である段階から，細かく正確にマネをしようとする気持ちの段階へと進み，社会の仕組みや大人の役割といったものを理解するようになる。

［3］ごっこ遊びと知識

　遊びは，これまで獲得した子どもの活動を定着させたり，拡大したりするのに役立つ活動である（メイヤ，1969）。ごっこ遊びは，日常生活での出来事を子どもたちが再現しながら，そこで使用されるさまざまな道具やモノ，あるいは日常生活で発生する問題とその解決の方法を学ぶ場でもある。ただし，子どもの自発性に任せていただけでは，このようなごっこ遊びの効果を十分に得ることはできない。そこに，ごっこ遊びを通じた教育的な関わりの意義が出てくる。この節では，教育的な視点から見たごっこ遊びと知識の関係について考えることにしよう。

　ある1つのテーマにそってごっこ遊びを展開するには，ごっこ遊びに参加している子ども同士でそのテーマについての共通の知識が必要である。お医者さんごっこを子どもたちが遊ぼうとしても，医者とはどんな大人を意味していて，医者がいる場所がどんなところで，医者の周りにはどんな人がいて，医者がどんな道具を使い，どのようなことをするのかを知らなければ，お医者さんごっこは成立しない。

　ごっこ遊びのテーマについて子どもが十分な知識を持ちあわせていない場合，そのごっこ遊びは，混沌とした遊びに容易に変化してしまい，1人ひとりの子どもが勝手に自分だけの想像遊びにのめり込むことや子ども1人ひとりがごっこ遊びでの役を主張しあい収拾がつかなくなる様子が観察されている（ジュコーフスカヤ，坂本訳，1965）。また，このような破局的な終わり方にならないにしても，知識が不十分であれば，そのテーマのごっこ遊びの内容が単調なものとなり，創造性が乏しく，持続が短くなることも観察されている（ジュコーフスカヤ，1965）。

　このような状況を打開して，子どもたち同士が仲良くお互いの役を整然と行いながら，持続の長いごっこ遊びを展開するための条件がある。ごっこ遊びのテーマについて実際の作業や活動の様子をよく観察させること，粘土などの創作活動でごっこ遊びのテーマと関連のあるものを作ること，保育士や教諭がそのごっこ遊びのテーマに関連する子どもたちの経験を上手な質問で呼び起こすこと，その他に，玩具をよく選ぶこと，絵本や文学作品に数多く触れさせること，などである（ジュコーフスカヤ，1965）。

　これらの活動は，ごっこ遊びのテーマに関して知識を増やしたり，そのような知識を子どもたちが利用しやすくする工夫であるといえる。

　前の節の最後で触れたが，前操作期の子どものごっこ遊びは，ただ単に大人のマネをして楽しむ段階から，次第に大人のやり方などを正確に模倣し，社会の仕

組みや大人の役割を疑似体験するように変化していく。子どもは，そのような遊びを通して社会の仕組みを理解していくと表現してもよいだろう。だから，ごっこ遊びの内容が貧弱であったり，持続が短いということは，見方によっては，子どもが社会の仕組みを十分に理解する機会を狭めていることになる。

　重要なことは，社会の仕組みや大人の役割を疑似体験するような内容のごっこ遊びが子どもの中から発生した場合，大人によって上手に計画され，誘導されなければ，そのごっこ遊びがすぐに壊れてしまったり，内容の乏しいものになるということである。そうならないためには，保育士や幼稚園教諭，親の関わりが大切になってくるのである。

3　遊びの誕生と分化

　前節では，ごっこ遊びを中心に，子どもの遊びがどんな知識に支えられているのか，ということを述べた。本節では，もう少し幼い時期に焦点を当てながら，遊びのもととなっている人間の基本的な心の働きのいくつかについて考えてみよう。

［1］子どもは世界を探索する

　赤ちゃんは最初は無力・無能な白紙の状態で産まれてきて，経験を重ねるにつれてさまざまなことを吸収し，いろいろな能力を発揮するようになる——多くの人たちが，赤ちゃんのことをそんなふうに思っているのではないだろうか。

　人間の能力が，環境，経験，学習の産物なのか，生まれつきの能力の開花なのか，という問題については，これもまたずいぶん昔から，さまざまな論争が重ねられてきた。

　そして，近年，赤ちゃんについての研究が進むにしたがって，赤ちゃんが生まれつきもっている「有能さ」が強調されるようになってきた。大人のように振る舞うことができないという意味では，赤ちゃんはとても未熟である。しかし，赤ちゃんが実はただ受け身で刺激を待っているだけの存在ではないのだということが，さまざまな方法で確認されてきている。

　その結果，現在では，生まれつきのものを土台にしながら，環境とのやり取りの中で日々変化し続ける，という発達の見方が，発達心理学の主流になっている。つまり，「生まれ（遺伝）か，育ち（環境）か」という極端な二分法は，教育万能主義に彩られた早期教育の宣伝などにしぶとく生き残ってはいるが，心理学の世界ではもはや捨てられつつある。

　赤ちゃんの有能さを研究した経験にもとづいて，高らかに"赤ちゃん賛歌"をうたう下條信輔（1988）は，赤ちゃんは生まれつき「物見高い」（p.52）と述べている。これは，赤ちゃんが目新しいものをじろじろと見つめるという「選好注視」

や，見慣れた環境に変化が起こったことに気づくとそちらに注意を向ける「馴化・脱馴化」の現象のことをさしている。これは厳密にいえば知的好奇心と同じものではないが，赤ちゃんは生まれつき目新しいもの，新鮮なものに引きつけられる傾向をもっているわけだ。赤ちゃんは「珍しがり」で，「知りたがり」なのである。

このような「知りたがり」の行動は，子ども時代を通してずっと続いていく。とくに，ただじろじろ見るばかりでなく，自分からものに働きかけられるようになってくると，その対象はぐんと広がってくる。たとえば，ティッシュペーパーを1枚1枚引きだして箱を空っぽにしてしまう。積木やままごと道具などをベッドと壁のあいだのすき間にどんどん落とし込んでしまう。中からものを出すわけでもないのに冷蔵庫の扉を開けたり閉めたりする。

そのへんに置いてあるものは，たとえそれが大人にとって子どもに触らせたくない貴重なものであっても，子どもはすぐ触ってしまう。これなども，大人を困らせようとしているわけではなくて，ただ子どもらしい興味のおもむくままに行動した結果にすぎないのだ。

子どもには，そのときそのときで，お気に入りのもの，お気に入りの行動があるようだ。それが続いているときには，子どもがとにかく同じことをエンドレスに繰り返しているように大人には感じられるものだ。しかし，しばらく熱中が続いたのちに，もうそのものの振る舞いには納得したとでもいうかのように，いつのまにか子どもの興味は別のものへと移っていたりする。

子どもはそれを何度も何度も繰り返しながら，世界の新鮮さを味わっている。世界がどう振る舞うのかを実体験で確認している。これは，自分の身の回りの世界の性質を探索する知的な営みといえるだろう。

さて，子どものこのような行動は，「遊び」といえるだろうか。先の「遊び」の定義に照らせば，おもしろがり，だれからいわれたわけでもなく自分のそうしたいという気持ちだけで没頭しているのだから，「遊び」と見ることもできる。そのような単純で自己完結的な活動を「遊び」というのは言い過ぎだとしても，「遊び」の芽であるとはいえるだろう。

そのような意味での経験の「遊び」としての豊かさのために，子どもと生活をともにする大人が努力すべきは，子どもが思いきり探索できるような安全で豊富な環境を用意することと，エンドレスの繰り返しにもできるかぎりつきあって，「遊び」の気分を演出することだろう。

[2] 子どもは人とのかかわりを求めている

赤ちゃん時代からの子どもの遊びの発達について語るとき，もう1つ，欠くことができないのは，他者とかかわろうとする生まれつきの傾向である。

赤ちゃんは人の声や顔に関係のある刺激に，強く反応する傾向がある。そして，

あやしてくれる人の顔の表情をまねするような反応（同調動作）をしたりする。「虫笑い」と呼ばれる，笑顔風の表情（生理的微笑。自発的微笑ともいう）を見せることもある。これらはすべて，大人に「かわいい」と感じさせ，大人からのかかわりを引きだし，大人とのあいだで情緒的な交流を結ぶ役割を果している（第3章を参照）。

白石正久（1992，1994，1996）は，子どもの発達的変化の原動力としての「人を求めてやまない心」の重要さを強調している。表面的には人に無関心なようすの子どもや，人とのかかわりを避けようとしたりしているように見える子どもにも，他者と共感的な関係を結んで，それを支えに成長したいという根源的な願いがあるはずだという。

たとえば，1歳くらいの子どもに，初対面のヒゲづら巨体のオジサンがいきなり近づいていって声をかけたとしよう。たいてい人見知りをして，泣きながら親や保育者の方へ逃げていく。ところがそのまま見ていると，親や保育者にしがみついていったん泣きやんだその子どもは，必ずといっていいほど，クルッと振り向いて初対面の見知らぬ人の姿をもう一度見て，また泣き声をあげるのだ。

白石はそこに，「気になって気になってしかたがない」という，その子どもが初対面のオジサンに向けた関心を読み取る。そのような行動を，親や保育者という人との結びつきをベースにして，ほかの人へと結びつきを広げていこうとする子どもの意欲の芽生えなのだというふうに受けとめようというのだ。

子どもは，そうやって，大人との関係を手がかりにして，人間社会の中に居場所を確保する。そこで，その社会で「当然」とされていること，たとえば大人と同じことばをしゃべること，オシッコやウンチをする場所や姿勢，食事の仕方，眠る時間などを徐々に仕込まれながら，吸収しながら，社会の一員としての人間に育っていく。このような成長の過程は「社会化」と呼ばれている。子どもの発達に広く見られる「社会化」の現象は，人との結びつきが子どもの発達をすすめる重要な基盤となっていることを示している。

人とかかわることと遊びの関係を考えたとき，人とかかわることでしか成立しない遊びの特質について考えておく必要がある。

岡本夏木（1982）は，ある男児について，「冷蔵庫の扉を開くたびに母が『いけません』と言うのが面白く，さかんにくり返し，『いけません』といわれるたびによろこぶ」（生後9カ月），「みずから人に向って『バー』という。これに『ばー』と答えてやると，よろこんでまた『バー』といい相手に『ばー』を言わそうとする」（生後12カ月）といったエピソードを紹介している。

子どものこのような行動には，他者の反応を期待し，そのような反応を引きだすために自分の行動を繰り返すという遊び的なコミュニケーションのパターンが現れている。このようなタイプの遊びは，人とかかわるということでしか成立しえない。また，岡本は，このような他者とのつながりとことばの発達の密接な関

係についても述べている。ことばの発達というのは，単独ですすむわけではなくて，このようなコミュニケーションの全体的な発達の中に位置づける必要があるということであろう。

ともあれ，子どもに大人や年長者がかかわって遊び的な関係を結ぶことが，子どもの遊びの発達にとってたいへん大切だということを，あらためて確認しておきたい。

[3] 遊びの広がり

これまで，遊びが子どもの生まれつきの性質や成長と深く結びついているということを述べてきた。

子どもの成長や経験によって，遊びはさまざまな形へと広がっていく。これまで，多くの研究者がそれらの遊びを分類し，その発達的な変化をとらえようとしてきた。なにを遊びと考えるかという遊び観の違いによっても，その分類はことなってくるが，ここでは遊びの分類の古典として，ピアジェ（1945）とパーテン(1932)の考え方を紹介することにしよう。

①ピアジェによる遊びの分類

ピアジェは，知的発達がすすむにつれて遊びも段階的に発達すると考え，遊びの発達を3つの段階に区分した。

第1段階は，「機能遊び」である。これは，感覚への刺激や身体の運動や動作がそのまま遊びになるような活動をいう。乳児が手近なものをなめたり放り投げたりするような活動が，イメージしやすいかもしれない。ぶらんこ遊びなどもこのタイプの遊びに分類できるだろう。また，幼い子どもたちの好きなおもちゃで，ボタンやハンドルを押すと動物の人形が飛び出してくるようなものや，上から玉を入れるとくるくるころころと転がって最後にチリリンと音をたてるものなどがあるが，これらも，単純な動作と感覚的な刺激を主としたものといえよう。

第2段階は，「象徴遊び」である。模倣，見立て，ふり，ごっこ，想像，空想などをともなう遊びで，幼児期の遊びの代表格といってよい。これらについては，前節で詳細に述べた。積木やブロックでなにかを作って遊ぶような活動を「構成遊び」として，「機能遊び」と「象徴遊び」の中間的なものと位置づける場合もある。

第3段階は，「ルール遊び」，つまりルールのあるゲームなどである。簡単なものでは鬼ごっこやカルタ取りなどが当てはまるだろう。また，ずっと年長になってくると，囲碁や将棋などのかなり複雑なルールの遊びも可能になってくる。このような段階の子どもは，ピアジェの考え方に立てば，理屈（ルール）に添った行動や思考ができるという知的発達段階に達している，ということになる。

ピアジェによるこれらの分類では，遊びから知的発達の段階を見るという視点が提供されている。このような視点は，たとえば知的な発達の遅れを抱えた子ど

表6-1 ■仲間との遊びの種類 (パーテン, 1932)

分　　類	内　　容
専念しない行動	遊んでいるとはいえず，なにかをぼうっとして見ているような行動を指す。自分の身体を軽くふったり，椅子にもたれかかったり，先生をなんとなく追いかけたりすることが多い。
1人遊び	集団遊びと「1人遊び」を区別するのはむずかしい。ここでは一応，話せる距離に他児はいるが，その子とは違うおもちゃで1人で遊んでいて，他児とは遊ぼうとしない行動を指す。
傍観者遊び	他の子どもの遊びを見て大半の時間を過ごす。見ている対象の子どもに話しかけたり，たずねたりすることもあるが，表面上遊びに参加しようとする気配はない。「専念しない行動」との違いは，ずっと特定のグループの様子をうかがっている点である。
並行遊び	複数の子どもが並行して遊びをする状態を指す。そばで同じ遊びをしていても，一緒に遊ばず，自分の遊びを他の子に説明することもない。たとえば，砂場で複数の子が同じようにカップに砂をつめてプリンをつくっている場面がそれに当たる。それぞれの子は自分の遊びに夢中で，隣の子も遊びには関心を示さない。
連合遊び	集団の遊びのひとつで，明らかにグループに属している者の間には共通の行動・興味や仲間意識が認められる。他の子どもといっしょに遊び，共通の話題で会話や遊具の貸し借りも見られる。しかし，遊びでの役割分担や組織化はまだみられない。
協力遊び	グループの役割分担や主従関係での組織化がある程度なされ，特定のものをつくったり何らかの行動をやりとげようという目的が明確である。ルールのあるゲームでは，味方と敵の区別も自覚されている。

資料）岩立志津夫『遊びの発達』　桜井茂男・岩立京子編著『たのしく学べる乳幼児の心理』福村出版, 1977

もたちの発達のようすを見るときに生かすことができるだろう。しかしその一方，遊びには知的な働きばかりでなく，社会的，情緒的な側面もある。とくに，先に述べたような，他者とのかかわりによって初めて成立する遊びのことを考えると，ピアジェの分類は，これがすべてなのではなく，いろいろな側面をもつ遊びのある1つの特徴に目を向けたものなのだということを，おさえておかねばならない。

②パーテンによる遊びの分類

パーテンは，子ども同士のかかわりという観点から遊びを6つに分類した。その6つとは，「なにもしていない」「1人遊び」「傍観」「並行遊び」「連合遊び」「協調（協力）遊び」である。

とくに，「並行遊び」「連合遊び」「協調（協力）遊び」の3つは，子ども同士のかかわりのようすを遊びの形でとらえようとした分類として，よく知られている。この分類は，ある年齢のときに特定のタイプの遊びをする，というものではない。もちろん年齢によって遊びのタイプに差は出てくるが，それは，年齢が上がってことばの能力が高まるにつれて遊びのバリエーションが増え，それまでの遊び方に加えて，他者とより組織的な関係を結んだ遊び方ができるようになってくるというとらえ方をすべきであろう。

4　遊びと社会性

［１］楽しみを共有する

　筆者が出入りしていたある保育園の乳児クラスで、アユミちゃんという１歳の女の子が、保育室の中のどこかでひろった洗濯ばさみを見せにきたことがある。筆者は「あ、洗濯ばさみだね。これ、ここにつけちゃおうかな」といって、アユミちゃんの着ていた服の袖口に、洗濯ばさみをはさんでぶら下げた。すると、アユミちゃんは、もう一方の手で、その洗濯ばさみをむしり取って、筆者に微笑みかけると、洗濯ばさみを差し出すのだった。そして、また袖口につけてもらった洗濯ばさみをむしり取る、ということをしつこくくりかえすのだ。

　筆者は、アユミちゃんが洗濯ばさみをわしづかみにしてむしり取ろうとするたびに、「とれるかな、とれるかな」「とれたあ、とれたねえ」「またつけるの？」などと、まだほとんどことばを話せないアユミちゃんの「気分」を勝手に実況中継しながら、かなりの回数、その遊びにつきあった。

　ここで考えてみてほしいのは、この遊びが成立する条件である。

　ピアジェ流に言えば、これは洗濯ばさみをむしり取るということそのものが遊びになっているので「機能遊び」ということになる。だとすると、アユミちゃんが自分で洗濯ばさみをつけたりはずしたりして、それで遊びに没頭して楽しむことができるだろうか。たぶん、仮に自分で洗濯ばさみをつけることができたとしても、それだけでは遊びとしてはぜんぜん楽しくないにちがいない。この遊びは、筆者という遊び相手がいたからこそ成り立っていたのである。

　神経科医のサックス（1985）は、知的障害があって足し算もほとんどできない双子の兄弟が、なぜかある数が「素数」という特別な数かどうかがわかるらしくて、６桁の素数をじっくりとかわりばんこに言いあっては、にこにことしながら相手のいった数を味わっている、というふしぎな光景について書いている。「めずらしいワインを味わうように」数を味わう楽しみを、２人のあいだで共有していたわけだ。

　しかしその後、この兄弟は別々の施設で暮らすことになった。そして、数の対話をできなくなった彼らは、穏やかで幸せな気分や、生き生きとした表情も失ってしまったようだ、という意味のことをサックスは述べている。

　こんなエピソードを引用したのは、「素数を味わう」というようなあまりに奇妙で極端にマニアックな遊びさえも、個人の中で「これが素数」と確認するだけでは完結しないのだ、ということを述べたかったからである。他者となんらかの形で共有することで、それは楽しい遊びとして成り立つのである。それは、本節の冒頭で紹介したアユミちゃんの洗濯ばさみをむしり取る遊びと同じである。

［２］あそびといざこざ

　他者とかかわることが，遊びを遊びとして成立させる大きな要因となっているのは確かだが，幼い子どもたちの場合，それは，相手が調子を合わせてくれることで成り立っている面がある。先に紹介したアユミちゃんの洗濯ばさみ遊びも，筆者がアユミちゃんのペースに合わせて，アユミちゃんのやっていることを遊びに仕立てたからこそ，遊びになったのだ。

　だが，子ども同士の関係では，そんなふうにいっしょのペースで楽しみを共有できることばかりとは限らない。とくに，年齢の比較的近い幼いきょうだいのあいだや，保育所の子ども集団などでは，場所の取り合い，ものの奪い合いなどのトラブルは，しょっちゅう起きることになる。

　そのような体験の中で，子どもは自分の思い通りにならない他者と，どう折り合いをつけていったらよいかということを，少しずつ学んでいく。ときにはどちらか一方が大泣きしておしまいという結末もあるだろう。しかし，そのような子どもたちの衝突の場面を見ていると，「奪われる」という脅威があるからこそ「どうしてもゆずらない」という意地も生まれるようなところがある。ものや場所をがんこに譲ろうとしない子でも，いったん，「占有したい」という気持ちを肯定的に受けとめてもらえれば，そのすぐあとにゆずったり貸したりできるということも，けっこうあるものだ。

　子どもが少し成長してきて，集団でルールのある遊びをするようになってくると，遊びのルールをめぐるトラブルなども増えてくる。

　保育所の４歳児のクラスでの１年間の実践をまとめた菅野由美子・小出まみ（1992）は，春先には捕まったといっては泣いたりして中断することが多かった鬼ごっこが，冬ころにはいざこざが減って長続きするようになったようすを紹介して，「あそびのルールを守ることで楽しめることがわかってきた」のではないかと述べている。

　しかし，子どもたちのそのような変化は，時間がたてば自動的に起きるというものではない。このクラスの担任保育者だった菅野の記述には，子どもたちのたくさんのトラブルがとらえられている。鬼ごっこで鬼に背を向けているすきにつかまえたといって鬼に抗議する子，気にくわないことがあるとまわりの子に八つ当たりする子，ままごと道具の取り合い，ちょっとしたいたずらや誤解から生じたけんか……。菅野は，結果的にけんかになってしまった場合でも，ただ断罪したりなんとなくごまかすようにその場をおさめたりするのではなく，当事者それぞれのトラブルに至るまでの心の動きに共感を示し，それを子どもたちと共有する努力をしている。また，より適切なふるまいを子どもがお互いに教えあうことのできるようなクラスの集団をつくっていったのだった。

　子どもの社会性をはぐくむためにはけんかも必要だという意見を聞くことがある。だが，ただ場当たり的にけんかをくりかえすことが，社会性の発達につなが

るかどうかは疑問だ。けんかをすれば社会性が育つかのような言い方では説明不足だろう。けんかやトラブルの経験を通して，他者との適切なかかわり方を学ぶことに，大きな意味がある。そして，けんかをそのような学びの場として生かせるかどうかは，その場面に居合わせた年長者，とくに親や保育者などのかかわりに大きく左右されることになるのだ。

［3］思いやり

　日本の教育文化の中で強調されることの多いものに「思いやり」がある。思いやりの根底にある能力として，心理学では「役割取得能力」という考え方が提案されている。

　いま自分が使っているおもちゃを，他の子どもが使いたいと言ってくるような場面では，相手の気持ちをくみ取って自分がどうするかを決める，ということが求められる。このような，自分とは異なる立場の人の心のうちを理解し，自分の行動を決める能力を，役割取得能力という。

　しかし，これもいくつかの発達段階があり，幼いうちは自分と異なる他者の気持ちを十分には理解することができない。また，その発達を支える経験として，異なる考え方の人にわかるように自分の考え方を説明しようとすること，他者と親密に気持ちを通じ合わせること，自他の欲求を区別することなどが必要と考えられている（渡辺，2000）。

　つまり，ただ「思いやりをもちなさい」「他の人に譲りなさい」というだけでは思いやりは育たないということだ。人とかかわる多様な経験の蓄積が必要なのである。そして，子どもにとってそのような経験をするもっとも自然な文脈は，他の人と気持ちを伝えあいながらさまざまな遊びを（ときにはけんかも）することだろう。

［4］遊びと性役割

　遊びの社会的な意味に関連して，最後にジェンダーの問題を取りあげよう。

　「性」には，生物学的な意味でのオス，メスを示す性（セックス）と，心理・社会的な性（ジェンダー）がある。ジェンダーは，生まれてからの経験によって形成されるところが大きい。

　その社会や文化で期待される，「男らしさ」「女らしさ」のことを，性役割という。その内容は，国や文化によって，時代によって，大きく違う。

　現代の日本の文化は，国際的に見て，「男らしさ」「女らしさ」を強調する傾向が強いといわれている（牧野，1995）。名づけから始まり，着せる服も，与えるおもちゃも，幼稚園や保育所で出席を確認するときの名簿も，ほとんど男女別である。

　大人たちは，とくに深く考えもせずに，男の子にはミニカーを，女の子にはぬいぐるみを買い与えたりする。また，親は，女の子よりも男の子と，活発に身体

を動かす遊びをする傾向が強いという（伊藤裕子，1995）。このような環境で，子どもたちは知らずしらずのうちに，「男らしさ」「女らしさ」についての固定的なとらえ方をすり込まれていくのである。

　よく，「男は家の外で働き，女は家で家事・育児をする」という分担が当然のように語られることがある。まるで生まれつきの男女の違いが，そのような分担の根拠であるかのようである。

　しかし，幼い子どもたちの遊びにつきあったことのある人はすぐに気づくだろうが，小さな子どもたちは，男女関係なく，たいていはままごとや調理活動が大好きである。車輪のついた箱をひもで引っ張って歩くようなことも，男女に関係なくほとんどの子どもたちが好むものだ。それを，「男の子なのにままごとなんかして」「女の子だから車のおもちゃよりはお人形を」と「男らしさ」「女らしさ」へと無意識的に（しかし強制的に）方向づけるのは，多くの場合はまわりの大人なのだ。

　子どもと遊ぶとき，必要以上に男女の違いを強調してしまっていないか。勝手な思い込みで「この子は男の子だから……」「この子は女の子だから……」と決めつけていないか。ときに，自分がどれだけ性役割の固定観念にしばられているか，ということをふり返ってみることも，子どもとのかかわりを見直すきっかけになるかもしれない。

5　遊びを豊かにするために

　ミヒャエル・エンデというドイツの作家の代表的な作品『モモ』（1973）の主人公モモは，町外れの廃虚に住みついている女の子である。その廃虚には，町の子どもたちがモモと遊ぶためにやってくる。子どもたちがなぜモモのところに遊びにいくのが好きかというと，モモといっしょに遊ぶと，遊びがとても充実するからだった。それも，モモがなにかおもしろいことをして見せてくれるわけではない。「モモはただいるだけ，みんなといっしょに遊ぶだけです。ところがそれだけで──どうしてなのかはだれにもわかりませんが──子どもたちの頭に，すてきな遊びがひとりでにうかんでくるのです」。

　そこにいるだけで，いっしょに遊んでいるだけで，遊びがもりあがって，充実する──筆者が子どもたちと遊ぶとき，そんなモモのような存在になれたらと思う。だが，筆者にはモモのような特別な才能はないし，そのような才能をもった人を実際に見たこともない。おおかたの人は，そのような特別な才能の代わりに，いろいろな小手先の技を使うしかない。その小手先の技も，それぞれの人が，自分の持ち味にあったものを編み出していくしかない。

　だが，子どもと仲よくなるきっかけとか，遊びを豊かにする基本的な条件やパターンのようなものは，たしかにあるように思われる。本章のしめくくりとして，

そのいくつかを見てみることにしよう。

[1] コミュニケーションの技術

　筆者は，子どもがちょっかいをかけてきたときには，素直にその働きかけに乗ってしまうことにしている。ひげ面の筆者に子どもが「ひげじいさん」と声をかけてきたら，腰を曲げて杖をつくふりをして「おじいさんですよ」とやる。「へんなおじさん」と呼ばれたら，返事をしながらおかしな歩き方で子どもに近づいていく。子どもがなにかしかけてきたら，ひょいと，その子どもと同じ土俵にのってしまうのである。

　そのような経験的なコミュニケーションの知恵を理論化したものに，「インリアル」（竹田・里見，1994）がある。インリアルでは，子どもとのコミュニケーションを深めるために，いくつかの技法が提案されている。その中で柱になるものの1つは，「まねっこ」である。子どもと仲よくなるために，その子どもの行動，音声，ことばをそのまままねてみるのだ。これが，実際に試してみるとふしぎなほどに効果的である。まねをすることが，それだけで楽しい遊びになってしまうのだ。

　もう1つ，少し親密になった子どもと親密さを深める方法として，「ぎゅー」をするというのはどうだろうか。子どもを少し強めに抱きしめるのだ。子どもたちはなぜかこれが大好きで，思わず「んがはっ」などと声をあげるほど強く抱きしめられても，何度も抱きしめてほしがる。数人同時に抱きしめられるというのも，子どもにとっては楽しいことのようだ。

[2] 物語を広げる

　ごっこ遊びをするとき，年長の子どもたちはよく，「これ，～なのね（～のつもりね）」というようなことをいう。このようなことばによって，いっしょに遊んでいる人と見立てを共有することができる。他の人と共通のイメージの中で，遊びを展開していくためには，そのように，ことばをある程度使いこなせるようになる必要がある。

　また，同じテレビ番組を見ている子どもたちの間では，いちいちことばで「これはどういうつもり」などと確認しなくても，その番組の誰とかどの場面とかいうだけで，イメージを共有できることがある。絵本も同様の側面があるが，こちらの方がテレビよりも想像で補うところが多い分，より創造的といえるかもしれない。

　だが，テレビや絵本，紙芝居などで知っている設定で型通りの行動をくりかえすという遊び方は，どちらかというと比較的幼い子どもたちのものであろう。

　年長の子どもたちのごっこ遊びが本当に充実するのは，子どもたちが，新しい物語の紡ぎ手になるときである。加用文男（1994）は，子どもたちが，忍者の子

孫の宝をめぐる争いという新しい物語に出会い，本気とごっこが混ざったふしぎな状態でその物語の中に身を投じていくようすを詳細に描いている。そこでは，子どもたち自身が，物語の登場人物として，その物語の創造にかかわっているのだ。

ここでいう「物語」は，絵本や童話のことだけをさしているのではない。日常から離れたおとぎ話だけが物語なのではない。日常の中の1コマも，日常とつながったふしぎな現象も，すべて物語になることができる。

田中義和（1997）が紹介している「恐竜を描いて遊ぶ」保育の実践なども，最初は一部の恐竜好きの子どもたちが絵を描いていたところから，恐竜の卵を探しにいく探検遊びになり，さらに見つけてきた卵は極秘にお昼寝のときに交代で暖めたりする。最後は一連のできごとを紙芝居に仕立てる。自分たちが織りなした，自分たちだけの恐竜物語である。

加用の場合も，田中の紹介する実践も，子どもたちが登場人物となって物語が展開していくように，大人がところどころでおぜん立てをしている。だが，決して，指図をしたりはしていない。子どもたちが大人の手のひらの上で踊らされているわけでもない。大人はただきっかけをつくっているだけである。

しかし，それができる年長者がいることで，子どもたちのファンタジーの世界はぐっと広がってくるのだ。

［3］時間と場所と心の余裕

先に紹介した加用は，「光る泥だんご」作りがテレビ番組で紹介されて以来，泥だんごブームの火付け役として，一般にもよく知られるようになった（加用，2001）。彼は，保育園で子どもたちに交じりながら泥だんご作りに励んでいたという。

熟練した"泥だんごマスター"になるためには，たくさんの時間と手間を泥だんご作りに捧げなければならない。加用は特別な閑人というわけではない。むしろ，大学の先生として多忙な毎日を送っている人である。しかし，泥だんご作りをするような，時間的・心理的余裕があって，泥だんごに没頭できる行きつけの保育園という場所もあった。

この，時間と場所と心の余裕ということが，「遊び」が成立するためにもっとも重要な前提条件ではないだろうか。

本章の最初の節でふれた遊びの定義について，思い返してみてほしい。生活の必要から離れたところに遊びがある，という定義である。

『モモ』の物語の中で，時間泥棒に「むだな時間」を奪われてぎすぎすした生活を送るようになってしまった人々のように，やらなければならないことに追いまくられている生活，効率を追求して必要なことだけがびっちりと詰め込まれた生活には，遊びが入り込む余裕はない。

『のんのんばあとオレ』で水木しげるは，子どものころの自分や近所の遊び仲

間たちが，たまり場にしていたおがくず置き場を追い出されて，遊ぶ場所がなく町内を放浪して歩いたというできごとについて書いている。遊び場をなくした子どもたちは，死んだようだったという。遊びには，遊ぶための場所が必要なのである。

そして，心の余裕，安心だ。飢餓状態におかれていたり，戦争や暴力にさらされている子どもたちは，じっくり遊ぶような気持ちにはならないだろう。身の危険を心配する必要がない，安心できる社会的，人間的な環境と，それがもたらす情緒的な安定性こそが，子どもたちがなにかにじっくりと没頭し，豊かな遊びを創造するために，もっとも必要な条件なのである。

〈引用・参考文献〉

Deci, E. L. & Flaste, R. *Why We Do What We Do. The Dynamics of Personal Autonomy*, G. P. Putnam's Sons, New York, 1995.（桜井茂男監訳『人を伸ばす力―内発と自律のすすめ』新曜社，1999）

M. エンデ（大島かおり訳）『モモ―時間どろぼうとぬすまれた時間を人間にかえしてくれた女の子のふしぎな物語』岩波書店，1976

Evans, R. I. *The Making of Psychology Discussions with Creative Contributors*, Alfred A. Knopf, Inc., 1976.（犬田充訳『現代心理学入門（上）』講談社学術文庫，1983）

Flavell, J. H. *The developmental psychology of Jean Piaget*, 1963.（岸本弘・紀子訳『ピアジェ心理学入門　上』明治図書，1969）

橋本やよい「子どもの遊び」，杉岡津岐子編『子ども学―その宇宙を知るために』ナカニシヤ出版，pp.65-80, 1994,

石橋尚子「人との交わり：遊び」，祐宗省三編『教育心理学』北大路書房，pp.7-24, 1993

伊藤裕子「性役割と発達」，柏木惠子・高橋惠子編著『発達心理学とフェミニズム』ミネルヴァ書房，pp.141-165, 1995

岩立志津夫「遊びの発達」，桜井茂男・岩立京子編著『たのしく学べる乳幼児の心理』福村出版，pp.113-124, 1997

R. ジュコーソスカヤ（坂本市郎訳）『遊びによる幼児教育』新読書社，1965

菅野由美子・小出まみ『4歳児つかまったって泣かないよ―いっしょにあそぶなかで育つ自我と社会性』旬報社（旧労働旬報社），1992

柏木惠子・宮下孝広・古澤頼雄『発達心理学への招待―こころの世界を開く30の扉』ミネルヴァ書房，1996

川村晴子・中西利恵・増原喜代・内山明子『子どもの育ちと遊び』朱鷺書房，pp.53-92, 1997

加用文男『忍者にであった子どもたち―遊びの中間形態論―』ミネルヴァ書房，1994

加用文男編著『光る泥だんご』ひとなる書房，2001

Maier, H. W. *Three Theories of Child Development: The Contributions of Erik H. Erikson, Jean Piaget, and Robert R. Sears, and Their Applications*, Revised edition, 1969.（大西誠一郎監訳『児童心理学三つの理論　エリクソン／ピアジェ／シアーズ』黎明書房，1976）

牧野カツコ『教育における性差別』, 柏木惠子・高橋惠子編著『発達心理学とフェミニズム』ミネルヴァ書房, pp.247-271, 1995

水木しげる『のんのんばあとオレ』筑摩書房, 1977（文庫版 1990）

無藤　隆編『子どもの遊びと生活』金子書房, pp.1-13, 1991

仲真紀子「会話」, 内田伸子編『言語機能の発達』金子書房, pp.149-182, 1990

中野　茂「遊びの発達心理学」, 無藤隆編『別冊発達15　現代発達心理学入門』ミネルヴァ書房, pp.99-110, 1993

西澤　哲『子どものトラウマ』講談社現代新書, 1997

岡本夏木『子どもとことば』岩波新書, 1982

Parten, M. B. Social participation among pre-school children. *Journal of Abnormal and Social Psychology*, 27, 243-269, 1932

J. ピアジェ（大伴茂訳）『遊びの心理学』黎明書房, 1980

Sacks, O. *The Man Who Mistook His Wife for a Hat.* John Farquharson Ltd., London, 1985.（高見幸郎・金沢泰子訳『妻を帽子とまちがえた男』晶文社, 1992）

下條信輔『まなざしの誕生―赤ちゃん学革命』新曜社, 1988

白石正久・棚橋啓一・池添　素・井上美子『はじめての障害児保育』かもがわ出版, pp.49-131, 1992

白石正久『発達の扉（上）』かもがわ出版, 1994

白石正久『発達の扉（下）』かもがわ出版, 1996

高橋たまき「遊びと発達」, 無藤　隆 編『子どもの遊びと生活』金子書房, pp.113-165, 1991

田島信元・西野泰広・矢澤圭介編著『子どもの発達心理学』福村出版, 1985

竹田契一・里見惠子編著『子どもとの豊かなコミュニケーションを築くインリアル・アプローチ』日本文化科学社, 1994

田中昌人・田中杉恵『子どもの発達と診断3　幼児期Ⅰ』大月書店, 1984

田中義和『描くあそびを楽しむ―描画活動の指導と理論の新展開―』ひとなる書房, 1997

ヴィゴツキー（柴田義松訳）『思考と言語（上）』明治図書, 1962

渡辺弥生「道徳性の発達」, 堀野　緑・濱口佳和・宮下一博編著『子どものパーソナリティと社会性の発達』北大路書房, 2000

第7章

Chapter 7
発達のつまずきと養育者・施設の役割

1 発達とつまずき

　ある人はずっと同じ地域の中で，またある人は地域を移動しながら，歴史的に（その時期，その時代に応じ），社会・文化的に生涯発達する。はじめは「保護されるもの」から，やがて「保護するもの」としての役割を取得していき，男性と女性が出合って，結婚（同棲）し，夫婦となれば，そこから男性は「夫」としての発達，女性は「妻」としての発達，そしてパートナーシップの発達が始まる。

[1] 子どもが生まれるまえ

> 事例1　夫婦共働きの新婚家庭であったが，妻の方が夫よりも，はるかに忙しい仕事であった。しかし，いつも妻よりも先に勤務先から帰宅する夫は，ビールを飲みながら妻の帰りをただ待つだけであった。2人分の食事の仕度・後片づけ・洗濯・掃除などすべての家事を妻が担っていたが，やがて離婚となった。夫は妻に暴力をふるうというようなドメスティック・バイオレンス（DV）＊などしたわけでもないのに，なぜ離婚になってしまったのか，今も理解できないでいる。

＊親密な関係にある（関係にあった）夫婦・恋人・同棲相手・婚約者などからの暴力。

　さらに受胎により，今度は一人二役以上となる。「夫」に「父親」としての発達，「妻」に「母親」としての発達，「親」になっていく過程（親性の発達）も加わる。
　ただし，望まれなかった妊娠，ティーン・エージャー妊娠，非婚の母，シングル・マザー，ひとり親家庭など，さまざまな事情も時にはあるかもしれない。
　待望の妊娠・出産であったという女性がいる一方で，妊娠・出産・育児に責任の重さを感じたり，強い怖れや不安を抱いたりしてしまう女性もいる。糸田ともよの歌集『水の列車』の中には，「胎内懐疑」という章があり，次のような短歌

が載せられている。

> 妊娠を告げられし午後雪まどう天地(あわい)の間に夏蝉を聞く
> 泣き足りぬ魂この身に投げ込まれ海成し揺れるわたしを嘔(な)くまで
> この星の炸裂よりも胎に棲むひとり児おそれる風花のなか

夫（胎児の父親）としての発達につまずいてしまう例もある。

> 事例2　妊娠した妻（胎児の母親）は悪阻(おそ)（つわり）がひどく，つらくて夕食後の茶碗洗いができないと訴えた。夫（胎児の父親）は，汚れた食器類はそのままにして，もう休むよう妻に勧めた。夫は妻に優しい言葉をかけたので感謝されたと思っていたが，翌朝，前夜のままの汚い台所を目にした妻は暗い気分になった。

妊娠・出産しても仕事を続けたいと考えている女性に対し，職場の経営者や上司が冷たいというところも，まだ残念ながら存在している。

> 事例3　胎児が安定期に入る前の流産しやすい大切な時期に，雪の降る寒い屋外で1日働くか，それができなければ退職するかの二者択一を迫られた。そのため無理をして出勤したが，下腹痛（切迫流産の危険性）に苦しんだ。

妊娠すると，市町村の保健課・保健センターなどで，「母子健康手帳」を交付してもらうことになる〔図7－1〕。

図7-1 ■母子健康手帳（左は筆者のもの，右側の2つは筆者の子どもたちのもの）

第 7 章 ●発達のつまずきと養育者・施設の役割

> **事例 4**　過去に不自然な事故死をした子どもが 1 人以上いるとか，警察が児童虐待を疑って捜査に入ったが立件できなかったなどの経過のある家庭，ネグレクト（養育の怠慢や放棄など）で地域や関係機関には有名な家庭，母親が子どもを怪我や病気にして入院させては輸液に雑菌を入れたりベッドから転落させたり口を手で塞ぐなどする「身代わりミュンヒハウゼン（ほら吹き男爵）症候群」ではないかと疑われる家庭などで，またしても母親が妊娠（母子健康手帳を取得）したなどの情報がキャッチされた場合，そうした家庭や生まれてくる子どもに対する今後のケースワークや支援の在り方を考えるための関係者による事前のネットワーク会議などが開催されることもある。

妊娠がわかると，一般的には，医療機関（産科）への定期的な通院が始まる。

> **事例 5**　子どもの伝染性紅斑（リンゴ病）のウイルスが流産を引き起こすとか，先天性風疹症候群＊などについて，一定の知識のある妊婦は，産科に子どもがシャットアウトされていない病院の待合室は，不安であったという。

＊風疹ウイルスの母体感染により，聴覚障害・心臓疾患・眼疾患などをもつ子どもが生まれる。

赤ちゃん特有の排泄物の刺激臭や形状，文脈状況によっては母親をネガティブな気持ちにさせる泣き声は，ファッション感覚のマタニティ雑誌などからはリアルには伝わってこない。胎児や乳幼児への「絵本の読み聞かせ」などをしながら，夫の協力も得て，幸せで満ち足りた平和な毎日を過ごす妊婦や母親としての生活というイメージをこの時期に膨らませ過ぎると，あとで親子の関係発達などにおいて，理想と現実との間の大きなギャップに悩むことになってしまうケースもある。

昔の子どものアルバムは出生後の写真から始まったが，現在は，出生前の胎内での写真からスタートすることも多い〔図 7-2〕。

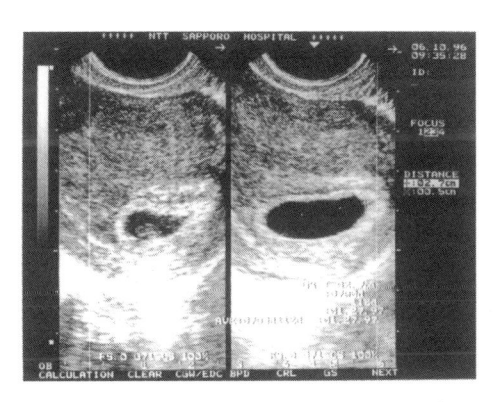

図 7-2 ■ 超音波断層法で撮影された写真

> **事例 6**　侵襲性のない超音波断層診断装置で撮影された胎児の写真や映像をもらって帰り，それを妊娠中の日記や生まれてくる赤ちゃんのためのアルバムに貼ったり，パソコンに保存する時代となった。医師から「順調です」といわれると安心できるが，在胎週数に比して頭囲が小さいとか，奇形の可能

性や胎内治療の必要性などが指摘されると、母体は不安やストレスをかかえる。日記も強迫的に記入するのであればマイナスである。

＊例えばサリドマイドの薬効が見直されているが、誤飲などによる薬害の再発も危惧されている。

レントゲン撮影などの放射線被曝、催奇形性のある薬剤の服用＊だけでなく、夫からの身体的（心理的）暴力、妊婦の喫煙、アルコール依存、薬物依存などの嗜癖（アディクション）も胎児への影響が心配される。

＊＊かつては「桃色遊戯」、最近は「性に関して特別な指導を要する行動」などともいわれる。

事例7　家庭的な事情で家出を繰り返し、テレクラや援助交際、有職・無職の少年との喫煙・アンパン（シンナー吸引）・不純異性交遊＊＊で、父親不明の子を妊娠。人工妊娠中絶が困難な妊娠月齢となり、出産しかなくなるが、母親や親族に養育の意思も環境条件もないため、福祉事務所や児童相談所の介入により、生まれてくる子の障害の有無などもアセスメントしながら、登録里親への委託ないしは乳児院（児童福祉施設）への入所措置が受理処遇会議で決定された。

ある時期の妊婦から少量の血液を採るだけという母体血清マーカー検査により、胎児が障害児かもしれないという可能性が確率で示されるなど、出生前診断（超音波断層法、羊水穿刺、絨毛（じゅうもう）検査など）の技術も進歩しているが、その是非については社会的にも、出生前心理学の立場からも論争がある。

＊＊＊21トリソミーなど、染色体に起因して知的な発達に遅れなどが現れる。

事例8　染色体起因の子どもたちをサポートするグループ（親の会）で出会ったのは、医師からは「血液検査の結果、99％の確率で、心配はなさそうですよ」と言われたのに、生まれてきた赤ちゃんはダウン症＊＊＊であったという親子であった。

2人目以降の妊娠の際には、上の子が、まだ年齢が低かったり、もしくは特別な要求をもった子（障害の子）であったりした場合など、母親に相当な負担がかかることも否めない。重いものを持ってはいけないとはわかっていても、物理的にまたは心理的に「父親不在」で、夫の協力の得られにくい家庭では、妊婦が高いところに登らざるを得ないとか、けっこうな体重のある上の子を抱かなければならないこともしばしばある。稼働している母親も、体への負担は大きい。

[2] 子どもが生まれる

事例9　（花子）　病院では新型の分娩監視装置などのハイテク機器に母親は好奇心旺盛。逆子（骨盤位）もなおり、陣痛誘発剤・促進剤は使ったが、出生体重2,918gの正期産、女の子であった。産声がやや遅れ、母は思わず「泣

第 7 章●発達のつまずきと養育者・施設の役割

＊新生児の状態をみる5項目10点満点の採点法。仮死の程度，蘇生術の必要性，予後の判断などに利用される。

かない！」と呟いたそう。アプガー・スコア＊は9点。あとで医師に尋ねると，皮膚色が1点，それ以外の心拍・呼吸・筋緊張・反射が各2点であったとのこと。母子同室となるが，抱いても泣いてばかりで母乳の飲みも悪く（哺乳力微弱と）なり，やがて多血症が判明。新生児集中治療室（NICU）に入り，補液などの治療を受けた。

事例10（太郎） なかなか子宮口が開かず，陣痛は26時間も続き，くたくた。助産師さんの声や分娩台の上のライトが夢の中のように虚ろ。ちょっとハスキーな産声が響き，とても安心した。助産師さんは落ちついている優しい人で，なんだかとても尊敬してしまった。私の横に赤ん坊を持ってきてくれた。臍の緒が赤ん坊の首にひと巻き（臍帯巻絡）していたとのことだが元気そう〔図7-3〕。

病院にて
7月30日（火）午前6時18分生

体重 2998g 身長 50.0cm
胸囲 32.0cm 頭囲 33.5cm

図7-3 ■太郎出生時の状況

　産科病棟で，きょうだい以外の子どもを赤ちゃんに面会させるのはやめよう。子どもは感染症の巣。ばい菌やウイルスが新生児にとって，時に致命傷となる。

[3] 子どもが生まれてから
　ここからは，事例9の花子，事例10の太郎の発達について書かれた育児日記を元に，「子どもの発達」と，母親（養育者）による子育ての大変さ，睡眠不足を追ってみる。日記の最初のほうには授乳と排尿・排便（おむつ交換）のことばかりが記入されている。

花子　11月5日は午前2時に泣いたので母乳とおしっことうんち，午前5時15分に泣いたので母乳とおしっことうんち2回，（中略），午後11時45分に泣い

たので母乳とおしっことうんち。6日は午前2時に泣いたので母乳とおしっこ，午前5時10分に泣いたので母乳とおしっこ，(中略)，午後11時25分に泣いたので母乳とおしっこ。7日は午前3時50分に泣いたので母乳とおしっこ。

さらに，太郎の発達について，母親によって書かれた育児(絵)日記を元に，子どもの発達と，母親としての発達のつらさなどを追ってみる。なお，③の記述(傍点)は，新生児の生理的微笑に対して母親がポジティブな社会的コンティンジェンシー(随伴性)を与えるような表現となっており興味深い。

＊自発的微笑(社会的微笑ではない)にもかかわらず，母親が間主観的に肯定的な意味づけをしている。

太郎 ①父さん，夜遅く酔って帰ってくるなんてひどいぞ。(手伝いに来てくれていた)祖母は体調を崩して帰ってしまう。母とても疲れ，イライラ。②母さん，寝不足がつらい。父さん，食事を作ってくれる。③むし笑いを何度もする→幸せなのだそう＊。④太郎，泣いてばかり。父さんは飲み会。太郎との長い一日。家事がはかどらない。⑤(太郎が)5時にすっかり起きてしまい，母を困らせる。⑥太郎，泣いてばかりで，疲れている母も泣いて，2人で泣いた。祖母に来てもらい，母は少し眠る。祖母に(太郎を)お風呂に入れてもらい，一緒に寝てもらう。⑦(太郎は)便秘のせいか，朝から機嫌が悪い。母，別室で少しだけ仮眠。⑧母，2.5時間しか眠れない。⑨母，寝不足で，祖母にSOS。⑩(太郎)深夜に熱が出て，何度も起きて泣く。⑪(太郎は)このごろいつも6時起き。母，連日寝不足でフラフラ。⑫祖母に泊まってもらい，母は久々に6時間眠る。⑬太郎，母さんにおしっこをかける。→喜んでいる!! ⑭母，すごーく疲れ，風邪復活。⑮祖母に泊まってもらい，太郎をあずける。⑯哺乳瓶の乳首を嫌がる(遊んだりもする)。母乳だと満足気。ミルクを飲まず大泣き。母乳をやると眠った。やはり哺乳瓶だと大泣き。⑰ミルクを嫌うようになったので母乳でがんばらねば!と母は根性で食べることに。寝ぼけて少しミルクを飲んだが，ミルクに気づいて怒り出す。⑱祖母，泊まってくれる。母は2時間しか眠れず，風邪もきびしい。⑲30分以上経っても乳首を離そうとしない。だらだらといつまでもおっぱいを吸うので，再び途中からミルクにしてみるが，やはりミルクは飲まず，にやにや笑っている。⑳父さん酔って遅く帰宅。母は不眠が悪化して体調きびしく，精神的にもまいってしまい，深夜にタクシーで太郎と実家に行く。㉑夜中，おしっこが背中からもれて，おふとんがぐっしょり! 母，左顔面(特に歯)の激痛に苦しむ。祖母に来てもらい，タクシーで歯科へ。(奥歯の根に膿が溜まっていたのを出す。すごーく痛かった)㉒母は歯・頭・リンパ・耳が相変わらず痛く，絶不調。母乳のことを考えて投薬を断っていたけど，明日も辛ければ身体を先に治さねば…と思うけれど，ミルクonlyに(しばらく)するのはとても切ない。㉓母乳に影響のあまりない化膿止めを出してもらい，

一安心。㉔午前 0 時 20 分に泣いたので母乳，午前 3 時 45 分に泣いたので母乳。㉕重湯と魚野菜ベビーフードと野菜スープのうちの重湯と魚野菜ベビーフードを太郎がひっくり返してしまい，作り直す。（太郎は）待ちきれず泣き出す。（泣きたいのは母だ！）〔図 7 - 4〕

図 7-4 ■器をひっくり返してしまう
（泣きたいのは母だ！）

家族療法家の団士郎は，「夫婦に，喧嘩はつきもの」「子どもに，病気はつきもの」であるという。生物学的レベルでの「障害」の有無にかかわらず，「子どもの発達と子育てに，心理・社会・文化的なレベルでの問題や課題，障害，あるいはそのソフト・サイン（微徴候）やサイン（徴候）といった"つまずき"はつきもの」であろう。

そして，J. W. キャタノもいうように「はじめから一人前の親などはいない。皆，まわりから助けを得ながら親になっていく」のである。

○世間では「たまごっち」が大流行。
　でも母は
　「たまごっち」なんか
　育てている暇はない！

図 7-5 ■わが家の太郎っち（母は「たまごっち」なんて育てている暇はない）

2　つまずきマップ

子どもの発達の問題や特別なニーズ（障害）にかかわる相談の担当者に，小児科書や心理学書などに出てくる項目の中から，子どもや親の発達のつまずきとの関連を職業的に連想してしまうようなものについて選んでもらった。

愛情遮断症候群，アスペルガー症候群（障害），アトピー，アレルギー，アノマロスコープ，易感染性*，いじめ，異食，遺糞症，胃瘻ボタン，ウェルニッケ領野，運動発達遅滞，円形脱毛症，嚥下障害，オージオメータ，嘔

*医学辞典には「易」の読み方として「い」と「えき」の 2 つが載っている。

＊身体的虐待，ネグレクト，心理的虐待，性的虐待などがある。

＊＊石原忍の仮性同色表には弁別精度が高過ぎて障害とはいえない範囲のものまで障害として差別してしまった歴史がある。

＊＊＊出生体重2,500g未満をいう。1,500g未満は極(小)低出生体重，1,000g未満は超低出生体重とされる。

吐，おむつかぶれ，音韻同定検査，核黄疸（→中枢神経障害，アテトーゼなど），学習障害（LD），仮死分娩，寡動，かみつき，川崎病，頑固な寝癖（斜頭），鉗子分娩，癇癪，緘黙，奇声，吃音，機能的磁気共鳴映像法（fMRI），吸引分娩，狭頭症，強迫行動，虚言，筋緊張（筋トーン）の異常，計画分娩，経管栄養，痙攣，血液型不適合妊娠，結節性硬化症，誤嚥事故，行為障害，口蓋裂，高次脳機能障害，高身長，交通事故，高熱，広汎性発達障害（PDD），呼吸窮迫症候群，呼吸困難，骨盤位（逆子）分娩，子ども（児童）虐待＊，臍帯巻絡，座位保持装置付車椅子，サヴァン症候群，鎖肛，視覚障害，色覚異常＊＊，自傷・他害，疾病利得，自閉症圏（スペクトラム）障害，斜視，シャッフリングベビー（座位で前進する乳児），重症感染症，重症心身障害，習癖異常，出血，条件詮索反応聴力検査（COR），情緒障害，情緒発達遅滞，小頭症，小児急性白血病，小児心身症，小児ネフローゼ症候群，食が細い，食物過敏症，ジル・ド・ラ・トゥレット症候群（トゥレット障害），心因性視力障害，心因性発熱，人工内耳，神経芽細胞腫，神経心理学的検査，進行性筋ジストロフィー，心疾患，滲出性中耳炎，新生児痙攣，新生児高ビリルビン血症，新生児用自動聴性脳幹反応（AABR）検査装置，心的外傷後ストレス障害（PTSD），髄鞘形成障害，水頭症，髄膜炎・脳炎，睡眠障害，頭蓋内出血，性器いじり，精神（発達）遅滞，瀬川病，摂食障害，喘息（発作），先天性甲状腺機能低下症（クレチン症），先天性股関節脱臼，先天性四肢障害，先天性代謝異常症，早産，反り返り，体温異常，退行，体重増加不良，胎便吸引症候群，食べない，単一光子放射型CT（SPECT），チアノーゼ，知覚麻痺，チック，知的（発達）障害，注意欠陥／多動性障害（ADHD），聴覚障害，腸重積症，聴性行動反応聴力検査（BOA），聴性脳幹反応（ABR），帝王切開，低出生体重＊＊＊，低身長，低体温，溺水事故，癲癇に伴う後天性失語症（ランドウ-クレフナー症候群），頭部ＭＲＩ（磁気共鳴映像法），頭部CT（コンピュータ断層撮影），特異的言語発達障害（SLI），泣かない，泣きすぎ，泣き止まない，難治性癲癇，二分脊椎，尿失禁，寝過ぎる，寝ない，粘膜下口蓋裂，脳梗塞，脳室周囲白質軟化症（PVL），脳室腹腔短絡術（V-Pシャント），脳性麻痺（CP），脳波（EEG）検査，発達性運動企画障害，発達性協調運動障害，発達性言語遅滞（障害），抜毛，半陰陽，鼻咽腔閉鎖不全，微細脳機能障害（MBD），ひきこもり，非行，ヒステリー，被刺激性（ことばの），被転導性，肥満，頻尿，フェニルケトン尿症，不器用，不登校（登園拒否・登校拒否），不明熱，ブローカ領野，フロッピーインファント（ぐにゃぐにゃ乳児），分娩麻痺（腕神経叢麻痺など），ペルテス病，便秘，保育器（フランス語でcouveuse）収容，ボイタ法，膀胱・直腸障害による排泄障害，（補）装具，母乳不足，ボバース法，麻痺，未熟児網膜症，ミルクの飲みが悪い，夢遊病，もやもや病，夜驚症，痩せ，夜尿症，ゆさぶられっこ症

候群，羊水吸引，陽電子放射断層法（PET），夜泣き，読み書き障害（ディスレキシア，ディスグラフィア），落下事故（頭部外傷・脊椎損傷など），乱暴，リタリン＊，ロービジョン（生活弱視）など。

＊使用をめぐっては論争がある。

また，別の相談員に，特異顔貌（変わった顔つき）をはじめ，からだの異常などを伴って生まれてくる先天奇形症候群＊＊などについて，これまでに文献で知っていたり，また実際に発達のつまずきの相談や支援をした小児の症候群などについて，その一部を思い出してもらった。

＊＊専門医やサポート・グループ（親の会），インターネットなどが力になってくれる。

アンジェルマン症候群，ウィリアムズ症候群＊，歌舞伎メーキャップ（新川・黒木）症候群，22q11.2欠失症候群＊＊，クルーゾン病＊＊＊，骨形成不全症，コルネリア・デ・ランゲ症候群，サリドマイド胎芽病，13トリソミー，18トリソミー，脆弱X症候群，先天性サイトメガロウイルス感染症，先天性トキソプラズマ症，ソトス症候群（脳性巨人症），ターナー症候群，胎児性アルコール症候群，胎児性バルプロ酸症候群，ダウン症，ダンディ・ウォーカー症候群，点状軟骨異形成症，猫泣き症候群，脳梁欠損症，プラダー・ウイリー症候群，レット症候群＊など

＊特有の認知・行動特性や才能が注目されている。
＊＊キャッチ22という呼び方には批判もある。
＊＊＊早期発見・早期治療により精神遅滞（知的障害）の予防が期待される。

これらのリストを見たある養育者は「子どもが何もトラブル無く生まれて，普通に子育てをすることが当たり前と思っている人も世間には，いるかもしれませんが，本当は決して簡単なことではないのです」と述べている。

＊発達退行を強調し過ぎないことも大事である。

[1] つまずき事例

相談機関で相談を受けることのある「発達のつまずき」事例について，初回相談の生活年齢（暦年齢）順に構成してみる。内容もできるだけ多岐にわたるよう配慮した。

吸啜反射，手掌把握反射，モロー反射，非対称性緊張性頸反射（フェンシング姿勢），歩行反射（原始歩行）などの原始反射が，本来なら消える時期になってもまだその反射が残っていて気になる場合には，小児神経発達の専門医などを受診できるとよい。

事例11　（0歳9カ月）　誕生の数日後に呼吸停止を起こし，医学診断は「新生児期の呼吸障害に伴う低酸素脳症」とのこと。現在，生後9カ月だが，まだ頭も完全にはすわっておらず，運動発達遅滞（肢体不自由）の状態。癲癇があり，抗痙攣剤で発作を抑えている。【心理検査】新版K式発達検査＊で，精神発達も生後4～5カ月の水準を超えるものがなく，全般的な発達の遅れは否めない。【支援】肢体不自由児施設でのトレーニング。知的障害も身体

＊京都で作成された個別式発達検査で，A.ゲゼルやA.ビネーなどの検査項目が下敷きとなっている。再改訂版は新版K式発達検査2001。

> 障害も重度であれば将来的には重症心身障害児巡回療育相談も考慮していく。

　粗大運動発達は，首がすわる，寝返り，座位（おすわり）や四つ這い（ハイハイ）や倚立（つかまり立ち），伝い歩き，ひとり立ち，独歩（ひとり歩き），階段昇降，ジャンプ（両足跳び），ケンケン（片足跳び）のような順番が一般的であるとされているが，そこには個人差もある。ただし，有意な遅れや目立った左右差などのある場合には，やはり専門家にも相談できるとよい。

　精神発達，情緒発達，言語発達などにおけるつまずきも多様であることを以下に示す。

＊年齢や状況にそぐわない過剰な動きや落着きのなさ。

> **事例12　（1歳7カ月）**　ハイハイを十分にしないまま，早期に伝い歩きから独歩を開始。「人見知り」や養育者に対する「後追い」の欠如，多動＊，希薄な対人関係，要求が叶わない時の奇声，幼児番組でのことばやストーリーに対する無関心，目玉の大きなテレビ・タレントや目玉の絵が描かれたおもちゃ（ブロック）への嫌悪・回避などの偏りがみられる。【支援】発達を促すトレーニングをしてくれる小規模通園施設に，母子で通園できるよう繋いでいくケースワークを行う。

＊相手のことばをそのまま反復してしまう病理的なオウム返し。
＊＊カウフマン夫妻によって作成された新しいタイプの個別式知能検査。情報を1つずつ順番に処理する継次処理過程と多くの情報をまとめて処理する同時処理過程からなる「認知処理過程」，読み・数などの「習得度」を測定する。子どもの得意な学習スタイルなどを発見することができる。
＊＊＊アスペルガー症候群も高機能自閉症も境界線のない同じ連続体上にあり，異質性よりも同質性の方が大きいことから，理解や支援がより多く得られる方を用いる戦略的な診断をする医師もいる。

> **事例13　（1歳10カ月）**　着席は一時的で散漫に動き回る。車の玩具に執着。車のタイヤの動きを横から長く見続ける。1歳半頃に出ていたママ，パパ，マンマなどのことばが一時的に消失する折れ線（ドイツ語でKnick）発達があった。天気図や特定のコマーシャルへの強い関心。冷蔵庫へのクレーン現象（そばにいる大人の手をあたかも"道具""孫の手"のように使う）。
> **（2歳3カ月）**頻繁な遅延性（遷延性）の反響言語（エコラリア）＊，**（3歳7カ月）**「となりのトトロ」の台詞を暗唱。【心理検査】長さの比較や男女の区別に失敗。**（8歳）**【心理検査】K-ABC心理・教育アセスメントバッテリー＊＊で，継次処理105＞同時処理86，認知処理過程93＜習得度122。『手の動作』では力加減が困難。『絵の統合』や『語の配列（妨害刺激の色の名前）』では，きわめて厳密な精度での命名。テスターにわかってもらおうとする「心の理論（他人の心理の理解）」に弱さ。【繋ぎ】専門医療機関を紹介。視線は合いにくいが，会話は十分可能。暗記が得意。ゲームでは勝敗に固執。図形模写が苦手。能力にアンバランス。医学診断は「アスペルガー症候群もしくは高機能自閉症の疑い」＊＊＊。【支援】本人も「怒りっぽくならないようになりたい」とのことなので，今後の状況によっては薬物療法の適応も考えてみる。

第7章●発達のつまずきと養育者・施設の役割

図7-6■どうにも止まらないいたずらぼんず（太郎）

＊ことばの発達が予期された時期に予期された水準に達していない状態。
＊＊神経心理学的障害に由来するとされる言語習得期の言語障害。

事例14 （2歳0カ月） 一語文と意味不明語（ジャーゴン）が混在しており，二語文はまだ。健康診査の会場ではよく動き，目ばなしができない。行動が社会・文化的には殆ど統制されておらず，マイペース。生後9カ月で独歩可能となってからは，人よりも「物」への接近・探索行動が盛ん。母親が絵本を読み聞かせようとしても興味がなく無視。第1子とは様相の異なる生育歴。【繋ぎ】専門医療機関を紹介。要求はクレーン現象。対人面では，遊びたくて他児に抱きついて押し倒す，玩具の取り合いから追いかけて叩くなどする。【心理検査】新版K式発達検査では，言語指示が通りづらく，模倣も弱く，了解できない課題では視線がそれ，達成を褒めても表情に乏しい。認知・適応領域の発達指数89に対し，言語・社会領域の発達指数は63。暫定的に医学診断は「言語発達遅滞」＊とするが軽度発達障害（発達性言語障害＊＊）も否定できない。【支援】経過観察を継続し，伸びが思わしくなければ言語聴覚士による言語療法を考える。

＊言語習得期に普通にみられる（病理性のない）ことばの反復。

＊＊助詞や助動詞などが欠落した，昔の電報文のような話し方。

事例15 （2歳2カ月） 2歳児健康診査（自治体単独事業）：二語文が未出現。身体各部の「指示行為（指さし）」が困難。母親のことばに（発達的オウム返し＊とは考えにくい）即時性の反響言語（エコラリア）。動作に反響動作（エコプラキシア）。2歳児健診事後指導（2歳10カ月）：絵本に描かれた物への指示行為ができない。3歳児健康診査（3歳2カ月）：簡単な10枚の絵カードのうち正答は7枚。男女の区別がわからない。保育所入所（3歳6カ月）：視線が合わない。二語文がない。多動。（3歳8カ月）漸く二語文となるが，電文体発話＊＊。ことばの理解が悪い。持ち物やシールなどへの記憶力は良い。列にじっと並べない。（7歳）理解に時間がかかり，了解性

121

が悪い。的外れ応答がある。【心理検査】田中ビネー知能検査でIQ100。語頭に"か"のつくことばとして「カメレオン」，"さ"のつくことばとして「サンゴ」を挙げる。養育者によれば「意味はわかんないのに，時々難しいことばを知っているんです」とのこと。【繋ぎ】専門医療機関を受診。①対人関係が疎遠，②パターン化した言語，③視覚認知が他の認知能力に比べて良好などから医学的診断は「いわゆる広汎性発達障害*（高機能自閉症あるいはアスペルガー症候群）」だが，自閉症の特徴がどんどん薄まり，対人関係上の困難さが目立ってくると，いわゆる発達性表現言語障害**（語義・語用欠陥症候群）***となる可能性もある。【支援】周囲から理解されにくく，養育者も育て方や躾の面で非難されやすいことから，通院と，医師から学校への説明を継続する。

*心理学的に重要とされる基礎的な発達が全般的に広範囲に障害される状態。
**言語理解よりも言語表現に問題を有する言語習得期の言語障害。
***構音や文法は正しくても，ことばの意味や用い方に困難を示す症候群。

事例16　（3歳3カ月）　「マ，マ，マ…」のように語頭音を反復する連発性の吃音がもう8カ月以上も続いているが，伸発（引き伸ばし），難発（阻止：ブロッキング），身体運動が伴う「随伴症状」*，吃ることを避けるための「工夫」までは，いずれもない。【支援】これまでと同様に矯正や注意は一切行わず，吃音を意識させない態度を養育者には続けてもらう。ただし，一過的に経過せず，二次性吃音への移行が避けられないようであれば，適切な言語聴覚士か言語治療の専門機関を紹介する。

*正常な発語に必要とされる以上の身体運動（こぶしを握る，足で床を踏み鳴らすなど）。

事例17　（3歳7カ月）　養育者のそばに座っていることができない。次々と検査器具に勝手に触れて回る。発語は結構あるが，プロソディ*（韻律・音調）が不自然。ミニカーの車種を瞬時に「オデッセイ」と言い当てる。普通の人なら気づけないような筆箱の隅の小さなマークを見つけ「ミツビシ」と言う。（4歳1カ月）行儀が悪い。気が散りやすく，立ち歩きが多い。質問癖。【心理検査】K-ABCでは，『数唱』が得意であり，評価点は13点と平均の10よりも1標準偏差ほど高い値となる。【繋ぎ】専門医療機関を紹介。多動傾向が残遺。表現言語が突発的で自己中心的。微細協調運動**稚拙。医学診断は「特異的発達障害***（gifted child）」【支援】対人関係における環境整備と心理面をフォロー。5歳頃に神経心理学的評価を予定。

*話しことばの全体的な流れ（リズム・強弱・抑揚など）。
**多くの筋肉の調和的かつ円滑な運動。
***心理的発達に偏りがあるなど，正常な発達のパターンが損なわれている障害。

事例18　（4歳9カ月）　腹痛・大泣き・頻尿などの原因究明と治療法を求めて何ヵ所もの小児科を回った（『母よ嘆くなかれ』を著したパール・バックもした「ドクターショッピング」*）後，母子で来談。母親は，子どもの症状

*いくつもの病院や相談機関などを訪ね歩くことであるが，セカンド・オピニオンも必要であり，それなりに意味もある。

を心配したり，玩具や菓子を買い与たりもしているが，実は，子どもの態度や行動に，甘えと反抗が混在しているとか，人前で急に"見た目，良い子"に豹変することについて，「可愛くない」「憎たらしい」と感じている。家庭では頻繁に心理的虐待（時には身体的虐待）をしてしまうと母親は語っており，児も最初は母子分離不安を示しながらも，後半は別室にて母親を「おっかないママ」と表現する。【箱庭療法】トラックを砂の中に埋めてしまい「みんな，やられたの」と呟く。建物を「病院」と言って砂の上に置く。【支援】相談員（児童福祉司），心理判定員，嘱託精神科医，保育士，保健師など関係者による連携と情報交換，この家庭への援助が必要と判断。医療費のかからない公的機関で精神科医が継続的に母親へのカウンセリングを実施。

事例19　（4歳11カ月）　【人形遊戯法】遊戯治療室（プレイルーム）で自由に遊ばせると，人形とドール・ハウスを出してくる。やがて「お父さん（母親の新しい彼氏）と，お母さんと，エッチするの」「お母さんも裸になって」「お父さん（彼氏）はここに寝てて」「お母さんを脱がして，また着替えさせるの」「こーやって一緒に寝てて」（と言いながら裸の継父の人形の腰に裸の母親の人形を乗せて何度も揺する）「ぷって，やって，して」（とキスをさせ）「お昼寝してて」と言いながら，別の若い女性の人形を持って来る。「お姉ちゃんのパンツも脱がないと…」「早くしたいのーっ」「こーやって，やってねー」「一緒に寝てねー」「お姉ちゃんいるから，くっついて来て」（と今度は裸の若い女性の人形の腰に継父の人形を乗せて何度か揺する）「お姉ちゃんとお父さんは，ここに来てー，一緒に寝る」と言いながら独り遊びを続ける。（このような「ごっこ遊び」は絶対にあってはならない内容のものである）【支援】子どもに性行為を見せることも「子ども虐待（性的虐待）」であり，子どもの健全な発達を阻害する不適切な関わり（マルトリートメント）である。粘り強いケースワークで，親権者の同意を得，児童福祉法に基づく里親に委託をし，子どもらしい発達を願って再養育を依頼した。

事例20　（6歳1カ月）　［養育者の不安］落ち着きがない。集中力がない。算数や読み書きが心配。嫌なことからすぐ逃げる。なぜ怒られているかわからない。誰にでもついていく。迷子になっても平気。園長先生に「ハゲオヤジ」，女の先生に「クソババア」「ブスオンナ」などと言う。近所でも噂の子。安心して連れ歩けない。［保育者の不安］物事に対する理解が弱い。マナーやルールがわからない。絵を構成的に描けない。細かい作業は苦手。歌や手遊びは好きだが覚え切れず，自信が持てない（セルフ・エスティームの低下）。

＊ビネーやL. ターマンのものを参考に田中寛一が作成した個別式知能検査の第4版。現在は第5版。

＊＊D. ウェクスラーによって作成された児童用個別式知能検査の第3版。

つねに喋りながら行動し，落ち着かない。遊びが持続せず，次々と目先が移り変わる。筋道立てて考えたり，話したりすることができない。繰り返し教えられてもなかなか身につかない。丁寧さに欠け，つねに指導や援助が必要。【心理検査】田中ビネー知能検査＊でIQ78。すでに次の課題に移っているのにまだ前の課題と同じ答を言ってしまうような「保続」がある。【繋ぎ】専門医療機関を受診。疎通性は悪くないが，部屋の中を落ち着きなく動き回り，自分でズボンを下げて，陰部を見せたりする。WISC-Ⅲ＊＊ではVIQ67，PIQ94，FIQ78，言語理解74，知覚統合84，注意記憶59，処理速度92（類似1，算数1，理解10，符号16，絵画配列4…と下位検査評価点の欄は凸凹）。これまでの不注意・多動性・せっかち（衝動性）などから医学的診断は「注意欠陥多動性障害（ADHD）」。【支援】医師からは塩酸メチルフェニデート（リタリン）の内服と行動療法的な対応を助言。就学後は学校の方とも連絡を取りながら関わっていく。

事例21　（7歳）　読み書きが定着しない。文字を続けて読めない。電話番号が覚えられない。【心理検査】田中ビネー知能検査はIQ90で知的障害はない。K-ABCでの『算数』では，1対1対応の原理などに基づく指を当てた計数（カウンティング）をせず，数が増えても最後までサビタイジング（即座の把握）方略（ストラテジー）に固執してしまい，行き詰まる。『なぞなぞ』は8歳3カ月水準と高いが，『ことばの読み』は5歳半相当とかなり低い。"うま"はたどたどしく「う・ま」となんとか読めたが，"ね"は「め？」「ぬ？」，"ば"は「わかんない」，"ケーキ"は「？？キ」という状態で，「わかんない」「やりたくない」「読めない，読めない」「もう死にそうだよ～」と悲痛な叫びとなる。【繋ぎ】専門医療機関を紹介。腰部筋緊張が低下し，微細協調運動も稚拙。指-指試験・舌の運動・左右弁別に異常，薬指を中心とした2点弁別の悪さが認められた。視覚認知機能にも，斜め線の認知障害，構成障害が疑われた。復唱はできても意味や概念は怪しかった。医学的診断は「特異的発達障害（学習障害＊）の疑い」【支援】生得的な特徴をさらに神経心理学的に精査する。環境的な要因も整理していく。作業療法，言語療法による対応も考えていく。

＊人間生活に必要な技能を学習していくための能力のいくつかがうまく育たない障害。

事例22　（8歳）　養育者より，児の発する音声が時々「鼻から漏れる」「こもって聞こえる」との心配が表明された。【繋ぎ】専門医を紹介。診断は「口蓋裂を伴わない先天性鼻咽腔閉鎖不全（いわゆる軟口蓋麻痺）」。構音症状は，破裂音を生成する際に，時々鼻雑音が聞かれるだけで，これによる音のゆがみや，異常な構音習慣はみられない。手術的治療や発音の訓練などは

不要。【支援】観察でよい。

事例23 （11歳） 不得意科目では著しく集中力に欠ける。気持ちが幼く，友人がおらず，1人遊びが多い。集団行動が苦手で，規則が守れず，自己中心的。自分の気持ちをうまくことばで表現できない。カッとなりやすく，自傷やパニックを起こす。【心理検査】WISC-Ⅲ知能検査でVIQ94，PIQ124，FIQ109（単語7，組合せ16…）。テスター「学校は面白い？」→児「特に体育が燃えるけど，熱くね」，テスター「お父さんはどんな人？」→児「会社に行っててあんまし顔見れませんがすごく優しい人です」，テスター「お母さんは？」→児「よく家にいるから顔をよく見ます」，テスター「弟は？」→児「通常は，可愛い弟です」，テスター「学校で死んでやると言ったのはなぜ？」→児「もう心の限界として」，テスター「最近はイジメはないのかな？」→児「ありません。もしかしたら私の怒りか，小さい頃の逆襲とか，そんな感じかもしれない」などと話す。【繋ぎ】専門医療機関を紹介。初期の緊張や警戒がみられず淡々としており，面接を事務的，機械的にこなすといった態度。「学校はどう？（楽しいか？）」という質問に「とてもきれいなところ」と取り違えて答えたり，年齢にそぐわない大人びた発言がある。担当医がしばらく黙っていると「次の質問は？」と自ら聞くなど，論理的ではあるもののぶしつけで，相手の心情への配慮に欠ける言動になりがち。医学的診断は（固執性がはっきりせず，症状がそろっているとはいいにくいものの）「高機能自閉症圏内の障害」。【支援】養育者には，対人関係上の処理能力を自ら発展させたり修正していくことが困難なこと，同世代の子どもとは外れた特定の領域に関心が向きがちなことを指摘し，問題の生じた各場面で具体的にわかりやすく，とるべき行動や態度を説明してあげ，変える努力をさせていくことが重要であると説明。今後も何らかの問題が生じた時には受診するよう助言。

事例24 （12歳） LD（学習障害）は専門外との医師から心理アセスメントのオーダーが出た。【心理検査】①K-ABC：同時処理課題である『絵の統合』『模様の構成』の評価点が12～13点になるのに対して，継次処理課題である『語の配列』の評価点は2点にしかならない。習得度課題でも『なぞなぞ』の標準得点が113点になるのに対して，『ことばの読み』は73点にしかならない。認知処理過程93≒習得度90だが，継次処理80＜同時処理105。②文章完成（法）検査（SCT）＊：私の気になることは→「本で，読みかけになって，最後まで読めない」，私の悪いところは→「人の話を聞いてない」，

＊書きかけで未完成の刺激文に続く反応文を記述・完成してもらい，自己像や問題意識などを探る投影法の性格検査。

勉強は→「あんまりできない」。【繋ぎ】専門医療機関を紹介。WISC-Ⅲ知能検査を行い，VIQ87，PIQ94，FIQ90と数値上のP-V差（ディスクレパンシー）はそうでもないが，プロフィールでみる下位検査間のばらつき（スキャター）は相当に大きい。瞬間的な記憶を保持して処理すること*が苦手と考えられた。読み書きと計算の双方に問題があり，医学診断は「特定不能の学習障害」。【支援】学習効率を上げるためには，専門的配慮の元に学習を続けることが必要と思われ，LDの治療教育に取り組んでいる大学の研究室を斡旋。現段階では，軽い抑うつ感は時にあるようだが，学習障害に付随する心理的・感情的問題はそう大きくないため，合併する人格発達的・反応的問題，対人関係上の困難などが生じないよう養育者を含めて支援する。

＊聴覚的な数列の逆唱など，心の中の黒板のような場所に短期的な記憶を保持・参照しつつ，必要な心的操作を行う作動記憶（ワーキング・メモリー）。

事例25　（14歳）　両親から長期間，虐待を受けて育った被虐待児。家庭の問題から非行も始まり，施設入所となるが，児童福祉施設は開放施設（施錠されていない施設）であるため，早朝・深夜を問わず，頻繁に無断外出を繰り返す。必ず見つけてもらえる所にしか逃走せず，何度も何度も連れ戻させては，標的とした大人を「挑発」し，自分がどこまで受け入れて貰えるかを「試す」*。その大人がいちばん精神的にも肉体的にも疲弊するようなやり方を際限なく考えては，それを衝動的に行動に表していく。子ども虐待により人格の発達がいかに酷く歪められるかが理解される。【支援】本人への援助も行うが，環境調整や予防も重要である。

＊相手の出方をうかがいながら，困らせる行動をして，大人の許容性や受容性を試すリミット・テスティング。

「疑い」「特定不能」など診断名を確定できない子どもの問題，養育者の子育てにおける不安や虐待の問題など，従来の医学・心理学による「障害」と「健常」という分類に基づく対応だけではうまくいかない現実がここにはある。子育てが困難となってきている社会状況が理解される。

［2］つまずきの考え方

山崎晃資（1993）は図7－7のように「発達障害のパターン」を考えている。横軸は「歩く」「ことばを話す」「計算」などのいろいろな機能，縦軸は上に行くほど発達レベルが高いことになる。正常発達の子も得手不得手があるが，精神遅滞（知的障害）*よりも上の方に並行して描かれる。自閉症（広汎性発達障害）の発達パターンは非常にアンバランスである。学習障害は正常な子とほぼ同程度の発達レベルにあるが，限られた特定の機能に落ち込みがある。

杉山登志郎（2002）は「広汎性発達障害（自閉症と同質の社会性の障害を中心とする発達障害）の全体像」をスペクトラム（連続体）と考え，図7－8のように広い裾野をもった山のようにたとえている。従来の自閉症**概念は山頂に相当

＊知能指数（IQ）により，軽度（IQ50から69の範囲），中度（IQ35から49の範囲），重度（IQ20から34の範囲），最重度（IQ20未満）に分類されることがある。軽度の上限をIQ75程度までとする考え方もある。
＊＊L. ウィングなどによると基本的な症状として，社会性の障害，言語・コミュニケーションの障害，行動の障害（想像力の障害）などがあるとされる。

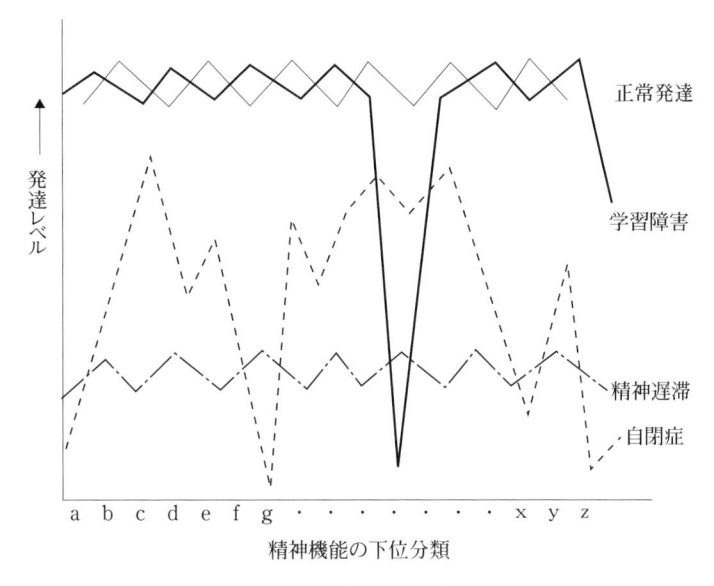

図7-7 ■発達障害のパターン

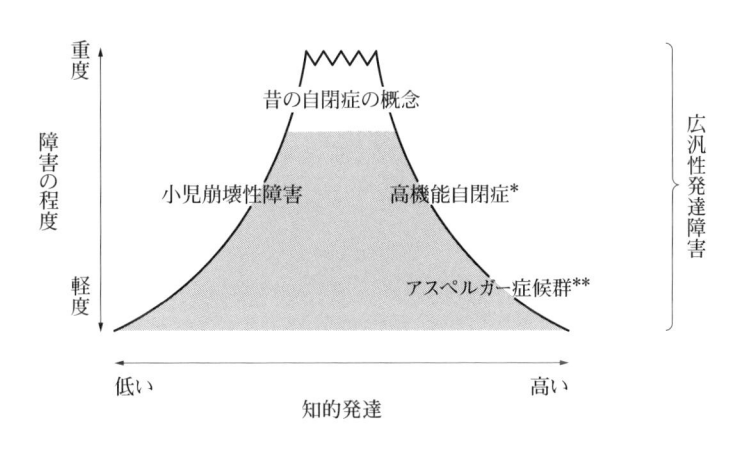

図7-8 ■広汎性発達障害の全体像

＊正常知能の自閉症
＊＊ことばを話す自閉症（自閉症マイナス言語障害）。

する。しかし広汎性発達障害という山は広い裾野を持っており，特に知的障害を伴わない群は，6合目のものも，3合目のものも存在するのである。

　田中康雄（2001）は「軽度発達障害をめぐる視点の違いと重なり」を図7-9のように整理している。軽度発達障害とは，（高機能）広汎性発達障害，注意欠陥多動性障害，学習障害，発達性協調運動障害，軽度知的障害などを指す。それぞれが診断の軸を異にしているので，複雑であり，微妙な重なりもある。遺伝的素因と環境的素因との相互作用により病状が形作られるとすると，生物学的要因だけでなく，心理・社会的要因も大きな役割をはたしている。

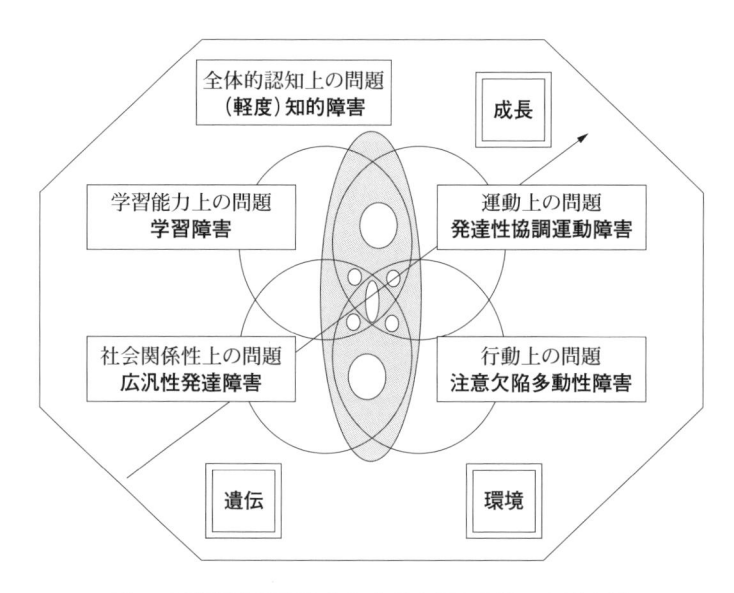

図7-9 ■軽度発達障害をめぐる視点の違いと重なり

*発達に伴う一過性の心の問題, 症状, サインなど。

東山紘久（1983）は，一次性情緒障害*（一次性行動異常または反応性行動異常）が，よくもなり，悪くもなるという図式を，図7-10，図7-11のように考えていた。

もっとも今日では，この図における「母親」は広く「養育者」と読み替えるのが妥当であろうし，図にはない社会・文化的な背景なども考えていく必要がある。

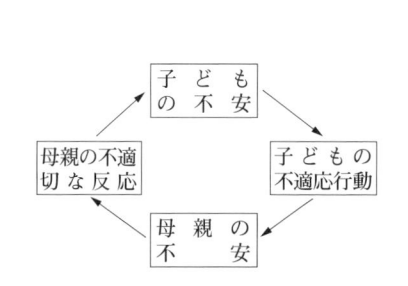

図7-10 ■情緒障害児が症状を悪化・固定させてしまうメカニズム

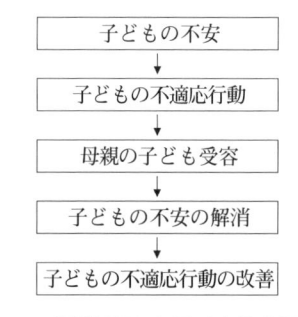

図7-11 ■情緒障害児が症状を解消していくメカニズム

子育ては文化である。社会状況が変われば保育園に行く子はむしろ発達を保証された子とみなされるようになる。「子育てはとても大切な仕事だ」と誰もが認めるのなら，女性ひとりの力で育てるのではなく，社会の中で子育てをする必要があると松岡悦子はいう。親子の発達のつまずきへの援助（サポート）も，社会で行い，大切な文化として分かちあい，さらに創出していくことが求められている。

第7章●発達のつまずきと養育者・施設の役割

3 養育者を援助する

[1] 施設という社会資源（リソース）

　ノーマライゼーション思想の高まりから，障害のある子どもたちを一定程度受け入れて統合（インテグレーションまたはインクルージョンする）保育を実施している保育所や幼稚園もある。養育者を休息させる援助（レスパイトケアやタイムケアサービスなど）を行う施設も増えてきている。養育者を援助する役割を担う機関や施設としては次のようなものが考えられる。

> 　家庭裁判所，家庭児童相談室，学校，寄宿舎，教育研究所，言語治療教室（ことばの教室），こども（専門）病院（小児神経外来，発達外来，児童精神科など），肢体不自由児施設，肢体不自由児通園施設，市町村保健センター（保健課など），児童家庭支援センター，児童厚生施設，児童自立支援施設（旧称は教護院），児童相談所（一時保護所），児童養護施設，重症心身障害児施設，障害者職業センター，小規模通園施設（○○園，○○クラブ，○○学級，○○教室，○○センター，○○施設など），情緒障害児短期治療施設，少年鑑別所，助産施設，心身障害児総合通園センター，精神保健福祉センター，大学病院，地域子育て支援センター，知的障害児施設，知的障害児通園施設，通級指導教室，適応指導教室，特殊学級，特殊教育センター，難聴幼児通園施設，乳児院，母親クラブ，福祉事務所，不登校学級，フリー・スクール，保育所，放課後児童健全育成事業施設（学童保育，児童クラブなど），保健所，母子生活支援施設（旧称は母子寮），盲学校（幼稚部），盲ろうあ児施設，夜間保育所，養護学校（幼稚部），幼稚園，聾学校（幼稚部）　など

[2] 専門職（あるいは非専門的協力者）という社会資源（リソース）

＊個人だけでなく社会・文化システムまで含めてアプローチする心理学。

　コミュニティ心理学＊的には非専門的協力者の存在も重要であるが，孤独な子育てに陥らないためにも，子育てにかかわるプロとして期待される専門職者との協働も，「社会による子育て」では必要になる。

> 医師，医療ソーシャルワーカー，栄養士，音楽療法士，カウンセラー，家庭裁判所調査官，家庭相談員，看護師，寄宿舎指導員，教諭，警察官（少年サポートの），言語機能訓練担当職員，言語聴覚士（ST），コーディネーター，作業療法士（OT），里親，児童委員（民生委員），児童厚生員（児童の遊びを指導する者），児童指導員，児童自立支援専門員，児童生活支援員，児童福祉司，視能訓練士（ORT），社会福祉士，社会福祉主事，主任児童委員，

職業指導員，助産師，心理指導担当職員，（心理）判定員，心理療法担当職員，精神保健福祉士，セラピスト，ソーシャルワーカー，相談員，聴能訓練担当職員，調理員，婦人相談員，弁護士，保育士，保健師，母子指導員，母子相談員，ボランティア，メンタル・フレンド，理学療法士（PT），リハビリテーション工学士，臨床心理士，臨床発達心理士など

［3］相談機関等における検査という道具（ツール）

相談機関，病院，教育機関等では，インフォームド・コンセント（説明と同意）のもとに，養育者を援助していくための各種心理検査も，適宜，利用されている。

【知能検査】

個別式の知能検査で，知能指数（IQ）が比率で出るビネー法の検査［IQ＝精神年齢（MA）÷生活年齢（CA）×100］には，田中ビネー知能検査，実際的・個別的知能測定法（鈴木ビネー式）などがある。偏差IQが用いられているのはウェクスラー法の検査［平均が100，標準偏差15］であり，日本版にWPPSI知能診断検査（幼児用），WISC-Ⅲ知能検査（児童用），WAIS-R知能検査（成人用）がある。言語性知能指数（VIQ）と動作性知能指数（PIQ）から全検査知能指数（FIQ）が算出できるウェクスラー式の知能検査は図7－12のように各種の知的能力もプロフィールで示され，わかりやすい。カウフマン法の検査には，K-ABC心理・教育アセスメントバッテリーがあり，標準得点［平均が100，標準偏差15］が算出される。GIQ（一般知能指数）［平均が100，標準偏差16］が測定できたり，「運動」

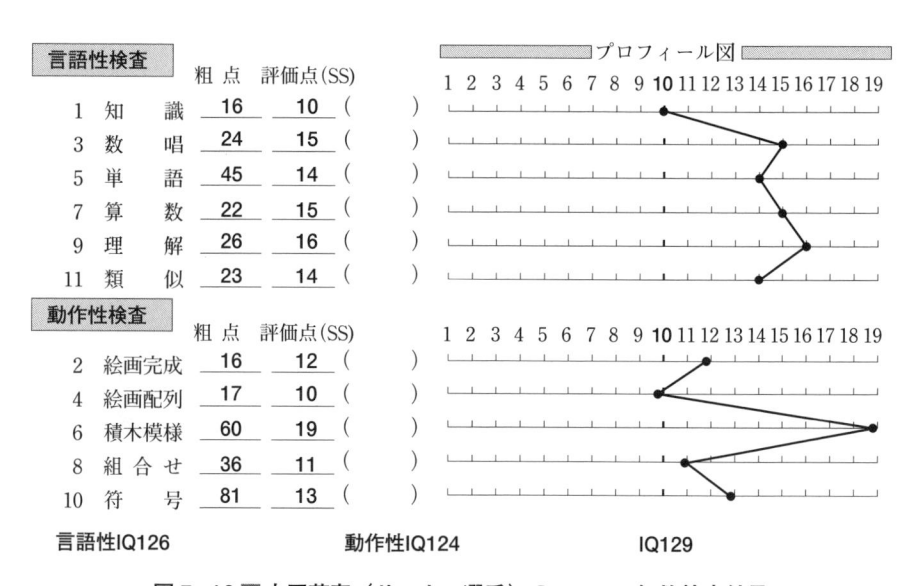

言語性検査	粗点	評価点(SS)
1 知識	16	10
3 数唱	24	15
5 単語	45	14
7 算数	22	15
9 理解	26	16
11 類似	23	14

動作性検査	粗点	評価点(SS)
2 絵画完成	16	12
4 絵画配列	17	10
6 積木模様	60	19
8 組合せ	36	11
10 符号	81	13

言語性IQ126　　動作性IQ124　　IQ129

図7-12 ■中田英寿（サッカー選手）のWAIS-R知能検査結果

という貴重な尺度のあるものにマッカーシー知能発達検査（認知能力診断検査）がある。他に，学校などでは集団式の知能検査［平均が50，標準偏差が10］も行われている。

【発達検査】

　乳幼児精神発達診断法（津守式）は発達指数（DQ）への換算をしないことになったが，遠城寺式乳幼児分析的発達検査，KIDS（乳幼児発達スケール），新版K式発達検査2001などではDQの計算が許容されている。随意運動発達検査は，全体発達は評価できないが優れた検査で，幼稚園において次第に問題となるようなタイプの子をある程度，事前にスクリーニング（篩い分け）できるとの「臨床の知」から，入園直後に遊びとして取り入れていたという幼稚園教諭もいる。

【性格・人格検査】

　絵画欲求不満検査（P-Fスタディ），主題統覚検査（TAT），バウムテスト（樹木画検査），文章完成検査（SCT），ロールシャッハ・テスト，エゴグラム検査，ミネソタ多面人格目録（MMPI），Y-G性格検査などがある。

【その他の検査】

　ITPA言語学習能力診断検査，国リハ式＜S-S法＞言語発達遅滞検査，小児自閉症評定尺度（CARS），フロスティッグ視知覚発達検査，心理教育診断検査（PEP-R），南カリフォルニア感覚統合検査（SCSIT），日本版ミラー幼児発達スクリーニング検査（JMAP），内田クレペリン精神検査などが標準化されている。

［4］相談・教育機関における援助の道具（ツール）

　生育歴，行動観察，心理アセスメント，社会調査の結果などを踏まえ，支援計画を立案し，相談・教育機関では以下のような援助が試みられたりしている。

　インリアル（相互に反応し合うことで学習とコミュニケーションを促進する）アプローチ，音楽療法，カウンセリング，解決志向アプローチ（SFA），家族療法，感覚統合（SI）療法，共感的理解，公文式，継続指導，傾聴，系統的脱感作法，言語療法，子育てサークルなどに関する情報提供，コミュニティ・アプローチ，コミュニティ・ケア，コラージュ療法，行動療法，個別教育計画（IEP），作業療法，施設処遇，七田式，社会的スキル訓練（SST），集団精神療法，小規模通園施設などの利用勧奨，助言指導，自律訓練法，心理教育（サイコエデュケーション）的アプローチ，心理劇（即興劇），他機関斡旋，地域子育て支援センターへの紹介（リファー），ティーチ（TEACCH）プログラム，ティーム・ティーチング（TT），動作訓練法，ナラティヴ・セラピー，入所治療（レジデンシャルセラピー），箱庭療法，ポーテージ乳幼児教育プログラム，ムーブメント，遊戯療法，理学療法，リトミック，ワシントン大学法など

［5］関係機関の連携による養育者への援助（サポート）

育児不安などの危機（クライシス）を抱える親には，専門職の介入（インターベンション）や社会資源（ソーシャル・リソーシズ）による援助（サポート）が期待されている。さまざまな特徴（理解と支援を必要とする個性）のある子どもたちが社会で生きていくためには，多くの援助機関を上手に使いながら，自らの適応・対処能力を育てていくというエコロジカル・システム・アプローチの視点が求められる（田中）〔図7－13〕。

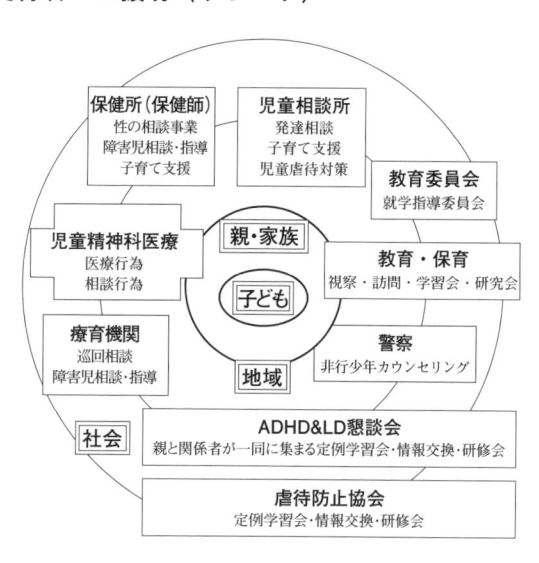

図7-13 ■エコロジカル・システム・アプローチの視点

子ども（児童）虐待への対応においては児童相談所だけによる解決は難しく，関係機関の連携とネットワークづくりがぜひとも不可欠である〔図7－14〕。

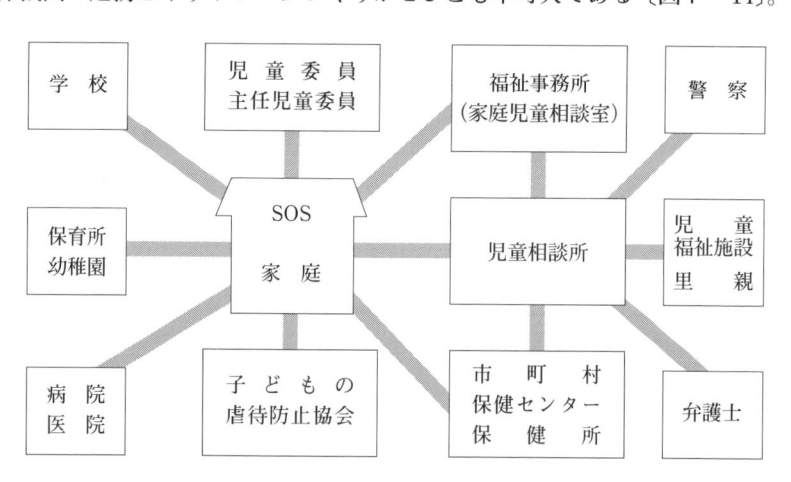

図7-14 ■児童虐待対応における主な関係機関と連携（北海道）

4　他の章との関連

私たちが「問題」「課題」と言っているもののほとんどが，社会や文化や歴史における文脈を抜きにしては考えられないものである。本章の「発達のつまずきと養育者・施設の役割」についても，他の章と同様に，「個（子）」の生物学的な

発達だけにとどまらない「社会による子育てと発達」という視点が必要となる。発達を促す，より実践的な対応については，第9章などを参考にしてほしい。

〈引用文献〉

アッカ編集部「頭の中を覗いてみれば：IQテストと心理テストに挑戦」中田英寿『アッカ!!：ヒデとNAKATA全記録（新潮45,9月号別冊）』新潮社，p.127，1998

J. W. キャタノ（三沢直子監・幾島幸子訳）『完璧な親なんていない！』ひとなる書房，p.7，2002

東山絋久「情緒障害児の臨床：一次性情緒障害を中心に」三宅和夫ほか編『波多野・依田 児童心理学ハンドブック』金子書房，p.812，1983

北海道中央児童相談所『子どもと家族の援助のために：子どもの虐待防止事例集』北海道，pp.5-6，2000

糸田ともよ『水の列車』洋々社，pp.85-117，2002

杉山登志郎「HFPDD」小枝達也編著『ADHD，LD，HFPDD，軽度MR児保健指導マニュアル：ちょっと気になる子どもたちへの贈りもの』診断と治療社，pp.22-23，2002

田中康雄『ADHDの明日に向かって：認めあい・支えあい・赦しあうネットワークをめざして』星和書店，pp.17-19，pp.170-172，2001

松岡悦子「子育ては文化である」『公衆衛生』Vol.59，No.6，pp.35-38，1995

山崎晃資『臨床児童青年精神医学入門』安田生命社会事業団，pp.86-87，1993

第8章　Chapter 8

保育所・幼稚園における子どもの発達

1 保育所における子どもの発達 ―「状況論的」視点からみた子どもの発達―

[1] 保育所ってどんなところ？

　保育所とは，厚生労働省によって定められた福祉施設で，法的には児童福祉法に依拠したものである。児童福祉法第39条においては，「保育所は，日日保護者の委託を受けて，保育に欠けるその乳児又は幼児を保育することを目的とする施設」とある。加えて，現行の保育所保育指針（以下，保育指針）においては，「乳幼児が，生涯にわたる人間形成の基礎を培うきわめて重要な時期に，その生活時間の大半を過ごす所である。保育所における保育の基本は，家庭や地域社会と連携を図り，保護者の協力の下に家庭養育の補完を行い，子どもが健康，安全で情緒の安定した生活ができる環境を用意し，自己を充分に発揮しながら活動できるようにすることにより，健全な心身の発達を図るところである」と定められている。このように保育所は，養護と教育が一体となり，子どもの心身ともに健全な発達を支えていく施設であるといえる。

　保育所に通う子どもたちは，同じ就学前施設の幼稚園と比較すると年齢層の幅が広く，生活時間も長い。産休明け（生後57日目）の０歳児から就学前の６歳児まで，保育を受ける時間も原則１日８時間となっている（早朝保育，延長保育を実施している園では12時間以上の所もある）。保育所を利用する乳幼児は現在全国で，180万人以上，特にここ10年のうちに３歳未満児の入所が激増している。その一方で，全国の保育所の数は1985年から2000年までの間に減少をたどり，2001年にやや増加し，認可保育所は全国で22,218カ所（2001年現在）となっている。また，年々少子化の一途をたどる一方ではあるが，保育所を利用する人数，また入所希望者の人数は現在も増加している。その結果，まだまだ待機児童の数は３万5000人以上（新定義によると２万人以上）もいる（以上の統計的数値は，幼児保育研究会編『最新保育資料集』（2002）を参考にしている）。

［2］保育の目標と方法

　保育所で過ごす子どもたちは、1日の大半をそこで生活する（表8－1）。食事、睡眠、排泄など生理的な欲求の充足を求めるだけでなく、園庭で活発に鬼ごっこをしたり、仲間とイメージを共有し電車ごっこをしたり、想像力を駆使してファンタジー世界を作り出したり、自分より年下の子どもの面倒をみたり、時には他の子どもたちといざこざや葛藤を経験し、日々、集団のなかで成長していく。

　保育指針にも明記されているように、保育所における保育は、日中、両親から離れ生活するということで、十分に養護の行き届いた環境で、生命の保持と情緒の安定を図られなければならない。また、そのような安心して暮らせる環境のもとで、人に対する愛情と信頼感を培い、自然や社会の事象についての興味や関心を育てること等を目標においている。

　そのためには、まず、保育者や保育の場に対して子どもが安定感と信頼感をもち、主体的に活動に取り組めるように配慮しなければならない。ここでいう主体的な活動とは、主に乳幼児期の体験としてふさわしい遊びであり、そのような活動に自発的・意欲的に関われるよう保育者は環境の構成にも配慮しなければならない。さらに、これらの配慮は子ども1人1人に対するものであって、子どもの発達の現状と可能性については個別的に理解しておくことが必要である（当然、身体的・心理的苦痛による方法や人権を無視した方法は取るべきではない）。つまり、保育とは、子どもを取り巻く自然、社会、人的環境に、子どもが自ら意欲的に関わることを通して、子どもの「生きる力」を育成していくことなのである。

［3］発達観の見直し

　ところで、「生きる力」とはどういうことか。これは、改正後の保育指針においても、おさえるべき重要なポイントの1つとして考えられている。

　ここで、津守真（1997）の発達観を概観してみる。なぜなら、「津守の保育論はすべて『生きること』の意味を問うことに貫かれているからである」（榎沢良彦、2001）。津守は、自らの保育者としての経験から、保育の場での発達について考える。それは子どもの発達を第三者的な立場から静観するのではなく、子どもとともに、子どもの視点から発達を捉えるという姿勢である。

　津守は保育の課題を、①存在感、②能動性、③相互性、④自我、を育てることだという。つまり、子どもの育ちを、大人や友達からあるがままの姿を認められ生きているということを実感し（存在感）、自らの意思で身の回りにある環境や自分の存在を認めてくれる他者と積極的に関わり（能動性）、相手とともにあり互いの存在が互いを支え調節し合い（相互性）、そういった自分の姿を自分自身で認め自分自身を作り上げる（自我）ことであると捉える。津守に従うなら、発達とは、「自分が、自分で、自分から」という自己実現の過程であるといえる。

　このような視点から、「生きる力」という概念を捉えてみると、それは個体の

表8-1 ■ある保育所の3歳児クラスの一日の出来事

	主な流れ	出　　来　　事	補　　足
18:10	登園	3，4名の子どもたちが室内で遊び始めている。	保育士は1名で対応
8:30	自由遊び（室内）	徐々に子どもたちが増え始め、14，5人程度になる。4，5歳児クラスにも3歳児クラスの子どもたちが混ざって遊んでいる。	保育士が2名になる
9:05		他のクラスで遊んでいた子どもたちが3歳児クラスに戻ってくる。子どもたちが、20名前後になる。ままごとコーナーでは男の子2名と女の子3名が、「調理ごっこ」のようなことをしている。	他にも、部屋の隅にカーペットが敷いてある積み木コーナー、中央には、テーブルが2台で保育士が1人つき、男女5，6人でそれぞれ思い思いに折り紙を折っている。
9:35		「積み木コーナー」で遊んでいた男の子3名の間でいざこざ。どうも、Aちゃんが作ったものが、Bちゃんの手がふれて壊れたらしい。	園庭につながる窓際で女の子3人が「猫ごっこ」をしている。
9:40	お片づけ	子どもたちは自分が遊んでいたものを片づけはじめる。保育士の指示ですぐに片づけ始める子もいれば、紙で作った剣でまだ遊んでいる子どももいる。	
9:45	朝の会	子どもたちは床に座り、前に保育士1名がたち、挨拶の歌を歌い、絵本を読み聞かせする。	子どもたちの後ろに1名の保育士がついている。時々、隣の子どもとおしゃべりをしている子ども所にいって肩を軽く叩き、何か小声ではなしている。
9:50		まだ片づけ終わっていない積み木類を先生も手伝いながら	
10:00	外遊び（園庭）	園庭につながるテラスにある下駄箱から、外遊び靴をだし、思い思いの場所に子どもたちは駆けだしていく。	園庭には固定遊具として、滑り台、鉄棒、アスレチック器具、砂場などがある。道路に面したところには灌木が植えられている。
10:15		砂場では三輪車を持ち込み、車輪を埋めようと、男の子2名が必死になっている。	倉庫から、今日は三輪車、砂場遊具、外用ままごと道具などが出してある。子どもたちが自由に取り出している。
10:30		3歳児のある女の子のままごとに観察者もつきあう。どうも、観察者のお弁当を作ってくれているらしい。	アスレチック器具の脇に植えてある桜の木から葉っぱを取って「お弁当」の飾りに使っている。
11:15	お片づけ	3歳児クラスの子どもたちがお片づけ始める。4,5歳児はまだ園庭で遊んでいる。	
11:45	昼食	子どもたちは6名グループになってテーブルについて昼食をとっている。	保育士はそれぞれ別のテーブルの脇にいて、時々子どもたちに声をかけている。
12:30	午睡（ホール）	自分の食器類を片づけ、子どもたちが下着姿になり、ホールに移動し始める。ホールには子どもの名前がマジックで書かれた敷き布団とタオルケットが用意してある。	
14:30		子どもたちが徐々に起き始める。	5歳児クラスの男の子数名が、何か布団の中でひそひそ話をしている。どうも眠らなかったらしい。
14:45	おやつ	上着を着て、昼食と同じようにテーブルにつく。まだ眠たいのか、ボーっとしている子どもも数名いる。おやつは、バナナとおせんべいと牛乳。	
15:15	自由遊び（室内）	「ままごとコーナー」で、医者と看護婦の格好をした男の子3名が「お医者さんごっこ」をしている。どうも患者役の人がいなくて、もめているらしい。	
4:40		ホールでは、5歳児がドッチボールをしている。その脇で保育士と一緒にその様子を4，5名の3歳児が座って応援している。	お迎えにくる父母が数名いる。
17:10		3歳児クラスの電気が消され、残っている子どもたちはホールとホールのすぐ隣に接する2歳児以下のクラスで遊んでいる。3歳児クラスのこどもは、7，8名残っている。	
17:30	下園	2歳児クラスで遊んでいた、3歳児クラスの最後の男の子の父親が迎えにくる。遊び道具を側にいた2歳児に渡し、お帰りの準備をしに、3歳児クラスに父親を連れて行く。	

（この記録は、筆者が1993〜1995年にフィールドにさせて頂いていた札幌市の公立保育所でつけたフィールドノートを基にしている）

中のある抽象的な〈能力〉といったものではなく，他者とともに暮らす生活の中で，自分を生活の〈主人公〉として位置づけていく力ということになるであろう。「子どもは保育者との間で存在が確かにされ，希望をもって現在を生きるようになる」のである（津守，1997，p279）。「いま」を十分に生きるところに発達は生まれる。「現在を充実して生きるとき，過去は変えられ，未来はその中から生み出される。出会った子どもとたとえ短時間でもともにいる『いま』を充実させてかかわるところから，未来が展開する」（津守，1997，p289）。このように津守は「発達」というものを，子どもの今あるがままの姿を認めることを重視し，そのなかで子どもが自らの手で生活を作り上げていくことである，と捉えている。

　最近，発達心理学の分野でも，従来の発達観についての転換が起きている。古い心理学の発達観は，子どもの成長の姿を，ある年齢に達した子どもがその年齢で期待されることを「できるか」「できないか」という，「能力的」な観点からのみ捉えてきた（森上史朗，2001）。鯨岡峻（2001）も，同様に，保育実践者が心理学から得た知識は「発達の里程表」に沿った子どもが「育つ」ことばかりで，本来「保育で問題となる『発達』は，『育てる』という視点を含み込」んだものでなければならないと厳しく批判している。また佐伯胖（2001）は，子どもの発達を，「文化的実践への参加」というキーワードから，「子どもが生きている社会，世界，共同体，そこでの人々の営み，活動などの『関係』のありようの総体の変容」として捉える。

　これらはどれも従来の「個体能力主義」的観点からの発達観を見直し，保育における子どもの発達を，一定の「発達課題」への到達を目指すものではなく，子どもたちが生活する場において，彼らがどのようにして成長していくのか，という「発達過程」への着目を促すような理論的転換を迫るものとして，現在，実践の場でも受け入れられつつある。

[4]「文化的実践」としての保育

　「発達課題」から「発達過程」という文言に保育指針の強調点が変更されたとしても，保育内容について，6カ月未満児，6カ月から1歳3カ月児，1歳3カ月から2歳児，2歳児以降は1歳間隔で年齢区分され，それぞれのねらいと内容が示されている。では，われわれは，そのような資源（リソース）をどのように利用し，「発達過程」という概念をどのように理解すればよいのだろうか。

　まずはじめに，保育内容にしめされる各項の位置づけについて考察したい。佐伯（2001）は，固定化された思いこみによって子どもの行為を見ることの危険性を指摘しつつ，一方で，保育者が「善くなってほしい」という期待をこめて子どもの行為を見ることの意義について触れている。ここでいう「善さ」とは，文化における価値観や社会の慣習であり，「道徳的な価値」である。しかし，佐伯のいう「文化的価値」や「道徳的価値」というものは，従来の「発達課題」として

記されている項目，また現行の「発達過程」として記されている項目とはまったく異なる。なぜなら，佐伯によればそのような価値は，あらかじめ大人によって明確に定められたものではないし，実体的に想定されるようなものでもないからである。佐伯は，それは，大人のそのような期待に応えようとして子どもが表現した行為の中に，そのような価値（発達の様相）が「見えてくる」のだという。つまり，「発達過程」として現れてくるものは，保育者の側がもつ「善くなってほしい」というあわい期待と，保育者と同様の文化の中で生活する子どもがそれに応じることで，相互行為的に構成される「文化的実践」の様相なのである。換言すれば，年齢ごとにたてられた保育内容の各項目が先にあって，それに基づき実践が遂行されるものではなく，そのような先見や先入観を廃し，子どもとの関わりの中で「見えてくる様子」が「発達過程」として実践的に語られるものなのである。

　では，発達を保育者と子どもとでおりなす「文化的実践」として捉えた場合，1人1人の「発達過程」についての理解はどのように見えてくるのだろうか。佐伯のいう「状況論的発達論」という立場では，「個体能力主義」的なアプローチのように，その実践に「参加」する個と個を切り離したり，保育の場から引き剥がされた抽象的な能力を抽出するという考え方はとらない。個にしても能力にしてもそれは具体的な保育という状況の中に位置づけられるものであり，他の子どもが何をしているのか，過去の出来事がどうであったのかといった周辺状況の「関係の網目」で捉えなければならないという。したがって，1人1人の子どもの「発達過程」を重視するということは，保育の場から切り離された個人に焦点をあてて，その子の成長の成り行きを見まもるとか支援をするいったことではなく，子どもを取り巻く「関係の網目」を把握することであり，その子から広がる「関係の網目」（もちろん保育者自身も含まれる）の変化に着目し（刑部育子，1998），そこを反省的に捉えていくことなのである。変化するものは，個でも個の能力でもなく，「関係の網目」なのである。

　このように保育を「文化的実践」として捉えると，子どもの成長は，日々変化していく文化的実践のなかに徐々に参加していくことであり，保育者の仕事は，子どもとともに文化的実践に携わりながら，より豊かな文化的実践をするようにし向けていくこととなる。このような発想は，佐伯の＜学びのドーナッツ論＞（佐

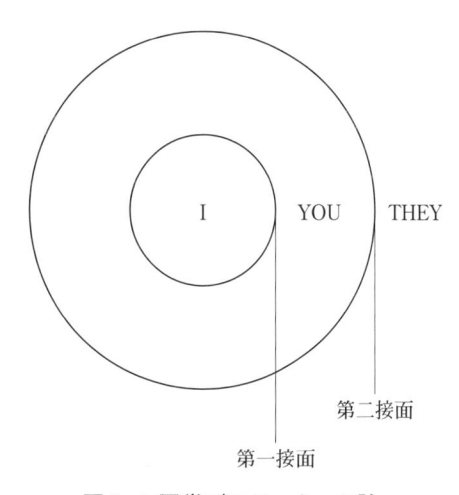

図8-1■学びのドーナッツ論

（図中：I　YOU　THEY／第一接面／第二接面）

伯，1995）によって詳細に見ることができる（図8－1）。保育という実践は，子どもが文化的存在として，つまり，「『その子なりのやり方』で社会や世界とより深く，より豊にかかわれるように，多様な配慮をする」ことであるという（佐伯，2001）。「人が世界とかかわりを作り出すとき，その人の自己（Ⅰ）に共感的に関わる他者（YOU）とのかかわりをもつことが必要で，《中略》このYOUはⅠとかかわるだけでなく，文化的実践が行われている現実世界（THEY）とかかわっているし，ⅠはYOUとともに，そのTHEYとかかわるようになるということである」（佐伯，2001）。ここで重要なことは，発達の主体である子ども（Ⅰ）とかかわる保育者（YOU）が常に現実世界の文化的実践（THEY）に身を呈していることと，それと同時に，子どもの行為も保育者の実践と同様に常に文化的実践（THEY世界への関わり）であるという点である。つまり，子どもを利己的な存在として捉え，文化的実践の場に引き込むことが保育者（YOU）の仕事ではなく，「1人1人の子どもは，それぞれ，その子どもなりに，その子どもの『やり口』で，潜在的にはもともと社会的（文化的実践を志向したもの）なのだ」という前提がそこにはある。佐伯のドーナッツ論に従えば，保育者の仕事は，「THEY世界を背負ったYOU」として子どもと関わり，子どもはそのような「YOU的他者」を通してTHEY世界で自らの「参加」を深めていくこととなる。これが佐伯のいう「文化的実践としての発達」であり，「文化的実践としての保育」なのである。

[5] 文化的実践の中での発達

　ここでは，事例を中心に，子どもたちがどのようにして文化的実践に参与しながら発達を遂げていくのかを明らかにしていく。特に，集団的な遊びがどのように組織化され，子どもたちの仲間文化（peer culture）（Corsaro & Rizzo, 1988）がどのように生成されるのかを見ていく（ここで示される事例はすべて筆者が，1993年，札幌の公立保育所において観察した事例で，子どもの名前はすべてイニシャルによって表記されている）。

事例1（3歳児クラス　6月中旬）　仲間意識の芽生え（同型的つながり）

　積み木コーナーでRとKが向かい合って何か作っている。観察者が近づくと「あ，お兄さん小僧だ」とRが観察者を指さす。「あ，お兄さん小僧だ」とKもいう。観察者が「何つくってたの」ときくと，Rが「積み木だぞ！積み木だ。わかんないのか？」と観察者に逆に聞き返す。観察者は肩をすくめる。「ギク」とおどけるR。それを真似して「ギク」とKもおどける。「なんかつくってたんじゃなくってね，RとKでね遊んでたの。そして，そして…。あー…。わかんない」とK。それをきいて「ギク」とおどけるR。「へへへへ」と照れくさそうに笑うK。

この事例は、3歳クラスになって2カ月あまりになる男児2人の積み木遊びの例である。この2人は向かい合って確かに「何か」を作っていた。それぞれが作っていたものは、似たような形の塔である。しかし、子どもたちに言わせれば、「何か」を作ることが目的ではなく、「RとKで遊ぶ」ことが重要であったらしい。この時期は、お気に入りの相手と一緒に遊ぶことが彼らの関心で、そこで何をするのかはそれほど重要ではないらしい。彼らは、同じ場所で、同じ道具で同じような行為をすることによってつながれている。そして遊び進行は、互いのしていることを模倣するというような、同型的なつながりである。このような同型的なつながりは、「なかよし」を作り出す。この対人ルールは情緒的なつながりで、まだ遊びの目的を共有したつながりではない（久保田浩, 1973）。久保田（1973）によると、この関係はその相手となら非常に強い密接なつながりを持つ一方で、他児を閉め出すという閉鎖的なつながりである。子どもたちがより多様な関係を結ぶには、つまり多様な文化的実践に参加していくには、この関係からの脱皮を必要とする。

事例2（3歳児クラス　6月下旬）　保育士の環境構成（設定された「枠」の役割）

> 前日まで、三輪車で園庭を男の子たちが駆け回っていた。今日園庭に出てみると、園庭に白線で2本道のようなものが楕円形に描かれている。道の途中には低いスロープと、使い古した乳児用のブランコの枠にビニールテープ房のついたものが置いてある。思い思いに三輪車を蹴って走っていた子どもたちが、その道の中で三輪車を乗るようになる。ちょうど道の幅は三輪車1台が通れるほどの幅しかない。スロープの下に、男の子が三輪車にのって止まっている。Tが「いや、そこどいて。反対！」とスロープの上から叫んでいる。

この事例は、保育者が構成した遊び環境によって、三輪車遊びが劇的に変化したものである。前日まで園庭を三輪車でただ思い思いに走り回っていた子どもたちが、園庭に白線を引き、スロープを作っただけで、それを「道」に見立て、それに沿って三輪車を走らせるようになる。どこをどう走ってもよかった園庭が、ここをこう走るというルール性をもった空間に変化し

た。このような構成が行われる前は，子どもたちはぶつかっても何も言わずすれ違い，走る場はここでなくともよかった。ここには共有される目的もルールも明確には存在していないようである。一方，「道」という環境が構成されると，その場に子どもたちは引き寄せられ，「焦点の定まった相互作用」（Goffman, 1963）が展開する。複数の子どもたちが引かれた白線に沿って遊ぶことは，その場が共同的な遊び場に変容したことを意味する。共同的な遊び場としての「道」は，子どもの思い思いの方向に走るということを許容せず，この枠のなかで相手とぶつからないように，またはぶつかった場合どうするのかということを子どもに要請する。ここに子どもたちが向かいあい，互いの行為を関連づけるルール（文化的資源）がつくられることになる。子供たちの行為は，同型的ではあるが，ルールを媒介することで，対人的な拡がりを見せはじめる。

事例3（3歳児クラス　8月上旬）　大人の活動への関心（行為から活動へ）

> ままごとコーナー付近で数人の女の子が，調理や洗濯，赤ちゃんの世話などをしている。それぞれの子どもたちは同じままごとコーナー付近にいるものの，互いに会話はなく，それぞれの作業に没頭しているようである。そういったことが10分ほど続いていた。突然，調理していたMが，コーナーの外で赤ちゃんの世話をしているNの所にいって「ねえ，これ食べさせてあげて」という。Nは「うん」といって食器とスプーンを受け取る。Mはその場を離れてまたままごとコーナーに戻っていき，調理を続ける。一方，Nは，赤ちゃんに食べさせるふりをするが，すぐにその食器をおき，赤ちゃんの頭をなでている。

　この事例は，一見，「ままごと」という共同遊びがNとMの間で成立しているように見えるが，互いに会話はなく，進展の具合も各自思い思いで行っているので，遊びは分散的に展開している。しかし，子どもたちが目にする家庭での大人の様子は，1人で行われることはほとんどない。料理を食べさせる相手がいて，電話をする相手がいて，世話をする赤ちゃんがいるので，そのような活動を遊びの中に取り組む場合，自然と他者を必要とする。それが「見えない」架空の相手を想定して行っていることもある。ここでは，同じような「ままごと」をしている別の子を利用しながら，単ある大人の行為の見立てではなく，大人の活動，つまり「人と人」とがおりなす社会的役割が遊びの中に持ち込まれている。子どもの視点は，大人の行為から大人の活動へと移行しつつあ

る。ここでは，行為から活動というかたちで，より厚みのある重層的なものへ変化しているように見える。

事例4（3歳児クラス　10月中旬）　遊びの展開（同型から相補へ）

> 　数人の男の子が積み木コーナーで道路のようなものを作っている。Hは積み木の車が入っているカゴから1台のトラックを出し，「このトラックは壊れたの」と一緒にいるTにいう。「ピユー，ドッヒャン」と上から積み木を落とすT。「ボッカン！」といいながら壊れた道路を直すH。「そんで，怪獣がきたのね，ドシドシドシ」と小さな積み木を動かすT。「いや壊れる」といって「怪獣」によって壊された部分を直すH。「怪獣がきたのね」と積み木を動かすT。「壊れる！」といってTを押すH。「もうHとなんかあそばない」とT。「もうTとなんかとあそばない」とH。Hは壊れた道路を修復し，Tはそれを見ながらそばの積み木をいじっている。

　この事例は，最終的には2人は別々の遊びを展開することになったが，短いながらも「道路づくり」「トラックの衝突」「道路の破壊」「怪獣の出現」「怪獣による道路の破壊」といった一連のストーリーを巧みに展開している。この事例の中のそれぞれのエピソードの展開は，各自が勝手に行うのではなく，一緒にいる相手の意向をうけて行われている。今までのような似たような行為によって彼らはつながっているのではなく，積み木で何かを作るという「枠」の共有から，詳細なストーリーの展開まで彼らの間では共有されている。このような展開は今までの事例とは異なり，明らかにもう1人の遊び相手がいなければ進展はしなかったであろう。同じ物で，同じイメージの中で，そしてそれは同型的な関係ではなく，互いの意見を受けてさらに展開していくという，相補的な関係がこの時期には見てとれる。共有された「枠」の中で異質な意見や提案を取り入れながら，遊びを維持していくことが育ちつつある。また，彼らの間には，明らかに遊び友達であることには一定の「しきたり」があり，それは遊びの中でルール違反をすると今後の仲間関係も危うくなるというものである。つまり，この遊びの中で彼ら2人は，遊び友達であるだけでなく，遊びを離れても持続される仲間意識（仲間）ももって遊んでいるということになる。ここに生活をともにする集団としての意識が芽生えはじめ，時間的にも仲間文化が拡充してきている様子が見て取れる。

事例5（4歳児クラス　7月中旬）　自己実現のあり方（しきり―しきられる関係）

> 　Kが積み木コーナーで紙の風景画を数枚自分の周りに囲い，その中で紙の自動車を動かしている。そこに「うわ，Kいっぱいでいいな。中にいれて」とTがやってくる。「いいよ」とK。「いっぱい広げればいいでしょ。これぐらい」TはKの風景画を1枚引き寄せ，Kの空間を広げる。「ブルンブルンブルン」と中で車を動かすK。Tも紙のオートバイをもってきて一緒に動かす。「ここで，ブーンってぶつかるのね」とT。「はははは」と笑うK。「2人は仲間なのね」とK。「え，違うよ」とT。KとTは別々に車とオートバイを動かす。「もう会場にいく時間なのね」とT。「うん」とK。「ブルンブルンブルーン！」と2人は車とオートバイを一緒に走らせる。

　この事例は，4歳児クラスの男の子の事例である。3歳児の事例5と同様に詳細なストーリーの展開も共同で行っている。しかし，3歳児の事例との違いはその展開の中で生じる役割である。ここでは，展開の仕方はTが主導で行っている。「ぶつかる」「会場にいく」という新展開はTによって行われ，Kがそれに追従する形で遊びは継続している。ある程度一緒に遊ぶ機会が繰り返されると，そこでは遊びを「しきる」ものが出現してくる。互いに自分のストーリー展開のイメージを主張しあっていたのでは，遊びは進展していかず，多くの場合は分散か，崩壊を導くことになる。それを避けるために，一時期，このような「しきる」「しきられる」関係が生まれるようである。これも遊びをスムーズに展開していくための彼らなりの工夫であり，ここでは文化的資源として互いの関係が利用されている。しかし，このような関係が固定化するのは問題である。一方の子どもの自己実現だけがかなえられ，もう一方の自己実現はかなえられないことになりかねない。ところが，保育者はこの様子を5月から7月の間は見守っていた。実は，Kは4月頃は，クラスの友達と遊ぶことがなく，1人で積み木コーナーの隅のほうで，自動車遊びをしていることが多かった。他児がそこに入ってくると，さらに隅のほうに追いやられ，しまいには，その場を出ていってしまっていた。保育者はその様子を見ており，この時期，Kの遊びに関心をもっていたTがKの遊び加わり，KがTと一緒に遊ぶ機会が増えつつあった。保育者はKにとって今の彼に育ってほしいと思う姿は，クラスの友達と一緒に遊ぶことの楽しさであり，誰か好きな友達を見つけてほしいという願いであった。そこで，TとKの「しきり」「しきられ」の関係を静観していたのであった。このように，子どもそれぞれは異なる「関係の網目」の中で生活している。保育者は，

一概にして「4歳児の姿」を当てはめて子どもに関わっているわけではないということが見て取れる。

事例6（5歳児クラス　7月中旬）　遊びの組織化と役割分化（土俵と観客席づくり）

> 　Mが積み木コーナーの隅のほうで，積み木の空き箱の上に積み木を並べ駐車場のようなものを作っていた。積み木コーナーには男児7名が1，2名ずつに分かれそれぞれ何か作っている。道路のようなものが多い。それぞれはつながっていない。Mの脇にSがくる。積み木コーナーの外から紙相撲の土俵を持ってきてヒラヒラさせている。Mがそれをそっと受け取り，自分の駐車場のそばにおく，「おお，それやってみっか，1回」とSは何かを思いついたようである。「ここにあるよ」とまだ別の箱の中に入っていた積み木をSに手渡すM。Sはそれを受け取り土俵を囲っていく。「はい！」「おう！」とリズミカルに積み木の受け渡しを行う2人。「小さい積み木もう1個！」とS。「はいよ！」とM。「ここ，こうやって車がとまるの」とSが作った土俵の脇を走らせるM。「おお！」とそれを見て感動するS。そこにRがくる。「おお，みんなSのと合体しようぜ。早く！」とRがいきなり言い出す。積み木コーナーにいた子どもたちは「おお！」といって自分たちの作っていた積み木を壊しすべてS，R，Mの周りに集める。「こっちがSがつくったんだよ」とMがRに説明。「じゃあ，こっちは見るところにしない」とRは土俵の周りに段上に積み木を積み上げていく。「すごいべ俺とMの」とRにいうS。Ryもきて，Mが先につくっていた駐車場から階段をつくり，支度部屋を作り始める。

　この事例は，5歳児クラスの男児の「相撲場」づくりである。総勢4名の子どもたちが，「駐車場」「通路」「支度部屋」「土俵」などを作っている。最初はM1人で駐車場を作っていたところから，Sが土俵を持ち込み，遊びが展開し始める。劇的に変化していったのは，Rの参加からである。Rはその場にいた子どもたちをとりまとめ，1つの物を作ろうと提案する。そこにいた子どもたちのほとんどが参加する。Rは5歳男児集団のリーダー的存在であった。子どもたちの間でトラブルが生じると，子どもたちはまずRに言いつけにいくほどであった。Rの参加後，通路，観客席，支度部屋と遊びの幅が広がる。Ryは支度部屋を担当し，Mは引き続き駐車場を整備し，Rは観客席を作り，Sは紙の力士を持ってきてそこで相撲をとらせる。それぞれの遊びが有機的につなが

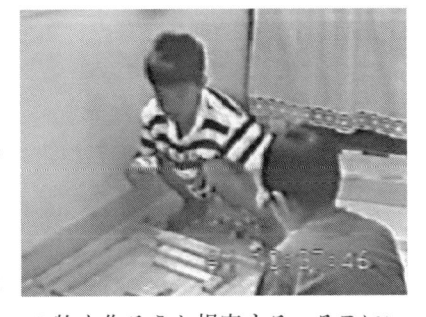

り，発展していった。このように，遊びを組織化していく上では，遊びをコーディネートする役割のものが出現し，全体を統括しながら，個々の進展ではそれぞれの子どもたちが担っている。しかし，Rはこの遊びに関しては，後から入ってきたものを自覚しているのか，提案のしかたは比較的緩和で，「…にしない」とはじめから入っていたSに伺いを立てるようにして申し出る。Rは，仲間での彼らの間の関係と，遊びの中での関係をうまく使い分けながら，遊びを進展させていっている。5歳児クラスでは，遊び集団の規模も4，5名と多くなり，仲間関係も分化され，かつ遊びの中でも役割分業がとれている。この事例では，全体としては1つの遊びでありながら，役割どうしが有機的に結びついているため，自分のしていることが全体に影響し，遊び全体の進展が各自の自己実現につながるという，個の活動と集団の活動が密接な関係をもつ彼らの仲間文化の一面が見て取れる。

[6] まとめ

　子どもの発達にとって遊びは重要な契機であることを指摘したのはヴィゴツキーである。「遊びは発達の源泉であり，発達の最近接領域」なのである（ヴィゴツキー，1933，邦訳p.45）。ヴィゴツキーにとって，乳幼児期の子どもにとっては，遊びは発達の契機となる「主導的活動」である。虚構世界では，現実世界でのモノや行為に付随する「意味」が遊離し，逆に「意味」がそれらを支配する。遊びのなかで「子どもは自分自身の行動を意識すること，すべてのものが意味をもつことを意識することを覚える」のである（ヴィゴツキー，1933，邦訳p.48）。つまり，現実のモノや行為に支配された世界から離れ，意識を生みだし，意識によってそれらを支配し，それを自覚するという世界への移行を獲得するということである。津守の言葉をかりれば，「子どもが自分で，自分から何かをする，その自分を育てる」ということになる（津守，1997，p.294）。

　遊びは，大人の「文化的実践」と密接に結びついているために，きわめて現実的であると見た方がいい。現実だからこそ，子どもたちは遊びの中で，真剣に勝負にこだわり，ルール違反を責め立て，イメージのズレを必死になって修正しようとする。子どもたちは遊びの中で子どもたちの「文化的実践」に参加しているのである。その中で，自らが生活の主体であり，その生活は他の子どもたちの生活と密接に関連していることを実感する。互いの行為が互いに結びつき，それが仲間文化（peer culture）を生成し，その中で彼らは発達していく。そのような状況から離れて，子どもの発達は起こり得ないのである。

2　幼稚園における子どもの発達

　幼児期は生涯にわたる人間形成の基礎を培う大切な時期である。幼児は家庭を

中心に営まれてきたこれまでの生活を軸として，様々な事物に対して興味や関心を示すようになり，活動意欲の高まりとともに，しだいに行動範囲を広げていく。

　幼稚園は，幼児が初めて家庭を離れて生活する場であり，同年代の幼児同士とかかわり合いながら生活をしていく場である。さらに今まで家庭では経験できなかった豊かな体験が得られる場でもある。近年は少子化や核家族化，都市化，女性の社会進出の拡大など，社会状況の大きな変化により，幼児たちは家庭・地域において兄弟や近隣の幼児とかかわる機会が減少していると言われている。このことから考えても，初めて家庭から離れて教師や他児と生活をともにしながら感動を共有し，互いに影響を及ぼし合い，興味や関心の幅を広げていくことのできる幼稚園は，幼児の生活が最も広がる場であり，幼児の育ちにとって重要な役割を担っていると言えるであろう。

　幼稚園は，満3歳から就学前までの幼児の教育を目的とした学校であり，通常の教育時間は，9時頃から2時頃までとしている園が多いようである。（幼稚園教育要領では，「幼稚園の1日の教育時間は，4時間を標準とすること。ただし，幼児の心身の発達程度や季節などに適切に配慮すること」としている。しかし昨今では社会の変化に応じて「未就園児クラス」の創設などによる低年齢化，さらには「預かり保育」などの実施により，保育時間が長時間化するなどの傾向が見られる）。

　さてこの約5時間もの間，幼児たちは幼稚園でどのようなことをしているのだろうか。皆さんもご自身の幼少の頃を少し思い出してみて下さい。毎日降園まで外で遊び続けていた人，仲良しの友達といつも一緒に絵を書いていた人，教師のそばをずっと離れなかった人，何も覚えていない人など。多くの人が，楽しかった思い出をもっていることであろう。この節ではまず幼稚園の1日について示し，その後さまざまなエピソードを取り上げて，幼稚園における子どもの姿を捉えていくことにする。

[1] 幼稚園の1日

　幼児たちは，幼稚園でどのような1日を過ごしているのだろうか。まずは典型的な幼稚園の1日についてみていくことにしよう（それぞれの時間は目安であり，幼児たちの生活に合わせて，教師は柔軟に対応している）。

9:00	登園	徒歩や自転車，バスなどでそれぞれ登園する。
	自由遊び	幼児たちは身支度（着替え，シール帳・連絡帳・お弁当出し，当番など）をし，それらを終えると自由に遊び始める。
↓		主体的な活動としての遊びを重視している幼稚園では，幼児たちは登園から昼食までの間，自由に遊び続けている。

自由遊びののち幼児の興味や関心，発達段階に合わせて設定活動を行っている園もある。そのような園では，活動内容に合わせて片付けを始める。

設定活動の内容は様々だが，主に絵画や製作，集団遊びなどが行われている。

12：00　片付け　　片付けを終えると，昼食の時間。お弁当だけでなく，
　　　　昼食　　　保護者の負担の軽減や栄養バランスの維持などの理由から，曜日を決めて給食とお弁当を混合にしている園もある。

　　　　自由遊び　昼食を終えると，自由に遊び始める。朝の遊びの続きをする幼児もいれば，新たな遊びを始める幼児もいる。

　　　　片付け　　今日1日，遊びの中で使った遊具や道具，作ったものなどを片付ける。翌週や翌日に継続して遊びを続ける際に使うもの（容易には作れないもの，大きなものなど）は，とっておいたり，持ち帰ったりすることもある。

　　　　帰りの会　片付けを終えると，帰りの会が始まる。会では，連絡帳や便りを渡したり，次の活動への期待や見通しを持てるよう今日の出来事を話したり，さらには明日やこれからの予定について話をする。
　　　　　　　　　また歌を歌ったり，手遊びや絵本・紙芝居をして楽しむ。

14：00　降園　　　徒歩や自転車，バスなどでそれぞれ逐次降園していく。預かり保育を利用し，幼稚園に残る幼児たちは，部屋を移動して保育が行われる。（預かり保育の終了時間は，P164,表8－4参照）

このように幼稚園での生活は，ある一定の流れをもち，連続性をもって繰り返されていく。そして幼児は生活の流れを理解していくことで，しだいに自分なりに計画を立て，見通しをもって生活をしていくことができるようになるのである。

教師は，日々の生活を通して幼稚園教育の目標が達成されるよう，幼児1人1人の特性に応じ，発達の課題に即した指導や援助をしなければならない。そのために教師は，幼児たちの興

味や関心，活動意欲などを損うことのないよう，柔軟な計画を立てていくことが大切となる。

　幼児たちは様々なできごとに出会う日々の生活の中で，何かを発見したり，問題に直面すれば解決したりと試行錯誤を繰り返している。そしてそれらの経験を通して成長・発達をしていく。では幼児たちや教師は，幼稚園にて具体的にどのような生活をしているのだろうか。以下ではエピソードを交えながら，幼稚園における子どもの姿や発達について，またそれらに関わる問題点などについて具体的に捉えていくことにする。

［2］幼稚園における子どもの姿　—実践でのエピソードを通して—

【大きな穴に入ってみると…　—園庭の穴で遊ぶ3歳児—】
　　5歳児が園庭に大きな穴を掘り，中に入って遊んでいた。集まる時間になり5歳児が居なくなると，3歳児がどこからともなく穴の周りに集まってきた。すると幼児たちは，ゆっくりと手を付いて片足ずつ下ろしていったり，ジャンプをしたりして穴に入っていった。
　　穴の中では「キャー」「うわぁ」と叫んだり，足元や穴の淵を見たり，外の幼児に「助けてぇー」と言ってみたり，しゃがんでみたり，出たり入ったりしていた。中には近くを通りかかった教師に「助けてぇー」と声を掛けて，手を差し伸べてもらう姿も見られた。幼児たちは，これらを繰り返して遊んでいた。

　この光景を見ている限りでは，幼児たちは本当に楽しそうに遊んでいた。しかし大人から見るとこのような活動は，単に大きな穴に出たり入ったりを繰り返しているだけで，何が楽しいのかと思うのではないだろうか。では幼児たちにとって，この遊びの何が楽しいのだろうか。幼児の気持ちに沿って，少し考えてみよう。
　3歳児にとって地面に掘られた大きな穴は，日常生活では出会うことのないもので，まずそれ自体が興味の対象なのであろう。さらに5歳児が穴を掘って楽しそうに遊んでいる姿を目にすることで「あれ何だろう？」「僕（私）も遊んでみたい！」という興味を持ったのだろう。そしてその中に入ってみると，自分の身体が入り，隠れてしまうほどの大きな穴に驚き，わくわくするであろうし，その中から園庭を見れば，いつも見ている園庭とは視点が異なり，違和感があり，新たな発見や驚きを生み出してくれるものとなるであろう。このように幼児たちは，ひとつとしてその非日常性に面白さを感じていると考えられる。
　そして出たり入ったりを繰り返す中で，穴の大きさを概観してみたり，その穴の中に入ってしゃがんだり，淵を触ってみたりして，自分という大きさや存在を確認しているとも考えられる。さらに穴の中に身を投じる際の高低さからくるス

リル感，穴に入って危機的な状況をイメージすることで，「助けてぇー」と他児や教師とコミュニケーションを取ろうとしていることなども楽しみのひとつなのではないだろうか。

このように大人が概観すると，何でもないような幼児の活動にもそれぞれの楽しさがある。たとえそれが壊したり，汚したり，散らかしたりなど大人にとっては否定的で意味のない行動に見えたとしても，幼児たちにとってはそれぞれ意味のある行動なのかもしれない。よって行動のみを見て判断するのではなく，「なぜそのような行動をするのか」「どのような経過を辿って，このような行動がなされたのか」など，幼児にとっての行動の意味を文脈的に読み取り，行動を理解しようとすることが大切なのである。

幼児たちは楽しいことであれば，何度でも繰り返して遊ぶ。繰り返して遊ぶことを通して，幼児たちは事物の法則，ルールなど様々なことを学んでいく。教師や養育者はそれらの目を摘まないためにも，幼児たちと生活をともにすることを通して，幼児たちの気持ちを理解しようとする姿勢を持ち続けることが必要である。

【僕はたくさん欲しいんだ！　―砂場で遊ぶ3歳児―】

6月の梅雨の時期，晴れ間が射してきたので，教師は砂場のシートを外し，幼児たちが遊べるようにした。するとそれを目にした幼児たちは，靴を履き替えて室内から競うように砂場へと駆け入っていく。幼児たちに催促されて，教師は倉庫から大きなシャベルを出してくる。すると幼児たちは，競うようにしてシャベルを持っていき，あっという間になくなってしまう。

その中に，1人でシャベルを何本も持っているH男がいた。B男がH男に近寄っていき，「貸して」と言うが，H男は何も言わず走っていってしまう。B男は他の幼児にもシャベルを貸してくれるように頼むが，誰も貸してくれない。

その様子を見ていた教師は，H男へ近寄っていき，
教師「ねぇ，お友達がシャベル使いたいんだって。ねぇ，1つ貸してくれる？」
と言う。しかしH男は，何も言わず走っていってしまう。

H男は片付けになるまで，たくさんのシャベルを抱えて，ずっと園庭をうろうろしていた。

【どんな名前にする？　―3歳児への紙芝居読み聞かせの時間―】

幼児たちの帰りの支度が済み，椅子に座って集まったので，教師は皆に紙芝居（りりこちゃんのぱんやさん）を読み聞かせることにした。
教師「じゃーん！」と女の子の絵が描いてある紙芝居を出すと，
A子「<u>ななちゃん！</u>」と大きな声で言う。
教師「なに？　これ（絵を指して）<u>ななちゃん？</u>」

教師が言い終わらないうちに，今度はB子が，
B子「みくちゃん，みくちゃん…みかちゃん，みかちゃんがいいー！」とだだ
　　　をこねるような声で続けて言う。そのため教師は，B子の気持ちに添って
教師「みかちゃんは…」と紙芝居を読もうとすると，今度はA男が，
A男「あきちゃんだよー」と強く言う。
教師「あきちゃん？　うーん，どれにしよう？　じゃ，この子の名前決めて」
　　　と皆に問いかけてみる。
A男「あきちゃん」
教師「あきちゃん？！　じゃあ，あきちゃんにする？」
C子「やーだ，女の子だからキティちゃん」
教師「キティちゃん？」
　　　すると幼児たちは，「あきちゃん」「キティちゃん」「ウルトラマン」など
　　　次々と思い思いに名前を言い始める。
教師「うーん，どうしよう？　これじゃ決まらないなぁ」
B男「ウルトラマン」
教師「じゃぁウルトラマンにする？」
　　　すると数人の女児から，「いやーだ，かおるちゃん！」の声が。
教師「じゃぁ，かおるちゃんがいい人？」と多数決をとると，多くが手をあげる。
教師「じゃぁ，かおるちゃんにしよう」
B男「やだ！」
教師「え，じゃぁどうする？」
B男「ウルトラマン」
C子「いやーだ，かおる！　かおるちゃん！」と席を立って興奮気味に言う。
教師「じゃぁ，かおるウルトラマンにしたら？」
C子「いやーだ，かおるちゃん！」
　　　その後，他の幼児たちも「かおるちゃん」「ウルトラマン」「かおるウルトラ
　　マン」と口々に言い合い，まとまらない。
　　　しかし少ししてB男が，
B男「かおるちゃんでいいよー」と言った事で，女の子の名前は「かおるちゃ
　　　ん」に決まった。そして教師は，紙芝居を「かおるちゃん」の名前で読み始
　　　めた。

　前半のエピソードでは，最後までシャベルを貸そうとしないH男の様子が描か
れている。ではなぜH男は，シャベルを貸そうとしなかったのだろうか。幼児た
ちの就園前の生活から考えてみよう。
　就園前の生活では，幼児は養育者によって庇護される存在であり，常に見守ら

れている状況にある。そしてそれらの安心感に支えられていることで，幼児はしだいに活動範囲を広げていくことができる。そのため就園前の生活では，意見の対立や葛藤などとは無縁なのである。

　しかし幼稚園での集団生活が始まると，幼児は養育者に依存していた状態から同年代の幼児たちと共に自立した生活を送らねばならなくなる。幼児は物を独占したり，一方的に自分の意見を主張することができなくなるのである。そのために上記のエピソードのような自己主張のぶつかり合いがみられるのである。このように幼児期は自我が芽生える時期であるため，集団生活を送る幼稚園では，上記のエピソードのように物をめぐる対立や葛藤，さらには考えの相違による対立や葛藤が起こりやすくなるである。

　一方，後半のエピソードでは，幼児たちが思い思いに自己主張する中で，最後に自分の感情を抑え，命名を譲ったB男の様子が描かれている。このように対立や葛藤などの経験を通して，幼児は自分の思いを表現し，主張することと同時に，自分の感情を抑え，相手を思いやる気持ちも学んでいく。この意味で，幼児同士のトラブルや葛藤は，幼児の発達にとって大変意味のあるものなのである。大人は対立や葛藤を一方的に回避させるのではなく，幼児たちの発達段階，対立や葛藤へ至る過程などを把握した上で関わっていくことが必要である。

【ザリガニが「はーい」って返事した!?】

　園長が飼っている大型犬が，園庭の隅につながれている。幼児たち（3歳児）はその周りに集まり，「お手！」「お座り！」などと声をかけている。

　その近くでは（誰かが池で採ってきたと思われる）バケツに入ったザリガニを皆で囲んで見ていた。

　ある幼児が，ザリガニに向かって「お座り！」と言い始めた。すると他児も繰り返して，「お座り！」と言い始める。ザリガニは微動だにしないので，次第に幼児たちの声も力強くなっていく。

　そしてザリガニがタイミングよく両鋏をあげると，幼児たちは「わははは！」と笑い，顔を見合わせる。

　そこへ教師がやって来た。

教師「ザリガニさんお座りするの？」
A子「うん，した！」
教師「お座りしたの？」
A男「うん。ハーイって言ったもん！　ハーイって！」
教師「ハーイって言った？」
B男「手あげてハーイって！」と言い，自分の手をあげる。
教師「手あげてハーイ言ったの」

　教師が見守る中，幼児たちは再度ザリガニに向かって「お座り！」と繰り返

し言い続けていた。

【弁当の包みが水浸しなると，何になる？ ―3歳児の昼食の時間―】
　昼食を食べている最中に，Ｓ男が誤ってコップのお茶をこぼしてしまったために，下に敷いてあった弁当の包みが，びしょびしょに濡れてしまった。
Ｓ男「○○先生」と教師を呼ぶ。
教師「ん？」とＳ男の方を向くと，Ｓ男はびしょびしょになった弁当の包みを指さして，
Ｓ男「曇り」と微笑みながら言う。
教師「曇りかぁ。びしょびしょに濡れているから，先生，雨かと思ったよ」と言いながら，Ｓ男の方へと近寄っていく。
Ｓ男「曇り」
教師「そっか，曇りかぁ。これ拭かないとね。」と声を掛け，後始末を始めた。

　これらのエピソードにみられるような幼児の言動は，微笑ましいと思う反面，大人からすると一見不可解なものに感じることであろう。それはザリガニに向かって，「お座り！」と声をかけたり，鋏をあげた姿を見て「手あげてハーイって（返事した）！」と言ったり，びしょびしょに濡れた包みを「曇り」と表現するなど，大人がもつ常識では考えられないようなことをしているからである。では幼児たちは，なぜこのような言動をしたのだろうか。
　たとえば犬もザリガニも同じように人間と同じ言語を持たない生き物だが，幼児たちは近くで他児たちが犬に「お座り！」と言い，犬が座った姿を見聞きしていたのである。そのためザリガニを見ている幼児たちも同じように「お座り！」と言い始めたのだと思われる。そしてタイミングよくザリガニが動いたことで，ザリガニが手をあげて返事をした（＝人間の言葉が理解できる）と感じたのであろう。さらにお茶をこぼして包みをびしょびしょにしてしまったＳ男は，梅雨の時期だったためかその状況を見て，直感的に「曇り」とイメージしたのであろう。このような知覚は，この時期の幼児に頻繁にみられる。
　このように事物のちょっとした状況や特徴が，幼児たちのイメージを喚起し，それが上記のような言動を導いている。そして幼児たちは，具体的な事物（ここでは，ザリガニや濡れた包み）が媒介されることで，幼児同士や教師とのイメージの共有を容易にし，遊びを広げていく。このように幼児たちは，幼稚園にて教師や他児と生活をともにしながら感動を共有し，互いに影響を及ぼし合いながら，興味や関心の幅を広げていくのである。
　教師は幼児たちの発言や思いを認め，寄り添っていくことが大切である。時には教師自身が幼児同士の会話の媒介者となったり，一緒に活動することでイメージを喚起したり，継続させたり，さらには遊びのモデルとしての役目を担ってい

くことも必要になる。たとえば上記のエピソードのように，教師が「曇りかぁ。びしょびしょに濡れているから，先生，雨かと思ったよ」と発言することで，幼児たちに対して新たな視点を提示することで気づきを促すことにもなるのである。

【テレビに子守りを託した母親 ―3歳児Ｍ男の変化―】

　新入園児のＭ男は，教師の話など聞かず，時間があれば部屋を抜け出し，すぐに外へ遊びに行ってしまったりなど，4月の時点からとても元気に感じられる幼児であった。新入園の頃は多くの幼児がそうであるために，その時は違和感をもつことはなかった。

　違和感をもつようになったのは，多くの幼児が幼稚園生活に慣れてきた6月頃であった。それはＭ男が毎日のように，他児ともめごとを起こし続けていたからである。他児の話では，Ｍ男は脈絡なく，一方的に叩いたり，ぶつかってきたりするということが共通する点であった。

　確かに教師がＭ男と話をしようとしても，「目線が合わない」「話をしていても，脈絡のない話を一方的にし始める」「独り言を言いながら，ひたすら逃げようとする」など会話が成り立たないのである。普段のＭ男の様子を見ていても，「笑いながらゆらゆらと千鳥足で走っているかと思うと，いきなり倒れる。そして転んでも泣かない」「砂場で笑いながら，泥砂を服に擦り続ける」「突然泣き出す」など不自然な言動が目立った。しかし教師はＭ男と他児との違和感をもちながらも，なるべくＭ男と多く接することを心がけ，ゆっくり見守っていくことにした。そして連絡帳などを利用して，家庭でのＭ男の様子を聞くなどして，少しずつ家庭との連携を計るようにしていった。

　2学期になってもＭ男の様子は，ほとんど変わらなかった。そこで教師は，Ｍ男の母を呼んで，話を聞くことにした。

　話によるとＭ男の母はその年の初めに第2子を出産し，それからというもの育児に追われている日々を過ごしているとのことであった。Ｍ男について聞いてみると，そこまで手が回らず，幼稚園から帰って来ても，おやつを与えて，そのままテレビに向かわせているだけで，世話などしていないということであった。Ｍ男をテレビの前に座らせておくと，大人しくしているため，第2子を出産する前の幼い頃からそうしているとのことであった。子どもとどのように接したらよいのか分からず，今までＭ男を抱いたりしたこと，さらには話しかけたりすることもほとんどなかったそうである。

　その話を聞いた教師は，園長や専門家と相談したのちに，Ｍ男の母親にＭ男とスキンシップを多くとること，さらにテレビに子守りをさせるのではなく，コミュニケーションを多くとるようになどと具体的なお願いをした。

　3学期になると，少しずつＭ男にも変化の兆しが現れるようになった。教師

や他児の問いかけに少し反応したり，答えられるようになるにつれて，目線も合うようになってきた。さらに迎えに来る母親に対して，「遅いよ」「抱っこして」と甘えてみたり，他児に対して「貸して」と言うなど，その状況に応じて自分の感情を表現できるようにもなった。M男はしだいに他者への気づきを通して，自分の生活を広げていくことができるようになっていったのである。

　コミュニケーションの基礎は，泣いたり，笑ったりなど乳児が出す様々な「サイン」を養育者が読み取り，あやしたり，話しかけたりといった行動で答えるというように非言語的・情動的なやり取りを通して形成されていく。そして乳児は，しだいに自分と他者との関係を理解し，外界に向かって積極的に働きかけをしていくようになる。
　しかし上記のエピソードでは，家庭でのM男は幼い頃からテレビの前という長時間一方的な雑音の中に置かれ，応答的なやり取りができない状況に放っておかれることが多かったようである。「サイン」を読み取り，それに対して適時に応えてくれる人がいなければ，子どもは泣いたり，笑ったりなどメッセージを送ること自体しなくなる。つまりM男は，日々の生活から無力感を学習してきた状態だったのである。
　M男は，養育者と直接やり取りをする時間が極端に短いために，緊密なつながりを持つことが難しく，音声的なやりとりの機会が奪われてしまっていた。その結果，人の声への感受性が減少し，対人関係の基礎が育めなくなったことで，言葉の遅滞ももたらされたと考えられる。さらに感情表出や自他の分化に関しても，遅れがみられたのである。
　家庭や地域での保育と幼稚園という集団の中での保育を通して，幼児たちは育っていく。それらは両方がバランスよく有機的に機能してこそ，保育の効果をあげることができるものである。そのため前述したような話し合いの際，教師が家庭で養育者にこうあって欲しいと願う気持ちが強くなってしまうことが多くある。
　しかし養育者と教師の間に信頼関係が結ばれていないのに，一方的に幼児の問題について伝えたり，多くのことを要求したりすることは，養育者にとって負担であり，敬遠されてしまう。確かに近年，社会が複雑化したことにより，幼児たちは決して好ましいとは言えない状況の中での生活を強いられていることも事実である。まずは養育者の立場（そうならざるを得なかった状況など）を理解した上で，幼児の健全な成長を願っていることを伝える必要がある。養育者との話し合いは，それからである。
　上記のエピソードのような場合，専門家や園長などと相談した上で，教師と養育者が話し合いをもち，解決策を立てていくことが望まれる。養育者との話し合いでは，まず幼児の良い点から話し始め，相手を認めることが必要である。そし

て焦点を絞った具体的な方策を伝えることで，解決の糸口を見出すことができるはずである。

【おじさん，何しに来たの？ ―園庭で出会った4歳児―】
　私は仕事柄，よく幼稚園へ行くが，初めて伺う幼稚園では，必ずと言っていいほど，幼児たちからの質問攻めにあう。先日伺った幼稚園では，K子（4歳児）と下記のようなやり取りがなされた。

　　園庭で友達と遊んでいたK子は，私を見つけるなり走り寄って来ると，
　K子「ねぇ，誰？」と聞いてきた。
　K子「ねぇ，誰のお父さん？」
　私　「お父さんじゃないんだ」
　K子「へぇ...じゃ何しに来たの？　幼稚園に遊びに来たの？」
　私　「そう，幼稚園に遊びに来たんだよ。」
　K子「明日も来るの？　ずーっと来るの？　幼稚園に入るの？」
　私　「残念だけど，今日だけなんだ。」
　K子「ふーん.....」と言い，残念そうな顔をする。
　K子は少し間をあけて，
　K子「今日，お弁当持ってきた？」と聞いてくる。
　私　「今日は，お弁当忘れちゃった」
　K子「お母さんが，作ってくれなかったの？」
　私　「今はね，お母さんと一緒に暮らしていないんだ。一人で暮らしているんだ。」
　K子「へぇ...」と言って，元の遊びへと戻っていく。

　上記のエピソードは一例だが，中には「ここはね，年少さんの部屋でね，小さい子たちがいるんだよ」「あの子はね，戦いごっこが好きでね，いっつも○○くんたちと遊んでいるんだよ」など，とても詳細に幼稚園の案内をしてくれる幼児もいる。幼児たちは幼稚園で出会う大人に興味津々なようである。これらの質問や案内は，幼稚園での生活やルール，また友達について理解しているからこそできることであり，4，5歳児に多く見られる姿である。
　ではなぜK子は遊んでいる最中にわざわざ私に近寄ってきて，上記のような質問をしてきたのだろうか。K子が日常生活をしている幼稚園を中心に考えてみよう。
　まず朝の登園の際には，お父さんに連れられて登園する幼児もいるから，K子が私のことを「誰かのお父さん」と間違えてしまうのも理解できる（K子だけでなく，時には保育者にも父親だと間違えられるぐらいである）。やはり男性（誰かの父親）が幼稚園へ来ること自体が珍しく，それがK子の興味を惹いたのであろう。

お父さんでないことがわかると，次にK子は「幼稚園に遊びに来たの？」「ずーっと来るの？　幼稚園に入るの？」と答えをみつけようと聞いてきた。これは幼児たち（K子）にとっての幼稚園は，生活の場・遊ぶ場所であり，そこへやって来るということは，「遊びに来た」「幼稚園に入る」と推測されることが当然なのであろう。

続けて私が弁当を持ってこなかったと伝えると，K子は「お母さんが，作ってくれなかったの？」と私に対して心配をしてくれた。K子にとって母親は大切な存在であり，いつもK子の弁当を作ってくれている母親が弁当を作ってくれなかったことを推測できたからであろう。

しかしその後「今はね，お母さんと一緒に暮らしていないんだ。1人で暮らしているんだ」とK子の経験からでは推測できない状況について私が話すと，「へぇ...」と言って，遊びに戻っていってしまった。

このように幼児たちは，これまでの具体的な生活環境や経験という身近な枠組を使って推測し，イメージを形成していくことで，物事を幼児なりに受け止めていくのである。K子にとっては，今回の対象者（私）の言動があまりに奇怪なため，それが難しかったのであろう。

　上記のエピソードでは，幼稚園というごく身近な生活から私の言動について推測するK子の様子について取り上げた。では家庭や地域での生活経験がそれぞれ全く異なった幼児たちは，どのように幼稚園という集団生活の場で生活を共にしているのだろうか。たとえば幼児たちの間では，どのような意見の相違が生じたり，調整したり，やり取りがなされたりするのだろうか。次のエピソードでは，幼児たちが道路の渡り方についてそれぞれ話し合っているが，さて幼児たちは文化的・道徳的規範や価値などをどのようにして身に付けていくのであろうか。

【道路を渡る時は，どうしたらいいの？　－海外日本人幼稚園の園外保育にて－】
　運動会の練習のため，4歳児と一緒に近くの公園へ行った。公園の中には作業車が行き来する少し道幅の広い道路があった。先頭をいく教師が，道を渡る際に「車が通るかもしれないから，みんな素早く渡りましょう」と幼児たちに声をかけた。すると列の最後を引率していた私の周りの幼児たちが，何やら話しし始めた。
　A子「道を渡る時は，きちんと車が来ないか見て，こうやって手を挙げるんだよね。日本の幼稚園にいた時，先生がそう言ってたよ。」
　A男「違うよ。香港では，こうやって手を横にして（水平にして）渡るんだよ。」
　B男「そうだよ。それでね，車が来たら"渡ります"って車の運転してる人を見るんだよ。眼で合図するんだよ。」
　C男「そんなことしなくても大丈夫だよ。渡ったって車が止まってくれるよ。

こないだお母さんと買い物に行った時も，そうだったもん。」
　幼児たち自身が道を渡る時になると，一度止まって左右を確認した後に手を挙げて渡ってみたり，手を横に出してみたりと，それぞれ思い思いに渡っていった。

　このエピソードでは，様々に異なる文化の中で育ってきた幼児たちが，それぞれの体得された習慣・価値について比較し合っている様がよく表れている。特にこのエピソードが得られた日本人幼稚園は香港に位置しており，世界中から日本のビジネスマンが転勤でやってくるということから，様々な文化背景のもとで育ってきた幼児が多いことが関係していると考えられる。
　例えばA子は，今年の4月に日本から転入してきたために，ずれを感じるたびに「日本の幼稚園ではねぇ…」と発言をすることが多くあった。A男はニューヨークで生まれ，B男は香港で生まれたが，両者とも香港で育っているために，香港での身近な人々とのやりとりなどについてはよく観察され，それらを自分のものとして身につけていることが，このエピソードからもわかる。そしてC男は，年少の頃まで車もあまり走っていない中国の内陸で生活してきた。そのため交通量の多い香港でも，母親と買い物に出かけた際の出来事とをつなぎ合わせて，「そんなことしなくても大丈夫だよ。渡ったって車が止まってくれるよ。」という発言をしていたのであろう。

　養育者など身近な人々との生活を通して，幼児は文化的・道徳的規範や価値などをしだいに獲得していく。幼児は身近な人々を同一視し，その行動を生活の中で観察し，自分でも実践し，相互作用することを通じて，身近な人々のふるまい方を知らず知らずのうちに身につけ，文化の価値を内面化していく。そして集団生活が行われる幼稚園において，幼児は今まで養育者のもとで身につけた幼児の文化の価値を，様々な文化の価値を持った教師や幼児同士などとのやりとりの中で比較・調整することを繰り返していく。そして幼児たちは，しだいに社会的習慣やルール，行動様式などを身につけていくのである。

【僕，謝ったよ！】
　4歳児B男が園庭でボールを蹴って遊んでいると，突然そこへ4歳児A男がやって来てそのボールを持っていってしまう。B男は突然のことでしばらく唖然としていたが，A男を追いかけていき，「僕が遊んでいたんだよ」などと言ってサッカーボールの取り合いを始める。初め教師は様子を見守っていたのだが，A男がB男を思い切り叩いたり，蹴ったりし始めたので，仲介に入った。
教師「どうしたの？」
B男「僕がね，サッカーしていたのにね，A男くんが僕のボール取ったの」と

泣きながら言う。
教師「本当？ B男くんは何でA男くんが遊んでいたのに，ボールを取ったの？」
A男「だってもう（他の）ボール無いんだよ。ボールはみんなのものでしょ？ B男くんはひとりで使っていてずるいよ！」
教師「そうか。だけど自分が遊んでいる時に突然他の人にボールを取られたら，どんな気持ちになる？」
するとA男は，すぐに「ごめんね」とB男に言う。しかしすぐに先ほどのボールを持って，その場から去ろうとしたので，教師が制止した。
教師「ねぇ，それA男くんが使うの？ B男くんまだ泣いてるよ。どうしたらいいと思う？」
A男「だってもう，ごめんねって言ったよ！」
教師「ごめんねって言えば，もう終わりなの？」
A男「だっていつもごめんねって言ったら，いいじゃん！（それで終わりじゃん）」

そのA男の言葉を聞いた時，教師は初めて今までの幼児たちに対する接し方について考えた。

今までA男たちの幼稚園では，幼児たちが喧嘩や悪いことをした際には，教師はとにかく相手に謝るようにと指導していた。それはその時の状況がどうであれ，悪いことをしたらまず謝ることが礼儀であるということを幼児たちに学ばせたいという教師たちの想いからであった。

しかし何が悪かったのか，なぜ相手ともめてしまったのかなどの状況や原因を幼児たちが十分に理解できていないまま，一方的に怒られ，そのまま謝ることを強制されていたとしたら，どうなるであろうか。そういったことを繰り返されるうちに，幼児たちにとっては"謝るという行為"自体が形式化してしまったのではないだろうか。その結果，今回のA男「だっていつもごめんねって言ったら，いいじゃん！」の発言ように"謝ればいい"という考えを生み出してしまったのではないだろうか。

教師は，幼児1人1人の発達に応じて，相手がどのような気持ちなのか，自分がどのようにすればよいのかを幼児に考えさせたり，人として絶対にしてはならないことや言ってはならないことなど体験を通して理解していかなければならない。今回のことで言えば，まずなぜこのようなことをしてしまったのか，突然ボールを取られてしまった相手の気持ちはどうなのか，また今回のような場合，どのようにすべきであったのかなど，きちんと相手の立場にたち，1つ1つ順序立てて説明し，幼児と

共に考えていくことが必要なのである。また集団の生活にはルールがあることに気付き，そのルールはなぜ守らなければならないかについて考えていくことも大切である。

　平成12年4月1日より施行された幼稚園教育要領では，留意事項として「教師の様々な役割」が新たに加えられた。「教師の様々な役割」について，『幼稚園教育要領解説』では，「幼児は教師の日々の言葉や行動する姿をモデルとして多くのことを学んでいく。善悪の判断，いたわりや思いやりなど道徳性を培う上でも，教師は一つのモデルとして大きな役割を果たしている。このようなことから，教師は自らの言動が幼児に影響を与えることを認識しておくことが大切である」としている。

　このことから考えても，幼児たちのモデルとなる大人たちが，きちんと筋道を立てて物事について説明することができないのにも関わらず，幼児たちに対して一方的に理解を求めようとすることは，到底不可能なことなのではないだろうか。幼児たちに対して大人の思い込みによる一方的な思いや働きかけは，幼児たちの負担になるだけでなく，大人たちに対する信頼を失うとともに，不信感を募らせることとなりかねない。

　モデルとなる教師や養育者は，責任の重さに気づき，自らの言動が幼児たちに対して多大な影響を及ぼすということを認識し，自身を律していく必要があるのである。

【たこ焼屋ごっこをしよう！　―4歳児の保育室でのできごと―】
　　R男はたこ焼屋を始めることを部屋にいる幼児たちに告げると，大型積み木で囲いを作り，店らしきものを作る。そしてその中に腰を下ろすと，紙でたこ焼などを作り始める。
　　するとT男が前に来て，
　T男「たこ焼下さーい」と言う。
　R男「ちょっと待ってください」と言って，大きな紙を四角に切り，クレヨンを出して，「2ほんいいよ」と書く。そしてそれをセロテープで積み木（店の前）に貼り付ける。
　R男「これ何て書いてあるかわかる？」
　T男「……（何も言わない）」
　R男「"2ほんいいよ"って書いてある」
　R男「ポイントカードは要りますか？」
　T男「はい，要ります。　お金は？」
　R男「お金，ちょっと待って。今作るから」と言い，紙を切り，そこに数字を書き入れる。

ごっこ遊びは幼稚園でよく見られる遊びのひとつである。ごっこ遊びの魅力は，現実世界ではなることのできない憧れのものになり，普段できないことやって，世界を自分の思うままに作っていくことができる点にある。仲間とごっこ遊びを行う上での暗黙の了解事項として，①ごっこ遊びの中で起こっていることは，すべて本当ではなくふり（嘘）である，②ごっこの時は，役のように振舞わなくてはならない，③ごっこ遊びの成員同士の提案をうまく採用しながら筋を作っていく，などがある。これらの了解事項を維持していくことで，ごっこ遊びが発展していく。

　上記のエピソードでは，たこ焼屋を始めると皆に告げたものの，まだたこ焼屋の用意ができていないところへお客としてＴ男が来たために，Ｒ男の慌てている様子が描かれている。しかしＲ男が事前にたこ焼屋ごっこを始めると皆に告げてあったことで，両者の間では，「たこ焼屋ごっこをする」という共通イメージができており，たこ焼屋の店員と客というお互いの役が了解されている。そのためＲ男の「ポイントカードは要りますか？」などというＲ男（店員）の提案に対しても，Ｔ男は客としてすぐに「はい，要ります」と受け，さらに「お金は？」と質問するというというように，たこ焼屋ごっこというイメージや役に沿い，互いに提案し合いながら遊びを続けていく（Ｒ男はよくお母さんと買い物に行き，その時にポイントカードに興味を持ったのだろう）。

　そしてＴ男に「お金は？」と質問されると，Ｒ男は用意していなかったために「お金，ちょっと待って。今作るから」と言い，お金を作り始めている。「自分でお金を作る」などということは，現実世界ではありえないことだが，ここではごっこ遊びだということが相互了解されている。このようにごっこ遊びでは，コミュニケーション能力の発達とともに幼児たちは，自分と友達のイメージを共有し，調節していくことを繰り返しながら自分のイメージ世界を広げていく。そしてしだいに組織的な遊びを楽しむようになっていくのである。上記のような遊び手自身が世界を作っていけるという楽しみがあるのもごっこ遊びのおもしろさである。

　さらに上記のごっこ遊びの中でＲ男は，たこ焼屋らしくするために一生懸命「２ほんいいよ」と紙に書いたり，「お金，ちょっと待って。今作るから」と言い，紙を切り，その中に数字を書き入れてお金を作ったりしている。このようにごっこ遊びは，遊び手が何かに憧れたり，興味を持つことで，それらを真似しようとする動機から始まることが多い。幼児たちはそれらの自発的な活動としての遊び経験を通して生活の流れや社会のルール，仕組みなど様々なことを学んでいくのである。

【戦いごっこは禁止？！】
　多くの幼稚園では，男児がウルトラマンや怪獣などに変身して戦いごっこが行

われている姿をよく目にする。男児たちにとってウルトラマンなどのテレビヒーローは憧れの存在であり，それらのイメージ世界に没頭し，ウルトラマンや怪獣などの役になりきって遊びを展開させている。

しかしある幼稚園では，戦いごっこを禁止している。園長の話によると，「以前幼児たちの戦いごっこがきっかけとなり，喧嘩が始まった時があり，その際に一方の幼児が大怪我をしてしまった」ためだという。さらに戦いごっこをすると言葉が乱暴になったり，行動が暴力的になるなどの傾向もあったのだという。それからというもの，幼稚園で戦いごっこが始まると，教師が介入して止めさせているとのことであった。

では戦いごっこをしている幼児たちが，もし「戦いのふり」が了解されず，本気の喧嘩になったらどうなるのであろうか。そのまま喧嘩を続けていくのだろうか。実際のエピソードをみてみよう。

　　　5歳男児たちは2チームに分かれ，園庭にて戦いごっこを始めた。始めのうちはごっこを意識してか，声をかけあいながら優しくパンチやキックをし合う姿が見られたが，次第に男児たちは，戦いに夢中になっていく。
　G男が走って逃げていると，それを追っていた敵チームのH男が
H男「メガトンパンチ，くらえ！」と言い，両手で思い切りG男の背中を叩く。
G男「痛てぇ！　思い切りやるなよ，これ戦いごっこだろ。」
　G男はしばらくその場で痛がっていたが，すぐにH男を追いかけ始める。そしてH男を捕らえると，
G男「さっきのお返し！」と言い，H男に思い切りパンチをする。
H男「痛えよ！　何だよ，これ遊びだろ！」と言うなり，G男と喧嘩が始まっ
　　　てしまう。すると一緒に戦いごっこをしていた仲間が集まってくる。
A男「やめろよ。戦いごっこなんだから，優しくやらないと駄目なんだぞ！」
D男「そうだよ。嘘なんだから。これじゃぁつまらなくなっちゃうじゃんか。」

戦いごっこでは，「攻撃のふり」という肉体的な接触を伴うため，勢いが高じるとふりではなくなり，上記のエピソードのように本気の喧嘩になってしまうようなことが多々ある。そのため教師や養育者は，戦いごっこを「悪いもの」として捉え，上述のように戦いごっこを制止することになるのであろう。

しかし現在，幼児たちが目にするテレビやゲームなどでは，戦いや攻撃的な場面が多くある。一方で身体を通した他者との関わりが希薄になり，他者性を獲得することが難しくなっている。

幼児が他者性を獲得し，自律的になるには，仲間との間に葛藤を体験しながら，仲間とのやりとりを通じて自分の欲求をコント

ロールする経験を重ねなくてはならない。幼児たちは身体的接触や戦いごっこを繰り返していくことを通して，何がいけないことなのか，どこまでしていいのかなど，相手に対する手加減や遊びの暗黙のルールなどを身体的・経験的に理解していくことができるようになる。上記のエピソードでは，幼児たちが「戦いごっこなんだから，優しくやらないと駄目なんだぞ！」などと言い合うこと（エピソード下線部参照）で，ごっこであることを意識しようとするなど，幼児たちの遊びを楽しく継続させようとする試行錯誤がよく表れている。そのため大人である教師は，幼児の攻撃的に見える活動やふりに対して一方的に制止するのではなく，見守っていくという姿勢を持つことが大切である。そうすることで幼児の危険な行動はしだいに回避されるとともに，自由な活動をも保障されることになるのである。

［3］幼稚園と家庭や地域社会との連携

これまで様々なエピソードを通して，幼稚園における幼児の姿について触れてきた。そこでの幼児たちは，生活の中のあらゆる刺激を受け止め，自分から興味をもって環境にかかわることで，さまざまな活動を展開していた。

幼児期は環境からの影響を大きく受ける時期である。どのような物的・人的環境の下で生活をし，どのような経験をしたかが，今後の発達に大きく影響する。そのため幼稚園教育要領でも述べられているように「幼児の生活は，家庭を基盤として地域社会を通じて次第に広がりをもつものであることに留意し，家庭との連携を十分に図るなど，幼稚園におけ生活が家庭や地域社会と連続性を保ちつつ展開されるように」しなければならない。幼児の生活は切り離せるものではなく，互いが協力し，幼児の望ましい発達を促すような生活を実現していく必要がある。そういった意味で【テレビに子守りを託した母親　―3歳児M男の変化―】のエピソードは，さまざまな示唆を与えてくれるのではないだろうか。

近年は学校週5日制により，幼児はより多くの時間を家庭で過ごすようになった。したがって幼稚園での指導計画を作成していくには，家庭や地域社会をも含めた幼児の個々の生活全体について理解をした上で，適切な環境を構成して，生活全体が充実したものとなるようにすることが必要である。特に幼稚園では，その役割を十分理解し，家庭や地域社会では味わうことのできない豊かな経験が十分に得られるようにすることが必要である。そのため教師には，保育参観を企画したり，連絡ノートや便りを工夫したり，養育者との懇親の場を設けるなどして家庭や地域社会との連携を密にしていくことが求められる。

［4］保育施設における幼稚園の役割とその変化　―「預かり保育」を考える―

保育所と幼稚園は，それぞれ異なった社会的役割を果たすという歴史背景のもとに設立し，発展してきた。両者は，就学前の乳幼児を保育の対象としている施

表8-2 ■預かり保育の実施園数と実施率の変化

区分	平成5年10月1日現在	平成9年8月1日現在	平成12年6月1日現在	平成13年6月1日現在
公立	318（5.2%）	330（5.5%）	925（16.0%）	1302（22.7%）
私立	2541（29.5%）	3867（46.0%）	5935（71.5%）	6459（78.2%）
合計	2859（19.4%）	4197（29.2%）	6860（48.7%）	7761（55.4%）

表8-3 ■預かり保育の実施日数（平成13年6月1日現在）

区分	1日	2日	3日	4日	5日	6日	7日	その他	計
公立	35 2.7%	32 2.5%	36 2.8%	76 5.8%	432 33.2%	210 16.1%	1 0.1%	480 36.9%	1302 100%
私立	26 0.4%	49 0.8%	57 0.9%	377 5.8%	3520 54.5%	2083 32.2%	23 0.4%	324 5.0%	6459 100%
計	61 0.8%	81 1.0%	93 1.2%	453 5.8%	3952 50.9%	2293 29.5%	24 0.3%	804 10.4%	7761 100%

表8-4 ■預かり保育の終了時間（平成13年6月1日現在）

区分	午後3時以前の園	午後3~4時までの園	午後4~5時までの園	午後5~6時までの園	午後6~7時までの園	午後7時を超える園	その他	計
公立	385 29.6%	391 30.0%	231 17.7%	248 19.0%	41 3.1%	0 0.0%	6 0.5%	1302 100%
私立	65 1.0%	619 9.6%	2473 38.3%	2860 44.3%	389 6.0%	41 0.6%	12 0.2%	6459 100%
計	450 5.8%	1010 13.0%	2704 34.8%	3108 40.0%	430 5.5%	41 0.5%	18 0.2%	7761 100%

設ということもあり，途中幼保一元化の動きはあったものの，現在まで二元化は維持されている。それはなぜか。大きな理由のひとつとして，それぞれが法制化されていることが原因としてあげられる。

　児童福祉法の内容を具体化した『保育所保育指針』において保育所は，「児童福祉法に基づき保育に欠ける乳幼児を保育することを目的とする児童福祉施設」であるとしている。そして『学校教育法』において幼稚園は，「幼児を保育し，適当な環境を与えて，その心身の発達を助長することを目的とする」学校であるとしている。このように両者は，それぞれ異なる目的や役割を規定していることがわかる。規定を満たしていなければ受け入れを制限されてしまうため，養育者は施設のすみ分けをせざるを得なかったのである。

　しかし近年，「預かり保育」を行ったり，保育時間を延長するなどの幼稚園が

増加している(預かり保育とは,地域の実態や保護者の要請により,教育課程に係る教育終了時間後に希望する者を対象に行う教育活動のことをいう)。預かり保育は,通える範囲に幼稚園しかないような地域においては従来から行われてきたものだが,近年における女性の社会進出の拡大など,職業などは持っているものの子どもは幼稚園に通わせたいという保護者に対する支援策としても活発に行われるようになった。そして平成13年度には,半数以上の幼稚園で実施されている(表8－2参照)。さらに保育所と幼稚園が合築・併設することで施設を共用化するなど,形態や内容についても保育所と幼稚園の境界はますます不明確になっている。

　省庁が政策を推進したこともそうだが,「預かり保育」がここまで増加した大きな理由は,(当該幼稚園に在籍する幼児であれば)すべての幼児に対して,保護者が勤務しているなどのために幼児が「保育に欠ける」状態であるか否かは問わないということである。これにより用事や急病の際の一時的なものから,地域の実態(農村地域であれば,収穫などの最盛期),さらには子育てが過重でストレスを感じた時など,現代社会における養育者の多様なニーズに応じることができるようになった。預かり保育が子育て支援策の一環として位置づけられているのは,そのためである。(子育て支援については,11章参考)

　また現在では,少子化や核家族化などに伴う,同年代や異年齢の仲間と遊ぶ場や機会の減少,地域の人々との交流の機会の減少などに対する改善策として,預かり保育へのニーズが高まっているという現状もある。

　このように養育者にとって保育所と幼稚園を選択する要因は,単に就労条件が選択の基準ではなくなり,代わって便宜性が追求されるようになった。

　そういった中においても預かり保育では,幼児をただ預かっていればよいのではない。幼稚園教育要領に示されている目標な内容を踏まえて実施することが必要であり,幼稚園で行われる教育活動全体が貫かれ,一貫性をもったものとなるよう指導計画を作成することが求められている。その際に保育者は,家庭との緊密な連携を図りながら,幼児の日々の生活リズムや生活の仕方について考慮し,幼児の心身の負担が少なく,無理なく過ごせるよう1日の流れや環境を工夫することが大切である。幼児にとって幼稚園が生活空間となり,家庭的な雰囲気の中で生活できるように心がけていくことが必要なのである。

〈引用・参考文献〉第1節

Corsaro, A. & Rizzo, T. Disscussione and Friendship : Socialization processes in the peer culrute of Italian nursery school children. *American Sociological Review, 53,* 879-894. 1988

榎沢良彦「津守保育論と愛育養護学校」『発達No.88』ミネルヴァ書房,2001

E．ゴフマン（丸木恵祐・本名信行訳）『集まりの構造』，誠信書房，1980
刑部育子「『ちょっと気になる子ども』の集団への参加過程に関する関係論的分析」『発達心理学研究』，9，1-11，1999
石井哲夫・待井和恵（編）『保育所保育指針全文の読み方』全国社会福祉協議会，1999
久保田浩『あそびの誕生』誠文堂新光社，1973
鯨岡峻「個体能力論的発達観と関係論的発達観」『発達』No.86，ミネルヴァ書房，2001
倉持清美・柴坂寿子「園生活の仲間関係と降園後の仲間関係」『保育学研究』，32（Pp.36-41），1994
森上史朗「最近における発達観の変化と保育」『発達』No.86，ミネルヴァ書房，2001
佐伯胖『「学ぶ」ということの意味』岩波書店，1995
佐伯胖『幼児教育へのいざない』東京大学出版会，2001
津守真『保育者の地平』ミネルヴァ書房，1997
L.S.ヴィゴツキー（柴田義松・森岡修一訳）「子どもの精神発達における遊びとその役割」『児童心理学講義』（Pp.23-48），明治図書，1976
幼児保育研究会/代表 森上史朗（編）『最新保育所資料集』ミネルヴァ書房，2002

〈引用・参考文献〉第2節
文部省『幼稚園教育要領解説』フレーベル館，p.168，p.170，1999
文部科学省「預かり保育実施状況」文部科学省初等中等教育局幼児教育課資料，2001
岩佐京子『テレビに子守りをさせないで』水曜社，1978
大場幸夫他『外国人の子どもの保育 親たちの要望と保育者の対応の実態』萌文書林，1998
大場幸夫・前原寛『保育者が出会う発達問題 育ちと育ての日々』フレーベル館，2001
小川博久編著『「遊び」の探求』生活ジャーナル，2001
粕谷亘正「砂場における幼児の「こわす」という活動と見立てによる遊びとの関係について」『國學院大學幼児教育専門学校紀要《第十五輯》』pp.39-48，2002
子どものテレビの会編『テレビと子ども』学陽書房，1981
文部省『幼稚園教育要領解説』フレーベル館，1999
文部科学省『「幼児教育の充実に向けて」（幼児教育の振興に関する調査研究協力者会合中間報告）（新しい時代の幼稚園教育を実現するための施策提言）』2000
http://www.mext.go.jp/b_menu/houdou/12/07/000722.htm
文部科学省「我が国の文教施策」（平成12年度）
http://wwwwp.mext.go.jp/jyy2000/index-64.html

第9章　Chapter 9

福祉施設における子どもの発達

　各都道府県には児童福祉法に基づき，児童の福祉を保障する行政機関として，「児童相談所」と（必要に応じて）「児童を一時保護する施設」が設置されている。
　また，障害児早期療育システム推進事業などの行政を行っている自治体には，母子通園センターなどと呼ばれ，発達に不安や心配のある子どもとその保護者が通園して発達をキャッチ・アップ（遅れを取り戻）させていくデイ・サービスを行う小規模通園施設などが整備されてきている。
　なお，子どもを入院・入所させて養育・養護・治療・自立支援を目的とする児童福祉施設には，乳児院・児童養護施設・情緒障害児短期治療施設・児童自立支援施設・各種障害児施設などがある。

1　相談機関という福祉施設における子どもの発達

　児童相談所では，児童に関する各般の問題について，家庭その他からの子育て相談に応じている。児童福祉司・相談員と心理判定員（ときには児童精神科医・小児科医）がチームを組み，必要があれば心理検査なども使用しながら，子どもの発達にかかわる相談や判定を実施している。一回の助言指導で変化が見込めない場合には継続指導をとり，親子と集団または個別で治療的に遊ぶ遊戯療法，カウンセリング，家族療法，即興劇などの心理治療・心理教育を行う。地域に出かけて子育てを支援する事業などもある。事情によっては一時保護所を活用して指導員や保育士と行動観察を行い，子どもに対する理解を深め，治療的な介入を試みたりもする。

［1］発達心理学的アセスメントと助言
　周産期に危険因子（リスク・ファクター）があり，1歳11カ月の子どもの発達を心配する養育者からの相談があった。そこで，養育者とよく話し合いを行い，津守・稲毛による乳幼児精神発達診断法（0〜3歳まで）の項目を活用して，子

どもの発達状況を養育者とともにアセスメントしてみた。

＊乳幼児精神発達質問紙（1〜3歳まで）の演習にも使用できるように構成されている。

【運動】＊よく，つま先で歩くことを楽しんでいる。高いところ（テーブル，椅子の上）から飛び降りることはない。児童館へ行く途中の歩道橋では，手すり，片手を支えられれば，階段を上がり降りする（手をつかずに独りでは昇り降りはできない）。"手をつなごう"を歌い，「ま〜るい豆がぽんぽん」のところで，両足でピョンピョン跳ぶ。道路でも時々ジャンプする。散歩で公園に行くと，鉄棒にぶら下がり，親に見てもらいたがる。0歳の時から母親に毎日公園に連れて行ってもらっていたこともあり，巧みに滑り台に上り，滑り，「オカーサンモ，スベッテ」と言って親にも滑るよう要求する。向かいの家の三輪車（自分の家にあるのは補助輪つきの二輪車）の舵をとって押して歩くことはできない。

【探索・操作】筆記用具を見るとキャップを力ずくで外し，ぐるぐる丸を書いている。いろんな物を，紙，布などに包んで遊ぶことはない。父親が独身時代に使っていた実物の電話をおもちゃとして与えているが，時々ボタンを押して，「○○です（苗字）」「オカアサンニ，カワリマス」「オジイチャン，マメ，モッテキテネ」などと言っている。ボールを投げるのは前からできていたが，最近は上手く受け取れるようにもなってきた。人形や縫いぐるみをおぶったり，抱いたりする。「コアラチャン，オンブ」と言って，おんぶして歩くしぐさをする。おばあちゃんが東京ディズニーランドから買ってきた積み木は横一列に並べて遊ぶが，ままごと道具をいっぱい並べて遊ぶことはない。乗り物ごっこ，ままごとごっこは，自分からリードしてはしない。かつて保育士をしていた母親が毎日毎日，鋏で"チョキチョキ"の練習をさせたので，紙を切るのは上手なほうである。

【社会】筆記用具を親に手渡し「ゾウサン」と言って象を描かせ，「キリンサン」と言ってキリンを描くよう求める。親とのままごとでは，急須でお茶や牛乳を注ぐ真似をし，時々わざとに床に注ぎ，「コボシタ，フク」と言って，手のひらで床をこする。おもちゃや洋服は買ってもらう経験がほとんどない（大半が貰い物）なので見せびらかして得意になることはない。ほかの子どもが母親の膝にあがっても，怒って押しのけたりすることはない。向かいのアパートに遊びに行くと，小1のカズくんや幼稚園のメグちゃんなどの後をくっついて歩く。隔週の"育児サークル"は必ず"手をつなごう"で始まるので，友達とも手をつなげるようになっている。向かいに子どもたちが出ていると「○○チャンモ，イク」と言って，玄関に走り，時々「ハケナイ」などと怒りながらも靴をひとりで履き，ドアを「アケテ，アケテ」と絶叫する。コノちゃんのお母さんは元保育士で，児童館ではいつも"マテマテ"をしてくれていたので，子供どうし追いかけっこをして楽しそうに遊ぶ。友達の名

前は「タイチクン」「マキコチャン」「シュークン」「リリコチャン」「リサチャン」などと言える。夕食の最中に「ゼリー，タベル」と言うので，「あとで。ご飯全部食べたらあげる」と言い聞かせると，その場は我慢できたが，入浴・歯磨きを終えて寝るときに思い出し，泣いてねだるなど，一度期待を持たせてしまうと騙しがきかない。年下の子どもには興味はあるが世話をやきたがるまではいかない。

【食事・排泄・生活習慣】父親の出張中に，母親が間違えて赤い模様のお椀でなく父親の青い模様のお椀で味噌汁を飲んでいたら「オトーサンノ」と指摘した。家族の茶碗・箸などを知っていて並べる。母親に言われて，階段の下から2階にいる父親に向かって，大声で「オトーサン，ゴハンダヨー」と叫ぶ。風呂で自分でも石鹸をつけて洗おうとしてくれるのはよいが，親がせっかく洗ってやった頭にまた石鹸をつけて洗おうとするのには困る。自分の洋服や着せ替え人形の下着のスナップは自分で外す。帽子があると「キティチャンノボーシ，カブル」などと言って被り，家中を歩き回る。貰ったキティの靴がいつも室内に置いてあったせいもあり，靴を履いたり脱いだりは上手で，よく周囲のおかあさんがたに褒められている。食器を運んだり，洗濯物を籠に入れてくるなどは，手伝ってくれる。大便は間違えなく教えるが，"おしっこ"はしてからしか教えない。食事のあと「ゴチソウサマ」と言う。父親がうがいしているのをみて「○○チャンモ，グジュグジュペッ，スル〜」というので歯磨きの後，練習中であるが，ブクブクができない。こぼさずにひとりで食べたり，箸を使って上手に食事したりはまだできない。

【理解・言語】母親の「おとうさんどこへ行ったの？」という質問に対し「シゴト，イッタノ」と答える。父親が「このバナナ，傷んでたわ」と言うと，よく回らない口で「バナナ，イタンダッタノー？」などと真似して言おうとするのがおかしい。食事中，「チーズ，チョーダイ」「○○チャンモ，チーズ，タベル」「ワタシモ，タベル」「3コ」などと，簡単な文章を言う。細切れの野菜などを見て「ナアニ，コレ？」ときく。たんすの上のミッキーマウスの箱を取りたくて踏み台を持っていくが，まるで届かないことがわかってからは，しない。本をひとりでかなりながい間みて楽しんでいることはない。「アノネ，アノネ」を繰り返すこともまだない。調子ははずれているが，節をつけて歌える童謡がかなり増えてきている（どんぐりころころ，ぞうさん，ちょうちょ，とんぼのめがね，大きな栗の木の下で，など）。赤・青・黄色・緑・ピンクなどの色の名前は間違えずに言えるし，指せる。父親が教え込んだので，名前（姓と名）と住所と電話番号は言える。

発達輪郭表〔図9-1〕からも遅れはみられず，養育者には普通にこのまま養育していくことでよいと思われる旨の助言がなされた。3歳児健康診査で心理発

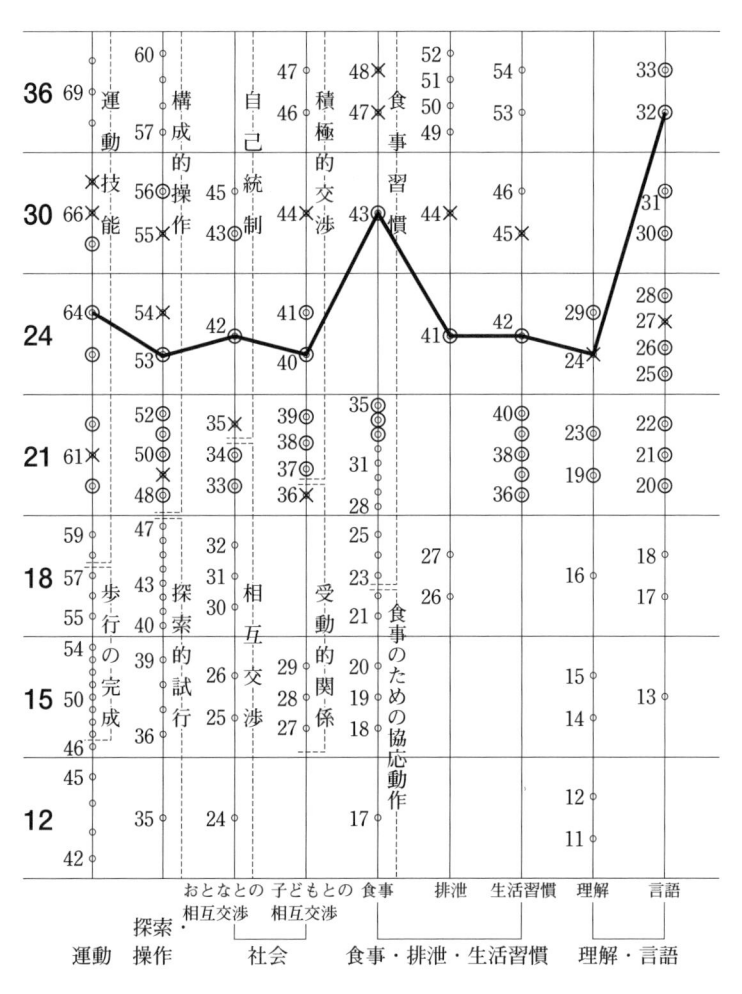

図9-1 ■発達輪郭表（1〜3歳）

達相談も受けたが問題はなかった。

［2］継続指導による集団遊戯療法

心理アセスメントと1回きりの助言だけでは主訴（友達と仲良く遊べないなど）の解消が難しそうな発達の相談であったので，週1回の集団による治療的な遊びへの参加を勧奨した。

> 「ねえ，体操したり，お友達と遊んだりしに行きたい？」「行きたい！行きたい！」いつも，そう答える子ども…ああ，やっぱり行きたいのか。「もう行きたくない！」なんて本当は言ってもらいたくないのだけれど，「今日は，そう言わないかな。そうしたら，行かなくてもいいんじゃないかな」なんて，親の勝手な言い分を心のどこかで考えたりしながら，もうすぐ半年になろうとしています。親の私はと言えば，いつも，「うちの子が，誰かをいじめる

のではないだろうか。みんなに迷惑をかけるのではないだろうか」そう思いながら，びくびくしてわが子をみている毎週でした。そんな親の心も知らずに，子どもはだんだんと慣れてきて，自分の本領を発揮していきます。お友達の遊んでいるものを欲しがったり，先生を叩いたり，一人で勝手に跳ね回ったりで，あーもういや！ なんてことを言っても，親の私も，本当は気づいているのです。子どもは，とても楽しいんだってことを。（うちの子のここでの）いろいろな姿が，次々と頭に浮かんできます。家に居たのでは，できない多くの体験を，たくさんさせてもらえて，本当によかったね。

養育者も努力して子どもと一緒に毎週休まずに通って来てくれた結果，幼稚園・保育所へと移行するための社会的な発達の基礎的トレーニングは一応できたと推察された。市内の幼稚園・保育所の内部情報に最も詳しい相談員を紹介し，継続指導は終結とした。

［3］継続指導による個別遊戯療法

子どもの気質からみて，集団遊戯療法よりは個別による治療的な遊びの方がアジャストすると判断されたので，子どもと養育者と心理職の3人が，ドールハウスでままごとをしたり，箱庭で遊んだり，手遊び，ボール遊びなど，発達を促すのに効果があるとされる遊びを養育者と共に考え合いながら，毎月通ってもらって"一生懸命"遊んだ。

今思えば，まったくことばの出ていなかった子どもが，そちらにお世話になってから少しずつことばの数が増えて，最近では先生と遊んで楽しかったことなどを話してくれるようになり，この約1年で随分と成長したなぁと大変感謝しております。

発達に伸長がみられ，地域の子育てサークルにも繋がったので継続指導は終結とした。

［4］出前サービスによる子育て支援

時には地域の子育てを支援しに，親子でできる遊びや講演などを出前サービス（アウトリーチ）することもある。その事業（一日子ども相談所開設事業など）のようすを社会福祉実習生は実習日誌に次のように記述している。

会場では，母子が集まるまで自由遊びをしていましたが，ここでは，母親と子どもが一緒に遊んでいるところを見ることができ，母親と子どもの関係の大切さを改めて感じました。地域活動福祉司の声かけにより，全体での遊び

が始まりました。最初にやった，手をつなぎ，輪を作って，声かけにより動作を変える遊びでは，子どもたちは，とても良い表情をしていました。それとともに母親の表情も次第にやわらかくなり，今日の一連の流れをスムーズにするきっかけを作ることができたと思います。絵本の読み聞かせでも，私の予想とは違い，子どもたちは集中力があり，絵本にくぎづけになっていました。母親のひざに座ってじっと絵本を見ている子どもたちがとても印象的でした。次に行った新聞バルーンでは，母親も子どもも「何が始まるんだろう」というような表情で見ていました。地域活動福祉司の「みんなで新聞を持って〜」という声かけに全員が応じ，新聞を上下に動かすと，それによって風船のようにフワフワしているのを楽しんでいました。新聞バルーンでは，新聞を広げたとたん破き出す子がいました。母親が何度注意してもやめることはなく，子どもの頑固さが見えました。新聞バルーンから魚釣りへ移ってからも，子どもも母親も楽しく参加していました。今まで私は，母子分離した子どもへの療育や遊びしか見たことがなかったので，今日は，子どもと母親が一緒に遊ぶこと，意思を通わせながら遊びを楽しむことの大切さを学ぶことができました。魚釣りでも，母親が新聞を破り，子どもがその中から魚を探し当てる，という流れのようなものがみられ，ゲーム自体も成功でしたが，協力し合うということを子どもに経験させたことは良かったと思います。内容も濃く，とても勉強になりました。子どもにとって1時間集中するということは，とても難しいことだと思いますが，「動」のある遊びと絵本などの「静」のものとを組み合わせることで，子どもたちも飽きずに最後まで楽しめたのだと思います。また，遊びにメリハリがあり，流れがとてもスムーズだったので，一つ一つのゲームが楽しめたと思います。今日，私が一番勉強になったのは，地域活動福祉司の声かけでした。これから起こることをいかに楽しく伝えるか，子どもに予想させるような声かけをすることによって，楽しく参加できたり，そうでなかったりが決まると思います。「こうしてほしい」と一方的に伝えるのではなく，子どもたちが興味を持つような声かけや体を使って伝えることが重要なのだと思いました。今日は，ほとんどの母子が楽しく参加していましたが，中には，泣いてばかりいる子や，母親と離れられない子，状況理解ができない子など，目立つ子どもが数人いました。また，終わりにやった手遊びは，関係を作るには有効なものだと思います。家庭で手遊びをすることにより，子どもとの関係が楽しいものになれば良いな，と思います。最近では，「育児不安」という言葉をよく聞きますが，今日のようにサークルなどを通じて子どもとの関わり方を学ぶことにより，また，母親どうしのつながりを広げることによって，子育てのストレスが軽減され，母親と子どもとの間に良い関係が築かれるのだと思います。今日の活動が次回へと続くと良いと思います。

(亀田智子)

第9章●福祉施設における子どもの発達

　遊びの支援では，例えば親子でペアを作ってもらい，みんなで輪になり，支援者が考えるいろいろな動物の動きに対する模倣とオノマトペア（擬声語・擬態語）を協応（協調）〈コーディネーション〉させて歩いてみる。ゾウは鼻に見立てた腕を振りながら，ゴリラは交互に拳で胸を叩きながら，ヘビは両手を合わせてニョロニョロさせながら，ガチョウはおしりをセクシーに振りながら，回る。ちょっと滑稽に首を突き出す動作が恥ずかしく，子どもは喜んでも，養育者は躊躇したくなるものに，ハトなどがある。支援者の「右キック，左キック，右キック，左キック，前ジャンプ，後ジャンプ，前，前，前ジャンプ」などの掛け声に従い，指示された動作に，みんなが合わせて動くのも面白い（1人ではつまらないことも，皆でやると面白い）。

　絵本は，小さい年齢層の子どもたちが多い集団のときには，谷川俊太郎・元永定正『もこもこもこ』（文研出版）や駒形克己『ごぶごぶごぼごぼ』（福音館書店）などが人気である。全員で一緒に「あはは」と言いながら盛り上がっていけるのは前川かずお『おひさまあはは』（こぐま社）。どんどん文章が付け加わっていく谷川俊太郎・和田誠『これはのみのぴこ』（サンリード）の絵本は，わずか1冊でも読み聞かせているうちにひどく疲れてくるので，漸く読み終えたその瞬間に子どもから再び「もう1回読んで！」と言われてしまうと，大抵の親たちは「絵本地獄」「繰り返し読まねばならぬの刑」〔図9－2〕と感じることも多い。ところが，これには例外もあって，『これはのみのぴこ』という絵本で初めて子どもから何度も読み聞かせをせがまれたというある父親は，かえって「とても嬉しかった」「ますます子どもが可愛いと思えた」と，逆の感想を述べてくれている。

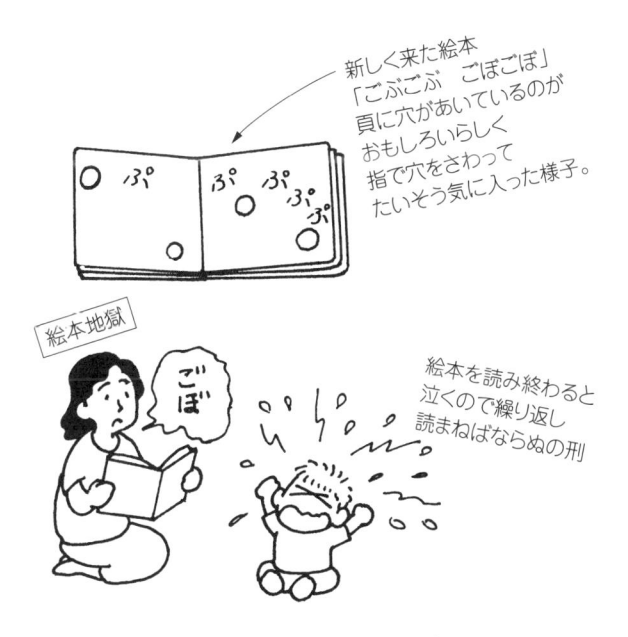

図9－2■絵本地獄：繰り返し読まねばならぬの刑
（第7章の太郎の育児絵日記より）

家庭でも，出前サービスによる支援場面でも，A.コーニックスロウ（藤田千枝訳）『みんなでトイレ』（福音館書店）や赤羽末吉『おおきなおおきなおいも』（福音館書店）の絵本のように，親子で笑えるとか，ワクワクするような絵本環境が準備できるとよい。谷川俊太郎・安野光雅『あけるな』（銀河社）は「あけるな」と禁止されるほど「あけたくなる」という"子どもの心理"を巧みについている。ひどく本嫌いの子も『あけるな』の絵本だけは唯一，開かずにはいられなかったというエピソードも残っている。『あけるな』の最後はやや不可解な終わり方であり，そこは子どもたちよりも親たちにウケることとなる。多くの職業にトライしては失敗の連続という巨漢のカバが主人公のM.セイラー＆R.グロスマン（今江祥智訳）『ぽちぽちいこか』（偕成社）も，親子に人気の絵本であるが，もしかすると関西弁の意訳は，原典（WHAT CAN A HIPPOPOTAMUS BE?）以上の完成度かもしれない。英語版ではみな「ノー（No.）」となっているところに「なれへんかったわ」「あかんわ」などの凝った（駄洒落なども取り入れた）和訳が当てられているからである。他にも方言のよい味を出している絵本の一つに，松谷みよ子・和歌山静子『だんごころころ』（童心社）があるが，その東北弁も心地よい。標準語で書かれたE.M.ラチョフ（うちだりさこ訳）『てぶくろ（ウクライナ民話）』（福音館書店）を上手にアドリブの関西弁で読んでくれた父親がいたが，子どもたちは興味津々であった。

　年齢の高い子どもたちが多い時には，古典落語からアレンジされた川端誠『まんじゅうこわい』（クレヨンハウス）や，『３匹の子豚』の反対バージョンで「（悪い狼のような）大豚」の出てくるE.トリビザス＆H.オクセンバリー（こだまともこ訳）『３びきのかわいいオオカミ』（冨山房）が，愉快な内容でありながらも，心に残る絵本となっている。松谷みよ子・味戸ケイコ『わたしのいもうと』（偕成社），L.バスカーリア（みらいなな訳）『葉っぱのフレディ：いのちの旅』（童話屋），小学校の国語の教科書にも採用された，あまんきみこ・二俣英五郎『きつねのおきゃくさま』（サンリード）なども秀逸な絵本である。

　心理学的には"仕掛け絵本"も興味深い。五味太郎や木村裕一以外にも土屋富士夫『てじな』（福音館書店）などの精巧な仕掛け絵本がある。仕掛け"紙芝居"なら木村裕一『ポッチイはくいしんぼう』（教育画劇）がよくできている。親子の人数が少ないときには，ITPA言語学習能力診断検査の下位検査「絵さがし（Visual Closure）＊」ではないが，安野光雅『もりのえほん』（福音館書店）から動物を探し出してもらうという方法もある。動物好きの子には，あべ弘士『どうぶつえんガイド』（福音館書店）がよい。もし釣銭の小銭を集めて絵本の値段に相当する約１万円が貯まったら加古里子『からすのパンやさん』（偕成社）のビッグブック（なんと51cm×42cm，開くとその倍の大きさになる絵本）を買い，まずは親子集団の前ではなく家庭内で，わが子１人のためだけに巨大絵本の読み聞かせをするのが「夢」という養育者もいた。

＊物かげに隠れていてその一部分しか見えない不完全な絵から共通の物事を見つけ出す能力を測定する。

紙製の絵本には見向きもしないが，布絵本であれば興味深げに触れて見るという発達水準の子もいる。手作り絵本を創作できる養育者は，わが子を主人公にして，世界に1冊しかない絵本を作ってもよい。うまく絵が描けなければ手作りの写真絵本という方法もある〔図9-3〕。そのうち子どもたちも自分で絵本を書くようになるかもしれない。

身近にあってお金のかからない古新聞を用いた遊びは各地で行われている。糊で貼り合わせて巨大なシートを作ってゆらゆらさせたり，千切った紙片をかけ合ったり（目に入らないように注意する），子どもを大量の紙片の中に埋めたり，「せーの」で一斉に紙片を雪のように降らせたり，新聞紙と粘着テープを使って鍋釜，電気掃除機，アニメ主人公の洋服などを作ったり…である。新聞の両端を大人2人が持ち，走ってきた子どもが体当たりをして破る遊びも人気があるが，上下に切り目を入れておく方法，真ん中に切り目を入れておく方法，真ん中を丸くくり貫いて3人目の大人がそこから顔を出して子どもを呼ぶ方法など，地域によって文化が異なり，バリエーションがある。最初は圧迫感から怖がっていた子どもたちも馴化（ハビチュエーション）するに従い，2枚・4枚・6枚と糊で張り合わせて切り目を入れた大きな新聞紙になっても，体でぶつかっていくスリルと感触を楽しめるようになっていく（感覚-運動（センソリーモーター）のトレーニング）。

ボール操作がまだうまく出来ない発達水準の子ども達の集団では，棒の先にボールをガッチリと固定したものを作っておき，遊びのリーダーが茶目っ気たっぷりに，それを（かつての「8時だヨ！全員集合」でドリフターズがしたように）操り，バレーボールなどにして遊ばせる方法もある。

手遊び・歌遊びは，「とんとんとんとんひげじいさん…」「とんとんとんとんひげじいさん，ビヨーン…」「とんとんとんとんひげじいさん…ズル…ポキ…」「とんとんとんとんアンパンマン…」「とんとんとんとんドラえもん…しずかちゃん，ウッフ〜ン…」「とんとんとんとんサザエさん…」「とんとんとんとんヘリコプター…」「あたま，かた，ひざ，ポン…」「ヘッド，ショルダー，ニーズ＆トゥーズ

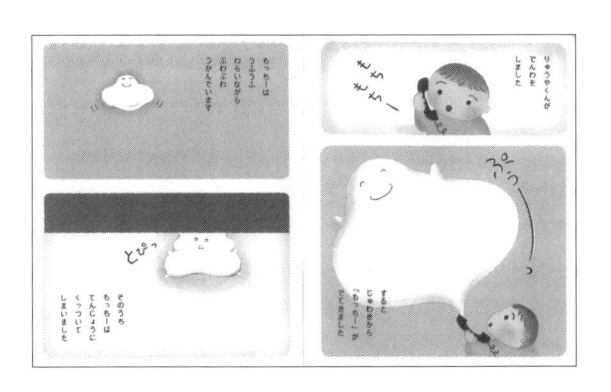

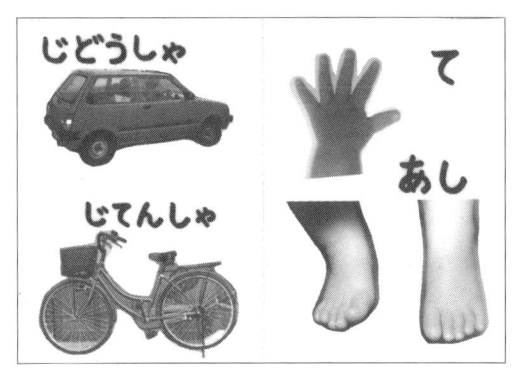

図9-3 ■手作り絵本『もっちーとまめもっちー』（左）と手作り写真絵本（右）

…」「むすんで，ひらいて…そのてをよこに，ひこうきブンブン…」「しあわせなら，てをたたこう…」「おおきなくりのきのしたで…」「アンダー・ザ・スプレッディング・チェスナット・ツリー…」「おおきなラフランスのきのしたで…」「ちいさなはたけをたがやして…」「○○のはたけをたがやして…（シムラのはたけをたがやして，アイーンのたねをまきました…など）」「あたまのうえでチョン…」「ろっぽんゆび，ろっぽんゆび，いちごをたべちゃった…」「にんじん，たまねぎ，じゃがいも，ぶたにく…」「パンと，パンの，あいだに，レタスと…」「ひきにく，たまねぎ，ギュギュギュ，まるめて…」「やさいを，あらって，さくさく，きざんで…」「これくらいの，おべんとばこに，おにぎり…きざみしょうがに，ごましお…」「これくらいの，おべんとばこに，サンドイッチ…からしバターに，こなチーズ…」「みぎてをまえに…」「こぶた，たぬき，きつね，ねこ…」などである。

［5］家族合同面接での父親の発達

子どもの発達の相談に母親だけでなく父親も来てくれた時には，子どもの発達における父子で遊ぶことのメリットや必要性を心理職から伝えることができる。

　生まれてから，とてもよく寝て手のかからない子だと思っていたところ，ことばが遅いなと感じたのが，2歳を過ぎた頃。保健師さんに相談をして紹介されたのがこちらでした。そこで，夫と2人でカウンセリングを受けたのです。子どもはこのあいだ3歳になりましたが，まだ長い文章は話しません。発音も不明瞭なので，親以外の人が理解するのは大変だと思います。でも，表情が豊かになり，確実に成長しているようです。カウンセリングを受けてから，家庭の中で少し変化が現れました。それは，夫が子どもと多少なりとも遊ぶようになってくれたことです。以前は，仕事から帰宅しても，新聞を読んだり，テレビを観たり，休日にはゴロ寝など，子どもと遊ぶことがきわめて少ない人でした。でもこちらで夫も一緒に話を聞くことができ，父親が子どもと遊ぶことの大切さ，重要さに気づいて，子どもとかかわろうと意識をもって接するようになってきました。私としては，もっともっと遊んでほしい気持ちでいっぱいですが，疲れて帰宅する夫にあまり無理も言えません。でも子どもも父親と遊んでいる時は本当に楽しそうです。

　子どもに積極的にかかわりたいが，子どもとどのように接したらよいかわからないので，何かアイディアがほしいという父親に対しては，図9－4のような「寄り道散歩」のリーフレットを渡して参考にしてもらったこともある。少し早起きができるなら，父親と子どもが自宅周辺の環境をたくみに利用して遊ぶ朝散歩を続けることは，発達にとっても効果があるといえる。

第9章●福祉施設における子どもの発達

図9-4■父親なりの育児参加ができるかもしれない0〜3歳頃までの寄り道散歩

[6] 即興劇（心理劇(サイコドラマ)）での母親の発達

　子ども（就学前児）とともに障害児通園施設に通っている養育者たちのリフレッシュを目的とした事業を，温泉つきのホテルで実施した。子どもたちはボランティアに委託し，いつも一緒にいなければならない子どもから一時的にではあるが開放されたお母さんたちを2グループに分けて，即興劇（心理劇）の創作を試みた。星組には発達に遅れのある子のいる家庭で起こる「朝食時のドラマ」を，花組には発達に遅れのある子のいる家庭で起こる「夕食時のドラマ」を演じてもらった。母親たちはみな素人にもかかわらずとても立派な演技で，「手のかかる子ども」「役に立たない父親」「イヤミな姑」「点けたり消したりされるテレビ」

などの役柄を少しオーバーなアクションで，リアリティ豊かに面白可笑しく演じてくれたので，会場は大爆笑となった。しかし，シェアリング（感想の話し合い）を通して，わかったこともあった。それは，家庭内で母親が遅れのある子どもに懸命にかかわればかかわるほど，それとバランスをとるかのように父親との距離は遠くなり，母親の願いとは裏腹に，存在感の薄い（家族の役の人たちよりもテレビ役の人の方を見るしかなくなる）「ダメなお父さん」が作られていってしまうという家族システムのメカニズムに，多くの母親が気づいてくれたことである。

> 「お腹の底から笑えました」「自分以外の立場を改めて意識し，考えさせられました」「それぞれの立場を考える良い機会でした。楽しかったです」「我が家の親子関係をもう一度見直す必要があると思いました」「家庭内での役割，お父さん，お母さん，子どもたちのようすなど，なかなか気づかないところなど，ためになりました」「家族のそれぞれの立場を考えることができた。皆，悩みは同じなんだとわかり，明日からの自分も頑張ろうと思えた」「父親，子どもの気持ちが少し，わかったように思う」「お父さんの気持ち，少しわかったような気がします」

お父さんにもお父さんにしかできない有能さを家庭内で示せるチャンスをさりげなく準備してあげられるお母さんへと変化のできる家庭では，恐らくこれから先，今以上に父親の協力もほどよく付け加えられて，母親1人の力だけでは多分困難であったであろう「変化」や「子どもたちの発達」が促進されていくものと考えられた。

2　一時保護所という福祉施設における子どもの発達

　児童相談所における「一時保護所」で，さまざまな困難をかかえた子どもたちを支え育ててきた保育士によって記述された，これまであまり知られることのなかった「一時保護所」という小さな「福祉施設における子どもの発達」をここではみていくことにする。

　一時保護所は，子どもたちの生活が保障される場である。一時保護に至るまでの経緯として，親からの相談，福祉事務所の家庭相談員・学校・警察などからの通告などがある。まれに，子ども自身が飛び込んでくる場合もある。最近では子ども虐待の問題で，近隣からの通報もある。児童福祉司などの地区担当ケースワーカーが相談に応じ，児童相談所全体が受理会議により一時保護を必要と認めたとき，子どもは一時保護される。そのことば通り，児童養護施設などと違って短期間の保護であるが，多くの子どもたちが出たり入ったりしている所である。一時保護の目的として「緊急保護」「行動観察」「短期入所指導」とあるが，その中

味や実態は奥が深く，子ども側も職員側も大変な毎日である。

> 入所するにあたって子どもたちは，どんなところかわからず，不安である。小さい子も大きい子も「怖いところではないか」「親に見捨てられたのではないか」と緊張し，ほとんどの子が抵抗する。幼児さんも抵抗する。大泣きすることで何とかなるのではないかと，幼児なりに，計算もあるだろう。だが小さいながらも状況を理解し，じっと我慢し，涙をこらえ，健気で利口な子もいる。
>
> 子どもたちはみんな不安をもって入所する。すぐに打ち解ける子もいれば，時間のかかる子もいる。だが，子どもは柔軟性があり，心の中では相手を求めているから，ほとんどの子は一週間も経つと慣れてきて自分を出し始める。だが，最後まで関係をとれないまま去っていく子もいる。

子どもと大人との良好な疎通性（ラポール）や信頼関係の形成が必要である。

一時保護での子どもの発達のようす

〔幼児〕　0歳から2歳未満の子は，設備や他の子の動きによる危険性があるため，里親さんにお願いすることが多い。2歳くらいの子から保護をする。あっけなく親と別れる子，大泣きする子，メソメソ控えめに泣く子，事情を理解して我慢する子といろいろである。親もいろいろで，「じゃあね」とあっけなく去っていく親，心配そうに後ろ髪を引かれる思いで去っていく親。子どもはさんざん泣きわめいても翌日にはケロリと元気に遊ぶ子が多い。稀にいつまでも引きずっている子もいる。親子の関係が大切で，親としっか

図9-5■良くも悪くも真似てどんどん学習していく太郎（育児絵日記より）

り結びついている子は「迎えに来る」と信じて安心する。3歳の子の中には親がなかなか迎えに来ないと「ダメなママだね」と言ったりする子もいる。幼児さんといえどもたくましい。そして一週間も経つと日課を理解する。「朝の会はまだ？」「次はマラソンだね」「勉強の時間だ」とまわりをびっくりさせる。勉強時間になると学齢児と同じように机に向かう。お絵描き，粘土，絵本，紙工作，大きい子を真似て文字らしきものを書き出す子，カルタによって平仮名を覚えてしまう子…というように，何かしていなければならないという意識が育つ。また，清掃の日は洗面所を洗うことが幼児の役割で，洗面所へ向かう。洗った後はそのまま水遊びになるのは幼児らしい。それでも役割を果たそうとする。さらに，お風呂の日だといって着替えを用意する子もいる。職員や年長の女の子が洗濯物をたたんでいると，「これは○○ちゃんのだよ」と教えてくれる。自分の物は自分の化粧箱にしまいに行く。小さいながらも学んでいく。もちろん個人差はあるが，他を真似て，少しずつかわっていく子も多い。良くも悪くも大きい子を真似てどんどん学習していく。

（文字らしきものを書き出す子の上にルビ：プレリテラシー）

　幼児には知的好奇心があり，達成動機も高い。社会的な称賛は自己効力感や自尊心を高め，模倣行動などを活性化させる。モデルとなる他者を観察し，学習する。

〔小学生〕　小学生といっても幅があって，低学年（1〜2年生）の頃は幼児の幼さも残っていて，大きい子より，幼児の中心になって遊ぶことが多い。幼児と違って「俺（私）は幼児ではない」という自覚もあり，まわりの状況をある程度見ることができるが，まだまだ甘えたい，関わって欲しい時期でもある。中学年（3〜4年生）になると，冒険心も出てくる。かつてのようなギャング・エイジ，つまり徒党を組むということはなくなったが，自立心が芽生える時期で，他者との争いも多い年齢である。大きい子に興味をもってくっついて行ったり，かと思えば小さい子の方へ行ったりと，あちこち関心が向く。良いことも悪さもどんどん吸収していく時期でもある。高学年（5〜6年生）は「俺は俺」「私は私」と自分を出してくる時期でもあるが，期待されている自分，役に立っている自分を感じたい年頃でもあり，働きかけによっては，お手伝い，幼児の世話など，積極的に買って出る子も多い。

〔中学生〕　一時保護には，何といっても中学生が多い。養護事情で来る子もいるが，そのほとんどが非行，いわゆるツッパリの子，そして不登校の子である。ツッパリの子は，その名の通り，背伸びをし，精一杯ツッパルことで自己アピールする。他者と比べて自分はどうなのか，他者は自分をどう見

第9章●福祉施設における子どもの発達

ているのかと過剰な意識が働く。同じような子が入ってくると，互いに様子をみるが，くっつくのも早い。意気投合すると悪さも考える。喫煙，無断外出が頻繁に行われる。職員と子どもの根比べが始まる。子どもはこんな窮屈で退屈，自由にならない所にはいられないというわけだが，職員側も諦めてはいけない。マメに接し，話し合う機会をもつ。取り付く島もない時期もあるが，根気強く接しているうちに，少しずつ関係もとれてくる。フンとあしらっても，子どもは関心を持たれたいのである。本当はわかってもらいたいのである。日中は何とか出なくなったとしても夜間に出て行く。夜中に窓から出て行き，友達と会い，タバコをもらったり，現金を調達して，再び窓から入ってきて，戻ってくる。翌日は何事もなかったかのように行動しているが，職員も子どもに負けず敏感である。「何となく変だ」とわかってくるのである。再び子どもと話し合い，タバコ，現金さがしが始まる。子どもとの関係が出来ると「タバコ，現金あるでしょ？」と言うだけで出す子もいるが，少しずつ小出しに出してくる子もいる。なくなると再び買いに出る。タバコ，お金ならまだ良いのだが，テレクラで稼いでくる子もいる。テレクラは身も心もボロボロにする。これだけは絶対やめさせたい。毎日毎日子どもと対決し，話し合いながら子どもたちの言い分，痛んだ心に耳を傾ける。そして，その子のよさの方へ目を向ける。どんな悪さをしていても，みんな必ず良い面を持っている。ほんとうは，役立つ自分，認められる自分を感じたいのだ。それを表現できる場がなかったのだ。外見の派手さとは違って根はやさしい子が多い。それを表現できる場？一時保護という限られた枠の中で彼（彼女）らが背伸びしないで子どもにかえしてやる場，良い面を引き出してやる場，それが児童相談所の一時保護でなければならない。まずは職員との信頼関係が必要なのだが，子どもたち同士の関りが効果をよぶ。たとえば幼児さんとか小学校低学年の子は偏見がなく率直だ。「何でお兄ちゃん（お姉ちゃん）髪が赤いの？」「怖そうなお兄ちゃん（お姉ちゃん）」とストレートに表現する。職員側の妙な気遣いや小細工的な接し方より小さい子にズバリと言われた方がホッとするようだ。そのうち日課にも，のってくるようになる。小さい子に目を向け，世話をし出す。食事の世話，トイレに連れていく，オムツまで取り替える子もいる。お風呂に入れ，洗濯までする子もいる。あるツッパリの女の子はタバコがやめられず毎晩のように自動販売機に向い，タバコを調達し，部屋で吸っていたが，同室に喘息の幼児が入ってきた。夜間にひどく咳が出て，吸入が必要になる。その姿を見て，タバコをやめ，自ら吸入をかけてやっていた。この行動に周りも驚き，感動した。大人でも出来ないことである。自らの関心が違う方向に向いてきたこと，あまり意識されてはいないが褒められると快い気分となり，認められる自分，役立っている自分を感じ始める。ご褒美にとボウリングに行こうか，ドライブに行こうか，買

い物・散歩に行こうか，カラオケに行こうかと外出のメニューを立てる。「え？いいの？」と忘れかけていた感激，よろこびを取り戻す。動物園へ行った時，小さい子の手を引いて一緒に乗り物に乗ってやる。カラオケに行った時，自分達も発散するのだが，まわりの子のことも考える。なかなか歌えない子と一緒に歌ってあげたり，歌える歌をさがしてやったりと配慮も忘れない。釣に出掛けた時，あるツッパリの女の子は，釣師のように姿勢を正し，見事な集中力をみせた。その子が言ったことは「世の中にこんな世界もあったんだ。嫌なこと，みーんな忘れる」と。一時保護の中だけでなく，外の体験，やったことのない体験をセットすることも大切なことだ。
　　あるツッパリの子と不登校の子を同室にさせてみた。不登校の子は表現が苦手。最初はお互いに躊躇していたが，2人きりなので少しずつ話すようになる。職員に話さないことを2人の間で語り合う。ツッパリの子は「〇〇ちゃん，いじめがあったんだって。それじゃ，学校へ行けないよね。私が同じ学校だったらやっつけてやるのに」と職員に伝わる。不登校の子は「人って外見でない。私はツッパリの子からいじめを受けていない。ふつうの子から嫌なこと言われたり，無視されていた。〇〇ちゃん，学校で服装違反とか反抗とかするから学校に来るなって言われたんだって。あんなに優しいのに…」と互いに理解し合う。これも子ども同士の効果・作用である。

　反社会的行動も非社会的行動も，子ども同士がふれあい，かかわりあい，語りあうことで，「子どもが子どもを変え合う」ということがある。もちろん，そこでは保育士が促進者(ファシリテーター)として重要な役割をはたしていることは言うまでもない。セラピストによるセラピーだけが唯一の方法ではない。

　　児童相談所には，かつてのOB（オービー），OG（オージー）が訪ねて来る。不思議なことに，学校や社会でがんばっている子が多く来訪する。失敗をしている子は，そんな自分の姿を見せたくない気持ちがあるのかもしれない。稀に相談に来る子もいるが，ほとんどの子がたくましく生きている姿を見せに来る。みんな一時保護をなつかしがり，今だから言えるあのときの気持ち，悪さをしたこと等，笑って話す。古い庁舎にいた子は昔の建物が好きだったと話し，新庁舎にいた子は，自分の書いた落書きや壊した壁を見に行く。みんないろんな思いがあるようだ。現在保護している子にジュースやお菓子を買ってくる子もいる。
　　施設に行った子は「行って良かった」と言う子もいるし，「先生が良い施設だよと言ったから，そのことばを信じて行ったのに違ったよ」と言った子もいる。安易に良い施設だと言ってはいけない。職員はそれぞれの施設の中味を知り，適切に話さなければならない。職員のことばを信じて彼（彼女）

らは施設へ向うのだ。施設で学べない子もいるが，いろんなことを学んで社会に出た子もたくさんいる。ある子は結婚式で堂々と施設にいたことを話す。児童相談所や施設を信頼し，恥ずかしいことではないと思えるからだ。結婚して子どもが出来た子も子連れで来所する。自分の伴侶に正直に話している。私達職員が隠していなければならないかと配慮するが，そんな配慮は全く必要ない。社会人になった子どもたちは職業を転々としながら，失意や挫折を繰り返しながらも懸命に生きている。そして明るくふるまう。児童相談所へ来た子は職員たちの知らない世界を経験しているから苦境にも強い。それを越えた時，私たち大人よりずっと成長している。また，現在保護されている子どもたちも，OB，OGをじっと観察する。職員の説得よりもかつてのOB，OGたちの姿に影響されることも多い。

　児童相談所の一時保護は子どもたちにとって大切な場所である。もちろん，一時保護に落ち着けず，やむなく家庭裁判所へ送致になった子もいるし，かえさざるを得ない結果を生むこともある。だが，多くの子には，自分の居場所，自分をわかってくれる場所，違う自分を発見できる場所であることを認識し，自ら家庭や学校，友達関係が見えてくる場所でもある。わずかな期間でも，学ぶ子も多い。家庭や学校と違う体験をする。

　子どもたちは「自分は大切にされている」「アテにされている」「自分のことを考えてくれる」と感じると，それに応えようとする感性を持っている。福祉の仕事は，大人が一方的に与えるものではなく，大人もいっぱい子どもたちから学んでいる。子どもと共に大人も一緒に成長していくものだと思う。

(田崎洋子)

発達につまずきのある子どもをもつ養育者が，専門家に対しては不信感を抱いても，同じような子をもつ先輩の養育者の語りに対しては，率直に耳を傾けてくれることもある。子どもたちにとっても，関係のとれた大人たちのサポートのもとで，類似の経験をもつ先輩と後輩が出会える場の設定や環境の調整が，もっと必要なのかもしれない。

3　母子通園センターという福祉施設における子どもの発達

　できるだけ近くて通いやすい地域に設置され，疑いも含めて発達に遅れや偏りのある子どもと養育者が日常的に通園し，適切な指導・トレーニングを受けられる通園事業施設に「通園センター」「療育センター」などがある。最後に，母子通園センターの「希望園」で，優れた指導者に出会い，子どもと親の発達していくようすがよく記述されたものを示す。

母子通園センターには3歳7か月から通い始めました。希望園の田中美弥子先生の一番はじめの指導では「母と子の信頼関係をしっかり育てましょう」ということでした。このことは，希望園に通うたび，繰り返し指導されたことでした。だっこをされて安らぐのも，お母さんの後追いをするのも，困ったときに手を引いて教えるのも，母と子の信頼関係がなければできないことなのだと…。母と子の信頼関係は，人としての心の土台になることを常におっしゃっていました。しっかり信頼関係ができあがると，ことばが理解できるし，叱っても言うことがきける，教えたことも身についてくるのだそうです。希望園に通い始めた頃は，積み木を一列に並べそれをゴロンと横になって眺めている，固執的に繰り返すという自閉的行動が強く，その積み木に私が触れたり，他の物を置いたり，一緒に遊ぼうとすると拒否し，自分だけの世界に入ってしまいました。その時の田中先生の指導は，たくさん子どもとふれあい，関わりを持つことによって消えてきます。半年後には消えてくるから気長に関わりましょうということでした。そこで毎日だっこやおんぶ，おうまさんなどをたくさんして体に触れました。3，4か月たつと，どんどん遊びが膨らんで，一緒に遊んでも拒否しなくなりました。人に興味を持たせるために追いかけっこをして下さい，という指導もありました。毎日くり返してやるうちに，追いかけるようになったのです。しっかり視線を合わせるために，にらめっこをして下さい，という指導もありました。希望園の田中先生からは，一つ一つ細かい指導がありました。私は先生のおっしゃることを信じて，繰り返し繰り返し関わってきました。保育所では先生に「バイバイ」といい，お友達とブランコにのり，手もつなげるようになりました。家庭でも「おとうさん，おとうさん」とだっこをせがんだり，「ぎゅうにゅう，ちょうだい」と二語文も少し言えるようになりました。新しいことにはなじめずパニックになって自分を抑えられない，という場面もたくさんありました。その都度，田中先生からご指導をいただきました。不安は山ほどありましたが，一歩一歩進むだけ。焦りと手抜きをしないように心がけました。どんなに忙しくても絵本の読み聞かせをしました。模倣も上手になり，何でも真似をしました。自閉症の子は，教えないことは覚えません。田中先生は，このことも強調しておっしゃっていました。何かを覚えるときは言葉と体で教え込まないと決して覚えない。叱るときも何故いけないのかということをしっかり教えて下さい，といつもおっしゃっていました。子どもは一つのことを覚えるのにとても時間がかかりました。でも，一度覚えたことは決して忘れませんでした。小学校は通常の学級に入学しました。高校にも見事合格し，元気に通学しています。元気で明るく優しい子に育ってくれました。田中先生は母と子の信頼関係が大切といつもおっしゃっていましたが，指導し

> て下さった田中先生との信頼関係があったからこそ，ここまでやってこられたのだと思います。

　ここでの養育者は，「わが子とともに歩めたのも，母子通園センターがあったから」と述べている。子育てにとって，周囲の人的環境は大切であると考えられる。良き援助者のいる身近な福祉施設が整えられつつあり，社会も子育てを担う時代となってきている。子育てを支援する福祉施設のいっそうの充実が望まれる。

〈引用文献〉

糸田尚史「寄り道散歩の楽しみ」『北海道子ども学研究』Vol.3，1999

糸田尚史「子どもの風景：子育ての日記から」『子どもロジー』Vol.5，2001

糸田尚史「児童相談のエスノグラフィー（Ⅵ）：発達支援のための地域療育学」『北海道児童相談所研究紀要』第25号，p.58，2001

峯陽「音楽であそぼう：歌のおもちゃづくり②」『発達』No.76，Vol.19，1998

大澤恵美子「わが子とともに歩んで：母子通園センターがあったから」『全国障害者問題研究会北海道支部会報』通巻103号，pp.18-29，2001

津守真・稲毛教子『乳幼児精神発達診断法：0歳～3歳まで』大日本図書，pp.47-133，1961

第10章

Chapter 10

子育て支援について

　近年まで,「子育ては家庭で行うもの」という前提が当たり前のものとして存在していた。学童期以降になると,学校も子育ての一端を担っていたと考えられるが,それは教育的な側面のほんの一部分という捉え方が一般的なように思える。ましてや乳幼児期に関しては,その基本は家庭で行い,幼稚園や保育所などの社会的施設は補完的なものという認識が一般的ではないだろうか。しかし今の育児を取り巻く情勢,さらには母親となる世代の社会的な立場を見てみると,家庭だけですべてを行うのは非常に難しくなってきており,既存の施設である幼稚園や保育所もさまざまな保育ニーズに応じてバリエーションを持った保育をおこなわなくてはならなくなってきている。さらには,これらの施設だけにとどまらず,新たな社会的資源として子育てを担う施設が必要となってきている。

　そこでこの章では,子育てを取り巻くさまざまな状況を概観し,現代においてどのような保育ニーズが高まってきているのか,そしてどのような保育サービスが提供されつつあるのかを見ていきたいと思う。

1 子育て支援はなぜ必要か

[1] 出生率の低下

　合計特殊出生率という数字がある。この算出には複雑な計算式が必要である。まず,出産が可能な年齢の女性たち(15歳から49歳まで)を年齢別に分け,それぞれの年齢の女性が何人の子どもを産んだかという数値を算出し,年齢ごとの特殊出生率というものを計算する。そして,この年齢ごとの数値をすべて合算したものが合計特殊出生率という数値になる。なぜこの値が重要かといえば,この数値が「一生のうちに女性が何人の子どもを産むか」という数字にきわめて近い値となるからである。つまり,将来の人口増減などの予想に役立つというわけである。さてそれでは,現在はどれくらいの数値になっているであろうか(図10－1)。

　1989(平成元)年にはこの合計特殊出生率が1.57となり,この時には「1.57シ

ョック」と言われた。それはこれまでの最低であった1966（昭和41）年（ひのえうま）の1.58を初めて下回ったからである。しかし，その後も数値は下降の傾向を見せており，2001（平成13）年には1.33というデータが示された。これは単純に考えても，父親と母親という2人の親から1.33人の子どもしか生まれていないということになるので，確実に人口が減っていき子どもの数が少なくなっていくのは明らかということである。図10-2は人口ピラミッドの推計図であるが，今後老年層を支えていかなくてはならない労働人口が減って，大変バランスの悪い形になることが予想されている。

［2］なぜ子どもを産まなくなったのか

では，なぜ子どもの数が減ってきているのだろうか。

まず子どもを産むかどうかという選択が可能になったということが1つにはある。つまり避妊用具の進歩により，子どもを産まないという選択肢ができたこともあるだろう。かつては，たくさん子どもが生まれてしまい，そのために家族が食べるのにも困ったので，生まれてきた子を養子に出すなどという「口減らし」

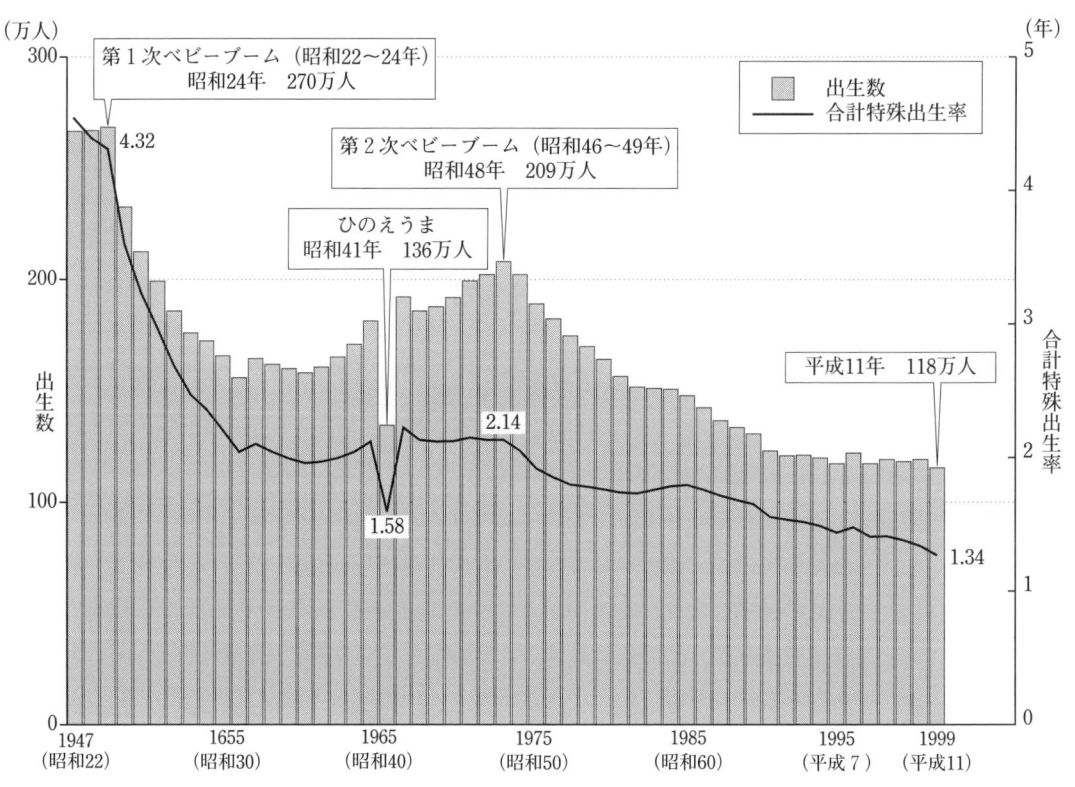

資料）厚生省大臣官房統計情報部「人口動態統計」
出所）厚生省『厚生白書 平成11年版』p.202, 1999に付加

図10-1 ■出生数及び合計特殊出生率の推移

第10章●子育て支援について

ということが実際に行われていた。そのような時代から考えると，親が出産をコントロールできるというのは大きな進歩であったことだろう。しかしそのために，出産をあえてしないという夫婦が増えてきたのも事実である。一時期「ＤＩＮＫＳ」という言葉が流行したことがある。これはDouble Income, No Kidsの略であり，子どもを持たずに夫婦共働きを続けて生活をする夫婦のことを示した言葉である。

このように「産まない自由」というのが認められるようになって，子どもが減ってきたこともその事実の一端なのであるが，実は単に選択肢が１つ増えただけのことと見ることもでき，逆に産むという選択肢を取っても良いわけである。しかし，そちらの選択肢を取る夫婦が減ってきているのが現状なのである。これはどうしてだろうか，子どもがいる生活に魅力を感じないからであろうか。そうと

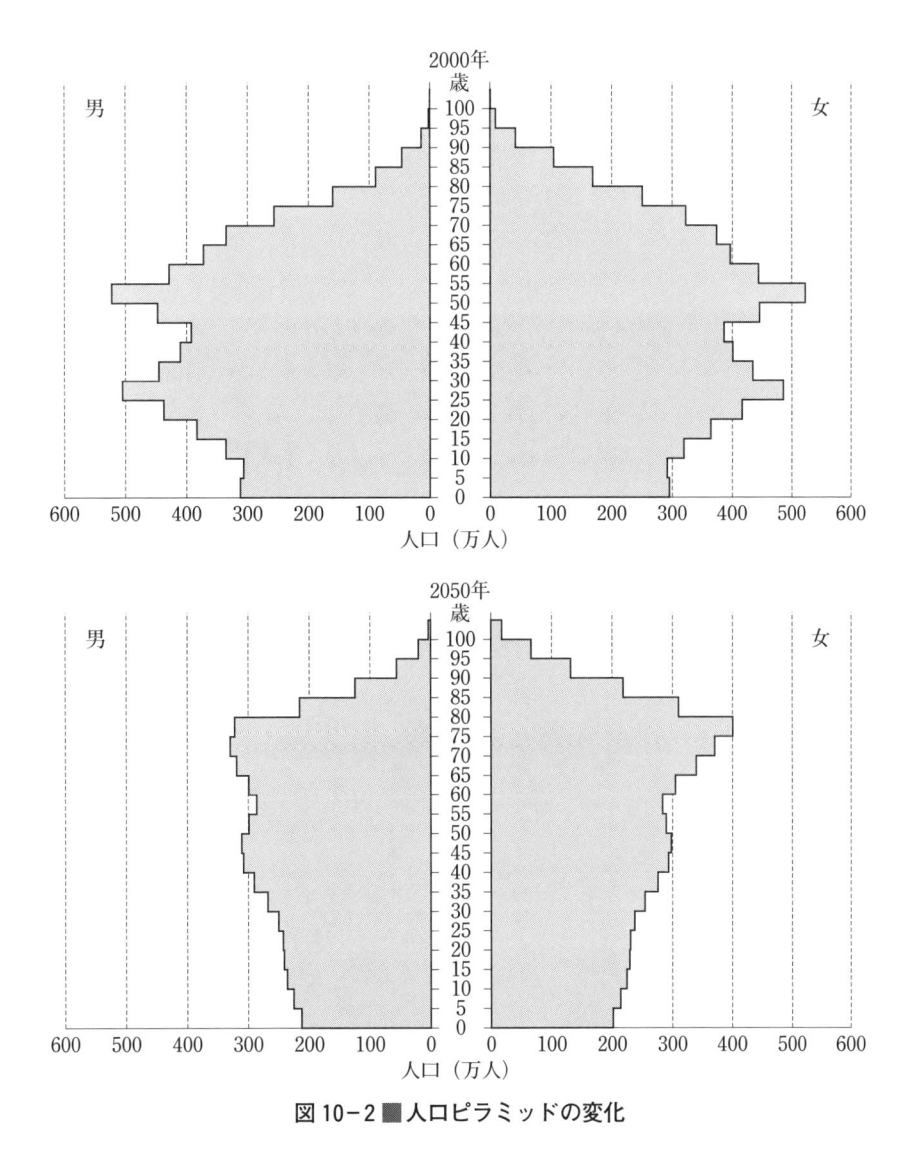

図10－2■人口ピラミッドの変化

ばかりも言えない。現在の社会状況を見て感じることは，この時代が大変「子どもを育てにくい環境」にあるからではないだろうかということである。今から数十年前の状況と比べてみても，食べるものには苦労せず，子どもの遊ぶ環境も安全性の高い場所が整備されてきたように思う。だがそれでも，子どもは育てにくいと感じる親が多いのはなぜだろうか。

[3] 子どもの育てにくさ

　子どもを産むかどうか考える際に，1人目を産むかどうかと，2人目以降の子どもを産むか否かの段階とでは思考過程に少し違いが表れるだろう。まず，1人目を産むかどうかに悩む場合，ここでは子どもがいる生活かいない生活かという2つの状況の間で頭を悩ませることになる。子どもができることで，自分たちの今の生活を維持することはできなくなるということを危惧する場合がほとんどではないだろうか。どちらかが仕事を辞めなければならないのではないか，仕事でどちらかが転勤を命ぜられた場合子どもはどうするのか，などなど。このような時，その犠牲の多くは女性が受けてきたように感じる。出産育児の後，職場復帰のできる仕事もあるだろうが，出産する前と同じポストに復帰できるというのは本当に稀なことだろう。互いの今までのキャリアを捨てたくない，これからの2人の生活を大事にしていきたいと考えれば，出産をあきらめざるを得ないという家庭も少なからず存在するのである。

　一方，2人目以降の子どもを産もうかと考えた場合，一番に頭を悩ませることは子どもの養育費についてではないだろうか。その中でもとりわけ教育費の占める割合は非常に高くなっている。平成13年に国民生活金融公庫総合研究所が行った調査では，高校入学から大学卒業までにかかる費用は，1人当たり941.5万円であり，世帯の年収に対する在学費用（すべての子供にかかる費用の合計）の割合は33.5％に達しているという。年収の3割以上の支出が子どもの養育費にかか

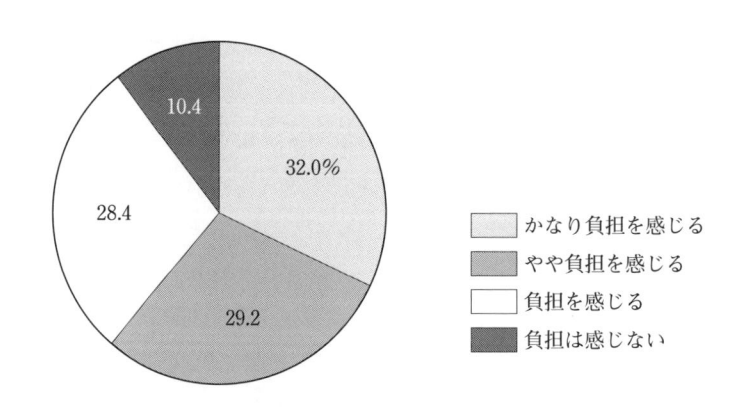

図10-3 ■養育費をどのように感じているか
資料）西日本銀行　平成14年消費者動向調査　http://www.nishigin.co.jp/gifs/fig9.gif

るのならば，出産について思いとどまる家庭が出てくるのも不思議ではない。昔と比べて，教育費が家計を苦しめる一つの大きな要因となっているのである。家計の消費支出のうち子どもにかかる養育費の割合のことを，エンゲル係数（家計にしめる食費の割合）をもじって「エンジェル係数」と呼ぶことがある。このエンジェル係数について，西日本銀行が平成14年に福岡県内で調査を行ったところ，負担に感じている扶養者が9割近くおり，負担を感じていないと答えた家庭はわずか10.4％にすぎない。それほどまでに，金銭的な面でも子どもを育てるという選択を狭めているのである。

このような子どもを育てにくい状況というのは，家庭や両親の考え方だけの問題ではなく，社会全体が子どもを生み育てやすい環境を作っていかなくてはならないのだろうとつくづく考えさせられる。個人だけに子どもを育てる努力を強制しても，もはや解決できるレベルにはない。もちろん，そのような状況の中でも複数の子どもを育てている家族もあることは確かだが，全体的な傾向として少子化が進むいま，上記のような要因を少しでも解消していくことが社会の責務となっているのではないだろうか。

[4] 男女を取り巻く就業の状況

これまで子育ての中心を担ってきた女性たちが，将来的には職場復帰をしたいと考えている場合も多く，結婚後も仕事を辞めずに働き続けるケースが増えてきている。

福富（1996）は高校生を対象に就業の意識調査を行っている。

この調査結果をみると，結婚や出産時には仕事を辞めて家庭にいることを望むと答えた女子が68％（グラフの数値の合計は67％になる）おり，いまだに女性は家事・育児を優先するという志向が根強い。しかしこの数値も91年→93年→95年と時代が進むに従い，76％→70％→68％と減少している。これと比して，女性が一生涯仕事を持ち続けることに対して理解を示す男子の割合は，どの年の調

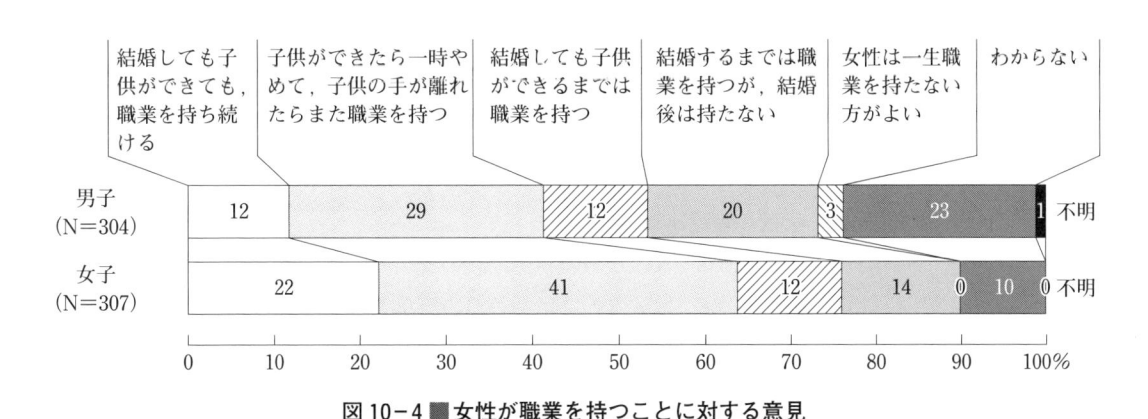

	結婚しても子供ができても，職業を持ち続ける	子供ができたら一時やめて，子供の手が離れたらまた職業を持つ	結婚しても子供ができるまでは職業を持つ	結婚するまでは職業を持つが，結婚後は持たない	女性は一生職業を持たない方がよい	わからない	
男子(N=304)	12	29	12	20	3	23	1 不明
女子(N=307)	22	41	12	14	0	10	0 不明

図10-4 ■女性が職業を持つことに対する意見

資料）福富護（監修）1996 続現代高校生のライフスタイル・意識・価値観 ライフデザイン研究所

査でも4割前後をいったり来たりしている状態で，増加しているとは言い難い。これらを総合して考えると，何らかの形で仕事を継続していきたいという女子が増えている反面，それに対し理解・協力をしようと考える男子はあまり数に変化がないため，家族単位での子育て体制に不都合が生じてきそうな気配である。またそれ以上に，頭の中では妻が働くことに対して理解を示しているものの，どれくらい夫が育児に協力できるかどうか，その点に関しては男子高校生がどの程度深く考えているかはここからは読みとることができず疑問が残る。

［5］エンゼルプランから新エンゼルプランへ

このように子どもが減っていることをさまざまな観点から考えてみると，若い夫婦の世代が子どもを望んでいないわけではなく，子育てをするのが難しい世の中になってきているということがわかる。これには国全体も同様に危機感を感じており，いくつかの行政機関にまたがって子育てを支援していこうという機運が高まった。男性，女性どちらにとっても，「育児と仕事の両立が可能な安心して子育てのできる社会」を作らなくてはというのがその主旨である。このスローガンの下，当時の文部省・厚生省・労働省・建設省の4省において，「今後の子育て支援のための施策の基本的方向について」という計画が平成6年（1994）に出された。この計画は一般的に「エンゼルプラン」と呼ばれるものである。当時，以下の3つの視点に基づいて重点施策が実施された。

〈子育て支援のための基本的視点〉
①子どもを生むか生まないかは個人の選択に委ねられるべき事柄であるが，「子どもを持ちたい人が持てない状況」を解消し，安心して子どもを生み育てることができるような環境を整えること。
②今後とも家庭における子育てが基本であるが，家庭における子育てを支えるため，国，地方公共団体，地域，企業，学校，社会教育施設，児童福祉施設，医療機関などあらゆる社会の構成メンバーが協力していくシステムを構築すること。
③子育て支援のための施策については，子どもの利益が最大限尊重されるよう配慮すること。

〈子育て支援の重点施策〉
①仕事と育児との両立のための雇用環境の整備
　育児休業の実施，事業所内託児施設の設置促進など
②多様な保育サービスの充実
　駅型保育等の育成，低年齢児保育・延長保育・一時保育の拡充など
③安心して子どもを生み育てることができる母子保健医療体制の充実

地域における母子保健医療体制の整備など
④住宅及び生活環境の整備
良質な住宅の供給，子どもの遊び場の整備など
⑤ゆとりある学校教育の推進と学校外活動・家庭教育の充実
教育内容の充実，体験的活動機会の提供など
⑥子育てに伴う経済的負担の軽減
幼稚園児の保護者の経済的負担軽減，乳児や多子世帯の保育料軽減など
⑦子育て支援のための基盤整備
地域子育て支援センターの整備など

　この施策に伴い，各地域には保育所に併設された形での子育て支援センターや，また独立した形での施設も設立されてきている。これらの子育てを支援するための施設における取り組みは，後段で述べることとしたい。
　このように少子化へのさまざまな取り組みは，多方面からなされてきているのだが，それらが少子化の歯止めとなることはなく，いまだその傾向は続いている。そのような経緯の中，平成11年（1999年）には大蔵・文部・厚生・労働・建設・自治の6大臣の合意により，通称「新エンゼルプラン」と呼ばれる「重点的に推進すべき少子化対策の具体的実施計画について」（資料参照）が策定された。こちらでも前回のエンゼルプランと同様な計画が立てられており，さらには具体的な数値目標まで上げられている。例えば，地域子育て支援センターについては平成16年度までに平成11年度の1500カ所から3000カ所への倍増を目指している（表10-5参照）。
　しかしある報告（前田，2000）によれば，計画通りに子育て支援環境の整備は進んでいないという現状も見受けられる。前田恵美（2000）を以下に引用する。

表10-5 ■新エンゼルプランの目標値について

	平成11年度	目標値	
低年齢児受入れの拡大	58万人	平成16年度	68万人
延長保育の推進	7,000カ所	平成16年度	10,000カ所
休日保育の推進	100カ所	平成16年度	300カ所
乳幼児健康支援一時預かりの推進	450カ所	平成16年度	500市町村
多機能保育所等の整備	365カ所 （5年間の累計で1,600カ所）	平成16年度までに	2,000カ所
地域子育て支援センター整備	1,500カ所	平成16年度	3,000カ所
一時保育の推進	1,500カ所	平成16年度	3,000カ所
ファミリー・サポート・センターの整備	62カ所	平成16年度	180カ所
放課後児童クラブの推進	9,000カ所	平成16年度	11,500カ所

【資料】

重点的に推進すべき少子化対策の具体的実施計画について（新エンゼルプラン）の要旨

Ⅰ 趣旨

○少子化対策については，これまで「今後の子育て支援のための施策の基本的方向について」（平成6年12月文部・厚生・労働・建設4大臣合意）及びその具体化の一環としての「当面の緊急保育対策等を推進するための基本的考え方」平成6年12月大蔵・厚生・自治大臣合意）等に基づき，その推進を図ってきたところ
○このプランは，「少子化対策推進関係閣僚会議」で決定された「少子化対策推進基本方針」に基づく重点施策の具体的実施計画として策定（大蔵・文部・厚生・自治・労働・建設6大臣合意）

Ⅱ 主な内容
1. 保育サービス等子育て支援サービスの充実
(1) 低年齢児（0～2歳）の保育所受け入れの拡大
(2) 多様な需要に応える保育サービスの推進
　　・延長保育，休日保育の推進等
(3) 在宅児も含めた子育て支援の推進
　　・地域子育て支援センター，一時保育，ファミリー・サポート・センター等の推進
(4) 放課後児童クラブの推進

2. 仕事と子育ての両立のための雇用環境の整備
(1) 育児休暇を取りやすく，職場復帰をしやすい環境の整備
　　・育児休暇制度の充実に向けた検討，育児休業給付の給付水準の40％への引き上げ（現行25％），育児休業取得者の代替要員確保及び現職等復帰を行う事業主に対する助成金制度の創設等

3. 働きについての固定的な性別役割分業や職場優先の企業風土の是正
(1) 固定的な性別役割分業の是正
(2) 職場優先の企業風土の是正

4. 母子保健医療体制の整備
　　・国立成育医療センター（仮称），週産期医療ネットワークの整備等

5. 地域で子どもを育てる教育環境の整備
(1) 体験活動等の情報提供及び機会と場の充実
　　・子どもセンターの全国展開等
(2) 地域における家庭教育を支援する子育てネットワークの整備
　　・家庭教育24時間電話相談の推進等

　エンゼルプランの一環として計画された，「緊急保育対策等5か年事業」の達成率をみると，0～2歳時の低年齢児童の受け入れや延長保育，小学校低学年児童の放課後対策を除いては，当初の計画を大きく下回っています。親が働きやすい環境づくりのためのサービスについては，ほぼ目標が達成されている一方で，在宅で子どもを育てている親を対象にした一時預かりと，子育て支援センターの整備が進んでいないことがわかります（図表参照）。2000年度からは「少子化対策基本方針」に基いて策定された「重点的に推進すべき少子化対策の具体的実施計画（新エンゼルプラン）」による子育て支援施策が推進されています。しかしながら，この新エンゼルプランについても，働く親を対象にした保育所サービスに

表10-6 ■「緊急保育対策等5カ年事業」の達成状況と新エンゼルプランの目標値

	1994年度実績	1999年度実績	1999年度計画	達成率	2004年度目標
低年齢児受入れ枠の拡大	45.1万人	56.4万人	60.0万人	94%	68万人
延長保育の推進	1,649カ所	5,125カ所	7,000カ所	73%	10,000カ所
乳幼児健康支援一時預かり推進	7カ所	110カ所	500カ所	22%	500カ所
地域子育て支援センターの整備	118カ所	997カ所	3,000カ所	33%	3,000カ所
一時保育の推進	387カ所	685カ所	3,000カ所	23%	3,000カ所
放課後児童クラブの推進	5,313カ所	8,392カ所	9,000カ所	93%	11,500カ所

前田恵美 2002 子育て支援社会の構築に向けた視点（1）
「japan.internet.com」（http://japan.internet.com/）2002年02月13日記事より

ついては、さらに目標値が高く設定されましたが、在宅で子どもを育てている親を対象としたものについては、1999年度の目標値がそのまま2004年度に置かれている状況です。

ここから見受けられることは、新エンゼルプランの中でも一時預かり保育の推進や地域子育て支援センターの整備など、保育に関わる部分がなかなか思うように進んでいない状況である。もちろんこれには、受け入れ側の施設上の問題や職員不足の問題などもあることと思われる。現時点では、低年齢児の受け入れ枠の拡大などは順調に進んでいるようであるので、他の点に関してもなんとかこれらの施策が功を奏し、子どもたちを育てやすい環境が整うことで、安心して子育てができるようになることを望むものである。

2 子育て支援センターについて

ここでは、地域子育て支援センターの具体的な姿について概観していきたい。北海道江別市に「すくすく」という地域子育て支援センターが建設されたのは平成13年のことである。

江別市では元々、平成7年よりやよい保育園内において子育て支援事業を開始していたが、平成13年になり独立した施設として「すくすく」を立ち上げるに至ったということである。この建物は小さな子どもたちが使うということで、昨今話題になっているシックハウス症候群に対する配慮がなされた施設である。天然木をふんだんに使い、自然素材のもつ温かさや柔らかさを感じ取ってもらいたいという配慮もなされている。センターの事業内容は以下のようになっている（江別市子育て支援センター「すくすく」パンフレットおよびホームページ http://www.city.ebetsu.hokkaido.jp/sukusuku/index.htmを参考に作成）。

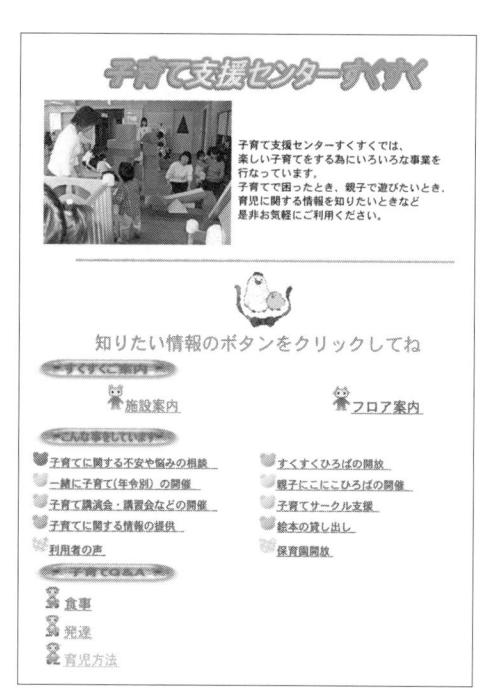

図10-7 ■子育て支援センターすくすく

[1] 育児相談

子育てに関する悩みや不安などの相談を電話や面談で受ける。要望があれば訪問も行う。

〈相談内容〉

①基本的生活習慣

・授乳(ミルク,母乳,断乳について)

表10-8 ■平成13年度の相談件数

区　分	件　数		計
	電話	来園	件
基本的生活習慣	33	64	97
発育・発達	15	62	77
医学的問題	14	15	29
生活環境	11	13	24
育児の方法	14	26	40
その他	13	6	19
合　計	100	186	286
他機関等に紹介			17

表10-9 ■年齢別内訳

年　齢	件　数
0 歳	82
1 歳	78
2 歳	68
3 歳	34
4 歳	6
5歳以上	13
不　明	5

・食事（少食，偏食，離乳食の与え方，食事の仕方，おやつの与え方，アレルギー食について）
・睡眠（寝る時間が遅い，昼寝について，夜泣き）
・排泄（頻尿，トイレを嫌がる，パンツへの移行，排泄の自立について，オムツかぶれ）

②発育・発達

　人見知り，落ち着きがない，言葉の遅れ，発音不明瞭，文字，指しゃぶり，乱暴，集団生活，友達関係，だだこね，わがまま，けんか，他の子との比較，引っ込み思案，体の成長など

③医学的問題

　予防接種，便秘，中耳炎，頭を打った，発疹，歯について，鼻の健康，赤ちゃん体操など

④生活環境

　幼稚園・保育園・小学校について，家庭不和，子どもを遊ばせる場所，一時保育，友達がいない，近所付き合いなど

⑤育児方法

　叱り方，遊ばせ方，育児に不安がある，子どもへの接し方，泣き止まないなど

⑥その他

　子どもをみてくれる人を教えてほしい，サークル活動についてなど

（江別市子育て支援センターすくすく　2002　「子育て支援センターだより第21号」より）

[2] すくすくひろばの開放

　親子のふれあいの場，仲間作りの場としてすくすくひろばを開放している。

　　○月・火・水・第4木・第5木・金　9：30～12：00
　　○月・木のみ　13：30～16：00

また，すくすくひろば開放での行事も行っている。

　　4月　こいのぼりづくり
　　5月　小麦粉粘土であそぼう
　　6月　おさんぽスタンプラリー
　　7月　水あそびのおもちゃづくり
　　8月　たなばたのつどい
　　9月　ちびっこ運動会
　　10月　楽器づくり
　　11月　手づくりおもちゃであそぼう
　　12月　クリスマス会
　　1月　新年おたのしみ会

2月　節分のつどい
　　3月　ひなまつり

［3］親子にこにこひろば（地域子育て支援）の開催

　「すくすくひろば」に来ることのできない親子のために，地域の子どもたち同士のふれあいの場として3地域の公共施設で開催。参加は無料でだれでも参加できるようになっている。内容としては，手づくりおもちゃを作って遊んだり，ふれあいあそびの紹介，絵本の読み聞かせなどを行なっている。

表10-10 ■平成13年度の参加者数

大麻地区		野幌地区		豊幌地区	
実施日程	参加組数（人）	実施日程	参加組数（人）	実施日程	参加組数（人）
4／20	27（51）	8／23	25（53）	5／18	24（51）
6／26	29（63）	10／2	22（46）	7／19	23（50）
9／19	24（49）	12／14	25（53）	11／13	24（54）

［4］子育てサークルの支援

　子育てサークルに対して遊びや運営についての相談を行っている。また，サークル室も予約の上貸し出しをしている。春と秋にはサークル代表者の交流会も行っている。各サークルでの活動の様子や悩み事を話し合うことで，互いの交流や情報交換の良い機会になっている。

［5］一緒に子育て（年齢別講座）の開催

　同年齢の子どもを持つ親と子どもが一緒になってできる楽しいあそびや，子育てに関するミニ講座・交流会・お母さんのための楽しい企画などを行っている。同じ街に住む親子が友達の輪を広げることも目的としている。
　4月，5・6・7月，9・10・11月，12・2・3月で1コースとなっている。
〈コース年齢区分〉
　　りすコース（第1木曜）　0歳～1歳6か月
　　うさぎコース（第2木曜）1歳7か月～2歳6か月
　　ぞうコース（第3木曜）　2歳7か月～
〈ミニ講座内容〉
　　4月　たのしい食事　PART 1
　　5月　たのしいあそび
　　6月　親子でストレッチ

7月　子育ての楽しみ
　　9月　絵本のたのしみ
　　10月　お母さんの小物作り～ブラウスキルト～
　　11月　子どもの生活リズム
　　12月　子どもの健康
　　2月　たのしい食事　PART 2
　　3月　ともだちとの関わり

［6］子育て講演会・講習会などの開催

　子育てに関する講習会や講演会，親子で楽しめる催しなどを行っている。
〈子育て講演会・講習会などの年間予定（平成14年5月現在）〉
　　5月　　　親子ふれあいコンサート（NKミュージック）
　　7月　　　すくすくまつり
　　6月　　　救急救命講習会
　　9月　　　子育て講演会
　　10月　　手作りおやつ講習会
　　2月　　　みんなおいでよ！すくすくひろば

［7］子育てに関する情報の提供

　保育園や託児について幼児にも開放している施設の紹介など子育てに関する問い合わせに応じたり，情報誌「ホップステップえべつ」にて情報提供を行っている。

　表10－11は，平成12年度の利用者数である。保育所併設の時と，平成13年1月に新しく独立した建物ができてからの利用者の変化がわかるが，独立した建物になってからはその利用者は数倍に膨れあがっている。

　これは一時的なものではなく，平成14年度に入ってからも年間の利用数が6591組となっており，これは月平均にすると約550組となり，前年度のセンター設立前と比べると約4倍近い数に上る（「子育て支援センターだより第21号」から数値を抜粋）。これだけの利用者が存在するということは，やはりこのような子育て支援センターの必要性を示しているものであり，それは建物だけではなくもちろん内容も充実させたものでなくてはならないであろう。子どもたちを保育所や幼稚園に通わせていない母親たちの遊び場に対するニーズが，このような形で表れている。

　独立した形での地域子育て支援センターの設立は，設立・運営経費も非常にかかるため，あまり思うようには進んでいない状況である。新エンゼルプランの目標数値では3000箇所に及ぶ子育て支援センターの整備となっている。この目標が達成できるよう今後も見守っていきたい。

表10-11 ■平成12年度子育て支援センターすくすく利用状況

	電話相談件数	来園相談件数	すくすくルーム／すくすくひろば 利用組数（人数）・《開放日数》	あそびの広場 利用組数（人数）・《回数》
4月	7件	7件	155組（331人）《11日》	109組（230人）《8回》
5月	7	1	142組（307人）《10日》	105組（219人）《8回》
6月	10	1	188組（399人）《11日》	114組（241人）《9回》
7月	3	4	171組（360人）《11日》	85組（181人）《7回》
8月	6	3	162組（346人）《12日》	なし
9月	7	1	156組（342人）《11日》	109組（247人）《8回》
10月	6	5	187組（411人）《11日》	109組（244人）《8回》
11月	4	2	195組（394人）《13日》	なし
12月	4	1	114組（241人）《9日》	なし
1月22日　新装オープン				
1月	12	5	169組（370人）《5日》	なし
2月	10	6	693組（1,555人）《18日》	なし
3月	11	13	715組（1,602人）《21日》	なし
合計	87	49	3,047組（6,658人）《143日》	631組（1,362人）《48回》

〈参考文献〉

汐見稔幸『親子ストレス―少子社会の「育ちと育て」を考える』平凡社，2000

日本総合愛育研究所子ども家庭サービス教育・研究ネットワーク編『子ども家庭施策の動向―児童福祉法改正に向けて』ミネルヴァ書房，1996

福富護監修『続現代高校生のライフスタイル・意識・価値観』ライフデザイン研究所，1996

第11章　Chapter 11

子どもの観察・研究法

1 実践的研究としての保育実践

［1］専門職としての保育者

　幼稚園教育は，学校教育法に規定される就学前教育を行う場であり，それに携わる者の身分が幼稚園教諭，すなわち教師であることから，家庭保育とは異なる性格を持つことが容易に想像できる。ところが保育所保育士の場合には，専門の資格ではあるにしても，保育所（保育園）の旧称が託児所であり，家庭養育の補完を行う場であると規定されているように，家庭での子育ての延長であるような見方がある。そして実際に，保育所の現場において，専門的な知識よりも子どもに対する愛情の方が求められ，保育学生に対する適性の評価についても，子どもに対する優しさや思いやりがあれば，学業成績などは重要ではないといった言い方をしばしば耳にする。

　実のところ，専門的知識がさほど重視されないという点では，幼稚園現場でも同様である。ただし保育所と違うのは，ただ子どもの身の回りの世話をしていればそれでよいというものではなく，ピアノなどの技量が求められるという点である。親にしてみれば，義務教育でもないのに幼稚園に子どもを行かせるのは，友だちがたくさんできるからという以上の，学校のように教えてもらえることを期待しているからであろう。とはいえ，幼稚園教育に検定教科書があるわけではなく，何か教わるといっても遊びの延長なので，小学校以上の教師のようには，高い専門性が求められていないのである。そしてそれに対応するように，保育士や幼稚園教諭に対する社会的地位は，けっして高いとはいえない。

　しかしながら，それが幼い子どもが相手だから高い専門性は必要ないということなのだとしたら，この職業に対する社会の無理解を示しているといわざるを得ない。保育者は単なる親の代わりではないし，学校教育よりも幼児教育の方が，やさしく楽な分野であるとは本当はいえない。

　「幼保一元化」という言葉がある。現在の日本の制度においては，就園が可能

となる3歳以上児を保育所に預けならが，同時に幼稚園にも通わせることはできないので，この年齢の保育所児が学校教育の場である幼稚園教育から排除されるのは，不平等だということになりかねない。そこで保育所と幼稚園とに同時に通うことができない代わりに，保育所の中で幼稚園教育に準じる教育をすることで，整合性をはかっている。そのために3歳以上児にあっては，保育所保育と幼稚園教育の内容に大差がないように見え，そうであるならば，いっそのこと制度上も1つにまとめてしまい，一方が厚生労働省で他方が文部科学省の管轄という垣根も取り払ってしまえばよいというのが幼保一元化の考え方である。両省ともこの意味での一元化には一貫して消極的な態度をとってきたが，政府によるさまざまな規制緩和が進められる中で，建物を共有することが可能となった。そこで子どもの数の減少が著しい過疎地の自治体においては，同じ園舎で玄関だけを別にし，同じ保育室でいっしょに保育をするという，事実上の幼保一元化をはかる動きが進んでいる。それでも制度上はあくまで別々なので，身分上は便宜的に幼稚園教諭と保育士とに分かれるといった不自然な事態が生じている。

さらにこの一元化の動きは，保育所の中に幼稚園の機能を取り込むというばかりでなく，反対に幼稚園の方でも，子どもたちが集団で生活をする場であるという点においては保育所と同様であり，また家庭における子どもの育ちの困難さが近年深刻化している事態を看過できないという点においても，保育所と共通する課題を抱えることになったとの認識を，文部科学省が持つに至った。このことは幼稚園の中に，保育所の機能を取り込もうとしていると見てよいであろう。

政府の地方分権推進会議が2002年に出した最終報告案の中で，社会保障分野では，幼稚園と保育所は「ほとんど均質化している」と指摘し，場合によっては児童福祉法の改正にまで踏み込んで，地域の判断で一元化できるよう求めている。このように幼保一元化の動きは一気に加速しており，今後資格・免許状の一元化にまで進んでいくかもしれない。本章では保育所保育士・幼稚園教諭に求められる資質はほとんど同じであると考えて，発達心理学と関係づけながら，保育実践の研究的側面について論じる。

［2］現代社会と科学

近代以降の社会は，科学の時代であるということができる。近代以降の急速な産業の発展は，科学技術の発展なしにはありえなかった。ヨーロッパ近代の始まりにおいては，社会は限りなく進歩・発展していくものであり，そのことで人類はより幸福になることができるとの，楽観的な社会進化論的思潮が広まった。ところが科学技術は生活を便利にしたのとは裏腹に，戦争兵器の開発とも結びつき，ついには人類を一瞬のうちに絶滅させかねない核兵器を生み出した。

さらに社会が便利さを追求するあまり，公害による大気や水質の汚染，石油などの化石燃料の大量消費やエアコンの普及などによる都市や地球の温暖化問題，

冷房・冷蔵用の冷媒や発泡剤・フッ素樹脂の原料として使われてきたフロンが，大気中に放出されることによって生じるオゾン層の破壊など，人類の生存を困難にしかねない，地球規模での環境破壊の問題が一気に表面化した。ここへ来て人類の未来はばら色であるどころか，遠からず自滅への道を歩むのではないかとの悲観論が，楽観論に取って代わったかのような様相を呈している。その矛先は科学そのものへも向けられており，結果として科学万能の近代文明が人類を不幸にしたとして，科学技術に対する不信感が生まれている。

　科学は人々の生活を便利にしたばかりではなく，近代以前の社会において強い力を持っていた，伝統的な規範を古くさい風習として無効にし，代わりに科学的な合理性が求められるようになった。子育てがまさにそうであり，伝統的な社会においては，子育ての方法は，その社会の中で親の世代から子の世代へと代々引き継がれるものであったが，それが最新の科学にもとづく育児書の中に書かれている「正しい」知識や，専門家による判断に取って代えられた。発達心理学はこれに深く関わっている。かつては光り輝いていた科学が色あせようとしている今，このことをどう考えたらよいのだろうか。

　科学は真理を追究する営みの1つであり，できる限り厳密な因果法則を追求する。科学的な思考に慣れている現代人にとっては，迷信は誤った考えであり，Aさんは雨女だとの噂話があるからといって，Aさんに雨を降らせる力があると本気で信じたりはしない。昔の人々は，悪い霊にとりつかれたり，神の怒りにふれたり，呪いをかけられたりすることで病気にかかると信じていたが，肉眼では見えなかった病原菌の発見によって，伝染病の真の原因が特定された。こうした科学の進歩が時に恩恵をもたらし，時に弊害を生むからといって，科学自体を良いとも悪いともいうことはできない。ただ科学のもたらす影響が，誰にとっても傍観できないほど大きなものになっている今，私たちはいかに賢くその成果を活用・利用するか，あるいは規制を加えて弊害を防ぐかを真剣に考えなくてはならなくなったといえる。

　迷信は頭から信じ込むことで成立するのに対して，科学は確からしいことでも疑ってかかる精神によって支えられる。科学が一見確からしいことを疑うのは，真の原因が別にあるに違いないと考えるからであり，これは仮説と呼ばれる。科学はこの仮説が確かであるかどうかを検証する作業であるといえる。G. J. メンデル（1822-84）がエンドウを用いた研究によって，遺伝の法則を1865年に発表したとき，そこで仮定されていた遺伝現象をになう実体の存在を確認する方法が当時はなかったために支持を得られず，世間の注目をひかなかった。そのメンデルの想定した遺伝因子が，仮想的な存在から物質的基礎を持った染色体遺伝子として認められるようになったのは20世紀に入ってからであり，今では電子顕微鏡によって，その姿をはっきり見ることができる。そのようにして科学は進歩していく。

ところが本来迷信の対極にあるはずの科学が，科学技術があまりにも高度に発達してしまったことと，学校教育の場において，知識の記憶が偏重されて，上述した科学的思考方法が十分に養われてこなかった結果として，科学的であることが，いうまでもなく正しいことであるとして信じ込む風潮が生まれた。私たちは今，高度な科学技術の粋によってつくられた複雑な機械に取り囲まれた日常生活を送り，とりわけ若い世代は，それらを自由に使いこなしているが，それがどのような原理によって動いているかを知らないために，魔法をかければ何でも思いどおりにできる魔法の国にでもいるようなつもりで，自由に機械を操作しているのかもしれない。それは一見人間が科学を支配しているようでありながら，一部の人間を除けば，科学に支配されているのであり，科学が悪用され，暴走することを防げなくなる危険性がある。科学は人間が支配することで便利な道具になりうるが，逆に科学に人間が支配されるようになると，SF小説や映画に描かれているような，暗い未来社会が現実のものになってしまうかもしれない。

[3] 保育の科学

　科学的な知識は容易に古くなりうる。科学的な知識に依存する子育てにおいては，かつては正しいとされた方法が，後に間違っていたとされかねない。科学的な知識は子育てに役立つものではあるが，表面的な知識に流されると，些細なことでも不安になり，さまざまな情報に振り回されて，混乱することになりかねない。

　それでも子育ての専門家であるべき保育士にとって，保育はそれ自体が科学としての意味を持つ。この場合，保育士にとって科学は，単に学び利用するだけのものではない。現代社会においては，子育てをどのようにするべきかについて，あらかじめ決まったやり方が用意されているわけではない。子どもの心理学的研究が広く関心を持たれ，多くの研究者が関わるようになったのは，比較的最近のことであり，ここ20年ほどの間における発達心理学の進歩には著しいものがある。そしてこの進歩の要因として，言語を獲得する以前の乳児を研究する方法が開発されたことや，子どもを大学の実験室へ連れてきて研究するよりは，研究者のほうが保育所へ出かけていき，そこで生活している子どもたちの，ありのままの行動を観察する，フィールド研究が盛んに行われるようになったことなどが大きくはたらいている。

　フィールド観察研究は，研究者と現場の保育者との共同作業を可能にする。研究者の行う観察からは，厳密なデータが得られるが，保育者の行う観察は厳密性に欠け，そこから得られたデータは信頼できないといった見かたが，研究者の間にあるが，訓練と経験を積めば，保育者による観察であっても，十分に客観性のあるデータが得られるであろう。これは保育者が研究者の真似事をするとか，代役を務めることではない。保育者が研究者と同じ目的で同じような研究をするの

であれば，本務であるべき肝心の保育をおろそかにすることになりかねず，そういうことは研究者に任せておけばよいという考えも出てこよう。

　ここで便宜的に，保育所と幼稚園に共通させて，「保育」という用語を使うならば，保育は一定の見通しの下に，計画を立てて行うものである。見通しは予測であり，仮説であるということもできる。そしてそれを実行に移した結果がどうであったかということについて，保育者は記録を残し，反省の材料にする。これは結果の検証という作業であり，そのような結果になった原因が分析されなくてはならない。なぜなら結果だけがあって，原因がわからなければ，その先の保育計画に役立てることができないからである。これは科学における研究手続きと同じであるから，科学的な研究であるということができるが，同時に，保育の営みそのものでもあるので，実践的な研究であるといえる。

　このように科学的な保育というものは，保育をしながら，その片手間に保育の研究をするというものではなく，保育をすることが同時に研究を意味するのであり，保育者の行う研究は，実践と研究とが一体になった保育実践研究なのである。なぜ保育者が研究をしなくてはならないのかといえば，保育計画を立てる上での解答が，発達心理学の本の中にすべて書かれているわけではなく，また保育は技術でもあるので，どのようにすべきかの解答を，保育者自身の実践によって見出していく必要があるのである。研究者の方も，フィールド研究をしているのであれば，保育者はそのために場を提供するばかりでなく，両者が共同して研究することで，互いの利点を生かすことができるであろう。そしてこうした研究の蓄積が，発達心理学ばかりでなく，保育の科学を前進させることになろう。

[4] カリキュラムと発達観

　日本における戦後保育の出発は，児童中心主義であったといわれる。これは，子どもは本来基本的な能力を自己自身にもって生まれるとの発達観から来ている。教育は児童が出発点であり中心であると述べて，アメリカにおける新教育運動を指導したジョン・デューイ（1859-1952）に代表される理論である。デューイは，学習を子ども自身の自発的活動を伴った，興味をもって行う能動的なものにしなければならないと考えた。1948年に，倉橋惣三や山下俊郎らの手によって文部省が作成した「保育要領」は，戦前の軍国主義教育のように，国家のために子どもが教育されるのではなく，子ども自身のために教育が行われるべきであると表明した。そこでは「自由な遊び」が主たる活動にすえられ，保育者は教え込もうとしたり強制するのではなく，子どもの友だちになるよう務めることが新しい保育であるとされたのであるが，やがて理念からかけ離れた，混乱した自由放任状態が生まれるようになってしまった。

　その後に制定され，長く続くこととなった「幼稚園教育要領」（旧要領）と「保育所保育指針」（旧指針）は，一転して系統主義的な教育カリキュラムの考え

方に貫かれるものとなった。系統主義カリキュラムとは，教育を人類がこれまでに蓄積してきた文化遺産の，知的・技術的側面を継承・伝達する過程とみなし，系統的に働きかけて教育計画を進めようとするものである。ここには子どもは未熟で未発達な存在なので，大人の意図的な働きかけが不可欠であるとする，教育主導の発達観が横たわっている。

　その幼稚園教育要領が大幅に改訂されたのは1989年であり，それに連動して保育指針も改訂され，その後小幅な改訂を経て，現在に至っている。この新要領・指針の特徴は，旧要領・指針の系統主義カリキュラムの考え方から，児童中心主義カリキュラムの考え方に戻っている点である。ただしそれは保育要領時代への単純な逆戻りではなく，計画性を持った児童中心主義である。新要領・指針においても，遊びが活動の中心とされ，強制や一方的な教え込みを否定するが，保育者はただ子どもたちと楽しく遊んで，友だちのように親しくなればよいのではなく，発達に即した，「遊びを通しての指導」をしなくてはならない。

　この保育要領から旧要領・指針を経ての新要領・指針への変化は，発達心理学の進歩に対応している。戦後間もないころの日本の心理学において，乳幼児の発達研究はまだほとんど未開拓に等しい分野であった。保育要領の作成に当たっては，連合国軍民間情報教育局（CIE）の指導と協力があった。アメリカ軍による占領下で大規模に行われた戦後日本の教育改革は，児童中心主義的な改革原理によるものであり，明治政府によってすすめられた，画一的・形式主義的教育を批判する近代的な新しい教育方法として，戦前の日本においても，一部で大正期の1920年代の短い期間に，いったんは根づいていたものである。

　旧要領・指針の時代は，子どもはさなぎが蝶になるように，まったく異なる様相をもったいくつかの時期を経て，最終的に大人へ到達するとみなす，ピアジェなどに代表される発達段階論が，心理学の中で支配した時期に当たっている。それを反映してか，それぞれの年齢ごとに，クラス全体の到達目標が設定され，それを達成するようにカリキュラムを作ることが求められた。

　新要領・指針へと改訂された時期は，発達心理学が大きく変貌を遂げた時期でもある。それ以前の発達心理学は，人間の発達とは一定の法則に従って，いくつかの段階を経て大人へと向かうとする大理論を中心にするものであったが，現在の発達心理学は，そうした大ざっぱな理論では不十分であるとして，個別領域ごとの，発達の様相の解明に関心が向かっている。また乳児期の発達研究の進展には著しいものがあり，その結果，人間は白紙のように，まったく未熟な状態で生まれてくるわけではなく，人間が人間として発達する上での基本的な能力をすでに備えているとする「有能な赤ちゃん」観が生まれた。さらに生涯発達という新しい発達概念も生まれ，人間は大人になったからといって成長が止まってしまうものではなく，それどころか，老年期にいたってもなお，精神発達が続く可能性があるとして，子どもと大人との質的な違いを相対化した。これを反映して，新

要領・指針では、発達をクラス全体の年齢ごとに見るのではなく、1人1人が生まれながらに個性を持った存在とみなして、個別的な発達に目を向け、それぞれの子どもの特性や発達にふさわしい働きかけや指導が必要であると主張される。

このように見てくると、発達心理学は直線的に進歩を遂げ、その成果を要領・指針が取り入れて改訂してきたので、現在の要領・指針の内容は、最先端の科学知識にもとづいた、正しいものであると思えるかもしれない。しかしながら背景にある、児童中心主義カリキュラムと系統主義カリキュラムとの対立は、根源的な発達観の違いに関わっており、どちらが正しいかを簡単に決めつけることはできない。しかも児童中心主義とはいいながら、新要領・指針は、領域ごとにねらいを定め、保育計画を立てて指導することを求めている。子どもの自発性を最大限に保障する、純粋な児童中心主義であれば、カリキュラムは一切必要ないはずであり、他方の系統主義についても、必ず教え込み主義になってしまうわけではない。どのようなカリキュラムが良いのかを追求するのは、実践的な研究課題であり、現場の保育者に委ねられる部分が大きいといえる。

2　フィールド観察研究について

発達心理学における最も主要な研究方法は実験法である。その理由は、実験法が条件を統制することで、結果に及ぼす要因を特定するための方法だからである。発達心理学におけるもう1つの代表的な研究方法は観察法である。一般に観察法は自然的観察法と実験的観察法とに大別されているが、同時にその一方で、発達心理学における主要な研究方法として、実験法と観察法とが挙げられる。しかしながら、実験法と観察法とに分類した上で、さらに下位分類をする場合には、観察法内でのこの分類は無意味である。

というのは、他の方法に比べての観察法の利点として挙げられるのが、その他の方法が、研究に協力する被験者の内省や期待にもとづいた報告が手がかりになるのに対して、観察法では、反応として現れる被験者の行動そのものを、何らの媒介なしに、直接記録することができる点だからである。この説明に従うならば、真に観察法に対比されなければならないのは、内観法などのような、反応を何らかの手段によって間接的に記録する研究方法のはずである。したがって実験法は観察法に対比される研究方法というよりも、可能な限り単純化された環境を人工的に設定することで、仮説にもとづいて条件を統制し、異なる条件の間で異なる結果が得られたときに、その原因の特定を容易にしようとする方法であって、採取するデータが直接的な行動である場合には、それを実験的観察法と呼ぶことができる。実験的観察法は実験的方法そのものであって、何ら特殊なものではない。それどころか、行動主義心理学の登場によって、科学的な心理学は、実験的場面において外的な行動を直接観察するものでなければならないとされたのである。

心理学において実験的研究や調査的研究が台頭したことで，観察法の利用が一時期相対的に低下したが，近年増加しているというとき，ここでの観察法は，自然的観察法を指すものと考えるべきである。自然的観察法は実験法に対比される研究方法であり，日常の保育場面に最も導入しやすい方法である。

　自然的観察法は，日常生活場面における自然な行動を観察するのであるから，誰でも容易にできる最も簡単な研究方法に思えるかもしれない。しかしクラスの子どもたち全員の行動について，そのすべてを細大漏らさず記録するのは，ほとんど不可能に近い。室内だけの行動に限れば，何台ものカメラを死角がなくなるように設置し，子ども1人1人にワイヤレスマイクを付け，比較的短い期間に限って記録するならば，できないことはないであろうが，記録を整理するのに膨大な時間を要するので，少なくとも保育者の行う実践的な研究の方法としては不向きである。しかも観察する期間を短期間に限定してしまうと，見たいと思っていた行動場面が，観察中に期待していたとおりに現れる保証がなくなる。

　自然場面を観察するのに，すべての行動を丸ごと記録するのは困難なので，さまざまな工夫が必要である。自然的観察法には，偶然の機会に観察したことを記録する，偶然的観察法もあるが，通例は，一定の目標を定め，適切な場面を選択して観察する組織的観察法を利用する。

　組織的観察法の中に，時間見本法がある。これは行動を観察単位である任意の時間間隔で区切って観察するやり方であり，秒・分の観察単位に区切り，それを一定の間隔を置いて反復し，通常は行動目録のチェックリストを記録用紙として用いて，カテゴリー別にチェックしていく。この方法は行動の量的側面にしか適用できない。

　時間見本法と対比されるもうひとつの組織的観察法は，行動見本法（事象見本法）である。これはあらかじめ対象とする行動を決めてから観察に入るものであり，その行動がどのようにして生起し，どのように経過し，どのような結果になったかを連続的に記録するやり方である。これにも頻度や時間をチェックしたり，行動の特徴や生起する程度をあらわす尺度を作っておいて評定するやり方などがある。

　組織的観察法を上の2つの見本法として大別する以外に，場面選択観察法を別に立てる場合がある。しかしそもそも組織的観察法自体が，場面を選択して観察するものであるので，あえて別個の方法としてこれを独立させる必要性はないであろう。

　自然的観察法のもう1つの主要な方法に，参加観察法がある。上の時間観察法も行動見本法もともに，観察者は対象者に影響を与えず，外からその行動を観察する方法である。したがってそこでは，観察者は観察と記録に専念できる。それに対して参加観察法は，観察者自身が対象となる集団の生活の中に入り込み，その一員として参加しながら観察するやり方である。研究者がこれを行う場合には，

観察者として以外の役割を同時に持つことになるので，どのような役割を設定するのが目的にふさわしいかが問題になるが，保育者の場合には，保育者という現実の立場が，そのまま観察時の役割になる。

参加観察の中で用いられる記録方法を逸話記録法と呼ぶ。これは多数の人物の一般的な行動や言語の記録を指し，観察者によるメモや記録は，フィールドノーツと呼ばれる。参加観察法では観察者は記録に専念できないので，記憶が薄れないうちに簡潔にメモをしておき，それを元にして，できるだけ早く別にノートに書き記す方法が一般的である。

したがって保育を中断させずにすばやくメモをとり，後で場面の再構成をして記録を完成させるといった工夫をすれば，参加観察法は保育者の実践研究にふさわしい方法であるといえる。保育中にメモをとるのは，保育をおろそかにすることになるとの考え方が，保育現場の中に少なからず見受けられるが，メモ用紙を常時ポケットに忍ばせておき，保育中に重要な場面に遭遇するたびに，子どもの発した言葉などをすばやく記録する方法は，以前から一部の保育者の間では行われている。優れた保育実践研究は，そうした方法によって生まれている。保育を中断させずに，いかにすばやくメモをとるかが，保育者に要求される観察の技術である。

観察記録において重要なのは，その客観性である。つまり主観を交えずに，行動をありのままに記述する必要がある。その上で，それが保育者自身の行動である場合には，どのような意図でそうしたのかとか，そのとき何を思ったかといった状況を説明したり，子どもの行動であれば，どのようなつもりでそうしたかの推測を加えればよいのであって，実際に起こったことなのか，保育者の推測や評価なのかが判然としないような記録では，観察記録としては用を成さない。

また客観的な記述を十分に心がけているつもりでも，人間には自分の知っていることと矛盾しないしかたで行動しようとする傾向があるので，注意が必要である。たとえば知っていることと矛盾した事象を見ると，あの子がそんなことをするはずがないなどと，自分の考えを変えないで，事象のほうを自分の考えに合うように，自分でも気づかないうちに変えてしまうことがある。

保育実習は基本的に観察であり，その方法は組織的観察法によるべきである。観察実習の場合，子どもの行動と保育者の行動の両方を，クラスの指導計画と照らし合わせながら記録する。たまたま目に留まった行動や場面を書き留めるのではなく，実習に入る前から，自分が何を観察したいのかを明確にしておく必要がある。また観察した事象を羅列するだけで終わらせてしまったら意味がない。観察した行動を分析して，その意味や原因を考えるところまでいく必要がある。また参加実習についても，参加観察の手法で記録をとるべきである。

〈引用・参考文献〉

乾　孝『保育の科学——知っておきたい幼児教育の基本』草土文化，1978

亀谷純雄・栗原泰子・福島洋子・三森桂子・野尻裕子『幼稚園教育実習・保育実習マニュアル』文化書房博文社，1997

中澤　潤・大野木裕明・南　博文編著『心理学マニュアル・観察法』北大路書房，1997

大西誠一郎・水山進吾・鈴木康平・山田英美「観察」，依田　新（監修）『心理学実験演習』金子書房，1977

宍戸健夫「戦後，集団づくりの歩み——保問研運動とのかかわりのなかで」，全国保育問題研究協議会編『保育問題研究シリーズ・乳幼児の集団づくり』新読書社，1988

索　引

ADHD（注意欠陥多動性障害）
　118，124，127
LD（学習障害）　125
naming（語彙獲得）　80，84，85
WHO（世界保健機構）　10，25
WISC-Ⅲ　124，125，126

―― あ行 ――

アーノルド　45
アイコンタクト　77
アイゼンバーグ　57
愛着（アタッチメント）　9
愛着行動　9，10，25，26，32
愛着対象　25，33，38，80
愛着の質　39，40
愛着パターン　35，36，37，38，39
愛着理論　25，26，34
預かり保育　147，148，163，164，165
アスペルガー症候群　117，120，122
遊び　91，92，94，97，98，99，101，104，108，146，148
アトピー　117
アニミズム　71，73
アプガー・スコア　115
アリエス　6
アレルギー　117
異感性間知覚　31

育児休業　192
育児ストレス　41
育児相談　196
育児日記　115
育児不安　8
いざこざ　104
意識の貸し付け　13，16，19，21
いじめ　8
一語文　121
一時預かり保育　195
一次性情緒障害　128
一時保育　192，197
一時保護　178，182
一時保護所　178
逸話記録法　209
イナイイナイバー遊び　81，94，95
意味不明語（ジャーゴン）　121
インフォームド・コンセント　130
インリアル　107，131
ヴィゴツキー　13，22，74，75，76，95，146
運動能力　48，49
エインズワース　34
駅型保育　192
エコロジカル・システム・アプローチ　132
絵さがし　174
絵本　107，108，174，175
エリクソン　77
エンジェル係数　191

エンゼルプラン　192，194
延長保育　135，192，194
エンデ　106
遠藤利彦　46
エントレインメント　30，31
岡本夏木　100
おとぎ話　108
男らしさ　105
オノマトペア（擬声語・擬態語）　173
思いやり　105
音素獲得　78
音素限定化現象　79
女らしさ　105

―― か行 ――

ガーバー　51
外言　75
カウフマン法　130
カウンセリング　167
高橋たまき　91
可逆性　71，74
核家族　41
核家族化　147，165
学習障害　126，127
学習障害（LD）　118
各種障害児施設　167
学校教育法　201
家族意識　6，7，8
家族支援　8

211

家族療法　167
学級崩壊　8
学校教育法　163
学校週5日制　163
紙芝居　107, 108, 150
加用文男　108
カリキュラム　205
ガリレイ　1
感覚運動期　68
環境の構成　136
環境破壊　203
観察記録　209
観察法　207, 208
間主観性　13, 17, 18
感情経験　45, 46
感情状態　45, 46, 51, 53
感情制御　50, 51, 52, 53, 57, 59
感情体験　51
感情的有能さ　50, 53
感情の社会化　50, 53, 54
感情の定義　45
感情の発達　47
感情表出　45, 46, 47, 51, 52, 53, 54, 55, 155
感染症　115
機能遊び　101, 103
基本的信頼感　77
キャタノ　117
客体的自己意識　49
キャノン　45
ギャング・エイジ　180
キャンポス　46
吸啜反射　64, 119
教育心理学　9
共感　57
協調（協力）遊び　102
協同関与　81
共同注意（注視）　17, 18, 19, 20, 21, 23, 80, 81, 84, 85
キリスト教　1
均衡化　69, 70
クーイング　14, 15, 16, 77
空間的束縛　21, 22
偶然的観察法　208
具体的操作期　68, 70, 72, 73
倉橋惣三　205
形式的操作期　68, 70
系統主義カリキュラム　206, 207
軽度知的障害　127
軽度発達障害　121, 127
ケースワーカー　178
言語的思考　75
言語能力　95, 97
言語発達遅滞　121
原始反射　64, 119
原初的会話　13, 17, 23
語彙獲得（naming）　84, 85
語彙量　96
交替反応　29, 30
高機能自閉症　120, 122
合計特殊出生率　187
向社会的行動　49, 55, 57, 59
構造化された状況　77
行動主義心理学　207
行動見本法　208
行動様式　158
広汎性発達障害　122, 127
刻印づけ（インプリンティング）　26
孤食　8
子育て　5, 7, 8, 9, 10, 28, 41, 185, 187, 196, 199, 204
子育てサークル　198
子育て支援　165, 171, 187, 192, 193
個体能力主義　138, 139
ごっこ遊び　93, 95, 97, 107, 160, 161
ゴットマン　54
個別遊戯療法　171
コミュニケーション能力　9, 10, 19, 29, 76
コミュニティ心理学　129

——さ行——

罪悪感　49
サイン　67, 68, 117, 155
サックス　103
参加観察法　208
三輪車遊び　141
ジェームズ　45
ジェスチャー　67, 68
ジェンダー　105
仕掛け絵本　174
自我弾力性　40
時間的束縛　21
時間見本法　208
色覚異常　118
自己意識的評価感情　49, 50
自己中心性　71, 72, 73, 74
自己評価　49
姿勢制御　20, 21
自然選択説　1
自然的観察法　207, 208
肢体不自由児通園施設　129
シックハウス症候群　195
実験的観察法　207
実験法　207
指導　53, 54
児童家庭支援センター　129
児童虐待　8, 118, 132
指導計画　163, 165
児童厚生施設　129
児童自立支援施設　129, 167
児童相談所　129, 167, 178, 182

児童中心主義　205, 206, 207
児童福祉司　123, 167
児童福祉法　123, 135, 163, 167, 202
児童養護施設　129, 167
自発的微笑　100
自閉症（広汎性発達障害）　126
下條信輔　98
社会化　100
社会構成主義　45
社会史　6
社会的参照　47
社会的習慣　158
社会的微笑　32
自由遊び　148
習慣　65
重症心身障害児施設　129
集団遊戯療法　170
ジュコーフスカヤ　93
出生率　187
シミュレーション　63
障害児通園施設　177
障害児保育　10
生涯発達　206
状況論的発達論　139
少子化　8, 147, 165, 191, 193
象徴　95, 96
象徴遊び　101
情緒障害児短期治療施設　167
情動性　57, 59
情動制御　38
情動調律　32
情動的コミュニケーション　31
初期模倣　31
ショップラー　77
白石正久　100
知りたがり　99
新エンゼルプラン　192, 193, 194, 195, 199

人格特徴　39
進化論　1
シングル・マザー　111
人口ピラミッド　188
新生得説　9
心性史　6
新生児集中治療室（NICU）　115
心的外傷後ストレス障害（PTSD）　118
新版K式発達検査　119, 121
シンボル　67, 68
心理教育　167
心理治療　167
心理判定員　123, 167
随伴症状　122
随伴性　53, 54, 116
スキーマ　66, 67
杉山登志郎　126
スキンシップ　154
スクリーニング　131
スクリプト　66, 67
スクリプト・フォーマット　81
ストレンジ・シチュエーション　34, 38
制御理論　25
精神・知性の身体化　14, 15
精神遅滞（知的障害）　126
精神保健福祉センター　129
生得説　9
生物学的制約　9
性役割　105, 106
性役割分業　7, 8
生理的早産　63
生理的微笑　100
前概念位相　72, 96
前操作期　68, 69, 70, 71, 72, 96, 97
先天奇形症候群　119
先天性風疹症候群　113

早朝保育　135
組織的観察法　208, 209
粗大運動　120
即興劇（心理劇）　177
ソフト・サイン（微徴候）　117

―― た行 ――

ダーウィン　1, 45
ダーウィニズム　1, 3
第一次循環反応　65
第三次循環反応　67
対象のスキーマ　67
第二次循環反応　65, 66, 93
大脳化　2, 3, 5
ダウン症　114
高機能自閉症　125
他者感情　55, 57
他者性　162
戦いごっこ　161, 162
脱中心化　70
多動　120
田中ビネー知能検査　122, 124, 130
田中康雄　127
田中義和　108
ダナム　85
単語獲得　80
地域活動福祉司　172
地域子育て支援センター　129, 193, 195, 199
知的障害　103, 127
知的障害児施設　129
知的障害児通園施設　129
地動説　1
知能検査　130, 131
注意欠陥多動性障害（ADHD）　118, 124, 127
注意の発達　80

213

注視（注意）の共有　13, 20, 21, 23, 85
中心化　70, 72
調節　69, 70
直観的思考位相　72, 73, 74
つまずきマップ　117
積み木　143
津守真　136
ＤＩＮＫＳ　189
低出生体重　118
低年齢児保育　192
適応行動　93, 94
出前サービス　171
デューイ　205
天動説　2
電文体発話　121
同化　69, 70
道具的思考　75, 76
統合保育　129
特異的発達障害（学習障害）　122, 124
ドクターショッピング　122
都市化　147
ドッジ　51
トマセーロ　78, 81, 85
ドメスティック・バイオレンス（DV）　111
トレヴァーセン　17, 18
トンプソン　51

—— な行 ——

内言　75
内的作業モデル　33, 37, 38, 40
仲間文化　140, 143, 146
喃語　14, 15, 25
二語文　121, 184
二次的動因説　26, 27
乳児院　167

乳幼児期　13
乳幼児精神発達診断法　167
認知能力　48, 49, 56, 59, 97
認知発達　19
認知枠組み　63
ネガティブ情動性　57

—— は行 ——

パーテン　101, 102
パートナーシップ　111
ハーロウ　27
バリアフリー　10
橋本やよい　91
バターワース　19, 80
発達課題　138
発達過程　138, 139
発達検査　131
発達指数（DQ）　131
発達心理学　5, 9, 10, 138, 202, 204, 205, 206, 207
発達性協調運動障害　127
発達性表現言語障害　122
発達段階　148
発達段階説　68
発達的オウム返し　121
発達の最近接領域　13, 22, 23, 77
発達輪郭表　169
発話思考　73, 74
母親語（マザーリース）　29
パペット・インタビュー　40
反響言語（エコラリア）　120, 121
反射　64
ピアジェ　63, 64, 65, 68, 69, 70, 71, 74, 78, 85, 93, 101
非可逆性　71, 72, 74
比較行動学　25, 26

東山紘久　128
ひきこもり　118
微細協調運動　122
人見知り　32, 94, 120
1人遊び　102
ひとり親家庭　111
ビネー法　130
表象能力　67
フィールド（観察）研究　204, 205, 207
フィールドノーツ　209
福富護　191
不純異性交遊　114
不登校　8, 118, 182
フリー・スクール　129
ブルーナー　81
フロイト　45, 63
プロソディ　122
文化的行動　6
文化的実践　139, 140, 141, 146
文章完成検査（SCT）　125, 131
分離不安　32
並行遊び　102
保育計画　205, 207
保育参観　163
保育所保育　202
保育所保育指針　92, 135, 163
保育内容　138
ボウルビー　25, 26, 34, 37, 40
母子関係論　9
母子健康手帳　112
母子通園センター　167, 183, 184, 185
母子保健医療体制　192
母性剥奪　28
模倣行動　180
ホモ・サピエンス　6

── ま行 ──

マキャヴェリ的知能　4, 5
松岡悦子　128
まねっこ　107
ままごと　142
ミケールソン　55
未就園児クラス　147
ミンスキー　66
むし笑い　100, 116
無藤隆　92
メイヤ　96
メイン　36, 39
メタエモーション　54
メンデル　203
モデリング　53
モデル　160, 180
物語　107, 108
物の永続性　32

── や行 ──

役割取得能力　105
野生児　75
山崎晃資　126
山下俊郎　205
遊戯治療室（プレイルーム）　123
遊戯療法　167
養育費　190, 191
幼稚園教育　201, 202
幼稚園教育要領　93, 147, 160, 163, 165, 206
幼保一元化　201, 202
予防接種　197

── ら行 ──

リアリズム　71
療育センター　183
ルイス　47, 55
ルール遊び　101
霊長類学　5
連合遊び　102
ロールシャッハ・テスト　131
ローレンツ　26, 28

子育ての発達心理学

2003年5月1日　第一版第1刷発行
2012年4月1日　第一版第4刷発行

編著者	陳省仁・古塚孝・中島常安
著　者	草薙恵美子・星信子
	小嶋佳子・伊勢正明
	滝澤真毅・糸田尚史
	結城孝治・粕谷亘正
	請川滋大
発行者	宇野文博
発行所	株式会社　同文書院
	〒112-0002
	東京都文京区小石川5-24-3
	TEL (03)3812-7777
	FAX (03)3812-7792
	振替 00100-4-1316
印刷・製本	中央精版印刷株式会社

©S. Chin, T. Furutsuka, T. Nakashima et al., 2003
Printed in Japan　ISBN978-4-8103-1280-5
●乱丁・落丁本はお取り替えいたします